HENAN SURVEY YEARBOOK

国家统计局河南调查总队　编
Compiled by Survey Office of the National Bureau of Statistics in Henan

图书在版编目（CIP）数据

河南调查年鉴 = Henan survey yearbook. 2014 / 国家统计局河南调查总队编. -- 北京 : 中国统计出版社, 2014.12
ISBN 978-7-5037-7357-0

Ⅰ. ①河… Ⅱ. ①国… Ⅲ. ①统计资料—河南省—2014—年鉴 Ⅳ. ①C832.61-54

中国版本图书馆 CIP 数据核字（2014）第 283899 号

河南调查年鉴-2014

作　　者 / 国家统计局河南调查总队
责任编辑 / 郭　栋
装帧设计 / 李雪燕
出版发行 / 中国统计出版社
通信地址 / 北京市丰台区西三环南路甲 6 号　邮政编码 /100073
电　　话 / 邮购（010）63376909　书店（010）68783171
网　　址 / http://csp.stats.gov.cn
印　　刷 / 河北天普润印刷厂
经　　销 / 新华书店
开　　本 / 880mm×1230mm　1/16
字　　数 / 850 千字
印　　张 / 26.75　彩页 0.25 印张
版　　别 / 2014 年 12 月第 1 版
版　　次 / 2014 年 12 月第 1 次印刷
定　　价 / 280.00 元

本书附同版本 CD-ROM 一张，光盘内容以书面文字为准。
如有印装差错，由本社发行部调换。

《河南调查年鉴-2014》
编委会和编辑部工作人员名单

编 委 会

主　　编：贾志鹏

副 主 编：宋明建　刘召勇　张　宏　夏雨春　鞠　华　孙新占
袁祖霞

编　　委：（以姓氏笔划为序）
王　政　朱隽峰　刘灵芝　刘建功　李素香　李海燕
张广宇　张亚民　张杰业　陈保西　秦喜成　郭学来
梁琳萍　韩其然　景方南　鲍关龙　窦三生

编 辑 部

总　编　辑：张广宇

副 总 编 辑：彭　敏　陆　军

编辑部主任：彭　敏

编辑部副主任：王亚钶　李德洗

编　　　辑：（以姓氏笔划为序）
马　超　王　燕　王安琪　王晓燕　任焱丽　孙晓亮
芦松林　吴　婕　别壮丽　张　新　拓福星　郑　凯
贾世云　党元生

编者说明

一、《河南调查年鉴—2014》是一部反映河南省经济社会发展情况的抽样调查资料年刊。本书收录了全省和市、县（区）2013年经济和社会发展有关方面大量的调查统计数据，以及重要历史年份的全省主要调查统计数据。

二、本年鉴正文内容分为13个部分，即1. 综合；2. 农业；3. 畜牧业；4. 规下工业和规下服务业；5. 消费价格；6. 生产价格；7. 农产品价格；8. 农村居民生活和贫困监测；9. 城镇居民生活；10. 县域经济；11. 城市经济；12. 中原经济区主要指标；13. 全国及分省（市、区）指标。主要篇末附有《主要统计指标解释》。

三、资料中所使用的度量衡单位均采用国际统一标准计量单位。

四、本年鉴部分数据合计数或相对数，由于单位取舍不同产生的计算误差未作机械调整。

五、本年鉴各表中，有关对全表的注解均在该表上方，对表中部分指标的注解则在该表下方。凡带续表的资料，对部分指标的注解一律在最后续表的下方。

六、本年鉴表中的符号使用说明："空格"表示该项统计指标数据不详或无该项数据；"#"表示其中的主要项。

七、本年鉴的编辑出版，得到了国家统计局和河南省统计局的大力支持和帮助，值此出版之际，特致谢忱！

八、由于编者水平所限，加之编辑时间仓促，本年鉴中不当之处，敬请读者批评指正。

河南调查年鉴编辑部

二〇一四年十月

目　录

一、综　合

二、农　业

三、畜牧业

四、规下工业和规下服务业

五、消费价格

六、生产价格

七、农产品价格

八、农村居民生活和贫困监测

九、城镇居民生活

十、县域经济

十一、城市经济

十二、中原经济区主要指标

十三、全国及分省（市、区）指标

综　合

资料整理：王亚钶

1-1　全省行政区划(2013年底)

单位：个

地　区	市	省辖市	县级市	县	市辖区	镇	乡	街道办事处	居民委员会	村民委员会
全　省	**38**	**17**	**21**	**88**	**50**	**1085**	**755**	**566**	**4287**	**46997**
郑州市	6	1	5	1	6	74	16	83	666	2318
开封市	1	1		5	5	36	54	25	143	2379
洛阳市	2	1	1	8	6	99	32	55	414	2770
平顶山市	3	1	2	4	4	48	42	49	227	2558
安阳市	2	1	1	4	4	57	35	43	220	3267
鹤壁市	1	1		2	3	14	5	23	163	811
新乡市	3	1	2	6	4	73	48	30	224	3533
焦作市	3	1	2	4	4	36	20	50	183	1822
濮阳市	1	1		5	1	35	40	12	73	2940
许昌市	3	1	2	3	1	54	24	20	310	2115
漯河市	1	1		2	3	33	15	3	69	1239
三门峡市	3	1	2	3	1	29	33	12	126	1342
南阳市	2	1	1	10	2	141	63	37	355	4508
商丘市	2	1	1	6	2	87	87	18	177	4598
信阳市	1	1		8	2	80	91	36	374	2929
周口市	2	1	1	8	1	91	78	32	202	4796
驻马店市	1	1		9	1	87	72	33	267	2616
济源市	1		1			11		5	94	456

注：济源市为省直辖县级行政单位。

1-2　各市、县(市、区)名称(2013年底)

地　区	市　辖　县	市　辖　区	县级市
郑州市	中牟	中原区、二七区、管城回族区、金水区、上街区、惠济区	巩义市、荥阳市、新郑市、登封市、新密市
开封市	杞县、通许、尉氏、开封、兰考	龙亭区、顺河回族区、鼓楼区、禹王台区、金明区	
洛阳市	孟津、新安、栾川、嵩县、汝阳、宜阳、洛宁、伊川	老城区、西工区、瀍河回族区、涧西区、吉利区、洛龙区	偃师市
平顶山市	宝丰、叶县、鲁山、郏县	新华区、卫东区、湛河区、石龙区	汝州市、舞钢市
安阳市	安阳、汤阴、滑县、内黄	文峰区、北关区、殷都区、龙安区	林州市
鹤壁市	浚县、淇县	鹤山区、山城区、淇滨区	
新乡市	新乡、获嘉、原阳、延津、封丘、长垣	红旗区、卫滨区、凤泉区、牧野区	卫辉市、辉县市
焦作市	修武、博爱、武陟、温县	解放区、中站区、马村区、山阳区	沁阳市、孟州市
濮阳市	清丰、南乐、范县、台前、濮阳	华龙区	
许昌市	许昌、鄢陵、襄城	魏都区	禹州市、长葛市
漯河市	舞阳、临颍	源汇区、郾城区、召陵区	
三门峡市	渑池、陕县、卢氏	湖滨区	义马市、灵宝市
南阳市	南召、方城、西峡、镇平、内乡、淅川、社旗、唐河、新野、桐柏	卧龙区、宛城区	邓州市
商丘市	虞城、民权、宁陵、睢县、夏邑、柘城	梁园区、睢阳区	永城市
信阳市	息县、淮滨、潢川、光山、固始、商城、罗山、新县	浉河区、平桥区	
周口市	扶沟、西华、商水、太康、鹿邑、郸城、淮阳、沈丘	川汇区	项城市
驻马店市	确山、泌阳、遂平、西平、上蔡、汝南、平舆、新蔡、正阳	驿城区	
济源市			济源市

1-3 自然资源

项　目	2005年	2010年	2012年	2013年
地理位置				
东经	110°21′～116°391′	110°21′～116°391′	110°21′～116°391′	110°21′～116°391′
北纬	31°23′～36°23′	31°23′～36°23′	31°23′～36°23′	31°23′～36°23′
土地				
土地面积(万平方公里)	16.70	16.70	16.70	16.70
#山区	4.44	4.44	4.44	4.44
丘陵	2.96	2.96	2.96	2.96
平原	9.30	9.30	9.30	9.30
在山区、丘陵面积中				
太行山脉	0.83	0.83	0.83	0.83
伏牛山脉	4.97	4.97	4.97	4.97
桐柏山脉	0.21	0.21	0.21	0.21
大别山脉	1.39	1.39	1.39	1.39
按四大水系分				
淮河流域	8.83	8.83	8.83	8.83
黄河流域	3.62	3.62	3.62	3.62
海河流域	1.53	1.53	1.53	1.53
长江流域	2.72	2.72	2.72	2.72
气候				
平均气温(摄氏度)	12.2～16.0	12.4～16.1	12.2～16.0	13.5～16.8
年降水总量(毫米)	451～1525	432～1632	257～1021	334.4～961.2
日照时数(小时)	1607～2274	1328～2350	1260～2438	1302.8～2315.6
矿产资源(保有储量)				
煤炭(亿吨)	260.00	279.74	266.02	272.82
铁矿(矿石,亿吨)	10.60	16.35	17.85	18.84
铝矿(铝土矿矿石,亿吨)	4.59	7.84	7.15	6.86
钼矿(钼,万吨)	374.60	365.05	462.92	491.37
金矿(金,吨)	353.58	379.15	524.34	549.04
钛矿(金红石 万吨)	375.08	399.67	407.48	407.48
钒矿(V2O5 万吨)	8.61	30.81	203.01	200.54
炼镁白云岩(矿石 亿吨)	0.32	1.45	1.78	1.78
钨矿(VO3 万吨)	56.63	43.86	30.90	29.14
蓝晶石(万吨)	416.60	355.26	352.30	352.30
红柱石(万吨)	1016.89	995.38	995.38	995.38
天然碱(矿物,万吨)	8384.90	8830.11	14380.59	13818.41

1-4　河南省主要统计指标居全国位次

指　标	2000年	2005年	2009年	2010年	2012年	2013年
生产总值	5	5	5	5	5	5
生产总值增速	14	5	22	21	20	21
固定资产投资	11	6	4	4	4	3
#房地产开发	18	15	9	10	10	8
居民消费价格指数	26	9	19	13	22	13
公共财政预算收入	9	8	9	9	10	9
公共财政预算支出	7	7	6	5	5	5
规模以上工业增加值增速	17	4	14	14	14	15
社会消费品零售总额	5	5	5	5	5	5
进出口总额	18	16	17	16	12	12
进口	21	18	16	19	11	11
出口	14	13	18	17	12	12
农民人均纯收入	18	19	17	17	16	16
城镇居民人均可支配收入	30	20	16	17	20	21
在岗职工平均工资	30	30	23	26	30	31

注：2010年以前固定资产投资为城镇口径。(下表同)

1-5　河南省主要统计指标占全国比重

单位：%

指　标	1952年	1978年	1990年	2000年	2010年	2012年	2013年
生产总值	5.3	4.5	5.0	5.1	5.3	5.7	5.7
第一产业	6.6	6.3	6.4	7.8	8.0	7.2	7.1
第二产业	5.8	4.0	4.3	5.0	6.0	7.1	7.1
第三产业	2.8	3.3	4.7	4.1	3.7	4.0	3.9
人均生产总值		60.9	66.4	69.4	81.5	81.9	81.5
全社会固定资产投资总额		2.7(1980年)	4.6	4.5	6.0	5.7	5.8
#固定资产投资		3.1(1980年)	3.8	3.6	5.8	5.6	5.8
公共财政预算收入	2.5	3.5	4.3	3.8	3.4	3.3	3.5
公共财政预算支出	1.0	4.7	4.3	4.3	4.6	4.7	4.7
粮食产量	6.3	6.9	7.4	8.9	9.9	9.6	9.5
社会消费品零售总额	3.9	4.6	3.8	4.8	5.1	5.2	5.2
进出口总额	0.1(1957年)	0.6	0.9	0.5	0.6	1.3	1.4
#出口额	0.3(1957年)	1.0	1.4	0.6	0.7	1.5	1.6
城镇居民人均可支配收入		91.7	76.3	75.9	83.4	83.2	83.1
农民人均纯收入		78.4	76.8	88.1	93.3	95.0	95.3

1-6 国民经济和社会

指　　标	1978年	2000年	2005年	2010年	2012年	2013年
人口与就业						
人口(万人)						
年底总人口	7067	9488	9768	10437	10543	10601
#城镇人口	963	2201	2994	4052	4473	4643
常住人口			9380	9405	9406	9413
就业(万人)						
年底从业人员	2807	5572	5662	6042	6288	6387
#在岗职工	420	718	681	723	850	1023
城镇登记失业人数	15.74	21.40	33.02	38.20	38.27	40.19
宏观经济						
国民核算						
生产总值(亿元)	162.92	5052.99	10587.42	23092.36	29599.31	32155.86
第一产业	64.86	1161.58	1892.01	3258.09	3769.54	4058.98
第二产业	69.45	2294.15	5514.14	13226.38	16672.20	17806.39
#工业	59.20	2000.04	4896.01	11950.88	15017.56	15960.60
第三产业	28.61	1597.26	3181.27	6607.89	9157.57	10290.49
人均生产总值(元)	232	5450	11346	24446	31499	34174
固定资产投资(亿元)						
全社会固定资产投资总额		1475.72	4378.69	16585.85	21449.99	26087.45
#固定资产投资		1176.76	3928.49	15799.21	20558.61	25188.06
#工业投资		446.77	1938.66	8223.57	11024.18	13132.81
#房地产开发投资		77.87	388.52	2114.08	3035.29	3843.76
对外贸易						
进出口总额(万美元)	11843	227486	773604	1779157	5175027	5995098
进口额	1612	78148	263511	725710	2207239	2395893
出口额	10231	149338	510093	1053447	2967788	3599205
利用外资(万美元)						
实际利用外商直接投资		53999	122960	624670	1211777	1345659
能源(万吨标准煤)						
能源生产总量	4434	6591	14522	18672	12666	13248
能源消费总量	3353	7919	14625	21438	23647	24756
财政(亿元)						
公共财政预算收入	33.73	246.47	537.65	1381.32	2040.33	2415.45
公共财政预算支出	27.67	445.53	1116.04	3416.14	5006.40	5582.31
物价总指数(以上年为100)						
居民消费价格总指数	100.1	99.2	102.1	103.5	102.5	102.9
商品零售价格总指数	100.1	98.5	101.7	103.7	102.3	101.9
农业生产资料价格总指数	97.9	99.6	107.9	103.1	105.4	101.3
人民生活						
城镇居民人均可支配收入(元)	291.00	4766.26	8667.97	15930.26	20442.62	22398.03
城镇居民人均消费性支出(元)	274.00	3830.71	6038.02	10838.49	13732.96	14821.98
农民人均纯收入(元)	104.71	1985.82	2870.58	5523.73	7524.94	8475.34
农民人均生活消费支出(元)	81.70	1315.83	1891.57	3682.21	5032.14	5627.73
在岗职工平均工资(元)	590	6930	14282	30303	37958	38804

发展总量和速度指标

2013年为以下各年%					年均增长速度(%)		
1978年	2000年	2005年	2010年	2012年	1979-2013年	2001-2013年	2011-2013年
150.0	111.7	108.5	101.6	100.6	1.2	0.9	0.5
482.1	210.9	155.1	114.6	103.8	4.6	5.9	4.6
		100.4	100.1	100.1			0.0
227.5	114.6	112.8	105.7	101.6	2.4	1.1	1.9
243.6	142.5	150.2	141.5	120.4	2.6	2.8	12.3
255.3	187.8	121.7	105.2	105.0	2.7	5.0	1.7
4056.4	422.8	246.4	134.4	109.0	11.2	11.7	10.4
696.8	188.2	144.4	112.9	104.3	5.7	5.0	4.1
7982.1	559.2	285.2	138.8	110.0	13.3	14.2	11.5
8666.1	586.6	294.7	139.8	109.9	13.6	14.6	11.8
7146.9	398.8	239.9	135.9	108.8	13.0	11.2	10.8
2970.9	416.5	244.3	134.9	108.9	10.2	11.6	10.5
	2075.8	699.6	184.7	121.6		25.6	23.2
	2535.4	745.8	188.8	122.5		27.8	24.2
	3554.6	873.6	193.1	119.1		31.9	26.5
	4935.8	989.3	181.8	126.6		36.9	21.6
50621.4	2635.4	775.0	337.0	115.8	19.5	28.6	49.9
148628.6	3065.8	909.2	330.1	108.5	23.2	30.1	48.9
35179.4	2410.1	705.6	341.7	121.3	18.2	27.7	50.6
	2492.0	1094.4	215.4	111.0		28.1	29.2
298.8	201.0	91.2	71.0	104.6	3.2	5.5	-10.8
738.3	312.6	169.3	115.5	104.7	5.9	9.2	4.9
7161.1	980.0	449.3	174.9	118.4	13.0	19.2	20.5
20174.6	1253.0	500.2	163.4	111.5	16.4	21.5	17.8
1215.3	315.8	200.6	126.5	106.6	7.4	9.2	8.2
5409.5	386.9	245.5	136.8	107.9	12.1	11.0	11.0
1889.5	283.1	221.8	137.4	109.5	8.8	8.3	11.2
6888.3	427.7	297.5	152.8	111.8	12.9	11.8	15.2
1306.8	420.4	219.8	121.5	102.2	7.6	11.7	6.7

1-6 续表 1

指　　标	1978年	2000年	2005年	2010年	2012年	2013年
城市概况						
供水总量(万立方米)		191706	183436	179122	188538	188710
排水管道长度(公里)		6070	10201	14733	17292	18297
城市煤气、天然气家庭用量(万立方米)		30100	31384	63663	76325	98199
公共汽(电)车总数(标台)		12514	12514	18912	21852	22790
道路长度(公里)		4920	7090	9413	10798	11235
公园绿地面积(公顷)		6286	12644	18361	21202	22226
产　　业						
农林牧渔业						
主要农产品产量						
粮食(万吨)	2097.40	4101.50	4582.00	5437.10	5638.60	5713.69
#粮食生产核心区				5296.50	5447.00	5455.00
棉花(万吨)	22.42	70.38	67.70	44.72	25.69	18.97
油料(万吨)	24.16	392.55	449.60	540.72	569.51	589.08
烟叶(万吨)	29.95	27.60	28.84	28.75	30.68	34.65
园林水果(万吨)	47.11	364.73	555.69	795.99	870.43	888.30
年底大牲畜存栏头数(万头)	515.03	1445.73	1508.80	1044.80	942.34	936.80
年底生猪存栏头数(万头)	1724.90	3787.69	4439.00	4547.00	4587.28	4426.70
年底羊存栏只数(万只)	989.70	2961.40	3988.00	1895.40	1827.70	1830.30
肉类(万吨)	45.64	517.00	689.00	638.40	677.35	699.08
工业						
规模以上工业增加值(亿元)		1154.39	3200.23	9901.52	12654.83	13986.51
主要工业产品产量						
机制纸及纸板(万吨)	17.13	290.06	562.18	975.64	905.77	826.11
原煤(万吨)	5845	7578	18761	21349	18058	
原油(万吨)	167.44	562.18	507.16	497.90	476.56	476.51
发电量(亿千瓦小时)	130.68	694.93	1414.68	2283.84	2626.90	2853.27
生铁(万吨)	109.72	508.88	973.00	2073.92	2116.00	2551.91
粗钢(万吨)	54.22	404.84	1226.62	2327.35	2215.78	2786.08
成品钢材(万吨)	30.94	405.62	1337.40	3196.42	3481.38	4255.19
农用化肥(折纯量)(万吨)	51.92	258.56	396.64	439.25	435.47	535.89
水泥(万吨)	352.85	3723.00	6210.70	11479.73	14805.09	16764.00
平板玻璃(万重量箱)	184.20	2425.41	3894.92	2414.41	1216.10	1128.00
主营业务收入(亿元)		3297.78	10114.21	36163.12	52276.38	59975.16
利润总额(亿元)		139.97	643.39	3302.22	4016.39	4543.07
建筑业						
施工房屋面积(万平方米)		5308.29	10813.15	28677.13	38328.73	43408.63
竣工房屋面积(万平方米)		2629.33	4787.12	13156.03	16397.59	18179.14
交通运输、仓储、邮政业						
客运量(万人)	11177	83912	98099	167804	208094	225738
#铁路	4319	4727	5842	8399	9628	11160
公路	6781	79017	91920	158630	197785	213900
货运量(万吨)	18206	60678	78827	202470	272240	304369
#铁路	6722	10172	14806	14224	12779	12762
公路	11321	50133	62684	183291	251772	282970
邮电业务总量(亿元)	0.71	130.06	556.50	486.11	661.36	794.93
批发和零售业、住宿和餐饮业						
社会消费品零售总额(亿元)	71.79	1869.80	3380.88	8004.15	10915.62	12426.61

2013年为以下各年%					年均增长速度(%)		
1978年	2000年	2005年	2010年	2012年	1979-2013年	2001-2013年	2011-2013年
	98.4	102.9	105.4	100.1		-0.1	1.8
	301.4	179.4	124.2	105.8		8.9	7.5
	326.2	312.9	154.2	128.7		9.5	15.5
	182.1	182.1	120.5	104.3		4.7	6.4
	228.4	158.5	119.4	104.0		6.6	6.1
	353.6	175.8	121.1	104.8		10.2	6.6
272.4	139.3	124.7	105.1	101.3	2.9	2.6	1.7
			103.0	100.1			1.0
84.6	27.0	28.0	42.4	73.8	-0.5	-9.6	-24.9
2438.2	150.1	131.0	108.9	103.4	9.6	3.2	2.9
115.7	125.5	120.1	120.5	113.0	0.4	1.8	6.4
1885.6	243.6	159.9	111.6	102.1	8.8	7.1	3.7
181.9	64.8	62.1	89.7	99.4	1.7	-3.3	-3.6
256.6	116.9	99.7	97.4	96.5	2.7	1.2	-0.9
184.9	61.8	45.9	96.6	100.1	1.8	-3.6	-1.2
1531.7	135.2	101.5	109.5	103.2	8.1	2.3	3.1
	879.1	383.7	153.2	111.8		18.2	15.3
4822.6	284.8	146.9	84.7	91.2	11.7	8.4	-5.4
284.6	84.8	94.0	95.7	100.0	3.0	-1.3	-1.5
2183.4	410.6	201.7	124.9	108.6	9.2	11.5	7.7
2325.8	501.5	262.3	123.0	120.6	9.4	13.2	7.2
5138.5	688.2	227.1	119.7	125.7	11.9	16.0	6.2
13753.0	1049.1	318.2	133.1	122.2	15.1	19.8	10.0
1032.1	207.3	135.1	122.0	123.1	6.9	5.8	6.9
4751.0	450.3	269.9	146.0	113.2	11.7	12.3	13.5
612.4	46.5	29.0	46.7	92.8	5.3	-5.7	-22.4
	1818.7	593.0	165.8	114.7		25.0	18.4
	3245.7	706.1	137.6	113.1		30.7	11.2
	817.8	401.4	151.4	113.3		17.5	14.8
	691.4	379.8	138.2	110.9		16.0	11.4
2163.0	287.3	245.7	134.5	108.5	9.2	8.5	10.4
215.8	197.2	159.5	132.9	115.9	2.2	5.4	9.9
3383.1	290.3	249.6	134.8	108.1	10.6	8.5	10.5
1414.4	423.7	326.1	150.3	111.8	7.9	11.7	14.6
215.2	142.2	97.7	89.7	99.9	2.2	2.7	-3.6
2081.5	470.1	375.9	154.4	112.4	9.1	12.6	15.6
283047.1	1894.6	442.8	163.5	120.2	25.5	25.4	17.8
17345.0	666.0	368.3	155.6	113.8	15.9	15.7	15.9

1-6 续表 2

指　标	1978年	2000年	2005年	2010年	2012年	2013年
金融业(亿元)						
金融机构年底存款余额	45.71	4753.41	10003.96	23148.83	31970.43	37591.70
金融机构年底贷款余额	99.99	4356.94	7434.53	15871.32	20301.72	23511.41
城乡居民储蓄存款年底余额	9.81	3182.08	6488.55	12883.70	17528.08	20232.12
租赁和商务服务业						
接待旅游者人数(万人次)		32.50	60.05	146.84	190.77	207.33
旅游外汇收入(万美元)		12390	21604	49877	61141	65997
科学研究、技术服务和地质勘查业						
研究与试验发展(R&D)						
经费内部支出(亿元)		24.80	55.61	211.38	310.78	355.35
技术市场成交额(亿元)		21.16	26.37	27.69	40.21	41.39
三种专利授权量(项)		2766	3748	16539	26833	29482
水利、环境和公共设施管理业						
水资源总量(亿立方米)		669.95	558.56	534.89	265.50	215.20
环境污染治理投资总额(亿元)		8.06	82.34	132.25	178.21	288.10
教育						
专任教师数(万人)						
高等学校	0.54	2.02	4.63	7.75	8.60	9.09
普通中学	29.34	30.86	37.30	38.10	38.97	38.80
小学	42.88	45.93	47.55	49.04	49.69	49.45
在校学生数(万人)						
高等学校	2.73	26.24	85.19	145.67	155.90	161.83
普通中学	521.62	638.14	758.22	661.56	646.42	574.28
小学	1140.26	1130.63	986.84	1070.53	1079.20	939.98
卫生、社会保障和社会福利业						
卫生机构床位数(万张)	10.20	19.86	21.40	32.76	39.39	42.98
#医院、卫生院	9.73	18.34	20.23	30.44	36.57	40.03
卫生技术人员数(万人)	11.44	26.84	28.92	37.28	42.88	46.91
#医生	4.38	11.11	11.11	15.48	16.77	18.06
文化、体育和娱乐业						
图书出版数(万册)		35077	27260	20150	22919	23987
期刊出版数(万册)		10721	9323	8524	9566	9748
报纸出版数(万份)		129104	197896	214158	215265	214226

注：1.本表价值量指标除邮电业务总量2001年以来为2000年不变价，1990-2000年按1990年不变价格计算，以前年度按1980年不变价格计算，其他价值量指标均按当年价格计算。(下同)。 生产总值、工业增加值、邮电业务总量、城乡居民收入、在岗职工平均工资发展(增长)速度均按可比价格计算。

2.1994年始财政收入为分税制后新口径数据(下同),发展(增长)速度按可比口径计算。

3.在岗职工、工资1997年及以前年度为职工口径(下同)。

4.进出口总额1992年及以后年度为海关数，其他为有关部门数(下同)。

2013年为以下各年%					年均增长速度(%)		
1978年	2000年	2005年	2010年	2012年	1979-2013年	2001-2013年	2011-2013年
82244.6	790.84	375.8	162.4	117.6	21.1	17.2	17.5
23512.8	539.6	316.2	148.1	115.8	16.9	13.8	14.0
206239.8	635.8	311.8	157.0	115.4	24.4	15.3	16.2
	637.9	345.2	141.2	108.7		15.3	12.2
	532.7	305.5	132.3	107.9		13.7	9.8
	1432.7	639.0	168.1	114.3		22.7	18.9
	195.6	156.9	149.5	102.9		5.3	14.3
	1065.9	786.6	178.3	109.9		20.0	21.3
	32.1	38.5	40.2	81.1		-8.4	-26.2
	3576.5	349.9	217.9	161.7		31.7	29.6
1683.3	450.0	196.3	117.3	105.7	8.4	12.3	5.5
132.2	125.7	104.0	101.8	99.6	0.8	1.8	0.6
115.3	107.7	104.0	100.8	99.5	0.4	0.6	0.3
5927.8	616.7	190.0	111.1	103.8	12.4	15.0	3.6
110.1	90.0	75.7	86.8	88.8	0.3	-0.8	-4.6
82.4	83.1	95.3	87.8	87.1	-0.6	-1.4	-4.2
421.4	216.4	200.8	131.2	109.1	4.2	6.1	9.5
411.4	218.3	197.9	131.5	109.5	4.1	6.2	9.6
410.1	174.8	162.2	125.8	109.4	4.1	4.4	8.0
412.3	162.6	162.6	116.7	107.7	4.1	3.8	5.3
	68.4	88.0	119.0	104.7		-2.9	6.0
	90.9	104.6	114.4	101.9		-0.7	4.6
	165.9	108.3	100.0	99.5		4.0	0.0

1-7 国民经济和社会发展结构指标

单位：%

指　　标	2000年	2005年	2010年	2012年	2013年
人口					
城乡结构					
市镇	23.2	30.7	38.8	42.4	43.8
乡村	76.8	69.3	61.2	57.6	56.2
性别结构					
男	51.6	51.6	51.8	51.8	51.8
女	48.4	48.4	48.2	48.2	48.2
就业					
从业人员产业结构					
第一产业	64.0	55.4	44.9	41.8	40.1
第二产业	17.5	22.1	29.0	30.5	31.9
第三产业	18.5	22.5	26.1	27.7	28.0
国民核算					
生产总值产业结构					
第一产业	23.0	17.9	14.1	12.7	12.6
第二产业	45.4	52.1	57.3	56.3	55.4
工　业	39.6	46.2	51.8	50.7	49.6
建筑业	5.8	5.8	5.5	5.6	5.8
第三产业	31.6	30.0	28.6	31.0	32.0
全社会固定资产投资					
全社会固定资产投资产业结构					
第一产业		3.8	4.7	3.9	3.7
第二产业		45.0	48.3	51.5	50.4
#工　业		44.4	48.2	51.4	50.4
第三产业		51.2	47.0	44.7	45.9
实际利用外商直接投资					
#独资经营	8.3	39.3	58.7	63.2	66.0
合资经营	50.5	44.5	30.6	30.4	30.6
合作经营	11.6	8.3	9.4	6.3	2.1
能源					
能源生产总量结构					
原煤	83.7	91.3	92.7	89.6	89.9
原油	12.2	5.0	3.8	4.8	5.1
天然气	2.8	1.8	0.5	0.5	0.5
水电	1.4	1.9	3.0	5.1	4.5
财政					
公共财政预算收入结构					
#各项税收	79.1	68.0	73.6	72.0	73.1
公共财政预算支出结构					
#农林水事务	7.7	7.4	11.7	11.0	11.3
教科文卫	24.3	24.2	28.7	33.3	32.7
#科学技术	1.5	1.2	1.3	1.4	1.4
生活					
城镇居民消费结构					
食品类	36.2	34.2	33.0	33.6	33.2
衣着类	12.0	13.4	13.3	13.7	12.9
日用品及其他	37.5	41.6	43.7	44.0	45.0
居住	14.3	10.8	10.0	8.7	8.9
农村居民消费结构					
食品类	49.7	45.4	37.2	33.8	34.4
衣着类	6.6	7.0	7.1	8.4	8.6
日用品及其他	28.0	30.8	34.9	36.7	38.4
居住	15.7	16.8	20.8	21.1	18.5

1-7　续表

单位：%

指　　标	2000年	2005年	2010年	2012年	2013年
农业					
农林牧渔业增加值结构					
农　业	64.7	56.5	63.9	61.4	60.6
林　业	3.6	2.7	2.1	2.3	2.3
牧　业	30.5	37.0	30.5	32.7	33.5
渔　业	1.2	1.3	1.5	1.5	1.6
农林牧渔服务业					
工业					
增加值轻重工结构					
轻工业	37.5	34.9	31.0	31.6	32.9
重工业	62.5	65.1	69.0	68.4	67.1
运输业					
货运量运输方式结构					
#铁　路	16.8	18.8	7.0	4.7	4.2
公　路	82.6	79.5	90.5	92.5	93.0
水　运	0.6	1.7	2.4	2.8	2.8
客运量运输方式结构					
#铁　路	5.6	6.0	5.0	4.6	4.9
公　路	94.2	93.7	94.5	95.0	94.8
水　运	0.1	0.1	0.2	0.1	0.3
批发零售贸易、住宿和餐饮业					
社会消费品零售总额结构					
批发零售和贸易业	84.9	84.0	84.9	84.9	85.0
住宿和餐饮业	11.7	13.9	13.8	13.9	13.8
其它	3.4	2.1	1.3	1.2	1.2
国际旅游					
国际旅游人数结构					
外国人	56.0	57.8	65.4	62.2	60.4
港澳台同胞	44.0	42.2	34.6	37.8	39.6
环境					
污染治理资金使用结构					
#治理废水	43.1	49.2	35.4	20.5	10.9
治理废气	49.8	34.2	60.4	52.6	79.5
治理固体废物	5.0	11.7	0.7	2.7	5.0
治理噪声	0.2	0.2	0.4	0.3	
教育					
专任教师结构					
普通高等学校	2.5	5.1	7.9	8.6	9.2
中等专业学校	2.1	1.2	3.3	3.1	1.6
普通中学	38.3	41.2	38.8	38.8	39.2
小学	57.1	52.5	50.0	49.5	50.0
在校学生结构					
普通高等学校	1.4	4.5	7.4	8.0	9.4
中等专业学校	1.8	2.6	4.1	3.7	2.5
普通中学	34.9	40.4	33.8	33.1	33.4
小学	61.8	52.5	54.7	55.2	54.7

1-8　主要社会经济指标人均水平

本表价值量指标均按当年价格计算。

指　　标	2000年	2005年	2010年	2012年	2013年
人口密度（人／平方公里）	**568**	**585**	**566**	**563**	**563**
生产总值(元)	**5450**	**11346**	**24446**	**31499**	**34174**
全社会固定资产投资额(元)	**1564**	**4494**	**17559**	**22826**	**24676**
人民生活(元)					
在岗职工平均工资	6930	14282	30303	37958	38804
城镇居民人均可支配收入	4766	8668	15930	20443	22398
城镇居民人均消费性支出	3831	6038	10838	13733	14822
农民人均纯收入	1986	2871	5524	7525	8475
农民人均生活消费支出	1316	1892	3682	5032	5628
居民储蓄额	3354	6643	13639	18635	21502
农林牧渔业					
农林牧渔业增加值(元)	1229	1942	3449	4011	4006
主要农产品产量(千克)					
粮食	435	470	576	600	607
#小麦	237	265	326	338	343
棉花	7	7	5	3	2
油料	42	46	57	61	63
猪、牛、羊肉	48	61	55	57	59
牛奶	2	11	31	34	34
禽蛋	29	39	41	43	44
工业					
规模以上工业增加值(元)	1223	3285	10482	13467	14864
主要工业产品产量					
原煤(千克)	803	1926	2260	1922	
原油(千克)	60	52	53	51	51
发电量(千瓦小时)	736	1452	2418	2796	2961
粗钢(千克)	43	126	246	236	297
成品钢材(千克)	43	137	338	370	452
水泥(千克)	394	637	1215	1576	1782
社会消费品零售总额(元)	**1981**	**3470**	**8474**	**11616**	**13206**
财政					
公共财政预算收入(元)	261	552	1462	2171	2567
公共财政预算支出(元)	472	1145	3616	5328	5933
教育					
每万人拥有大学生(含研究生)(人)	28	89	149	201	211
卫生					
每千人拥有医院、卫生院床位(张)	1.93	2.07	3.24	3.89	4.25
每千人拥有医生(人)	1.17	1.14	1.65	1.78	1.92

1-9 国民经济和社会发展比例和效益指标

本表价值量指标均按当年价格计算。

指　标	2000年	2005年	2010年	2012年	2013年
人口					
出生率(‰)	13.07	11.55	11.52	11.87	12.27
死亡率(‰)	5.93	6.30	6.57	6.71	6.76
自然增长率(‰)	7.14	5.25	4.95	5.16	5.51
城镇化率(%)	23.2	30.7	38.8	42.4	43.8
就业					
城镇每一就业者负担人口(人)	1.94	1.94	1.95	1.90	1.90
城镇登记失业率(%)	2.6	3.5	3.4	3.1	3.1
国民核算					
经济增长贡献率(%)					
第一产业	10.2	9.8	4.5	5.8	5.9
第二产业	62.6	62.2	68.5	65.1	65.6
第三产业	27.2	28.0	27.0	29.1	28.5
全社会劳动生产率(元/人.年)	9377	18824	38517	47414	50739
第一产业	3382	5926	11898	14229	15638
第二产业	24282	46086	77173	88404	90068
第三产业	15827	25738	42822	53630	58320
固定资产投资					
全社会固定资产投资率(%)	29.2	41.4	71.1	72.5	81.1
全社会房屋建筑面积竣工率(%)	77.6	67.4	44.3	34.1	25.7
对外经济贸易和国际旅游					
进出口总额相当于生产总值比例(%)	3.7	5.9	5.2	11.0	11.4
每一来豫游客支出(美元)	381	360	340	321	318
利用外资					
实际利用外商直接投资额相当于签订利用外资额比例(%)	77.2	52.3	108.0	103.3	117.5
能源					
能源生产弹性系数		0.78	0.78		0.51
能源消费弹性系数	0.77	0.84	0.68	0.22	0.52
单位GDP能耗(吨标准煤/万元)		1.380	0.928	0.831	0.798
单位GDP电耗(千瓦时/万元)		1277.70	1019.35	966.00	934.66
单位工业增加值能耗(吨标准煤/万元)		4.020	1.593	1.236	1.112

1-9 续表

指　　标	2000年	2005年	2010年	2012年	2013年
财政					
地方公共财政收入相当于生产总值比例(%)	4.9	5.1	6.0	6.9	7.5
家庭					
少儿抚养系数(%)		28.8	29.7	30.2	30.3
老年抚养系数(%)		11.4	11.8	12.6	13.0
生活					
城乡居民收入比例					
(农民人均纯收入为1)	2.4	3.0	2.9	2.7	2.6
恩格尔系数(%)					
城镇居民	36.2	34.2	33.0	33.6	33.2
农村居民	49.7	45.4	37.2	33.8	34.4
农业					
每公顷播种面积农产量(千克)					
粮食	4542	5006	5582	5647	5667
棉花	903	866	957	1001	1016
油料	2630	2800	3457	3619	3705
工业					
规模以上工业企业效益(%)					
成本费用利润率	4.5	6.9	10.2	8.3	8.2
资产负债率	66.4	61.6	55.2	51.4	48.5
总资产贡献率	8.6	15.7	22.4	18.9	16.9
产品销售率	98.0	98.4	98.7	98.3	98.4
全员劳动生产率(元/人)	33643	88950	206596	216674	221106
建筑业					
技术装备率(元/人)	5302	8531	10173	11766	12110
金融保险					
金融机构存款相当于					
生产总值比例（%）	94.1	94.5	100.2	108.0	116.9
金融机构贷款相当于					
生产总值比例（%）	86.2	70.2	68.7	68.6	63.1
教育					
小学适龄人口入学率(%)	99.8	99.7	99.9	99.9	99.9
小学毕业生升学率(%)	95.4	98.8	96.1	92.8	83.7
初中毕业生升学率(%)	41.4	60.2	79.5	78.2	79.3
学校教师负担系数(人)					
大学生	13.2	17.5	17.6	19.3	21.3
普通中等专业学校	20.1	43.7	42.8	29.3	26.9
普通中学	20.7	20.3	17.4	15.9	14.1
小学生	24.6	20.8	21.8	21.7	19.8

主要统计指标解释

行政区划　指国家对行政区域的划分。根据有关法规规定，我国的行政区域划分如下：（1）全国分为省、自治区、直辖市；（2）省、自治区分为自治州、县、自治县、市；（3）自治州分为县、自治县、市；（4）自治区、自治州、自治县都是民族自治的地方；县、自治县分为乡、民族乡、镇；（5）直辖市和较大的市分为区、县；（6）国家在必要时设立的特别行政区。

可比价格　指计算各种总量指标所采用的扣除了价格变动因素的价格，可进行不同时期总量指标的对比。按可比价格计算总量指标有两种方法：一种是直接用产品产量乘某一年的不变价格计算；另一种是用价格指数进行缩减。

不变价格　指以同类产品某年的平均价格作为固定价格，用于计算各年的产品价值。按不变价格计算的产品价值消除了价格变动因素，不同时期对比可以反映生产的发展速度。新中国成立后，随着工农业产品价格水平的变化，国家统计局先后五次制定了全国统一的工业产品不变价格和农业产品不变价格。从1952年到1957年使用1952年工（农）业产品不变价格，从1957年到1970年使用1957年不变价格，从1971年到1980年使用1970年不变价格，从1981年到1990年使用1980年不变价格，从1991年开始使用1990年不变价格。

平均增长速度　平均增长速度表明社会经济现象在一个较长的时期内逐期平均增长变化的程度，它不能根据各个环比增长速度直接求得，但与平均发展速度之间存在着一定的数量关系：平均增长速度＝平均发展速度－1。

平均发展速度是一种根据环比发展速度计算的序时平均数，由于各时期对比的基础不同，所以计算平均发展速度不能采用一般的序时平均数的计算方法，计算方法分为水平法和累计法。水平法，又称几何平均法，即将环比发展速度按连乘法用几何平均数公式计算。累计法，也称方程法，根据一段时期内各年发展水平总和与基期水平的关系，列出方程式计算平均发展速度。水平法着重考虑最后一年所达到的发展水平；累计法着重考虑整个时期累计发展水平的总量。

本《年鉴》内所列的平均增长速度，除固定资产投资用“累计法”计算外，其余均用“水平法”计算。从某年到某年平均增长速度的年份，均不包括基期年在内。如建国四十三年以来的平均增长速度是以1949年为基期计算的，则写为1950-1992年平均增长速度，其余类推。

国民经济行业分类　自2012年定期报表开始使用新的《国民经济行业分类》（GB/T4754-2011）。该分类是由国家统计局组织修订，国家质量监督检验检疫总局和中国国家标准化管理委员会于2011年4月29日发布。这次修订是在2002年分类标准的基础上，参照联合国《全部经济活动的国际标准产业分类》（ISIC/Rev.4）进行的。修订后的《国民经济行业分类》（GB/T4754-2012）共有门类20个，大类96个，中类432个，小类1094个。

二 农业

资料整理：贾世云

2-1 农村基本情况(年底数)

指 标	2000年	2005年	2009年	2010年	2011年	2012年	2013年
农村基层组织(个)							
乡镇	2129	1907	1882	1878	1863	1841	1840
#镇	844	841	904	949	1011	1014	1085
村民委员会	48206	48064	47346	47311	47347	47140	46997
农村基础设施（个）							
自来水受益村数	13252	17369	24517	26329	28214	29882	31284
通汽车村数	44593	47131	47819	47818	47647	47675	47039
通电话村数	48062	48044	47901	47839	47687	47687	47044
乡村户数(万户)	1972	2026	2046	2061	2062	2066	2049
乡村劳动力资源数(万人)	5069	5167	5296	5338	5353	5367	5334
乡村从业人员(万人)	4712	4752	4882	4915	4911	4905	4851
#男	2493	2517	2600	2630	2626	2066	2591
女	2220	2235	2282	2285	2285	2281	2261
#农业	3559	3128	2754	2698	2655	2611	2541

注：乡镇个数、镇个数、村民委员会个数为民政部门数据。

2-2 各市农村基本情况(2013年底)

地 区	乡村户数(万户)	乡村劳动力资源数(万人)			乡村从业人员(万人)			
			男	女		男	女	#农业
省辖市								
郑州市	102.82	262.04	140.32	121.72	232.81	125.94	106.87	94.27
开封市	99.49	272.33	143.34	128.99	252.46	131.10	121.36	135.89
洛阳市	124.44	325.45	172.13	153.32	294.34	156.74	137.60	147.41
平顶山市	101.97	263.25	141.14	122.11	243.15	130.91	112.24	141.34
安阳市	122.51	303.11	163.14	139.97	274.20	150.83	123.37	138.88
鹤壁市	25.86	68.09	36.94	31.15	60.31	33.97	26.34	26.96
新乡市	105.75	266.43	142.71	123.73	242.87	130.55	112.32	109.31
焦作市	63.85	163.78	86.55	77.23	147.90	78.49	69.41	75.21
濮阳市	74.51	203.52	107.14	96.38	189.50	101.41	88.09	116.27
许昌市	82.15	219.45	116.05	103.40	203.46	108.37	95.10	95.43
漯河市	54.46	140.72	74.76	65.96	128.83	68.38	60.45	69.29
三门峡市	44.28	104.94	55.90	49.04	95.08	50.69	44.39	62.44
南阳市	244.21	619.12	332.83	286.29	554.77	302.03	252.74	317.64
商丘市	194.55	479.85	253.05	226.80	438.55	232.43	206.13	222.03
信阳市	180.96	446.02	239.52	206.49	406.66	218.13	188.53	207.25
周口市	233.16	616.03	323.38	292.65	576.92	303.95	272.97	308.36
驻马店市	182.39	549.73	287.26	262.47	483.36	252.70	230.66	259.14
济源市	12.03	30.64	16.40	14.25	26.22	13.95	12.27	13.62

2-3 历年农业生产情况

年份	播种面积(千公顷)	#粮食	#棉花	#油料	粮食产量(万吨)	#小麦	棉花产量(万吨)	油料产量(万吨)	水果产量(万吨)
1978	10966.70	9123.30	612.00	465.33	2097.40	868.18	22.42	24.16	47.11
1979	10917.00	9066.70	555.33	632.67	2134.50	969.00	19.84	36.87	52.37
1980	10788.20	8858.90	626.67	710.00	2148.68	890.37	40.62	46.20	43.55
1981	11013.00	9029.30	641.33	744.67	2314.50	1083.50	35.50	55.99	52.30
1982	11076.00	8923.30	754.00	709.33	2217.10	1220.10	32.04	44.16	46.63
1983	11326.70	9286.70	794.00	607.33	2904.00	1455.75	63.24	51.52	58.67
1984	11432.70	8996.70	1162.00	579.33	2893.50	1653.00	86.89	52.50	41.01
1985	11685.30	9029.30	814.30	793.70	2710.53	1528.23	54.73	96.18	53.33
1986	11819.50	9372.20	619.33	921.33	2545.67	1567.90	39.86	98.99	61.23
1987	11952.90	9365.20	717.33	977.33	2948.41	1626.00	57.00	136.57	77.84
1988	11930.20	9053.80	916.03	952.84	2663.00	1520.95	63.71	96.17	74.81
1989	11999.40	9262.00	836.15	915.43	3149.44	1695.13	52.72	118.48	76.75
1990	11889.70	9316.10	823.00	876.40	3303.66	1639.86	67.61	152.29	63.92
1991	12001.90	9040.40	1193.20	896.00	3010.30	1554.28	94.77	127.62	63.67
1992	11936.30	8804.70	1247.90	908.60	3109.61	1650.67	65.85	133.63	87.79
1993	12068.00	8969.00	974.00	1075.00	3639.21	1922.13	66.01	204.50	125.12
1994	12087.70	8810.90	966.70	1242.00	3253.80	1798.42	62.81	225.00	170.54
1995	12136.80	8810.00	1000.10	1271.50	3466.50	1754.18	77.00	298.00	211.66
1996	12257.40	8965.30	933.30	1181.10	3839.90	2026.76	73.57	278.46	247.26
1997	12276.74	8879.90	868.30	1208.50	3894.66	2372.35	79.00	276.66	269.26
1998	12567.05	9101.98	800.00	1235.90	4009.61	2073.53	72.84	312.13	312.60
1999	12659.90	9032.30	733.30	1316.10	4253.25	2291.46	70.73	349.25	349.42
2000	13136.91	9029.60	779.33	1492.54	4101.50	2235.95	70.38	392.55	364.73
2001	13127.70	8822.79	858.20	1443.97	4119.88	2299.71	82.77	362.49	399.12
2002	13359.80	8975.10	793.10	1537.00	4209.98	2248.39	76.49	420.68	427.01
2003	13684.40	8923.30	926.67	1569.90	3569.47	2292.50	37.67	309.91	430.38
2004	13805.69	8970.07	951.80	1554.96	4260.00	2480.93	66.67	408.75	507.07
2005	13922.63	9153.41	781.47	1605.83	4582.00	2577.69	67.70	449.60	555.69
2006	13995.39	9455.80	748.20	1489.10	5112.30	2936.50	81.00	460.07	591.78
2007	14087.84	9468.03	700.00	1497.41	5245.22	2980.21	75.00	483.98	663.49
2008	14181.67	9600.00	606.00	1518.32	5365.48	3051.00	66.37	505.34	714.09
2009	14196.59	9683.61	537.33	1541.22	5389.00	3056.00	51.75	532.98	755.90
2010	14248.69	9740.17	467.30	1564.12	5437.10	3082.22	44.72	540.72	795.99
2011	14258.61	9859.87	396.67	1578.91	5542.50	3123.00	38.24	532.36	833.58
2012	14262.17	9985.15	256.67	1573.63	5638.60	3177.35	25.69	569.51	870.43
2013	14323.54	10081.81	186.67	1589.93	5713.69	3226.44	18.97	589.08	888.30

2-4　主要农作物播种面积

单位：千公顷

指　标	2000年	2005年	2009年	2010年	2011年	2012年	2013年
农作物总播种面积	**13136.91**	**13922.63**	**14196.59**	**14248.69**	**14258.61**	**14262.17**	**14323.54**
粮食作物	**9029.60**	**9153.41**	**9683.61**	**9740.17**	**9859.87**	**9985.15**	**10081.81**
夏收粮食	4997.97	5027.33	5290.00	5306.67	5353.33	5366.67	5393.33
秋收粮食	4031.63	4126.08	4393.61	4433.50	4506.54	4618.48	4688.48
谷物	7743.72	8093.85	8838.97	8920.89	9055.35	9152.78	9276.11
稻谷	459.59	511.07	611.30	628.00	638.00	648.16	641.33
小麦	4922.33	4962.67	5263.30	5280.00	5323.33	5340.00	5366.66
玉米	2201.33	2508.31	2895.42	2946.00	3025.00	3100.00	3203.33
谷子	80.33	41.31	37.96	36.37	35.87	35.37	35.53
高粱	12.87	6.41	3.97	3.85	3.15	2.58	2.59
其他谷物	67.27	64.08	27.02	26.67	30.00	26.67	26.67
# 大麦	67.27	54.03	25.20	26.67	30.00	26.67	26.67
豆类	683.43	616.53	529.29	513.40	505.87	520.45	503.78
大豆	564.73	533.58	467.00	452.98	445.69	460.52	443.85
绿豆	90.39	66.16	58.05	53.31	54.29	55.29	54.07
红薯(按折粮薯类计算)	602.45	443.03	315.35	305.88	298.65	311.92	301.92
油料	**1492.54**	**1605.83**	**1541.22**	**1564.12**	**1578.91**	**1573.63**	**1589.93**
花生	984.80	979.34	975.35	989.49	1010.58	1007.11	1037.27
油菜籽	248.30	407.79	381.96	393.26	383.45	380.42	371.33
芝麻	254.93	210.53	177.46	175.96	177.49	180.67	175.80
棉花	**779.33**	**781.47**	**537.33**	**467.30**	**396.67**	**256.67**	**186.67**
麻类	**16.52**	**13.52**	**7.48**	**7.44**	**8.13**	**8.1**	**6.54**
黄红麻	15.26	13.29	7.33	7.35	8.12	6.6	6.54
甘蔗	**5.20**	**4.75**	**5.00**	**3.92**	**3.96**	**3.96**	**3.95**
烟叶	**166.35**	**132.27**	**127.03**	**122.15**	**124.70**	**125.42**	**137.15**
烤烟叶	163.29	127.13	116.78	122.07	124.67	125.42	137.15
药材类	**60.55**	**174.20**	**117.77**	**121.87**	**123.10**	**122.73**	**121.20**
蔬菜(含菜用瓜)	**1189.20**	**1595.85**	**1692.21**	**1704.06**	**1720.10**	**1730.28**	**1745.78**
瓜果类(果用瓜)	**305.39**	**333.61**	**333.02**	**341.75**	**329.13**	**330.62**	**336.39**
西瓜	254.66	288.16	280.48	284.56	265.74	276.59	282.01
甜瓜	27.86	41.43	46.10	49.46	58.58	49.02	49.07
草莓		3.86	4.23	4.80	4.81	5.01	5.31
其他农作物	**92.23**	**127.72**	**151.92**	**175.91**	**114.04**	**127.09**	**114.12**
# 青饲料	4.25	41.01	9.92	7.51	5.80	4.18	4.19
花卉			86.68	83.93	91.20	71.17	70.97

注：本表2006年及以后数据已与农普数据衔接(2－5、2－6、2－7表同此)。

2-5 主要农作物播种面积构成

单位：%

指　　标	2000年	2005年	2009年	2010年	2011年	2012年	2013年
农作物总播种面积	**100.0**	**100.0**	**100.0**	**100.0**	**100.0**	**100.0**	**100.0**
粮食作物	**68.7**	**65.7**	**68.2**	**68.4**	**69.1**	**70.0**	**70.4**
夏收粮食	38.0	36.1	37.3	37.2	37.5	37.6	37.7
秋收粮食	30.7	29.6	30.9	31.1	31.6	32.4	32.7
谷物	58.9	58.1	62.3	62.6	63.5	64.2	64.8
稻谷	3.5	3.7	4.3	4.4	4.5	4.5	4.5
小麦	37.5	35.6	37.1	37.1	37.3	37.4	37.5
玉米	16.7	18.0	20.4	20.7	21.2	21.7	22.4
谷子	0.6	0.3	0.3	0.3	0.3	0.2	0.2
高粱	0.1				0.0		
其他谷物	0.5	0.5	0.2	0.2	0.2	0.2	0.2
# 大麦	0.5	0.4	0.2	0.2	0.2	0.2	0.2
豆类	5.2	4.4	3.7	3.6	3.5	3.6	3.5
大豆	4.3	3.8	3.3	3.2	3.1	3.2	3.1
绿豆	0.7	0.5	0.4	0.4	0.4	0.3	0.4
红薯(按折粮薯类计算)	4.6	3.2	2.2	2.1	2.1	2.2	2.1
油料	**11.3**	**11.5**	**10.9**	**11.0**	**11.1**	**11.0**	**11.1**
花生	7.5	7.0	6.9	6.9	7.1	7.1	7.2
油菜籽	1.9	2.9	2.7	2.8	2.7	2.7	2.6
芝麻	1.9	1.5	1.3	1.2	1.2	1.3	1.2
棉花	**5.9**	**5.6**	**3.8**	**3.3**	**2.8**	**1.8**	**1.3**
生麻	**0.1**	**0.1**	**0.1**	**0.1**	**0.1**	**0.1**	
黄红麻	0.1	0.1	0.1	0.1	0.1		0.0
甘蔗							0.0
烟叶(未加工烟草)	**1.3**	**1.0**	**0.9**	**0.9**	**0.9**	**0.9**	**1.0**
烤烟叶	1.2	0.9	0.9	0.9	0.9	0.9	1.0
药材类	**0.5**	**1.3**	**0.8**	**0.9**	**0.9**	**0.9**	**0.8**
蔬菜及食用菌	**9.1**	**11.5**	**11.9**	**12.0**	**12.0**	**12.1**	**12.2**
瓜果类(果用瓜)	**2.3**	**2.4**	**2.3**	**2.4**	**2.3**	**2.3**	**2.3**
西瓜	1.9	2.1	2.0	2.0	1.9	1.9	2.0
甜瓜	0.2	0.3	0.3	0.3	0.4	0.3	0.3
其他农作物		**0.9**	**1.1**	**1.2**	**0.8**	**0.9**	**0.8**
# 青饲料		0.3	0.1		0.0		0.0
花卉			0.6	0.6	0.6	0.5	0.5

2-6 主要农作物产品产量

单位：万吨

指 标	2000年	2005年	2009年	2010年	2011年	2012年	2013年
粮食作物	**4101.50**	**4582.00**	**5389.00**	**5437.10**	**5542.50**	**5638.60**	**5713.69**
夏收粮食	2268.05	2609.21	3065.00	3090.70	3131.50	3186.00	3235.19
秋收粮食	1833.45	1972.79	2324.00	2346.40	2411.00	2452.60	2478.50
谷物	3669.73	4277.48	5159.87	5207.14	5308.08	5431.43	5522.72
稻谷	318.82	359.77	451.00	471.19	474.50	492.55	485.80
小麦	2235.95	2577.69	3056.00	3082.22	3123.00	3177.35	3226.44
玉米	1074.97	1298.00	1634.00	1634.79	1696.50	1747.75	1796.50
谷子	7.86	11.17	11.00	10.11	5.30	4.91	4.97
高粱	2.00	1.93	0.37	0.35	0.28	0.22	0.26
其他谷物	30.13	28.92	7.50	8.48	8.50	8.65	8.75
# 大麦	30.13	28.18	7.38	8.48	8.50	8.65	8.75
豆类	140.13	74.44	93.00	93.34	95.15	84.56	78.83
大豆	115.78	58.07	86.00	86.37	88.04	78.13	72.94
绿豆	13.11	10.00	6.40	6.42	6.54	6.01	5.42
红薯(按折粮薯类计算)	291.64	230.08	136.13	136.62	139.27	122.61	112.14
油料	**392.55**	**449.60**	**532.98**	**540.72**	**532.36**	**569.51**	**589.08**
花生	335.88	338.30	412.56	427.61	429.79	454.03	471.37
油菜籽	33.76	87.71	93.07	88.87	77.32	87.61	89.80
芝麻	21.99	22.08	26.17	23.22	24.14	26.76	26.86
棉花	**70.38**	**67.70**	**51.75**	**44.72**	**38.24**	**25.69**	**18.97**
生麻	**3.64**	**3.76**	**4.62**	**3.88**	**4.35**	**3.67**	**3.65**
黄红麻	3.29	3.69	4.56	3.84	4.35	3.67	3.65
甘蔗	**32.57**	**25.20**	**28.27**	**26.12**	**26.69**	**26.88**	**28.31**
烟叶(未加工烟草)		**28.84**	**29.73**	**28.75**	**29.25**	**30.67**	**34.65**
烤烟叶	27.18	28.06	29.73	28.74	29.24	30.67	34.65
蔬菜及食用菌	**3981.78**	**5880.25**	**6370.38**	**6624.26**	**6709.74**	**7011.68**	**7112.51**
瓜果类(果用瓜)	**1093.55**	**1286.47**	**1472.19**	**1598.01**	**1580.54**	**1664.61**	**1711.37**
西瓜	919.42	1158.37	1279.36	1389.19	1346.71	1467.76	1508.00
甜瓜	79.98	120.50	164.50	185.79	219.86	182.00	188.55
草莓		7.60	12.14	12.68	13.97	14.85	14.82

2-7 主要农作物单位面积产量

单位：公斤/公顷

指　　标	2000年	2005年	2009年	2010年	2011年	2012年	2013年
粮食作物	**4542**	**5006**	**5565**	**5582**	**5621**	**5647**	**5667**
夏收粮食	4538	5190	5794	5824	5850	5937	5999
秋收粮食	4548	4781	5289	5292	5350	5310	5286
谷物	4739	5285	5838	5837	5862	5934	5954
稻谷	6937	7040	7378	7504	7437	7599	7575
小麦	4542	5194	5806	5838	5867	5950	6012
玉米	4883	5175	5643	5549	5608	5638	5608
谷子	978	2704	2898	2780	1478	1388	1399
高粱	1554	3011	932	909	889	853	1004
其他谷物	4479	4513	2776	3180	2833	3243	3281
# 大麦	4479	5216	2929	3180	2833	3243	3281
豆类	2050	1207	1757	1819	1881	1625	1565
大豆	2050	1088	1842	1907	1975	1697	1643
绿豆	1450	1511	1102	1204	1205	1087	1002
红薯(按折粮薯类计算)	4841	5193	4317	4466	4663	3931	3714
油料	**2630**	**2800**	**3458**	**3457**	**3372**	**3619**	**3705**
花生	3411	3454	4230	4322	4253	4508	4544
油菜籽	1360	2151	2437	2260	2016	2303	2418
芝麻	863	1049	1475	1320	1360	1481	1528
棉花	**903**	**866**	**963**	**957**	**964**	**1001**	**1016**
生麻	**2203**	**2781**	**3856**	**5218**	**5351**	**5552**	**5582**
黄红麻	2156	2777	3853	5221	5357	5562	5582
甘蔗	**62635**	**53053**	**61910**	**66622**	**67399**	**67709**	**71678**
烟叶(未加工烟草)	**1659**	**2180**	**2341**	**2353**	**2346**	**2446**	**2527**
烤烟叶	1665	2207	2662	2353	2375	2446	2526
蔬菜及食用菌	**26641**	**36847**	**37645**	**38873**	**39008**	**40523**	**40741**
瓜果类(果用瓜)	**35808**	**38562**	**45111**	**46759**	**48022**	**50348**	**50874**

2-8 各市农作物播种面积和产量(2013年)

地 区	农作物总播种面积(千公顷)	粮食作物			夏收粮食		
		播种面积(千公顷)	总产量(万吨)	公顷产量(公斤)	播种面积(千公顷)	总产量(万吨)	公顷产量(公斤)
郑州市	503.51	363.42	168.27	4630	175.79	80.46	4577
开封市	800.17	482.08	272.54	5653	298.30	176.54	5918
洛阳市	705.09	528.82	219.83	4157	251.42	96.66	3845
平顶山市	551.18	418.73	201.06	4802	206.48	99.05	4797
安阳市	754.28	562.53	354.34	6299	307.66	191.67	6230
鹤壁市	192.55	169.46	117.74	6948	87.57	61.09	6976
新乡市	802.81	627.78	405.95	6467	340.38	231.14	6791
焦作市	354.72	274.36	205.62	7495	142.07	108.92	7667
濮阳市	502.59	389.61	261.51	6712	219.04	151.49	6916
许昌市	607.88	437.32	283.63	6486	216.46	154.10	7119
漯河市	369.60	267.26	173.58	6495	141.97	99.16	6985
三门峡市	251.91	169.44	61.50	3630	80.82	27.60	3415
南阳市	1865.54	1177.92	617.21	5240	676.85	366.18	5410
商丘市	1400.76	980.81	644.16	6568	574.50	404.52	7041
信阳市	1228.99	843.76	586.04	6946	316.86	145.83	4602
周口市	1719.83	1209.42	793.87	6564	670.21	498.49	7438
驻马店市	1663.32	1193.78	708.45	5934	675.65	434.48	6431
济源市	57.79	41.98	22.17	5281	19.58	11.00	5616

2-8 续表 1

地 区	秋收粮食			谷物合计					
							稻谷		
	播种面积(千公顷)	总产量(万吨)	公顷产量(公斤)	播种面积(千公顷)	总产量(万吨)	公顷产量(公斤)	播种面积(千公顷)	总产量(万吨)	公顷产量(公斤)
郑州市	187.63	87.81	4680	337.17	157.07	4658	0.65	0.52	7955
开封市	183.79	95.99	5223	447.24	259.25	5797	7.41	4.69	6326
洛阳市	277.40	123.17	4440	464.75	196.37	4225	2.08	1.14	5468
平顶山市	212.25	102.02	4806	382.29	184.47	4825	1.79	1.20	6700
安阳市	254.87	162.67	6382	548.17	346.59	6323	0.40	0.35	8736
鹤壁市	81.89	56.65	6918	166.60	116.56	6996			
新乡市	287.40	174.81	6082	599.41	395.62	6600	37.33	26.26	7035
焦作市	132.29	96.69	7310	266.94	201.69	7556	5.70	4.54	7956
濮阳市	170.57	110.02	6450	369.01	253.05	6858	43.10	33.82	7848
许昌市	220.85	129.53	5865	390.75	263.70	6749			
漯河市	125.29	74.42	5940	249.50	168.52	6754			
三门峡市	88.62	33.90	3825	138.60	52.33	3776			
南阳市	501.06	251.03	5010	1038.29	570.59	5495	46.26	31.62	6835
商丘市	406.31	239.64	5898	901.80	619.16	6866	0.26	0.16	6273
信阳市	526.90	440.21	8355	808.33	576.38	7131	458.85	415.89	9064
周口市	539.20	295.38	5478	1067.88	740.45	6934	0.58	0.52	9000
驻马店市	518.14	273.96	5288	1146.27	690.77	6026	29.99	18.35	6118
济源市	22.40	11.17	4987	39.23	21.51	5483			

2-8 续表 2

地区	小麦			玉米		
	播种面积（千公顷）	总产量（万吨）	公顷产量（公斤）	播种面积（千公顷）	总产量（万吨）	公顷产量（公斤）
郑州市	175.79	80.46	4577	159.20	75.75	4758
开封市	298.29	176.54	5918	141.25	77.85	5512
洛阳市	251.40	96.66	3845	195.62	93.02	4755
平顶山市	206.39	99.03	4798	173.99	84.19	4839
安阳市	307.66	191.67	6230	233.96	152.58	6522
鹤壁市	87.57	61.09	6976	78.01	55.20	7076
新乡市	339.98	230.88	6791	220.35	137.74	6251
焦作市	142.07	108.92	7667	119.05	88.20	7409
濮阳市	219.04	151.49	6916	106.42	67.53	6346
许昌市	216.46	154.10	7119	174.11	109.49	6289
漯河市	141.96	99.16	6985	107.52	69.35	6450
三门峡市	80.82	27.60	3415	55.80	24.18	4333
南阳市	672.35	364.77	5425	317.82	173.71	5466
商丘市	573.61	403.94	7042	327.22	214.52	6556
信阳市	314.42	145.62	4631	32.62	14.66	4494
周口市	670.10	498.46	7439	397.00	241.41	6081
驻马店市	671.51	432.92	6447	440.61	237.87	5399
济源市	19.58	11.00	5618	19.61	10.50	5354

2-8 续表 3

地区	豆类合计			大豆		
	播种面积（千公顷）	总产量（万吨）	公顷产量（公斤）	播种面积（千公顷）	总产量（万吨）	公顷产量（公斤）
郑州市	12.63	2.33	1845	9.57	1.82	1906
开封市	17.45	4.75	2722	16.71	4.56	2728
洛阳市	33.84	5.87	1735	23.32	3.68	1580
平顶山市	15.03	3.82	2542	12.70	3.42	2696
安阳市	5.93	1.66	2799	5.40	1.55	2863
鹤壁市	1.26	0.29	2302	1.00	0.25	2526
新乡市	18.42	4.50	2443	18.11	4.43	2446
焦作市	4.47	1.33	2975	4.23	1.26	2988
濮阳市	14.74	3.52	2388	14.30	3.41	2388
许昌市	15.19	3.31	2179	14.81	3.28	2214
漯河市	10.24	1.69	1650	10.24	1.69	1647
三门峡市	23.92	4.52	1890	18.42	3.59	1948
南阳市	79.46	15.26	1908	60.17	11.36	1888
商丘市	57.96	15.45	2666	54.18	14.16	2614
信阳市	16.26	1.67	1027	13.44	1.39	1037
周口市	107.14	29.37	2741	99.13	27.41	2766
驻马店市	30.17	7.28	2413	26.86	6.45	2401
济源市	1.80	0.28	1556	1.49	0.24	1630

2-8 续表 4

地 区	红薯			油料合计					
							花 生		
	播种面积（千公顷）	总产量（万吨）	公顷产量（公斤）	播种面积（千公顷）	总产量（万吨）	公顷产量（公斤）	播种面积（千公顷）	总产量（万吨）	公顷产量（公斤）
郑州市	13.61	8.86	6510	50.26	17.39	3460	39.91	15.84	3969
开封市	17.39	8.54	4911	110.14	47.64	4325	102.33	45.35	4432
洛阳市	30.24	17.59	5817	45.92	13.49	2938	26.81	9.94	3708
平顶山市	21.41	12.77	5965	52.97	16.03	3026	27.51	10.93	3973
安阳市	8.43	6.09	7224	60.04	27.30	4547	52.62	25.99	4939
鹤壁市	1.60	0.89	5563	10.26	3.09	3012	9.23	2.97	3218
新乡市	9.94	5.84	5875	82.73	34.01	4122	77.49	32.73	4224
焦作市	2.95	2.60	8814	18.95	9.12	4813	17.20	8.74	5081
濮阳市	5.87	4.94	8416	38.40	17.63	4591	37.41	17.30	2028
许昌市	31.38	16.61	5293	29.48	9.80	3324	18.35	7.08	3858
漯河市	7.51	3.38	4501	13.44	4.05	3013	6.80	2.56	3765
三门峡市	6.92	4.65	6720	17.29	3.56	2059	5.18	1.49	2876
南阳市	60.17	31.36	5212	323.19	126.99	3929	211.87	102.91	4857
商丘市	21.05	9.55	4537	90.83	42.15	4641	74.27	36.85	4962
信阳市	19.18	7.99	4166	235.69	64.82	2750	55.49	24.12	4347
周口市	34.39	24.04	6990	106.99	39.84	3724	63.24	30.82	4873
驻马店市	17.34	10.40	6000	302.13	111.92	3704	210.85	95.50	4529
济源市	0.95	0.38	4000	1.21	0.20	1653	0.71	0.15	2113

2-8 续表 5

地 区	油菜籽			芝麻			棉 花		
	播种面积（千公顷）	总产量（万吨）	公顷产量（公斤）	播种面积（千公顷）	总产量（万吨）	公顷产量（公斤）	播种面积（千公顷）	总产量（万吨）	公顷产量（公斤）
郑州市	8.89	1.38	1552	1.46	0.17	1162	2.08	0.20	982
开封市	7.28	2.19	3008	0.53	0.10	1887	23.34	2.66	1138
洛阳市	12.28	2.35	1914	4.10	0.78	1912	2.58	0.25	986
平顶山市	20.13	4.34	2156	5.33	0.76	1425	1.81	0.18	971
安阳市	6.98	1.26	1805	0.40	0.04	1089	5.85	0.66	1121
鹤壁市	0.87	0.11	1264	0.16	0.01	578	0.52	0.04	712
新乡市	5.01	1.25	2495	0.24	0.03	1391	7.35	0.79	1075
焦作市	1.64	0.37	2256	0.09	0.01	1129	2.05	0.20	978
濮阳市	0.94	0.32	3404	0.06	0.01	1750	4.04	0.40	987
许昌市	10.13	2.51	2478	1.01	0.21	2110	4.56	0.38	839
漯河市	5.21	1.28	2457	1.44	0.21	1494	8.01	0.79	990
三门峡市	8.20	1.29	1573	1.28	0.17	1357	1.57	0.12	745
南阳市	51.94	14.10	2715	59.38	9.98	1682	35.04	3.36	960
商丘市	13.64	4.79	3512	2.92	0.51	1736	31.00	3.07	991
信阳市	166.63	39.09	2346	13.58	1.61	1189	1.44	0.13	936
周口市	10.62	3.52	3315	33.14	5.51	1662	47.23	5.06	1072
驻马店市	40.66	9.70	2386	50.62	6.72	1328	8.07	0.85	1055
济源市	0.43	0.05	1163	0.08	0.01	684	0.14	0.01	950

2-8 续表 6

地　区	烟叶(未加工烟草)			烤烟			蔬菜及食用菌		
	播种面积(千公顷)	总产量(万吨)	公顷产量(公斤)	播种面积(千公顷)	总产量(万吨)	公顷产量(公斤)	播种面积(千公顷)	总产量(万吨)	公顷产量(公斤)
郑 州 市	0.85	0.24	2776	0.85	0.24	2776	74.40	301.23	40487
开 封 市							138.62	648.22	46761
洛 阳 市	28.58	7.55	2644	28.58	6.48	2645	60.23	252.97	42002
平顶山市	18.50	3.87	2094	18.50	3.30	2094	48.93	252.29	51558
安 阳 市							109.78	567.01	51652
鹤 壁 市							10.73	53.81	50171
新 乡 市							66.06	304.98	46167
焦 作 市							41.19	234.26	56877
濮 阳 市							63.69	262.21	41169
许 昌 市	16.29	4.98	3054	16.29	4.64	3054	49.81	220.23	44212
漯 河 市	9.24	1.42	1538	9.24	1.28	1538	57.85	199.81	34542
三门峡市	19.60	4.30	2192	19.60	3.91	2192	31.57	112.20	35545
南 阳 市	24.27	6.78	2794	24.27	5.78	2794	247.12	1007.18	40756
商 丘 市	3.98	1.48	3712	3.98	1.26	3712	220.28	964.09	43766
信 阳 市	0.91	0.28	3089	0.91	0.27	3089	110.36	335.18	30371
周 口 市	4.22	1.41	3338	4.22	1.31	3338	240.49	923.72	38410
驻马店市	8.39	2.03	2421	8.39	1.95	2421	117.30	432.50	36873
济 源 市	2.33	0.31	1352	2.33	0.28	1352	8.70	35.05	40272

2-8 续表 7

地　区	瓜果类(果用瓜)			西瓜			甜瓜		
	播种面积(千公顷)	总产量(万吨)	公顷产量(公斤)	播种面积(千公顷)	总产量(万吨)	公顷产量(公斤)	播种面积(千公顷)	总产量(万吨)	公顷产量(公斤)
郑 州 市	10.53	39.37	37383	9.56	37.02	38734	0.37	0.84	22698
开 封 市	44.75	219.30	49011	41.74	207.42	49697	3	11.87	39559
洛 阳 市	6.43	21.18	32960	5.05	18.45	36529	1.21	2.49	20575
平顶山市	8.51	34.63	40691	6.81	30.26	44418	1.51	4.29	28425
安 阳 市	14.05	85.23	60646	11.11	67.92	61091	2.89	17.17	59464
鹤 壁 市	0.39	1.98	51422	0.33	1.76	53689	0.06	0.22	38603
新 乡 市	6.62	29.40	44405	6.04	26.39	43730	0.58	2.99	51795
焦 作 市	4.46	25.15	56358	3.98	22.7	57047	0.48	2.43	51171
濮 阳 市	6.31	31.07	49266	4.81	25.66	53411	1.11	4.02	36336
许 昌 市	8.37	29.77	35558	5.91	26.99	45672	2.26	2.68	11856
漯 河 市	13.72	45.97	33516	8.87	33.1	37333	4.76	12.85	26989
三门峡市	4.28	11.73	27384	3.64	10.33	28362	0.39	0.8	20586
南 阳 市	29.52	163.83	55497	23.67	147.06	62119	5.41	15.92	29429
商 丘 市	56.36	323.94	57474	48.77	290.58	59586	7.34	32.08	43731
信 阳 市	23.09	101.73	44062	17.85	83.34	46684	3.49	14.29	41000
周 口 市	75.16	415.82	55328	63.41	367.12	57894	11.64	48.49	41657
驻马店市	24.43	134.37	54994	20.14	111.26	55247	3.51	18.85	53770
济 源 市	0.44	0.74	16858	0.33	0.63	19133	0.11	0.1	9714

2-9　蚕茧、茶叶、水果产量和面积

项　目	2000年	2005年	2009年	2010年	2011年	2012年	2013年
面　积							
茶园面积(千公顷)	20.68	33.09	59.80	65.15	60.43	87.63	97.69
果园面积(千公顷)	355.90	416.63	449.03	455.26	465.53	466.70	475.70
苹果园	206.97	165.78	175.70	177.63	180.54	178.84	176.65
梨园	30.87	39.23	47.07	47.28	49.55	51.99	52.32
葡萄园	16.75	26.17	29.58	29.90	30.22	29.60	32.39
猕猴桃园		6.90	8.89	9.20	9.61	10.24	10.30
桃园	29.11	60.22	70.31	73.90	75.49	76.27	76.39
柑桔园	4.88	10.05	10.66	10.85	10.78	10.99	11.54
其他果园	67.30	108.30	106.82	106.50	109.34	108.77	116.11
产　量							
茶叶产量(吨)	9163	16902	35519	42732	49447	51374	55891
园林水果产量(万吨)	364.73	555.69	755.90	795.99	833.58	870.43	888.30
苹果	238.90	300.62	388.63	408.96	420.32	436.70	443.15
梨	33.30	65.47	92.26	94.66	100.50	104.39	107.73
葡萄	20.83	41.26	46.11	48.41	40.13	55.20	55.67
鲜枣	17.78	26.81	38.78	39.19	49.60	40.60	41.55
柿	15.88	25.86	41.57	44.38	49.60	54.26	54.63
桃	26.63	60.10	93.86	101.74	108.57	110.61	110.12
柑桔	2.12	3.59	4.01	4.17	3.94	4.04	4.81
其他园林水果	9.29	31.98	50.68	74.48	60.43	64.63	70.64
食用坚果产量(吨)							
核桃	17143	25339	44816	55407	80483	109716	130428
板栗	85650	112351	237725	206517	250072	220885	242671

2-10 各市水果产量(2013年)

单位：吨

地区	水果总产量	#苹果	#梨	#葡萄	#枣	#柿	#桃
郑州市	298583	60982	20513	36545	69068	18386	46977
开封市	544663	323453	34014	32736	19623	18561	98784
洛阳市	782055	429601	40862	92084	25660	68756	49101
平顶山市	102449	20335	15601	9193	1746	15787	32773
安阳市	680540	278639	49040	29947	123601	71966	97961
鹤壁市	46887	21345	4845	4469	6119	3868	6234
新乡市	170034	56685	16201	13970	7116	9180	59821
焦作市	311920	173982	23513	16957	5475	9277	76474
濮阳市	261195	180771	23988	11687	10228	3602	13801
许昌市	74848	25167	19553	16730	255	1468	10603
漯河市	110470	2448	17782	57581	163	1755	21985
三门峡市	2080503	1664086	30802	35525	70921	142378	90871
南阳市	813243	48763	75370	19051	26962	42982	148154
商丘市	1819543	1036050	531051	97998	10807	35378	89241
信阳市	134111	3551	49776	23753	4089	15787	33786
周口市	452636	82756	75698	37054	21492	75122	154199
驻马店市	151875	9352	43520	21145	4192	7226	64843
济源市	39626	13525	5401	174	171	4841	5688

2-11 各市果园面积(2013年)

单位：千公顷

地区	果园总面积	#苹果园面积	#梨园面积	#葡萄园面积	#柑橘园面积	#猕猴桃园面积	#桃园面积
郑州市	23.96	4.03	1.37	1.94		0.02	3.10
开封市	24.81	14.88	1.72	2.22		0.00	3.97
洛阳市	41.27	23.42	2.23	2.86		0.08	2.53
平顶山市	14.26	1.53	1.76	0.82		0.03	6.13
安阳市	48.18	12.76	2.45	2.24			5.34
鹤壁市	5.17	2.08	0.34	0.31		0.00	0.46
新乡市	13.61	4.24	1.13	0.66		0.01	4.46
焦作市	12.85	4.88	1.07	0.65			3.68
濮阳市	11.33	6.26	0.86	0.76			1.08
许昌市	7.27	3.07	0.98	1.32		0.01	1.26
漯河市	3.84	0.09	0.69	1.88		0.02	1.06
三门峡市	66.94	52.69	1.45	2.04		0.01	3.29
南阳市	79.50	8.86	13.15	2.30	11.31	10.03	16.11
商丘市	44.79	27.66	8.30	3.80		0.01	2.98
信阳市	15.45	0.34	4.21	2.86	0.23	0.07	5.07
周口市	24.53	5.17	4.56	2.57			6.21
驻马店市	24.29	2.36	6.75	3.04		0.01	7.72
济源市	3.64	0.79	0.31	0.06			0.31

2-12　林业生产情况

项　目	单　位	2000年	2005年	2009年	2010年	2011年	2012年	2013年
营林情况								
当年造林面积	千公顷	241.32	186.72	416.13	277.11	237.74	228.29	253.91
# 竹林面积	千公顷	0.82						
退耕还林面积	千公顷	32.83	31.13					
按造林方式分								
人工造林面积	千公顷	206.45	173.38	382.13	210.92	193.50	205.97	201.21
飞机播种造林面积	千公顷	34.87	13.34					
按造林用途分								
用材林	千公顷	56.77	73.90	156.30	69.10	56.85	45.51	55.70
速生丰产林		18.97	5.85	9.17	17.30			
经济林	千公顷	69.10	39.00	47.61	37.12	28.75	34.54	41.44
防护林	千公顷	113.80	72.93	212.16	170.64	150.57	147.82	156.77
薪炭林	千公顷	0.50	0.74					
特种用材林	千公顷	1.10	0.15	0.07				
迹地更新面积	千公顷	10.50	0.84	0.90				
封山育林面积	千公顷	475.50	385.92	299.83	367.46	420.24	347.38	362.78
零星(四旁)植树	万株	25806	30639	29905	27328	23793	21919	22948
幼林抚育作业面积	千公顷次	978.00	1239.02	1066.68	973.16	586.73	514.66	400.73
成林抚育面积	千公顷	694.80	959.92	1160.76	951.21	710.16	768.51	323.95
当年苗木产量	万株	225347	201169	185463	153503	221244	206152	239485
育苗面积	千公顷	18.20	28.65	59.51	34.94	84.42	36.51	42.55
本年新育面积	千公顷	13.30	18.20	25.30				
主要林产品产量								
生漆	吨	569	955	1563	2034	2045	2100	2209
油桐籽	吨	57054	45802	72416	120701	115872	96241	83830
油茶籽	吨	3270	8079	19347	20823	22375	25799	17460
乌桕籽	吨	1157	2557	11426	11631	11075	10052	10825
五倍子	吨	934	1709	3350	3986	4075	4131	4181
竹木采伐								
# 村及村以下								
木材	万立方米	306.00	59.65	101.16	149.67	279.00	278.45	243.13
竹材	万根	158.00	40.00	425.22	76.50	167.50	159.79	125.85

注：2003年之后竹木采伐量因统计口径发生变化，与以前数据不可比。

2-13 主要农产品产量与历史最高年份比较

指　　标	单位	2013年	建国以来历史最高年		2013年为建国以来最高的%
			年份	产量	
农产品					
粮食总产量	万吨	5713.69	2013	5713.69	100.0
夏收粮食	万吨	3235.19	2013	3235.19	100.0
#小麦	万吨	3226.44	2013	3226.44	100.0
秋收粮食	万吨	2478.50	2013	2478.50	100.0
#稻谷	万吨	485.80	2012	492.55	98.6
红薯	万吨	112.14	1973	478.50	23.4
玉米	万吨	1796.50	2013	1796.50	100.0
大豆	万吨	72.94	1981	154.00	47.4
棉花	万吨	18.97	1991	94.77	20.0
油料总产量	万吨	589.08	2013	589.08	100.0
油菜籽	万吨	89.80	2008	97.07	92.6
花生	万吨	471.37	2013	471.37	100.0
芝麻	万吨	26.86	2002	27.64	97.2
生麻	万吨	3.65	1985	43.85	8.3
甘蔗	万吨	28.31	2000	32.57	86.9
烟叶(未加工烟草)	万吨	34.65	1988	51.98	66.6
茶叶	万吨	5.59	2013	5.59	100.0
桑蚕茧	万吨	1.81	2008	2.19	82.6
柞蚕茧	万吨	0.69	2010	0.72	95.8
水果总产量	万吨	888.30	2013	888.30	100.0
苹果	万吨	443.15	2013	443.15	100.0
梨	万吨	107.73	2013	107.73	100.0
葡萄	万吨	55.67	2013	55.67	100.0
鲜枣	万吨	41.55	2013	41.55	100.0
柿子	万吨	54.63	2013	54.63	100.0
畜产品					
大牲畜存栏头数	万头	936.80	2008	1097.55	85.4
牛	万头	905.11	2008	1051.00	86.1
猪存栏头数	万头	4426.74	2012	4587.28	96.5
羊存栏只数	万只	1830.30	2008	2038.00	89.8
山羊	万只	1752.60	2008	1895.00	92.5
绵羊	万只	77.70	2009	199.20	39.0
水产品					
水产品总量	万吨	116.65	2013	116.65	100.0
水产品养殖产量	万吨		—	—	—

2-14 历年农业生产条件

年份	乡村从业人员(万人)	#农、林、牧、渔业	年底常用耕地面积(千公顷)	农用机械总动力(万千瓦)	农田有效灌溉面积(千公顷)	化肥施用折纯量(万吨)	农村用电量(亿千瓦小时)	农药施用实物量(万吨)	农用塑料薄膜使用量(万吨)
1979	2429	2300	7138.70	1079.30	3636.00	60.05	14.59		
1980	2505	2365	7128.10	1178.00	3536.23	72.52	17.23		
1981	2576	2457	7121.30	1262.10	3388.00	81.90	20.85		
1982	2669	2515	7109.30	1356.30	3265.33	105.50	22.76		
1983	2711	2537	7100.70	1405.90	3210.00	130.67	23.50		
1984	2819	2565	7079.30	1507.00	3278.67	140.16	25.83		
1985	2932	2558	7033.20	1590.00	3189.97	143.58	28.33		
1986	2998	2561	6998.90	1737.90	3212.71	148.73	33.30		
1987	3096	2583	6972.60	1865.90	3250.07	135.58	37.29		
1988	3212	2636	6956.40	2004.20	3358.76	150.57	40.81		
1989	3284	2706	6944.40	2153.40	3438.00	184.25	45.20		
1990	3424	2820	6933.20	2264.00	3550.09	213.18	46.93	3.31	2.75
1991	3511	2913	6920.00	2330.40	3676.59	239.74	52.06	3.88	3.15
1992	3601	2947	6887.80	2424.40	3779.72	251.13	59.58	4.76	3.45
1993	3658	2902	6871.00	2624.00	3868.33	288.21	61.10	5.44	3.84
1994	3717	2859	6830.00	2780.50	3931.30	292.47	70.54	6.53	4.87
1995	3773	2808	6805.80	3115.40	4044.19	322.21	85.07	7.56	5.32
1996	3848	2816	6786.30	4256.40	4191.05	345.33	103.66	8.33	6.17
1997	4015	2903	6773.40	4337.90	4333.06	355.31	118.27	8.49	6.95
1998	4067	2940	6834.00	4764.40	4513.86	382.80	121.21	9.10	7.49
1999	4311	3299	6825.90	5342.90	4648.78	399.85	122.54	9.61	7.94
2000	4712	3559	6875.25	5780.60	4725.31	420.71	125.80	9.55	9.19
2001	4688	3472	6907.30	6078.70	4766.00	441.73	134.61	9.85	9.41
2002	4691	3393	7262.80	6548.20	4802.36	468.83	141.36	10.20	9.86
2003	4695	3321	7187.20	6953.20	4792.22	467.89	144.59	9.87	9.88
2004	4718	3235	7177.50	7519.59	4808.31	493.16	157.69	10.12	10.16
2005	4752	3128	7201.18	7934.23	4864.33	518.14	172.15	10.51	10.84
2006	4777	3039	7202.38	8309.31	4918.80	540.43	188.81	11.16	11.84
2007	4815	2910	7201.87	8718.71	4955.84	569.68	223.89	11.80	12.66
2008	4859	2837	7202.20	9429.30	4989.20	601.68	237.36	11.91	13.07
2009	4882	2754		9817.90	5033.00	628.67	257.76	12.14	14.14
2010	4915	2698		10195.94	5081.00	655.15	269.41	12.49	14.70
2011	4911	2655		10515.80	5150.44	673.71	281.82	12.87	15.16
2012	4905	2611		10872.73	5205.63	684.43	290.03	12.83	15.52
2013	4851	2541		11150.00	4975.97	696.37	305.42	13.01	16.78

2-15 耕地面积

指 标	单位	1980年	1990年	1995年	2000年	2006年	2008年
年末耕地总资源	**千公顷**					**7926.6**	**7926.4**
年末常用耕地面积	**千公顷**	**7128.1**	**6933.2**	**6805.8**	**6875.3**	**7202.4**	**7202.2**
水田	千公顷	423.7	397.6	446.6	460.8	645.2	659.0
占年末常用耕地面积比重	%	5.9	5.7	6.6	6.7	9.0	9.1
水浇地	千公顷					3090.0	3241.8
占年末常用耕地面积比重	%					42.9	45.0
当年增加耕地面积	**千公顷**	**7.9**	**3.1**	**6.8**	**93.9**	**19.4**	**10.4**
新开荒地面积	千公顷	2.4	1.6	2.5	5.5	8.5	7.0
占增加耕地面积比重	%	30.4	51.6	36.8	5.9	43.8	66.8
当年减少耕地面积	**千公顷**	**20.1**	**14.4**	**31.0**	**44.6**	**18.2**	**10.1**
国家基建占地	千公顷	6.7	4.1	4.5	12.6	15.8	9.8
占减少耕地面积比重	%	33.3	28.5	14.5	28.3	86.8	96.9
其它基建占地	千公顷					0.7	
占减少耕地面积比重	%				5.8	3.8	
退耕还林还草占地	千公顷					1.1	0.1
占减少耕地面积比重	%				5.4	6.0	6.7
耕地改园地	千公顷					0.6	
占减少耕地面积比重	%					3.3	
平均每百人占有耕地	**公顷**					**7.3**	**7.3**

2-16　主要农业机械和农产品加工机械年末拥有量

指　　标	单位	2000年	2005年	2009年	2010年	2011年	2012年	2013年
农业机械总动力	**万千瓦**	**5780.60**	**7934.23**	**9817.90**	**10195.94**	**10515.79**	**10872.73**	**11149.96**
柴油发动机动力	万千瓦	4859.20	6915.04	8694.90	9029.20	9310.60	9635.65	9887.13
汽油发动机动力	万千瓦	107.90	66.19	50.84	56.29	58.63	64.37	66.77
电动发动机动力	万千瓦	812.40	950.50	1072.10	1110.30	1146.56	1172.67	1196.01
大中型拖拉机(混合台)	台	66200	110840	24692	274400	310700	338500	357800.0
	万千瓦	216.80	366.33	816.84	969.55	1129.08	1283.47	1387.54
小型(包括手扶)拖拉机	万台	224.67	298.45	365.53	358.61	355.76	353.94	351.32
	万千瓦	2317.70	3119.77	3806.10	3797.50	3721.70	3830.16	3801.52
大中型拖拉机配套农具	万部	11.87	23.99	58.25	64.26	73.20	80.22	84.99
小型拖拉机配套农具	万部	357.32	534.67	660.84	666.42	673.46	679.87	675.21
机引犁	万台	196.23	246.50	316.80	318.33	319.57	322.28	323.46
机引耙	万台	110.17	165.51	214.60	214.60	215.63	220.46	215.62
旋耕机	万台	4.08	8.20	15.46	18.38	20.23	21.92	23.41
农用运输车	万辆	131.24	202.26	215.73	219.55	219.62	219.32	218.71
	万千瓦	1406.07	2379.32	2682.30	2744.90	2759.83	2777.65	2793.07
农用排灌动力机械	万台	125.58	149.37	158.21	160.05	163.63	164.89	165.58
	万千瓦	905.90	1048.41	1124.50	1147.75	1229.28	1238.11	1181.04
柴油机	万台	47.52	53.34	54.34	54.00	53.98	54.73	54.68
	万千瓦	458.70	518.28	519.93	525.50	527.30	529.14	529.45
电动机	万台	78.06	95.49	103.87	106.06	108.61	109.36	110.05
	万千瓦	447.20	530.11	604.62	622.25	637.09	642.12	647.37
节水灌溉机械	万套		16.09	14.03	17.37	17.98	19.73	20.81
农用水泵	万台	175.89	203.10	215.03	216.29	223.79	222.87	223.63
联合收割机	台	26900	71750	124330	143760	157738	177106	200232
机动插秧机	部		100	904	1250	2069	2377	2636
机动割晒机	万台	28.38	24.34	8.44	8.28	7.76	6.69	6.20
机动脱粒机	万台	79.15	70.39	56.15	55.73	54.23	53.67	54.61
谷物烘干机	台	100	6300	610	646	577	646	873
种子加工机械	台	110	110	610	643	828	1172	1214
机动喷雾(粉)机	万部	15.58	18.97	24.22	26.19	26.36	27.66	28.58
	万千瓦	24.90	38.57	45.82	50.15	49.93	53.45	54.61
饲草料加工机械		11.53	16.40	15.45	16.92	18.07	18.25	18.44
农产品加工动力机械	万台	67.76	73.95	78.57	80.24	81.63	82.71	83.19
	万千瓦	466.80	533.22	566.40	582.70	582.91	594.05	598.77
柴油机	万台	11.44	13.86	15.67	15.74	16.29	16.28	16.20
	万千瓦	118.70	144.71	155.95	156.71	147.85	153.31	153.75
电动机	万台	53.46	60.06	62.90	64.50	63.08	66.21	66.87
	万千瓦	348.10	387.96	410.47	426.04	432.79	439.83	443.16
农产品加工作业机械	万台	43.18	48.79	47.79	50.82	52.14	54.47	55.72
粮食加工机	万台	32.31	34.70	33.28	34.80	35.11	34.99	35.28
棉花加工机	万台	3.87	4.55	4.69	4.94	4.72	4.51	4.49
油料加工机	万台	6.82	8.21	8.34	8.88	9.03	8.89	9.22

2-17 各市农业机械和农产品加工机械年末拥有量(2013年)

地区	农业机械总动力(万千瓦)	柴油发动机动力	汽油发动机动力	电动机动力	农用大中型拖拉机(台)	农用大中型拖拉机(万千瓦)	小型及手扶拖拉机(万台)	小型及手扶拖拉机(万千瓦)
郑州市	561.48	441.41	4.42	115.65	12890	59.76	11.73	113.06
开封市	712.60	638.27	2.24	72.09	13077	62.83	22.45	239.66
洛阳市	492.04	390.08	5.11	96.85	8477	36.98	18.74	163.16
平顶山市	394.39	330.27	2.10	62.01	19425	68.66	10.38	112.47
安阳市	617.87	502.78	3.43	111.66	12334	63.02	12.93	155.56
鹤壁市	235.05	206.73	0.58	27.73	7750	27.19	7.59	99.28
新乡市	741.42	647.65	1.86	91.85	20092	96.88	17.01	196.06
焦作市	400.62	342.47	1.16	56.99	12072	55.58	5.14	58.83
濮阳市	442.16	370.66	3.30	68.21	10518	47.59	8.88	106.27
许昌市	374.93	308.30	1.05	65.58	8366	44.39	5.13	60.71
漯河市	267.80	251.39	0.28	16.13	6137	34.74	8.95	112.46
三门峡市	175.24	148.47	1.68	25.08	3568	12.95	4.51	41.63
南阳市	1307.85	1194.86	11.41	101.57	38864	161.98	87.23	804.98
商丘市	1176.14	1085.52	7.07	83.55	26313	129.07	22.75	278.51
信阳市	580.01	525.11	4.82	50.07	25084	85.42	18.64	188.36
周口市	1143.72	1080.99	3.78	58.94	29073	137.16	36.14	403.47
驻马店市	1416.20	1331.54	12.11	72.56	100372	249.59	51.30	648.47
济源市	110.47	90.62	0.38	19.47	3404	13.77	1.81	18.59

2-17 续表 1

地区	大中型拖拉机配套农具(部)	小型拖拉机配套农具(万部)	耕整地及种植机械(万台) 机引犁	机引耙	旋耕机	机引播种机	化肥深施机	秸秆粉碎还田机
郑州市	30935	17.35	8.19	7.17	1.07	2.80	0.24	0.92
开封市	33450	32.37	18.29	10.77	1.20	5.00	1.09	0.95
洛阳市	17308	30.63	14.79	12.17	2.31	5.81	0.18	0.32
平顶山市	41102	19.46	9.77	5.03	1.24	5.81	0.08	0.68
安阳市	33494	26.06	11.47	8.73	1.06	4.15	0.46	1.03
鹤壁市	19485	19.24	7.48	7.18	0.26	3.80	0.40	0.40
新乡市	39789	28.20	12.98	10.01	1.42	7.30	0.35	1.36
焦作市	30036	6.76	3.14	1.02	0.78	3.44		1.13
濮阳市	23487	16.65	6.65	4.72	0.79	3.84	1.54	1.17
许昌市	18748	9.11	5.78	1.84	0.70	2.99	0.79	0.64
漯河市	13575	21.01	7.23	7.03	0.54	4.61	0.36	0.80
三门峡市	7163	6.26	2.88	1.34	0.47	0.76	0.09	0.07
南阳市	109165	172.60	88.22	62.31	2.66	20.41	0.85	0.67
商丘市	59456	37.81	16.19	5.68	2.40	9.88	1.95	1.80
信阳市	27089	28.89	15.81	9.60	1.52	0.99	0.68	0.03
周口市	44356	64.36	36.45	17.77	2.40	10.77	1.19	1.01
驻马店市	291826	133.89	57.16	42.68	2.16	38.69	0.91	2.15
济源市	9438	4.56	0.97	0.56	0.43	1.14	0.01	0.17

2-17　续表 2

地　　区	农用排灌动力机械		柴油机		电动机		农用水泵(万台)	节水灌溉机械(万套)
	(万台)	(万千瓦)	(万台)	(万千瓦)	(万台)	(万千瓦)		
郑州市	9.63	76.82	1.84	14.46	7.80	62.36	10.04	1.20
开封市	12.39	78.15	3.25	32.81	9.14	45.32	14.26	3.02
洛阳市	7.78	66.32	2.80	23.47	4.98	42.69	4.25	1.22
平顶山市	7.25	50.75	1.97	21.03	5.28	29.72	8.97	0.61
安阳市	12.76	94.06	1.02	12.48	11.73	81.58	17.40	0.05
鹤壁市	3.61	26.61	0.51	5.43	3.10	21.19	4.38	0.14
新乡市	14.42	101.65	3.88	51.47	10.54	49.99	16.97	0.28
焦作市	8.01	45.36	0.21	1.97	7.78	43.38	7.29	0.03
濮阳市	11.93	92.39	4.58	44.60	7.30	47.55	15.00	0.15
许昌市	10.72	57.81	1.89	22.04	8.84	35.77	9.77	0.01
漯河市	5.12	34.64	3.28	24.88	1.84	9.76	6.25	0.27
三门峡市	1.63	15.70	0.58	5.26	1.05	10.43	1.55	0.35
南阳市	10.94	69.24	3.78	31.64	6.47	37.58	20.52	1.87
商丘市	19.69	131.74	8.99	88.31	10.70	40.68	18.57	2.43
信阳市	7.43	65.15	5.16	44.15	2.27	21.00	9.19	0.40
周口市	13.01	94.50	7.77	70.70	5.21	23.26	37.46	1.39
驻马店市	7.84	68.47	3.16	34.63	4.63	33.56	20.46	7.36
济源市	1.43	11.68	0.03	0.13	1.40	11.56	1.31	0.02

2-17　续表 3

地　　区	联合收割机		机动割晒机(台)	谷物烘干机(台)	机动喷雾(粉)机(台)	饲料粉碎机(台)	机动脱粒机(台)
	(台)	(万千瓦)					
郑州市	7759	45.65	4290	28	11290	8106	32921
开封市	11027	55.07	945	410	7195	12156	40600
洛阳市	4528	19.44	24539	2	13084	8794	108016
平顶山市	6789	31.12	1712	16	5779	11413	19062
安阳市	12992	62.34	265	55	18783	5608	48807
鹤壁市	7283	34.68	228		4569	1357	5078
新乡市	16271	83.46	4762	2	8814	16450	16017
焦作市	8086	34.83		14	6845	5322	11694
濮阳市	7292	41.55	3631	20	11370	4195	20241
许昌市	8037	40.62		32	6957	17154	7788
漯河市	6075	30.95			2060	642	13030
三门峡市	1877	8.72	1125	35	8134	4704	24640
南阳市	12398	67.12	2159	157	54087	12543	37901
商丘市	24398	110.09	5050	2	31756	22344	68540
信阳市	14264	71.49	1152	31	13999	6777	13563
周口市	24480	129.58	5215	16	20547	16626	41618
驻马店市	25132	153.07	6000	16	56789	25329	31578
济源市	1544	8.24	899	37	3726	4873	4987

2-17 续表 4

地区	农田基本建设机械		农产品加工动力机械		#柴油机		#电动机	
	(台)	(万千瓦)	(万台)	(万千瓦)	(万台)	(万千瓦)	(万台)	(万千瓦)
郑州市	2818	22.02	4.72	36.99	0.08	0.99	4.64	36.00
开封市	1663	7.63	5.43	37.14	2.32	13.36	3.11	23.79
洛阳市	1787	10.54	7.40	54.18	1.11	12.20	6.29	41.98
平顶山市	862	5.19	3.94	25.89	0.35	3.09	3.56	22.54
安阳市	1003	5.75	3.96	24.03	0.15	1.46	3.63	22.53
鹤壁市	52	0.35	1.04	7.14	0.03	0.77	1.00	6.37
新乡市	1443	8.97	5.66	39.92	1.07	5.46	4.60	33.87
焦作市	1036	2.92	1.73	10.92	0.01	0.15	1.72	10.77
濮阳市	702	3.85	2.25	19.45	0.22	1.67	2.03	17.78
许昌市	807	4.26	4.71	28.89	0.38	4.40	4.33	24.49
漯河市	115	0.68	1.33	9.95	0.33	3.86	0.99	6.08
三门峡市	532	3.94	2.05	13.86	0.31	2.82	1.74	11.04
南阳市	1279	9.04	8.32	63.08	1.25	13.24	7.07	49.83
商丘市	1059	4.62	9.57	73.39	3.20	31.14	6.35	42.25
信阳市	901	4.82	6.80	47.65	2.16	21.90	4.64	25.75
周口市	342	1.81	6.62	46.49	1.24	14.20	5.38	32.28
驻马店市	1148	8.30	6.65	50.95	2.07	22.57	4.58	28.38
济源市	400	4.19	0.54	4.13	0.00	0.01	0.54	4.12

2-17 续表 5

地区	农用运输车		#三轮运输车		农产品加工作业机械(万台)	粮食加工机械	棉花加工机械	油料加工机械
	(万辆)	(万千瓦)	(万辆)	(万千瓦)				
郑州市	11.91	168.28	9.89	115.24	2.75	2.19	0.19	0.35
开封市	19.38	222.21	18.51	204.63	2.49	1.19	0.50	0.58
洛阳市	6.73	107.77	4.99	62.96	4.53	3.26	0.61	0.66
平顶山市	6.81	84.87	5.69	62.47	2.70	2.13	0.20	0.37
安阳市	14.24	196.94	13.44	178.09	3.06	2.28	0.32	0.32
鹤壁市	4.10	37.00	3.80	31.41	0.74	0.56	0.10	0.07
新乡市	17.12	206.56	16.28	179.92	2.29	1.71	0.17	0.31
焦作市	17.49	182.64	16.74	167.30	1.12	0.89	0.08	0.16
濮阳市	11.05	128.57	9.97	117.46	1.82	1.29	0.14	0.39
许昌市	9.97	130.65	8.51	97.30	2.21	1.68	0.27	0.26
漯河市	3.07	43.41	2.94	41.22	0.72	0.51	0.09	0.12
三门峡市	5.75	63.13	5.29	53.76	0.90	0.72	0.06	0.12
南阳市	7.39	101.13	5.87	68.70	5.43	3.52	0.37	1.38
商丘市	37.94	445.93	34.96	383.19	4.83	3.28	0.47	1.08
信阳市	6.62	98.36	4.77	58.21	7.32	3.21	0.16	0.58
周口市	25.61	305.21	23.88	275.80	6.56	2.89	0.48	1.15
驻马店市	10.98	212.03	9.53	165.80	4.66	3.40	0.26	0.98
济源市	3.16	42.95	2.71	30.09	0.33	0.30	0.01	0.02

2-18　农业机械化、化学化、农村用电及农田水利情况

指　标	2000年	2005年	2009年	2010年	2011年	2012年	2013年
农业机械化情况							
当年实际机耕面积(千公顷)	5607	5804	8118	8260	8565	8971	8987
当年机械播种面积(千公顷)	4648	5855	8488	9063	9448	9617	9621
为农作物播种面积%	35.4	42.1	59.9	63.6	66.3	67.4	67.2
当年机械收获面积(千公顷)	4250	4801	6542	7374	8424	8749	9251
为农作物播种面积%	32.4	34.5	46.1	51.8	59.1	61.3	64.6
农村能源情况							
农村用电量(亿千瓦小时)	125.8	172.15	257.76	269.41	281.82	290.03	305.42
乡、村水电站数(个)	475	419	390	449	547	515	
装机容量(万千瓦)	6.8	6.37	11	9.1	38.23	46	
实际发电量(亿千瓦小时)	0.44	1.06	3.2	1.9	7.9	10.6	
农业主要物资消耗情况							
农用化肥施用折纯量(万吨)	420.71	518.14	628.67	655.15	673.71	684.43	696.37
每公顷耕地平均施用量（千克)	612	720					
农用塑料薄膜使用量(万吨)	9.19	10.84	14.14	14.7	15.16	15.517	16.78
农药施用实物量(万吨)	9.55	10.51	12.14	12.49	12.87	12.83	13.01
农用柴油使用量(万吨)	79.56	89.79	104.17	107.92	111.07	112.25	113.43
农田水利建设情况							
农田有效灌溉面积(千公顷)	4725	4864	5033	5081	5150	5206	4976
#机电灌溉面积	3815	3917	4044	4088	4079	4071	6087
有效灌溉面积占耕地面积比重(%)	68.7	67.5					
机电灌溉面积占有效灌溉面积比重(%)	80.7	80.5	80.3	80.5	79.2	78.2	
旱涝保收农田面积(千公顷)	3693	3882	4051	4048	4100	4160	

注：2008年起乡村办水电站统计口径变更为农村水电，2000-2007年历史数据为乡村办水电站口径。
农村水电是指装机容量5万千瓦及以下水电站和配套电网。

2-19 气候情况(2013年)

单位：气温：摄氏度；降水量：毫米；日照：小时

站名	项目	1月	2月	3月	4月	5月	6月	7月	8月	9月	10月	11月	12月	全年
郑州市	平均气温	0.7	3.4	11.0	16.0	22.8	27.0	29.1	30.1	23.5	17.2	9.7	3.9	16.2
	最高气温	14.5	15.7	32.8	33.2	35.7	36.5	39.3	39.6	36.0	32.9	23.4	17.4	39.6
	最低气温	-9.3	-5.2	-0.3	2.1	12.5	14.3	20.1	18.0	12.0	4.4	-0.1	-6.1	-9.3
	降 水 量	5.2	8.0	6.5	28.2	112.5	15.2	45.1	63.9	9.8	26.3	32.5		353.2
	日照时数	93.9	82.7	166.6	224.3	178.8	176.3	144.8	251.4	130.2	166.8	172.9	136.9	1925.6
开封市	平均气温	0.7	3.4	10.7	15.4	22.2	26.5	28.6	29.5	23.0	17.1	9.4	3.4	15.8
	最高气温	12.2	14.5	32.2	31.5	33.8	36.3	37.2	38.7	35.3	33.0	21.8	16.4	38.7
	最低气温	-6.9	-5.7	0.5	1.0	12.9	14.0	19.4	18.3	12.9	5.3	-2.0	-7.3	-7.3
	降 水 量	3.9	7.0	5.1	25.0	106.3	7.4	91.4	26.6	10.6	17.2	34.8	0.0	335.3
	日照时数	79.3	62.6	166.8	223.2	171.7	170.6	122.0	242.8	143.2	178.0	158.0	117.6	1835.8
安阳市	平均气温	0.0	2.0	9.4	14.1	21.6	25.8	27.4	28.4	21.8	15.1	7.3	1.5	14.5
	最高气温	7.5	14.4	31.4	33.8	35.0	38.8	38.3	37.1	31.4	31.8	23.5	16.8	38.8
	最低气温	-13.6	-7.6	-4.4	1.0	10.2	12.6	18.0	15.2	7.8	1.5	-6.6	-11.0	-13.6
	降 水 量	8.1	16.4	0.0	10.5	58.6	20.9	230.8	51.4	11.3	10.7	10.7	0.4	429.8
	日照时数	31.6	46.7	162.2	184.3	149.9	148.6	136.3	245.0	129.2	163.7	165.1	114.5	1677.1
新乡市	平均气温	0.4	3.2	10.9	15.4	22.6	26.7	28.1	29.3	22.8	16.4	8.7	2.8	15.6
	最高气温	11.7	14.5	31.3	32.7	37.0	37.2	36.3	37.8	33.1	33.4	21.7	16.2	37.8
	最低气温	-10.4	-5.6	-1.9	0.8	13.1	14.1	18.5	17.3	11.2	3.7	-3.7	-8.3	-10.4
	降 水 量	4.8	10.2	0.5	19.8	61.4	13.8	231.1	64.5	17.6	11.4	31.8	0.0	466.9
	日照时数	54.7	76.2	167.0	203.3	172.3	163.0	128.6	269.0	134.8	167.5	164.6	113.8	1814.8
焦作市	平均气温	0.9	3.8	11.7	16.4	23.4	27.2	28.7	30.3	23.8	17.2	10.3	3.8	16.5
	最高气温	14.8	16.0	32.4	33.7	37.8	38.5	37.4	38.9	35.2	32.9	20.9	16.5	38.9
	最低气温	-9.5	-5.1	-0.1	1.7	14.1	15.7	20.4	19.7	10.4	5.4	0.6	-5.5	-9.5
	降 水 量	4.3	14.0	0.2	25.2	82.5	41.6	127.4	57.7	18.8	32.1	39.1	0.3	443.2
	日照时数	93.8	71.5	164.3	216.7	171.9	155.6	156.2	286.2	130.3	184.3	175.8	150.1	1956.7

注：因撤站，故无洛阳、平顶山、鹤壁三市资料

2-19 续表 1

单位：气温：摄氏度；降水量：毫米；日照：小时

站名	项目	1月	2月	3月	4月	5月	6月	7月	8月	9月	10月	11月	12月	全年
濮阳市	平均气温	0.1	2.2	9.4	13.7	21.0	25.5	27.1	28.0	21.3	14.9	7.0	1.6	14.3
	最高气温	7.8	15.8	30.1	30.4	33.4	36.4	36.0	36.5	33.6	31.5	22.6	15.9	36.5
	最低气温	-14.2	-8.0	-5.5	0.5	9.4	13.2	18.6	13.4	7.1	0.9	-6.4	-11.2	-14.2
	降 水 量	3.7	13.1	0.5	12.7	72.3	12.3	240.8	80.2	6.1	6.7	28.3	0.1	476.8
	日照时数	92.1	70.1	210.0	247.1	227.5	205.7	174.3	289.5	179.5	207.2	186.6	174.0	2263.6
许昌市	平均气温	0.5	2.9	10.0	14.6	21.7	26.2	28.2	27.9	21.4	15.3	8.2	2.3	14.9
	最高气温	16.0	16.4	31.5	31.6	35.1	38.9	37.3	38.8	35.5	34.1	19.9	15.8	38.9
	最低气温	-11.3	-5.0	-2.3	-0.6	9.8	13.4	21.0	14.7	9.2	2.7	-3.5	-10.4	-11.3
	降 水 量	3.0	12.8	5.2	29.8	126.8	20.8	142.0	51.1	17.2	30.9	51.8	0.0	491.4
	日照时数	69.9	57.2	149.6	213.0	169.5	187.2	164.3	252.8	139.4	164.4	145.6	110.3	1823.2
漯河市	平均气温	0.7	3.4	10.7	15.2	22.3	27.0	29.7	27.8	21.9	16.0	8.9	3.2	15.6
	最高气温	13.7	16.6	31.1	33.0	36.3	39.8	39.5	38.9	35.1	34.7	20.9	16.8	39.8
	最低气温	-9.9	-5.1	-1.2	1.2	11.0	14.0	23.0	15.5	10.2	3.1	-1.7	-8.8	-9.9
	降 水 量	4.4	20.5	17.1	36.2	117.9	12.5	163.6	328.0	40.3	22.7	31.7	0.0	794.9
	日照时数	103.8	88.0	147.6	224.2	202.0	217.5	196.9	258.6	183.0	192.7	163.2	143.2	2120.7
三门峡市	平均气温	1.1	3.8	11.5	15.4	21.8	26.3	27.4	28.0	22.4	16.4	7.6	1.9	15.3
	最高气温	15.9	19.3	32.0	33.1	38.7	39.2	38.1	37.7	35.6	33.1	18.8	15.2	39.2
	最低气温	-9.0	-5.1	0.3	1.9	11.1	13.8	20.5	17.5	9.4	6.6	-3.0	-10.0	-10.0
	降 水 量	2.5	16.2	0.5	18.9	90.5	17.0	73.2	65.1	6.6	12.2	35.8	0.0	338.5
	日照时数	154.1	90.4	153.8	217.0	186.5	218.4	125.6	243.0	128.1	147.3	135.7	144.3	1944.2
南阳市	平均气温	1.9	4.7	11.7	16.7	23.5	27.3	29.8	29.6	22.9	17.9	10.5	4.3	16.7
	最高气温	15.2	17.7	30.4	32.1	36.1	38.9	37.2	40.3	34.4	32.9	22.2	17.9	40.3
	最低气温	-7.6	-3.4	1.5	2.8	12.9	16.5	24.6	19.6	13.7	8.6	0.4	-5.0	-7.6
	降 水 量	4.4	7.8	18.1	34.3	119.5	91.9	202.3	182.2	66.0	20.7	18.7	0.0	765.9
	日照时数	60.6	64.8	116.2	211.2	153.0	182.9	170.2	242.8	159.4	181.6	133.1	123.9	1799.7

2-19 续表 2

单位：气温：摄氏度；降水量：毫米；日照：小时

站名	项 目	1月	2月	3月	4月	5月	6月	7月	8月	9月	10月	11月	12月	全年
商丘市	平均气温	0.8	3.2	10.3	14.9	21.4	26.0	29.4	28.7	22.1	15.8	8.4	2.9	15.3
	最高气温	12.8	16.1	30.7	30.9	33.0	37.5	38.6	37.9	33.7	31.4	19.8	16.0	38.6
	最低气温	-10.4	-6.9	-1.3	0.0	11.0	15.7	21.5	16.7	9.7	2.7	-4.2	-6.7	-10.4
	降 水 量	1.7	20.7	7.1	29.6	207.9	6.6	102.2	194.4	24.8	15.7	37.4	0.0	648.1
	日照时数	60.7	64.7	160.6	193.5	169.3	178.8	143.6	247.1	165.7	206.2	167.1	133.2	1890.5
信阳市	平均气温	2.4	4.8	12.2	16.9	22.6	26.2	30.0	29.9	21.9	17.6	10.6	5.2	16.7
	最高气温	17.6	18.4	30.2	32.5	34.2	36.9	38.4	40.1	34.6	32.0	23.7	19.8	40.1
	最低气温	-7.1	-4.1	1.9	3.0	11.6	15.5	24.2	19.2	13.1	7.2	-0.6	-5.3	-7.1
	降 水 量	30.9	28.1	25.0	44.0	162.2	75.4	192.3	230.8	127.4	11.7	21.2	3.0	952.0
	日照时数	74.5	61.3	117.7	172.0	138.6	167.6	229.4	221.4	135.3	151.9	138.6	145.5	1753.8
周口市	平均气温	1.4	4.5	11.4	16.4	22.9	27.6	30.2	29.8	23.0	18.0	10.2	4.2	16.6
	最高气温	14.0	17.5	31.3	33.1	35.9	39.5	39.3	39.6	35.6	33.8	21.9	17.0	39.6
	最低气温	-7.0	-5.1	1.3	2.7	15.0	15.7	24.3	18.9	13.1	7.3	0.8	-6.1	-7.0
	降 水 量	9.1	17.9	14.4	27.8	138.4	19.9	131.1	256.2	66.1	20.4	37.9	0.0	739.2
	日照时数	73.8	71.3	127.1	211.1	167.9	195.4	196.4	218.8	175.8	184.1	153.7	132.5	1907.9
驻马店市	平均气温	1.6	4.4	11.6	16.4	22.8	27.1	30.0	29.7	22.4	17.9	10.3	4.9	16.6
	最高气温	14.1	18.8	31.9	33.7	36.6	38.6	38.4	39.3	34.6	33.0	19.5	16.7	39.3
	最低气温	-6.8	-5.0	1.3	2.6	13.4	16.4	24.3	18.9	12.9	8.4	2.2	-4.5	-6.8
	降 水 量	9.7	21.1	22.9	26.8	93.5	52.5	157.7	182.7	82.0	18.7	25.7	0.4	693.7
	日照时数	103.0	87.7	139.8	212.4	168.9	170.8	190.4	238.4	151.8	168.6	150.4	149.6	1931.8
济源市	平均气温	0.9	3.1	10.7	15.7	22.6	26.6	28.2	29.1	23.0	16.1	9.5	3.1	15.7
	最高气温	15.3	16.7	32.4	35.5	38.9	37.3	37.0	38.7	36.6	33.0	23.7	16.8	38.9
	最低气温	-10.3	-4.6	-0.4	2.5	11.2	13.0	21.6	16.1	10.9	3.7	-3.0	-7.0	-10.3
	降 水 量	7.1	13.3	4.8	24.6	83.9	72.8	134.6	69.0	3.2	26.2	35.1	0.0	474.6
	日照时数	72.8	65.0	127.8	195.6	169.4	163.0	111.7	248.6	103.5	114.1	157.1	131.2	1659.8

2-20　粮食大县(2013年)

地　区	乡村户数(万户)	乡村人口数(万人)	乡村从业人员数(万人)	#农业从业人员(万人)	粮食作物		夏收粮食	
					播种面积(千公顷)	总产量(吨)	播种面积(千公顷)	总产量(吨)
郑州市								
中牟县	10.55	44.41	27.80	17.78	40.49	240671	15.86	93006
荥阳市	13.46	50.31	32.06	11.57	62.26	335708	31.32	171110
新密市	15.79	60.05	33.51	8.36	55.72	207300	27.46	106086
新郑市	12.39	46.82	29.47	14.54	56.97	288966	28.68	142550
开封市								
杞　县	26.54	99.07	62.48	39.06	110.53	637425	65.00	393129
通许县	13.12	54.84	33.18	19.70	61.74	370572	39.33	243276
尉氏县	19.43	77.77	50.85	27.06	94.45	541143	62.91	366587
开封县	17.30	67.91	43.94	21.47	101.37	562180	63.23	378340
兰考县	16.38	67.18	46.07	20.00	93.67	511974	56.89	322715
洛阳市								
孟津县	9.70	38.73	21.77	10.26	54.48	227973.15	27.40	114237
新安县	10.91	41.71	26.73	14.05	51.35	202331.32	22.64	83923
嵩　县	12.91	48.56	30.42	18.59	52.29	193173.92	23.24	78548
宜阳县	14.00	58.97	36.03	21.92	86.49	345427.98	41.68	154226
洛宁县	10.53	42.33	28.03	16.68	61.70	221574.3	30.27	102620
伊川县	16.99	70.45	42.89	22.65	79.33	340568.7	38.46	144412
偃师市	13.97	52.85	29.83	7.69	45.76	249239.17	22.94	114684
平顶山市								
宝丰县	11.74	43.36	27.96	13.09	47.367	223530	24.32	122770
叶　县	20.18	75.69	49.83	34.26	110.138	608933	54.27	289320
鲁山县	19.48	75.98	48.03	25.73	58.414	205178	29.15	98822
郏　县	13.83	52.65	34.28	23.47	58.519	316437	29.95	157253
汝州市	21.36	86.00	51.43	26.96	95.899	452141	45.12	219832
安阳市								
安阳县	22.25	80.06	51.72	25.70	106.296	421582	48.50	220427
汤阴县	10.37	39.40	25.19	13.85	67.463	643472	34.69	315194
滑　县	32.21	115.44	68.04	38.70	183.505	1399171	113.83	843125
内黄县	17.42	68.37	46.29	23.65	80.995	481846	56.34	328730
林州市	25.75	87.06	53.96	20.92	81.041	363496	33.68	124637
鹤壁市								
浚　县	14.73	58.94	35.22	16.18	98.517	717196	53.16	387037
淇　县	5.68	23.10	14.31	6.64	42.371	297067	20.63	144293

2-20 续表 1

地　区	乡村户数（万户）	乡村人口数（万人）	乡村从业人员数（万人）	#农业从业人员（万人）	粮食作物 播种面积（千公顷）	粮食作物 总产量（吨）	夏收粮食 播种面积（千公顷）	夏收粮食 总产量（吨）
新乡市								
新乡县	7.49	31.84	19.16	2.84	35.72	265298	18.47	139816
获嘉县	8.40	35.05	23.51	10.93	47.88	321181	20.81	148686
原阳县	13.49	53.69	34.23	16.63	115.23	716140	62.67	391574
延津县	10.27	42.12	23.17	12.62	67.41	427162	45.60	304142
封丘县	16.71	68.68	35.78	18.06	94.08	617579	53.35	390979
长垣县	13.11	53.04	31.78	7.29	94.61	610206	52.52	373455
卫辉市	9.51	38.04	21.75	16.38	55.39	360136	28.99	189648
辉县市	18.64	70.16	35.54	18.42	89.38	561832	43.70	277611
焦作市								
修武县	5.47	21.46	12.20	5.62	32.29	226848	16.37	114540
博爱县	7.63	31.48	16.59	8.77	23.64	185066	11.97	95898
武陟县	14.49	60.92	33.89	22.08	67.80	534420	36.11	290382
温　县	9.87	40.26	23.75	13.38	38.13	304525	21.51	173980
沁阳市	9.75	40.16	24.81	10.49	44.93	339595	21.86	170385
孟州市	8.52	32.35	19.85	6.14	41.11	308252	21.41	163975
濮阳市								
清丰县	15.09	61.11	38.37	21.74	76.27	551302	48.53	352766
南乐县	11.24	38.95	25.47	13.76	61.54	453213	34.05	256389
范　县	11.08	43.31	27.57	16.05	55.88	352731	27.32	170905
濮阳县	22.54	93.35	60.08	39.23	139.36	915393	78.53	529031
许昌市								
许昌县	14.62	55.95	35.69	16.61	101.52	671217	51.39	376613
鄢陵县	12.06	44.00	26.06	10.84	75.06	539845	40.85	307442
襄城县	16.99	61.99	44.05	25.09	85.65	548956	41.56	305152
禹州市	23.66	88.07	61.06	29.06	95.74	540167	44.26	266622
长葛市	14.79	53.28	34.89	13.32	77.03	543566	37.37	277965
漯河市								
郾城区	8.32	33.97	21.58	10.40	42.60	270491	23.34	162096
召陵区	9.28	38.04	22.61	11.91	43.30	277501	24.27	162017
舞阳县	14.25	53.52	32.20	20.33	82.94	519272	40.98	269621
临颍县	16.73	66.68	40.28	21.06	75.29	521053	40.75	311023
三门峡市								
灵宝市	15.11	61.54	35.66	25.87	55.14	215990	26.59	95282
南阳市								
宛城区	15.65	59.60	31.90	20.41	71.92	419503	42.06	264050
卧龙区	15.44	60.23	34.19	22.75	64.39	308526	35.00	160520
方城县	25.80	97.30	64.02	38.67	122.75	585381	64.54	320050
镇平县	22.94	88.30	47.71	24.33	98.18	500267	51.57	262850

2-20　续表 2

地　区	乡村户数(万户)	乡村人口数(万人)	乡村从业人员数(万人)	#农业从业人员(万人)	粮食作物		夏收粮食	
					播种面积(千公顷)	总产量(吨)	播种面积(千公顷)	总产量(吨)
内乡县	15.64	54.62	29.94	14.93	62.79	307652	28.00	139760
淅川县	14.60	56.54	31.51	19.60	62.92	249179	34.92	127140
社旗县	15.80	63.71	40.40	25.94	90.87	512718	52.43	302160
唐河县	30.19	119.16	63.76	38.01	221.52	1187748	136.07	795774
新野县	17.49	70.40	43.53	22.67	77.38	510417	50.33	369616
桐柏县	9.70	36.44	21.29	10.07	45.04	226008	20.48	83450
邓州市	36.47	153.63	86.80	50.19	205.08	1110175	137.21	767067
商丘市								
梁园区	11.74	48.06	29.07	16.48	65.97	451537	38.41	272048
睢阳区	17.17	66.99	36.01	21.02	77.88	517506	48.04	334214
民权县	19.32	75.55	44.59	23.10	98.19	655513	68.34	475749
睢　县	18.48	71.51	48.51	29.45	95.51	613927	58.01	402990
宁陵县	15.24	59.77	32.30	19.44	67.91	450281	42.85	299545
柘城县	20.67	76.49	43.75	26.69	97.65	663321	61.67	437988
虞城县	26.37	100.20	62.77	33.68	137.59	905012	77.05	544913
夏邑县	29.30	107.36	59.08	20.84	152.02	1015312	79.41	562246
永城市	34.13	131.31	80.54	29.75	189.77	1194956	103.13	727712
信阳市								
平桥区	17.23	65.23	37.02	20.49	75.33	510739	32.35	139334
罗山县	17.37	66.56	37.99	19.52	96.04	726223	27.85	114589
光山县	16.70	69.91	41.62	22.64	75.12	584907	19.23	81483
商城县	16.59	66.20	36.56	15.70	46.19	331366	11.75	47864
固始县	40.31	150.12	86.92	40.54	156.54	1214132	39.47	172803
潢　川	17.52	69.32	38.15	19.78	97.73	690696	36.71	153864
淮滨县	15.58	62.37	38.48	19.13	99.85	575022	53.15	262797
息　县	21.04	91.07	50.35	27.72	161.02	953963	90.36	465349
周口市								
扶沟县	16.00	66.37	37.24	22.66	88.13	563510	58.58	439808
西华县	20.10	84.66	54.58	34.26	117.05	721231	67.05	503375
商水县	26.36	106.29	65.70	26.15	151.51	1035850	72.20	542151
沈丘县	26.62	116.45	70.25	39.15	125.35	847324	67.10	504118
郸城县	27.82	116.43	74.87	41.85	145.62	1000838	79.12	594253
淮阳县	28.92	121.71	67.63	41.24	133.08	890947	76.23	572445
太康县	31.76	134.35	73.87	50.05	171.51	1131339	98.77	741795
鹿邑县	27.22	109.19	67.48	28.58	131.99	920051	68.76	521727
项城市	20.41	87.16	47.24	14.95	121.84	798476	68.27	508419
驻马店市								
驿城区	12.61	49.74	30.43	20.65	82.57	452622	43.15	256310
西平县	19.27	77.52	55.74	12.23	135.05	898848	66.00	466215
上蔡县	30.67	129.55	79.93	53.33	162.59	997471	86.64	601403
平舆县	20.78	84.98	57.12	31.37	119.90	740573	69.60	474924
正阳县	18.14	65.99	43.67	24.50	142.44	807258	102.91	600017
确山县	10.10	37.10	24.77	11.39	91.36	523982	47.20	292131
泌阳县	18.23	75.08	50.49	28.38	108.98	586719	58.31	327185
汝南县	18.02	70.12	46.99	26.93	117.89	723891	72.54	483867
遂平县	11.90	46.90	29.04	17.80	98.53	593697	48.46	328559
新蔡县	22.66	95.12	65.18	32.55	134.48	790951	80.84	517202
济源市	12.03	47.20	26.22	13.62	41.98	221661	19.58	109961

2-20 续表 3

地区	秋收粮食		谷物合计		稻谷		小麦	
	播种面积（千公顷）	总产量（吨）	播种面积（千公顷）	总产量（吨）	播种面积（千公顷）	总产量（吨）	播种面积（千公顷）	总产量（吨）
郑州市								
中牟县	24.63	147665	36.99	220896	0.34	2406	15.86	93006
荥阳市	30.94	164598	58.77	320877			31.32	171110
新密市	28.26	101214	51.21	198051			27.46	106086
新郑市	28.29	146416	54.41	278269			28.68	142550
开封市								
杞　县	45.54	244296	101.43	600684			65.00	393129
通许县	22.41	127296	58.89	356991			39.33	243276
尉氏县	31.54	174556	87.35	509156			62.91	366587
开封县	38.14	183840	93.88	545237	3.62	24725	63.23	378340
兰考县	36.79	189259	87.47	484969	0.85	5836	56.89	322715
洛阳市								
孟津县	27.08	113736	52.58	211855	1.01	4331	27.39	114235
新安县	28.71	118408	44.35	178648			22.63	83901
嵩　县	29.06	114626	43.74	170346	0.02	61	23.24	78548
宜阳县	44.81	191202	73.02	282893	0.25	1838	41.68	154226
洛宁县	31.43	118954	49.34	205994	0.02	150	30.27	102620
伊川县	40.88	196157	69.47	290295	0.64	4054	38.46	144412
偃师市	22.82	134555	43.83	242756			22.94	114684
平顶山市								
宝丰县	23.04	100760	46.61	219812			24.32	122770
叶　县	55.87	319613	103.01	552571			54.27	282122
鲁山县	29.26	106356	54.50	191873	0.70	5232	29.06	98638
郏　县	28.57	159184	45.37	247478			29.95	157253
汝州市	50.78	232309	89.04	426463	0.03	185	45.12	219832
安阳市								
安阳县	57.80	201155	105.18	635547			48.50	287834
汤阴县	32.77	328278	66.02	414727			34.69	220427
滑　县	69.68	556046	181.25	1384944	0.33	2952	113.82	843071
内黄县	24.65	153116	79.92	474374			56.34	328730
林州市	47.36	238859	72.77	323786	0.07	525	33.68	124637
鹤壁市								
浚　县	45.36	330159	97.58	713084			53.16	387037
淇　县	21.75	152775	41.84	293758			20.63	144293

2-20 续表 4

地 区	秋收粮食		谷物合计		稻谷		小麦	
	播种面积(千公顷)	总产量(吨)	播种面积(千公顷)	总产量(吨)	播种面积(千公顷)	总产量(吨)	播种面积(千公顷)	总产量(吨)
新乡市								
新乡县	17.25	125482	35.51	264627	0.44	3386	18.47	139816
获嘉县	27.07	172495	47.53	317880	9.13	65743	20.81	148686
原阳县	52.56	324566	107.32	694660	20.76	141680	62.67	391574
延津县	21.81	123020	65.07	418425	0.03	303	45.53	303660
封丘县	40.73	226600	85.51	580000	4.02	24107	53.16	389613
长垣县	42.09	236751	88.62	588517	2.93	27227	52.48	373185
卫辉市	26.40	170488	54.68	358219			28.99	189648
辉县市	45.68	284221	87.47	556117	0.03	171	43.70	277611
焦作市								
修武县	15.92	112308	31.10	222593			16.37	114540
博爱县	11.67	89168	22.74	179060			11.97	95898
武陟县	31.69	244038	65.52	522241	5.70	45350	36.11	290382
温 县	16.62	130545	37.39	299820			21.51	173980
沁阳市	23.07	169210	43.99	333540			21.86	170385
孟州市	19.70	144277	40.30	304410			21.41	163975
濮阳市								
清丰县	27.73	198536	74.01	540954			48.53	352766
南乐县	27.50	196824	59.21	453213			34.05	256389
范 县	28.55	181826	53.17	345739	17.71	131712	27.32	170905
濮阳县	60.83	386362	131.51	882304	24.90	177412	78.53	529031
许昌市								
许昌县	50.13	294604	89.52	628515			51.39	376613
鄢陵县	34.21	232403	74.57	537212			40.85	307442
襄城县	44.09	243804	67.61	472055			41.56	305152
禹州市	51.48	273545	81.36	470734			44.26	266622
长葛市	39.66	265601	75.43	536071			37.37	277965
漯河市								
郾城区	19.26	108395	39.05	263455			23.34	162447
召陵区	19.03	115484	40.77	272012			24.26	161983
舞阳县	41.96	249651	79.00	505117			40.98	270543
临颍县	34.54	210030	68.21	500729			40.75	311767
三门峡市								
灵宝市	28.55	120708	46.86	193809			26.59	95282
南阳市								
宛城区	29.86	155453	62.87	394845	1.23	9077	41.94	263283
卧龙区	29.39	148006	57.47	281354	1.24	9084	34.61	159491
方城县	58.20	265331	103.95	535901	0.06	330	64.35	319702
镇平县	46.61	237417	93.51	482858	0.59	3350	50.97	261214

2-20 续表 5

地 区	秋收粮食		谷物合计		稻谷		小麦	
	播种面积(千公顷)	总产量(吨)	播种面积(千公顷)	总产量(吨)	播种面积(千公顷)	总产量(吨)	播种面积(千公顷)	总产量(吨)
内乡县	28.00	122039						
淅川县	38.44	210558	54.36	224514	3.70	19249	33.75	123686
社旗县	85.45	391974	74.02	454894			51.03	298490
唐河县	27.05	140801	190.51	1077521	10.69	75376	135.56	793536
新野县	24.56	142558	71.98	492645			50.33	369616
桐柏县	67.88	343108	39.39	215247	16.60	121121	20.37	83149
邓州市			185.88	1049328	1.10	6765	136.11	763417
商丘市								
梁园区	29.84	183292	65.34	429988			36.91	261555
睢阳区	29.85	179764	70.99	494770			47.87	333013
民权县	37.50	210938	93.47	634701	0.26	1631	68.34	475749
睢 县	25.06	150736	86.95	585874			57.79	402160
宁陵县	35.98	225333	64.07	437500			42.85	299536
柘城县	60.55	360099	96.07	657723			61.40	436058
虞城县	72.61	453066	123.53	860817			76.97	544348
夏邑县	86.65	467244	141.55	985632			79.32	561647
永城市			161.51	1114096			103.10	727478
信阳市								
平桥区	68.19	611634	70.83	493741	34.33	330606	32.01	139160
罗山县	55.89	503424	92.12	720291	64.17	605404	27.28	113876
光山县	34.44	283502	71.61	576760	52.38	495277	19.02	81475
商城县	117.07	1041329	43.41	327776	31.58	279557	11.75	47864
固始县	61.03	536832	153.55	1199925	109.07	998597	39.47	172801
潢 川	46.70	312225	96.56	688880	59.73	534478	36.31	153798
淮滨县	70.66	488614	92.06	559215	33.63	277913	52.92	262655
息 县			155.28	937820	47.42	400285	90.01	465134
周口市								
扶沟县	50.00	217856	77.23	532856	0.58	5238	58.58	439808
西华县	79.31	493699	106.01	693731			67.05	503375
商水县	58.26	343206	129.74	950726			72.20	542151
沈丘县	66.49	406585	111.81	793832			67.10	504118
郸城县	56.85	318502	123.93	863304			79.12	594253
淮阳县	72.74	389544	123.46	847289			76.17	572249
太康县	63.23	398324	158.91	1092665			98.77	741795
鹿邑县	53.56	290057	116.19	852909			68.76	521726
项城市			101.81	747393			68.27	508419
驻马店市								
驿城区	69.05	432633	80.12	444667	0.47	2317	42.93	255882
西平县	75.95	396068	134.71	898062			66.00	466215
上蔡县	50.30	265649	154.46	964949			86.41	600373
平舆县	39.53	207241	110.41	710865			69.32	473638
正阳县	44.16	231851	138.65	796846	13.87	86942	101.61	597717
确山县	50.66	259534	90.04	518865	5.13	30866	47.01	293890
泌阳县	45.36	240024	100.69	552867	3.22	16413	58.24	327002
汝南县	50.07	265138	113.57	706909	1.43	9032	71.55	478608
遂平县	53.64	273749	94.76	577963			48.14	326883
新蔡县	22.40	111700	128.88	769729	5.88	37910	80.30	514469
济源市			39.23	215110			19.58	109961

2-20　续表 6

地　区	玉米		谷子		高粱		豆类合计	
	播种面积(千公顷)	总产量(吨)	播种面积(千公顷)	总产量(吨)	播种面积(千公顷)	总产量(吨)	播种面积(千公顷)	总产量(吨)
郑州市								
中牟县	20.78	125484					1.44	3674
荥阳市	26.84	148207	0.61	1560			1.54	2079
新密市	23.67	91867	0.08	98			2.49	3072
新郑市	25.68	135505	0.05	214			1.04	2544
开封市								
杞　县	36.43	207555					4.36	12532
通许县	19.55	113715					1.37	4462
尉氏县	24.44	142569					3.98	14142
开封县	26.76	140532			0.27	1640	3.35	7031
兰考县	29.73	156393			0.01	25	3.66	8079
洛阳市								
孟津县	23.94	92676	0.24	613			0.64	887
新安县	20.80	92365	0.92	2382			3.56	3978
嵩　县	20.35	91573	0.06	54	0.08	110	3.85	3935
宜阳县	27.12	113207	3.98	13622			8.83	27355
洛宁县	16.41	92242	2.64	10982			9.22	6761
伊川县	24.32	120144	6.05	21685			2.97	7677
偃师市	20.42	126287	0.46	1785			1.06	1449
平顶山市								
宝丰县	22.28	96986			0.01	56	0.41	710
叶　县	48.74	270449					4.37	13728
鲁山县	24.74	87997	0.00	6			1.35	2854
郏　县	15.42	90225					3.72	11383
汝州市	43.77	206018	0.08	280	0.03	148	2.55	4481
安阳市								
安阳县	55.58	344019	1.10	3694			0.57	1983
汤阴县	31.20	193811	0.12	464	0.00	5	0.80	2559
滑　县	67.06	538761	0.01	50	0.02	50	0.99	3442
内黄县	23.58	145644					0.21	732
林州市	34.94	185238	4.08	13386			3.29	7721
鹤壁市								
浚　县	44.32	325741	0.09	270	0.01	36	0.58	1574
淇　县	21139	149294	75	171			0.06	94

2-20 续表 7

地 区	玉米		谷子		高粱		豆类合计	
	播种面积(千公顷)	总产量(吨)	播种面积(千公顷)	总产量(吨)	播种面积(千公顷)	总产量(吨)	播种面积(千公顷)	总产量(吨)
新乡市								
新乡县	16.60	121425					0.21	671
获嘉县	17.58	103451					0.22	539
原阳县	23.79	161177	0.10	193	0.01	36	7.35	18947
延津县	19.43	113980					1.11	3179
封丘县	27.74	162288	0.01	30	0.06	72	4.20	9182
长垣县	33.18	187835					4.30	9385
卫辉市	25.54	168173	0.16	398			0.31	1003
辉县市	43.08	276894	0.57	1391	0.10	50	0.37	922
焦作市								
修武县	14.70	108002	0.03	51			0.95	2215
博爱县	10.72	82961	0.05	191	0.00	10	0.57	1884
武陟县	23.71	186509					1.80	6250
温　县	15.88	125840					0.12	229
沁阳市	22.12	163152	0.00	3			0.34	938
孟州市	18.89	140435					0.42	1302
濮阳市								
清丰县	25.44	188017	0.04	168	0.00	3	1.30	2615
南乐县	25.08	196659	0.06	86	0.03	79	0.57	2168
范　县	7.96	42089	0.12	774	0.05	259	2.41	4977
濮阳县	27.90	175236	0.13	409	0.05	216	5.98	17595
许昌市								
许昌县	37.96	250734			0.17	1168	7.61	14521
鄢陵县	33.72	229770					0.30	1358
襄城县	26.05	166903					2.94	7709
禹州市	37.10	204112					3.20	5763
长葛市	38.06	258106					1.10	3726
漯河市								
郾城区	15.71	101008					2.98	4836
召陵区	16.50	109995					2.07	3428
舞阳县	38.00	234486			0.02	88	0.97	1896
临颍县	27.46	188962					3.68	5796
三门峡市								
灵宝市	20.27	98527					6.50	11705
南阳市								
宛城区	19.61	121917			0.01	22	6.45	12003
卧龙区	21.52	112504					2.90	5642
方城县	39.28	214949	0.06	252	0.16	560	12.34	21537
镇平县	41.95	218294					2.60	4979

2-20　续表 8

地　区	玉米		谷子		高粱		豆类合计	
	播种面积(千公顷)	总产量(吨)	播种面积(千公顷)	总产量(吨)	播种面积(千公顷)	总产量(吨)	播种面积(千公顷)	总产量(吨)
内乡县	27.51	128055					0.37	607
淅川县	16.91	81579					4.54	10597
社旗县	22.95	156347			0.04	57	10.62	22616
唐河县	42.92	205596	0.30	911	0.73	1035	15.64	25716
新野县	21.66	123029					2.84	6453
桐柏县	2.41	10962			0.01	15	4.34	4691
邓州市	48.67	279146					15.32	36112
商丘市								
梁园区	28.43	168433					0.55	2028
睢阳区	23.00	160782					4.53	12584
民权县	24.87	157321					2.42	8408
睢　县	29.16	183714					6.02	13088
宁陵县	21.22	137964					1.99	6012
柘城县	34.40	219695					0.70	1678
虞城县	46.48	315852					8.12	25040
夏邑县	62.03	422416					6.53	17720
永城市	58.39	386384					27.09	67675
信阳市								
平桥区	4.16	23801					2.12	3682
罗山县	0.10	298					2.23	2459
光山县							2.20	1756
商城县	0.09	355					1.94	1433
固始县	5.01	28527					0.88	1032
潢　川	0.12	538					0.66	565
淮滨县	5.28	18505					2.90	1429
息　县	17.50	72186					2.73	2656
周口市								
扶沟县	18.07	87810					10.65	29162
西华县	38.93	190256			0.03	100	9.20	16500
商水县	57.48	408278			0.07	297	18.73	63739
沈丘县	44.71	289714					8.48	24934
郸城县	44.81	269051					11.34	39315
淮阳县	47.30	275040					2.27	5092
太康县	60.15	350870					9.53	24894
鹿邑县	47.36	330953	0.03	96	0.03	134	14.28	52513
项城市	33.54	238974					18.50	40131
驻马店市								
驿城区	36.57	186207	0.02	6	0.01	30	1.75	3435
西平县	68.72	431847					0.23	436
上蔡县	67.84	363621					6.47	18015
平舆县	41.01	236737					6.76	16380
正阳县	21.87	109887					2.89	5009
确山县	37.87	193947					0.25	881
泌阳县	38.78	207629	0.08	20	0.29	1620	3.86	7325
汝南县	39.57	213857			0.05	162	3.42	8284
遂平县	46.31	249453			0.01	27	2.19	6483
新蔡县	42.07	214077			0.09	540	2.35	6570
济源市	19.61	105045	0.02	51	0.02	53	1.80	2780

2-20 续表 9

地 区	大豆		红薯	
	播种面积（千公顷）	总产量（万吨）	播种面积（千公顷）	总产量（万吨）
郑州市				
中牟县	1.44	3674	2.06	16101
荥阳市	1.02	1515	1.95	12752
新密市	1.96	2665	2.03	6177
新郑市	0.93	2329	1.51	8153
开封市				
杞 县	4.18	11921	4.75	24331
通许县	1.30	4245	1.49	9119
尉氏县	3.93	13892	3.12	17845
开封县	3.29	6909	4.14	9912
兰考县	3.31	7401	2.54	18926
洛阳市				
孟津县	0.36	562	1.26	15231
新安县	2.15	2449	3.44	19705
嵩 县	2.86	2927	4.70	18893
宜阳县	3.48	12422	4.63	35180
洛宁县	8.26	5116	3.14	8819
伊川县	2.20	6099	6.89	42597
偃师市	0.96	1331	0.87	5034
平顶山市				
宝丰县	0.31	491	0.34	3008
叶 县	4.33	13626	2.76	27080
鲁山县	0.98	2239	2.56	10451
郏 县	3.19	10135	9.43	57576
汝州市	1.47	2932	4.32	21197
安阳市				
安阳县	0.50	1749	0.55	5942
汤阴县	0.60	2039	0.64	4296
滑 县	0.96	3381	1.27	10785
内黄县	0.21	718	0.86	6740
林州市	3.08	7438	4.98	31989
鹤壁市				
浚 县	0.49	1478	0.35	2538
淇 县	0.05	85	0.47	3215

2-20 续表 10

地 区	大豆		红薯	
	播种面积(千公顷)	总产量(万吨)	播种面积(千公顷)	总产量(万吨)
新乡市				
新乡县	0.21	671		
获嘉县	0.22	539	0.14	2762
原阳县	7.34	18913	0.56	2533
延津县	1.11	3170	1.23	5558
封丘县	4.16	9100	4.37	28397
长垣县	4.25	9295	1.69	12304
卫辉市	0.26	862	0.40	914
辉县市	0.21	606	1.54	4793
焦作市				
修武县	0.92	2165	0.24	2040
博爱县	0.53	1708	0.33	4122
武陟县	1.77	6166	0.48	5929
温 县	0.12	229	0.63	4476
沁阳市	0.32	906	0.61	5117
孟州市	0.29	955	0.39	2540
濮阳市				
清丰县	1.21	2369	0.95	7733
南乐县	0.51	1985	1.76	19024
范 县	2.33	4812	0.30	2015
濮阳县	5.79	17205	1.88	15494
许昌市				
许昌县	7.61	14521	4.39	28181
鄢陵县	0.30	1358	0.19	1277
襄城县	2.94	7709	15.11	69192
禹州市	2.83	5416	11.17	63670
长葛市	1.10	3726	0.50	3769
漯河市				
郾城区	2.98	4836	0.57	2551
召陵区	2.07	3428	0.46	2061
舞阳县	0.97	1896	2.97	13181
临颍县	3.68	5796	3.40	15272
三门峡市				
灵宝市	4.72	8354	1.79	10476
南阳市				
宛城区	4.23	8834	2.60	12655
卧龙区	1.86	3939	4.02	21530
方城县	10.75	16994	6.45	27943
镇平县	1.10	2451	2.07	12430

2-20 续表 11

地区	大豆		红薯	
	播种面积(千公顷)	总产量(万吨)	播种面积(千公顷)	总产量(万吨)
内乡县	0.22	312	6.12	33778
淅川县	0.06	135	4.03	14068
社旗县	9.50	21515	6.23	35208
唐河县	14.94	23772	15.37	84511
新野县	2.30	5983	2.55	11319
桐柏县	3.46	3697	1.31	6070
邓州市	11.08	26085	3.88	24735
商丘市				
梁园区	0.43	1483	0.08	2883
睢阳区	4.22	11231	2.37	10152
民权县	1.83	6209	2.30	12404
睢　县	4.44	8789	2.54	14976
宁陵县	1.79	5631	1.85	6760
柘城县	0.60	1393	0.88	3960
虞城县	7.87	23515	5.94	19207
夏邑县	5.93	15818	3.93	11960
永城市	27.07	67545	1.17	13185
信阳市				
平桥区	1.97	3540	2.38	13316
罗山县	1.83	2119	1.69	3473
光山县	1.93	1492	1.31	6391
商城县	1.55	1090	0.83	2157
固始县	0.74	884	2.12	13173
潢　川	0.41	326	0.52	1251
淮滨县	2.03	537	4.90	14378
息　县	2.48	2387	3.01	13487
周口市				
扶沟县	10.64	29149	0.25	1492
西华县	9.13	16300	1.84	11000
商水县	17.02	59047	3.03	21385
沈丘县	7.47	23112	5.06	28558
郸城县	7.82	31419	10.35	98219
淮阳县	2.05	4577	7.35	38566
太康县	9.33	24149	3.07	13780
鹿邑县	13.99	51713	1.52	14628
项城市	17.72	37613	1.53	10952
驻马店市				
驿城区	1.57	3067	0.70	4520
西平县	0.23	436	0.10	350
上蔡县	6.08	17140	1.67	14507
平舆县	6.37	14946	2.73	13328
正阳县	2.85	4936	0.90	5403
确山县	0.08	291	1.07	6736
泌阳县	3.20	6144	4.43	26527
汝南县	2.68	6942	0.90	8698
遂平县	2.02	6041	1.58	9251
新蔡县	1.78	4540	3.26	14652
济源市	1.49	2422	0.95	3771

主要统计指标解释

乡（镇）政府　是指我国农村体制改革后设立的基层政府组织。根据宪法规定,它除执行本级人民代表大会的决议和上级国家行政机关的决定和命令外,还负责管理本行政区域内的行政工作。

村民委员会　根据宪法规定农村按居住地区设立的基层群众性的自治组织叫村民委员会。它主要负责办理本居住地区的公共事务和公益事业,调解民间纠纷,协助维护社会治安,并向人民政府反映群众的意见、要求和建议。村民委员会的下设组织叫村民小组。

乡村户数　是指户口在农村的常住户数,包括全部从事农林牧渔业生产并从中直接获取实物、现金收入和从承包的生产任务中获取实物、现金收入的农业家庭户数。还包括从事乡村工业、建筑、交通运输、贸易业、饮食、服务业生产和从事乡村文教卫生事业等非农产业的农业户。

乡村人口　是指乡村户数中的常住人口。包括常住人口中外出的民工、工厂的合同工及户口在家的在外学生。但不包括户口在家领取工资的国家职工。

乡村从业人员　指乡村人口中 16 岁以上实际参加生产经营活动并取得实物或货币收入的人员，既包括劳动年龄内经常参加劳动的人员，也包括超过劳动年龄但经常参加劳动的人员。但不包括户口在家的在外学生、现役军人和丧生劳动能力的人，也不包括待业人员和家务劳动者。从业人员年龄为 16 岁以上。从业人员按从事主业的时间最长（时间相同按收入）分为农业从业人员、工业从业人员、建筑业从业人员、交通仓储及邮电通讯业从业人员、批零贸易及餐饮业从业人员、其它从业人员。

农林牧渔业劳动力　指直接参加农林牧渔生产劳动的劳动力和直接从事采集、捕猎、农户家庭兼营（即以农业为主，利用农闲时间进行的）工业生产劳动的劳动力。

农作物总播种面积　是指全年各季各种农作物播种面积的总和。现行农业统计报表制度规定全年农作物总播种面积是指应该在本日历年度内收获农产品的作物的播种面积之和。其计算公式为：

本年农作物总播种面积＝上年秋冬播种作物面积＋本年春播作物面积＋本年夏播作物面积

或：本年农作物总播种面积＝本年夏收作物播种面积＋本年秋收作物播种面积

复种指数　指年内耕地上农作物总播种面积与耕地面积之比。它说明耕地在一年内平均种植的次数反映复种程度的高低。计算公式为：

复种指数=农作物总播种面积/耕地面积×100%

粮食产量　指全社会的产量。包括全民所有制经营的、集体统一经营的和农民家庭经营的粮食产量。粮食除包括稻谷、小麦、玉米、高粱、谷子及其它杂粮外还包括薯类和大豆。其产量的计算方法：豆类按去豆荚后的干豆计算;薯类按五公斤鲜薯折粮一公斤计算。其他粮食一律按脱粒后的原粮计算。

油料产量　指全部油料作物的生产量。包括花生、油菜籽、芝麻、向日葵籽、胡麻籽（亚麻籽）和其它油料。不包括大豆也不包括木本油料和野生油料。花生以带壳干花生计算。

有林地面积　指生长着乔木和竹林，郁闭度在 0.3 以上（不含 0.3）的林地面积，即有林地面积。它是反映森林资源总面积的重要指标。有林地面积包括天然林面积和人工林面积。但不包括灌木林面积和疏林面积。

造林面积　是指报告期内在荒山、荒地、沙丘等一切可以造林的土地上采用人工播种、植苗、飞机播种等方法新植的成片乔木林和灌木林经过检查验收符合《森林法实施细则》第十五条规定成活率达 85%（含 85%）以上的面积。四旁植树如一侧在四行以上连续面积一亩以上应统计在造林面积内。

在造林面积中　不包括补植面积、治沙种草面积、经济林垦复面积、迹地更新面积和低产林改造面积。

造林成活率 指同一片造林面积上已成活的树木株数与种植的树木株数之比。其计算公式如下：

造林成活率(%)=成活的树木株数/种植的树木株数×100%

育苗面积 指培育苗木所实际占用的苗圃面积。包括临时性的灌溉排水设施和苗床间步道等。不包括苗圃休闲地固定性或永久性的灌溉排水设施和道路、建筑物等面积。育苗面积包括本年新育面积、留床面积和移植面积三部分。育苗面积按实际占用的土地面积计算。

封山育林面积 是指对水土流失严重的荒山秃岭、河流两岸和近年内不准备进行人工造林的荒山荒地封禁以免人畜破坏使杂草、幼树得以繁殖兹长改善地面复被状况以减免水土的流失和为造林创造条件以及将采伐迹地、火烧迹地加以封禁使其残留的母树林能天然下种繁殖幼树残留的竹木根株能自然发芽蔓延生长的面积。包括当年新封及历年封禁至本年末尚未开放的面积不包括为保护新造幼林的生长而临时封禁的面积。

四旁（零星）植树 是指在村旁、路旁、宅旁、水旁等地零星栽植的林木和竹木株数。同时包括农田林网、农桐间作、农枣间作栽植的林木株数。不包括农田零星栽植的水果树、茶树、桑树和灌木丛。

林产品产量 指从人工栽培的竹木林上不经砍伐竹、木的根本而取得的各种林产品数量。包括生漆、棕片、五倍子、松脂、笋干、油桐籽、乌柏子、核桃、板栗等各种林木籽实以及修剪竹木所得的枝叶（荆条、柳条、蒲葵叶）等等林产品产量中包括林木种子采集量。但不包括竹木采伐量。

水产品产量 指本年度内捕捞的水产品产量。包括人工养殖并捕捞的水产品产量和捕捞天然生长的水产品产量。包括海水鱼类、虾蟹类、贝类、藻类以及淡水鱼类、虾蟹类和贝类不包括淡水水生植物。

年末耕地总资源 指能够种植农作物的田地。包括当年实际耕种的熟地；新开荒且已种植的地；“沿海”、“沿湖”地区已围垦利用三年以上的“海涂”、“、湖田”；弃耕、休闲不满三年，随时可以复耕的地；因灾害或其他因素，虽然当年内未种植农作物但仍可复耕的地；以种植农作物为主，附带种植桑树、果树和其它林的地；年年进行耕耘种草的地；南方小于 1 米、北方小于 2 米宽的沟、渠、路、田埂。不包括：因灾害或其他因素，已不能复耕的地；弃耕、休闲满三年的地，或虽不满三年但已成为荒地的土地；不进行耕耘，种植牧草已成为永久性草地的土地；专业性的桑园、茶园、果园、果木苗圃地、芦苇地、天然草场等；以混凝土等铺设的温室、玻璃室，导致栽培的植物体与地面隔绝的基地。

常用耕地 指耕地总资源中不包括临时种植农作物的坡度在 25 度以上的陡坡地；在河套、湖畔、水库区临时开发的成片或零星土地；也不包括已列为国家和省区市退耕计划但临时耕种的土地。

有效灌溉面积 指灌溉工程或设备已基本配套，有一定水源， 土地比较平整，在一般年景可以进行正常灌溉的耕地面积。一般为水田与水浇地之和。

当年实际机耕地面积 指本年度内利用拖拉机或其他动力机械耕过的耕地面积。机耕面积应该按实际翻耕过的耕地面积计算，即同一公顷耕地上一年内不论翻几次，仍按一公顷计算。

农业机械总动力 指主要用于农林牧渔业的各种动力机械的动力总和。包括耕作机械、排灌机械、收获机械、农产品加工机械、运输机械、植物保护机械、牧业机械、林业机械、渔业机械和其他农业机械（内燃机按引擎马力折成瓦数计算）。不包括专门用于乡办工业、基本建设、非农业运输、科学试验和教学等非农业生产方面的动力机械与作业机械。

农村用电量 指本年度内，扣除在农村的全民所有制工业、交通、基建单位的用电量

以外的农村生产上和生活上的全年用电总量（按全年累计数统计）。

农用化肥施用量 指本年度实际用于农业生产的化肥数量，包括氮肥、磷肥、钾肥和复合肥。

主要化肥折纯量 指在化肥原施用实物量的基础上进行按含量多少折纯。就是氮肥含氮量、磷肥含磷量、钾肥含氧化钾量等。

畜 牧 业

资料整理：张　新

3-1 主要畜产品产量

指　　标	单位	2000年	2005年	2009年	2010年	2011年	2012年	2013年
猪牛羊出栏头数								
肉猪出栏头数	万头	4180.00	5568.00	5143.60	5390.50	5361.20	5711.25	5996.87
占年初存栏头数比重	%	117.5	142.1	115.3	119.0	117.9	125.0	130.7
肉用牛出栏头数	万头	578.00	702.64	559.80	551.90	545.00	534.65	535.50
占年初存栏头数比重	%	43.1	50.3	53.3	52.8	53.9	56.0	59.2
肉用羊出栏只数	万只	2903.80	4225.00	2175.60	2114.70	2050.00	2027.45	2032.40
占年初存栏头数比重	%	104.2	114.5	106.8	105.9	108.2	108.7	111.2
肉用禽出栏只数	万只			80512.50	85101.70	88850.00	94358.70	94332.10
占年初存栏只数比重	%			132.0	138.8	143.1	146.0	138.3
肉类总产量	万吨	517.00	689.00	615.01	638.40	641.65	677.35	699.05
#猪肉产量	万吨	337.90	441.20	389.60	408.30	406.40	432.50	454.13
牛肉产量	万吨	83.00	102.75	84.00	83.00	82.00	80.44	80.56
羊肉产量	万吨	32.00	47.38	25.90	25.20	24.80	24.75	24.76
驴肉产量	万吨	2.30	1.96	2.39	2.49	2.63	2.19	2.15
骡肉产量	万吨	1.10	0.80	0.60	0.51	0.44	0.42	0.33
马肉产量	万吨	1.50	1.13	1.30	1.09	1.14	1.16	1.09
禽肉产量	万吨	55.00	87.51	100.10	105.80	111.40	122.21	122.32
兔肉产量	万吨	4.20	5.66	7.98	8.40	8.92	9.56	8.99
平均每头肉猪产肉量	公斤/头	80.80	79.20	75.74	75.74	75.80	75.73	75.72
平均每头肉牛产肉量	公斤/头	144.70	146.20	150.05	150.39	150.46	150.46	150.51
平均每只肉羊产肉量	公斤/只	11.00	11.20	11.90	11.91	12.10	12.21	12.20
其他畜产品产量								
奶类总产量	万吨	20.20	108.50	301.28	307.90	321.10	330.43	328.77
牛奶产量	万吨	16.10	104.00	281.90	290.90	306.60	316.10	316.42
羊奶产量	万吨	4.10	4.50	19.38	17.00	14.50	14.33	12.35
羊毛总产量	吨	10844	14335	17101	14165	14020	14288	15363
山羊毛产量	吨	2858	2873	4887	5235	5770	5849	7100
绵羊毛产量	吨	7986	11462	12214	8930	8250	8439	8263
羊绒产量	吨	277	433	885	933	859	868	887
蜂蜜产量	吨	23105	27441	102470	100914	982651	99607	99053
禽蛋产量	万吨	270.00	375.30	382.90	388.60	390.50	404.17	410.23

3-2 主要牲畜年末存栏数量

指　　标	单位	2000年	2005年	2009年	2010年	2011年	2012年	2013年
大牲畜总头数	**万头**	**1445.70**	**1508.80**	**1080.06**	**1044.80**	**988.60**	**942.34**	**936.80**
#从事农事劳役的头数	万头	482.80	412.90	216.55	290.20	257.67	216.71	204.96
牛	万头	1340.20	1447.00	1044.70	1010.20	955.00	908.21	905.11
肉牛	万头	282.80	514.06	559.83		612.91	602.68	610.11
乳牛	万头	6.70	31.22	76.86		96.07	100.60	100.70
马	万头	29.30	17.29	12.74	13.10	12.60	12.20	11.23
驴	万头	49.50	29.60	17.06	16.10	16.33	17.38	16.70
骡	万头	26.80	14.91	5.56	5.40	4.67	4.55	3.76
猪	万头	3787.70	4439.00	4528.90	4547.05	4569.00	4587.28	4426.74
#能繁殖的母猪	万头	365.00	517.00	473.80	474.27	486.00	490.37	491.00
羊	万只	2961.40	3988.00	1997.20	1895.40	1865.00	1827.70	1830.30
山羊	万只	2730.10	3509.00	1798.00	1794.90	1785.00	1751.05	1752.60
绵羊	万只	231.30	479.00	199.20	100.50	80.00	76.65	77.70
家禽	万只	42529.00	61958.00	61307.00	62104.00	64642.00	68197.31	68100.20

3-3 各市主要牲畜出栏数量和畜产品产量(2013年)

地　　区	猪出栏头数(万头)	牛出栏头数(万头)	羊出栏只数(万只)	家禽出栏只数(万只)
郑 州 市	233.78	13.68	53.85	4322.52
开 封 市	377.47	36.68	179.20	2622.30
洛 阳 市	238.19	33.04	57.35	1950.19
平顶山市	357.46	36.69	98.99	4047.17
安 阳 市	209.63	7.30	58.43	4426.03
鹤 壁 市	114.70	2.29	40.41	12779.55
新 乡 市	367.88	24.80	95.56	4667.18
焦 作 市	175.16	18.24	33.30	3663.86
濮 阳 市	178.46	11.84	91.10	6548.57
许 昌 市	406.33	25.07	92.11	3502.40
漯 河 市	364.76	8.46	23.21	2638.79
三门峡市	94.40	14.49	21.90	639.67
南 阳 市	647.65	90.30	300.43	5830.84
商 丘 市	462.10	64.27	321.31	5740.00
信 阳 市	434.50	20.49	80.86	15133.28
周 口 市	659.30	57.23	289.00	9580.49
驻马店市	838.74	73.37	189.73	5815.23
济 源 市	64.16	1.95	4.08	220.49

3-3 续表

地　区	肉类总产量(吨)		禽蛋产量(吨)	奶类总产量(吨)
		猪肉(吨)		
郑州市	262314	177000	225300	499464
开封市	399727	285660	257554	266346
洛阳市	266871	179000	149500	431000
平顶山市	401617	262600	151800	232055
安阳市	236797	159320	299900	66638
鹤壁市	256084	87720	155807	93215
新乡市	387435	268700	359000	348013
焦作市	206155	127500	290500	248727
濮阳市	256303	133900	291500	79043
许昌市	398709	299700	231140	78149
漯河市	303317	254500	129880	145407
三门峡市	100733	67960	51300	42528
南阳市	742587	480400	340970	329294
商丘市	560937	343100	286050	303100
信阳市	654887	349500	257300	2092
周口市	744143	495000	260000	124400
驻马店市	862157	619600	336200	72122
济源市	51676	44320	29350	32040

3-4 各市主要牲畜存栏数量(2013年)

地　区	猪年末头数(万头)	牛年末头数(万头)	羊年末只数(万只)	家禽年末只数(万只)
郑州市	177.00	24.54	48.41	3131.81
开封市	321.70	53.47	149.90	3485.00
洛阳市	205.00	62.50	70.29	2438.20
平顶山市	270.12	69.41	99.20	3122.00
安阳市	193.00	27.62	71.12	4326.70
鹤壁市	87.00	4.45	31.60	3908.00
新乡市	276.67	44.27	64.18	4252.20
焦作市	151.00	24.74	42.48	2860.87
濮阳市	147.50	24.81	69.95	3478.10
许昌市	263.00	45.66	80.50	2820.00
漯河市	225.20	13.02	19.97	2044.50
三门峡市	77.00	38.86	32.74	994.44
南阳市	532.00	135.30	254.95	6314.50
商丘市	333.57	87.45	294.81	6136.00
信阳市	310.40	54.37	73.40	6601.80
周口市	510.00	68.76	239.20	5200.00
驻马店市	653.89	123.46	185.14	6375.00
济源市	44.90	3.23	3.98	255.58

3-5 河南省生猪大县生产情况

地 区	年末生猪存栏(万头)							
	2006年	2007年	2008年	2009年	2010年	2011年	2012年	2013年
杞 县	66.35	73.78	80.00	81.00	78.12	79.00	72.68	73.50
通许县					44.36	45.69	45.74	46.11
尉氏县	62.24	69.21	75.00	75.80	74.20	74.50	75.50	69.99
开封县					50.88	52.41	52.46	53.68
叶 县	58.41	72.12	77.50	79.50	81.62	82.40	81.41	86.00
汝州市	52.51	60.31	66.77	68.50	70.21	70.46	71.60	72.82
林州市					63.24	65.14	65.14	64.36
浚 县					38.55	39.71	39.83	40.10
封丘县					44.22	45.55	45.64	47.28
卫辉市	49.13	41.95	44.05	44.80	45.40	46.00	46.40	45.24
辉县市	58.57	62.72	72.00	73.80	71.10	72.50	71.78	72.60
许昌县	49.65	53.46	62.00	62.30	64.55	64.20	60.41	61.10
鄢陵县	47.85	51.51	60.00	60.50	56.80	56.90	56.60	56.00
襄城县	57.56	49.54	50.70	52.00	51.40	51.60	51.70	49.99
禹州市	38.06	40.97	50.74	51.50	52.10	52.50	51.61	52.20
长葛市	34.93	37.60	44.44	45.60	44.50	44.80	43.59	44.00
郾城区	38.19	33.78	41.38	42.00	42.66	42.60	43.00	43.60
召陵区	50.27	40.07	41.11	41.80	41.00	41.50	41.40	42.00
舞阳县					44.72	46.06	46.11	45.60
临颍县	44.41	46.89	56.00	56.50	56.20	56.20	55.80	56.20
内乡县	46.79	42.48	46.92	48.50	49.20	51.20	51.97	58.46
社旗县					50.53	52.05	52.10	52.80
唐河县	71.28	75.39	81.00	82.10	82.20	82.50	82.60	83.01
邓州市	93.54	101.47	103.00	104.26	108.80	106.80	106.98	107.62
睢阳区					43.74	45.05	45.10	46.00
睢 县					29.82	30.72	30.81	30.04
柘城县					28.49	29.34	29.40	30.66
夏邑县					49.27	50.75	50.80	51.20
固始县	57.93	61.63	71.00	72.00	72.10	72.20	70.54	72.00
潢川县		30.40	37.41	48.15	48.63	49.12	51.00	50.34
西华县	49.71	56.16	64.00	65.80	64.40	64.35	64.60	64.80
商水县	52.15	57.86	65.50	65.80	68.80	68.90	67.38	64.35
沈丘县	49.18	45.08	48.61	50.00	50.60	51.30	52.00	53.35
淮阳县	62.88	51.35	54.54	55.80	55.98	56.80	57.10	56.36
太康县	59.00	62.52	69.00	70.10	72.20	72.25	73.20	68.44
鹿邑县		47.8	53.55	58.15	58.73	59.08	59.40	57.97
西平县	86.12	88.55	90.55	92.20	95.85	96.90	97.60	93.50
上蔡县	61.34	61.73	66.37	68.00	68.50	68.90	64.08	64.14
平舆县					49.29	50.77	50.82	49.04
正阳县	90.29	93.92	108.00	111.00	114.65	114.80	107.91	103.38
确山县	47.72	53.05	57.79	58.00	58.68	58.58	53.89	53.95
汝南县	58.66	62.29	67.55	68.50	66.65	67.00	68.00	65.82
遂平县	55.10	59.73	67.00	68.10	70.25	70.50	70.48	70.62
新蔡县	58.83	62.46	69.00	71.50	70.80	72.00	68.40	65.53
济源市					36.02	37.10	37.17	35.05

3-5 续表 1

地　区	#能繁殖母猪(万头)							
	2006年	2007年	2008年	2009年	2010年	2011年	2012年	2013年
杞　县	5.04	6.87	8.10	8.16	7.99	8.30	8.31	8.36
通许县					4.91	5.00	5.01	5.40
尉氏县	4.72	6.44	7.50	7.51	7.48	7.70	8.00	8.60
开封县					5.45	5.55	5.56	5.66
叶　县	4.78	7.72	8.80	8.88	9.18	9.25	8.98	9.22
汝州市	2.95	5.95	7.10	7.18	7.06	7.10	7.20	7.28
林州市					8.04	8.20	8.20	7.80
浚　县					4.69	4.79	4.80	4.60
封丘县					4.40	4.49	4.50	5.40
卫辉市	2.56	3.22	4.50	4.70	4.80	4.80	4.94	5.01
辉县市	4.62	6.93	8.30	8.31	8.11	8.10	8.10	8.00
许昌县	3.94	5.75	5.86	5.91	6.12	6.60	6.43	6.41
鄢陵县	4.01	5.85	6.61	6.67	6.55	6.68	6.64	6.10
襄城县	4.32	4.74	5.20	5.40	5.45	5.46	5.50	5.51
禹州市	2.57	3.73	4.50	6.00	5.96	6.00	5.83	5.76
长葛市	2.69	3.92	4.70	4.75	4.72	4.80	4.71	4.70
郾城区	6.90	3.81	4.23	4.40	4.50	4.50	4.54	4.50
召陵区	4.71	4.86	4.98	5.10	4.80	4.95	4.90	4.68
舞阳县					4.70	4.80	4.80	4.82
临颍县	3.96	5.77	6.72	6.73	6.89	6.85	6.40	6.20
内乡县	2.85	7.10	8.50	6.58	6.25	6.34	6.41	7.20
社旗县					5.48	5.59	5.60	5.60
唐河县	7.69	6.68	7.03	7.73	7.84	8.2	8.34	8.40
邓州市	5.25	7.81	9.20	9.28	9.62	10.2	10.39	12.80
睢阳区					4.91	5.00	5.01	5.00
睢　县					3.52	3.59	3.60	3.60
柘城县					3.52	3.59	3.60	3.55
夏邑县					5.97	6.09	6.10	6.02
固始县	4.02	4.68	6.00	6.05	6.26	6.90	6.76	7.10
潢川县		2.90	3.92	4.90	4.95	5.09	5.18	5.20
西华县	3.61	5.50	6.50	6.55	6.33	6.60	6.50	6.52
商水县	5.32	6.87	7.89	7.95	7.85	8.00	7.90	7.20
沈丘县	5.23	3.66	5.18	5.56	5.80	6.00	6.20	6.10
淮阳县	8.20	5.77	6.30	6.45	6.46	6.50	6.70	6.40
太康县	4.12	6.01	7.20	7.21	7.11	7.30	7.50	7.50
鹿邑县		4.43	5.28	5.62	5.68	5.83	5.94	6.10
西平县	7.62	9.41	9.76	9.88	9.76	10.02	9.91	9.90
上蔡县	4.60	5.22	6.29	6.87	7.40	7.42	7.50	7.40
平舆县					5.09	5.19	5.20	5.26
正阳县	7.91	11.70	13.50	13.51	13.66	14.00	14.00	12.00
确山县	5.37	6.06	6.29	6.42	6.12	6.26	6.26	6.10
汝南县	4.54	6.33	6.63	7.00	6.88	7.10	7.30	7.30
遂平县	4.80	6.59	7.80	7.85	8.02	8.12	8.00	7.88
新蔡县	4.11	5.90	7.00	7.08	7.06	7.22	7.38	7.30
济源市					4.36	4.45	4.46	4.40

3-5 续表 2

地 区	生猪出栏(万头)							
	2006年	2007年	2008年	2009年	2010年	2011年	2012年	2013年
杞 县	71.53	67.61	79.90	84.00	85.10	86.00	87.12	95.66
通许县					61.56	62.79	62.85	65.60
尉氏县	68.94	65.17	76.90	80.00	84.50	85.00	87.38	96.55
开封县					65.13	66.43	66.50	70.20
叶 县	81.91	78.62	91.35	97.70	106.32	106.80	108.72	116.80
汝州市	62.18	65.55	76.10	81.50	86.12	87.00	88.31	90.00
林州市					83.35	85.01	85.10	86.20
浚 县					70.57	71.99	72.13	75.20
封丘县					72.74	74.20	74.27	82.20
卫辉市	62.25	50.10	50.11	53.00	56.80	57.00	57.80	61.60
辉县市	87.16	84.10	97.50	104.20	108.00	107.80	107.80	113.20
许昌县	78.20	68.78	77.80	81.50	88.89	89.20	87.24	90.60
鄢陵县	72.95	66.53	76.95	81.65	81.52	82.00	82.98	82.40
襄城县	61.47	60.33	63.09	67.30	69.50	69.60	70.23	70.00
禹州市	72.35	60.20	66.80	71.20	74.00	74.60	74.50	78.40
长葛市	60.30	60.01	68.20	72.80	77.56	77.80	74.30	76.60
郾城区	74.63	60.43	64.32	67.00	72.26	72.40	72.40	75.60
召陵区	79.77	61.06	63.44	67.80	69.00	69.40	67.25	68.80
舞阳县					67.83	69.18	69.32	72.20
临颍县	80.69	75.13	82.70	86.80	91.10	92.00	89.79	94.10
内乡县	64.90	64.79	70.94	76.00	80.50	81.20	81.77	92.23
社旗县					66.34	67.66	67.73	71.20
唐河县	91.35	75.59	88.00	94.00	99.50	99.80	100.20	105.30
邓州市	106.39	87.66	106.00	113.00	118.66	118.78	119.37	132.00
睢阳区					67.53	68.88	69.02	73.00
睢 县					43.29	44.16	44.20	48.00
柘城县					39.33	40.12	40.24	43.38
夏邑县					78.05	79.61	79.61	82.00
固始县	93.18	79.92	91.00	95.80	102.66	101.60	99.57	104.80
潢川县		34.30	50.50	65.00	67.02	67.82	68.50	72.00
西华县	75.72	65.11	74.70	78.30	81.11	81.15	81.56	84.00
商水县	69.47	65.10	75.00	79.50	79.33	79.50	78.23	84.10
沈丘县	72.46	55.20	60.00	64.50	67.80	67.90	68.44	72.60
淮阳县	85.76	65.11	69.37	74.10	76.98	77.50	78.04	82.20
太康县	88.58	65.20	76.00	81.00	84.45	85.00	85.51	89.20
鹿邑县		59.28	66.40	72.10	74.41	75.00	75.53	78.60
西平县	104.83	93.00	108.00	114.80	121.21	122.00	120.17	126.00
上蔡县	60.25	62.08	68.44	73.00	76.65	77.00	77.85	81.60
平舆县					70.62	72.03	72.10	76.20
正阳县	107.26	98.03	114.20	122.00	129.89	130.00	130.78	138.00
确山县	63.50	51.01	55.16	59.50	63.60	63.50	64.71	68.39
汝南县	72.24	65.41	75.90	80.80	86.68	86.60	87.38	91.40
遂平县	70.60	63.77	74.10	79.20	85.69	85.74	86.43	93.25
新蔡县	68.79	61.96	72.50	77.62	80.26	82.00	82.49	86.80
济源市					51.68	52.72	52.77	55.20

3-5 续表 3

地区	猪肉产量(万吨)							
	2006年	2007年	2008年	2009年	2010年	2011年	2012年	2013年
杞　县	5.71	5.20	5.99	6.30	6.30	6.38	6.49	7.20
通许县					4.43	4.57	4.57	4.80
尉氏县	5.36	4.88	5.76	5.99	6.50	6.54	6.72	7.43
开封县					4.84	4.99	4.99	5.29
叶　县	5.96	5.71	6.63	7.10	7.72	7.80	7.98	8.61
汝州市	4.53	4.77	5.54	5.93	6.27	6.35	6.48	6.63
林州市					6.20	6.38	6.39	6.60
浚　县					5.09	5.24	5.25	5.56
封丘县					5.25	5.40	5.41	6.05
卫辉市	4.36	3.52	3.71	3.92	4.20	4.23	4.29	4.58
辉县市	6.50	6.00	6.96	7.43	7.71	7.70	7.91	8.40
许昌县	5.76	5.06	5.72	6.00	6.54	6.56	6.44	6.76
鄢陵县	5.37	4.91	5.68	6.03	6.02	6.06	6.13	6.12
襄城县	4.49	4.41	4.67	5.05	5.21	5.22	5.27	5.28
禹州市	5.32	4.43	4.92	5.24	5.45	5.50	5.49	5.78
长葛市	4.44	4.20	4.76	5.08	5.42	5.46	5.45	5.64
郾城区	4.58	3.58	4.02	4.31	4.65	4.66	4.73	5.06
召陵区	6.25	4.20	4.35	4.62	4.70	4.75	4.74	5.01
舞阳县					4.89	5.04	5.05	5.28
临颍县	5.68	5.17	5.69	5.97	6.27	6.50	6.45	6.86
内乡县	4.70	5.01	5.51	5.77	6.11	6.18	6.22	7.02
社旗县					4.90	5.04	5.05	5.40
唐河县	6.73	5.68	6.61	7.06	7.48	7.50	7.53	7.92
邓州市	7.84	6.61	7.99	8.52	8.95	8.96	9.00	9.94
睢阳区					5.07	5.22	5.23	5.54
睢　县					3.20	3.30	3.30	3.56
柘城县					2.95	3.04	3.05	3.30
夏邑县					5.85	6.03	6.03	6.24
固始县	7.71	6.65	7.28	7.66	8.21	8.21	7.93	8.32
潢川县		2.59	3.82	4.92	5.08	5.14	5.19	5.46
西华县	5.71	5.14	5.68	5.95	6.16	6.18	6.21	6.40
商水县	5.24	5.14	5.70	6.04	6.03	6.06	6.02	6.34
沈丘县	5.20	4.36	4.83	5.25	5.52	5.53	5.57	5.85
淮阳县	6.32	5.14	5.54	5.95	6.18	6.25	6.29	6.50
太康县	6.68	5.15	5.78	6.16	6.42	6.46	6.50	6.72
鹿邑县		4.48	5.03	5.46	5.64	5.69	5.72	5.96
西平县	7.98	6.99	8.12	8.63	9.11	9.18	9.13	9.54
上蔡县	4.58	4.67	5.17	5.48	5.75	5.78	5.84	6.10
平舆县					5.31	5.46	5.47	5.78
正阳县	8.17	7.37	8.59	9.17	9.77	9.80	9.86	10.40
确山县	4.83	3.84	4.17	4.50	4.81	4.80	4.89	5.10
汝南县	5.50	4.92	5.71	6.08	6.52	6.52	6.58	6.88
遂平县	5.38	4.80	5.58	5.97	6.46	6.68	6.73	7.09
新蔡县	5.24	4.66	5.45	5.83	6.03	6.20	6.24	6.56
济源市					3.79	3.91	3.91	4.10

3-6 河南省分品种(生猪)生产情况(2013年)

指标名称	计量单位	合　　计	(1)规模以上养殖	(2)规模以下养殖
年末存栏合计	**万头**	**4426.74**	**1518.42**	**2908.32**
#接受防疫头数	万头	4314.95	1519.11	2795.84
1.15公斤以下仔猪	万头	1169.22	430.86	738.36
2.待育肥猪	万头	2713.66	891.30	1822.36
其中：50公斤以上	万头	1581.62	499.89	1081.74
3.种猪	万头	543.86	201.14	342.72
#能繁殖母猪	万头	491.00	176.36	314.64
#已投保险头数	万头	290.47	124.94	165.54
年内增加头数	万头	6399.42	2308.90	4090.52
#自繁	万头	5537.67	2200.65	3337.03
购进	万头	791.21	95.47	695.73
年内减少头数	万头	655.95	236.05	419.90
1.自宰肥猪头数	万头	19.58	2.98	16.61
2.出售肥猪头数	万头	5977.29	2139.15	3838.14
出售肥猪重量	万吨	654.58	228.78	425.80
出售肥猪金额	亿元	954.18	335.44	618.74
3.其他原因减少	万头	-5340.92	-2072.64	-3268.28
#出售15公斤以下仔猪头数	万头	240.38	53.28	187.10
出售15公斤以下仔猪重量	万公斤	3190.53	721.71	2468.82
出售15公斤以下仔猪金额	万元	84166.83	21393.89	62772.93
平均每头肥猪出售重量	公斤/头	109.51	106.95	110.94
出售肥猪平均价格	元/公斤	14.58	14.66	14.53
平均每头仔猪出售重量	公斤/头	13.27	13.55	13.20
出售仔猪平均价格	元/公斤	26.38	29.64	25.43
猪肉产量	万吨	454.13	162.22	291.91

注：规模标准采用国家统计局畜禽监测调查规定的年末存栏量650头及以上。

3-7 河南省分品种(牛)生产情况(2013年)

指标名称	计量单位	合　计	(1)规模以上养殖	(2)规模以下养殖
期末存栏头数	万头	905.11	44.00	861.11
#肉牛	万头	610.11	14.27	595.84
奶牛	万头	100.70	20.69	80.01
#在产奶牛	万头	56.71	11.39	45.32
期内增加头数	万头	546.07	25.94	520.13
#自繁	万头	279.90	7.34	272.57
#肉牛	万头	194.26	2.98	191.29
奶牛	万头	39.54	3.77	35.77
购进	万头	261.23	18.33	242.90
#肉牛	万头	248.24	15.96	232.28
奶牛	万头	5.97	1.64	4.34
期内减少头数	万头	549.16	23.72	525.44
#自宰肉牛	万头	3.44	0.62	2.82
出售肉牛	万头	532.06	21.05	511.01
出售肉牛重量	万吨	222.17	9.57	212.60
出售肉牛金额	亿元	577.84	23.94	553.90
牛奶产量	万吨	316.42	72.13	244.29
平均每头肉牛出售重量	公斤/头	417.57	454.76	416.03
出售肉牛平均价格	元/公斤	26.01	25.01	26.05
牛肉产量	万吨	80.56	3.26	77.30

注：规模标准采用国家统计局畜禽监测调查规定的年末存栏量200头及以上。

3-8 河南省分品种(羊)生产情况(2013年)

指标名称	计量单位	合　计	(1)规模以上养殖	(2)规模以下养殖
期末存栏只数	万只	1830.30	32.95	1797.35
1.山羊	万只	1691.83	14.90	1676.94
2.绵羊	万只	138.47	18.05	120.42
期内增加只数	万只	2076.75	61.39	2015.36
#自繁	万只	1719.46	30.14	1689.31
1.山羊	万只	1621.43	16.28	1605.16
2.绵羊	万只	98.03	13.87	84.16
购进	万只	357.29	32.28	325.01
1.山羊	万只	271.67	11.45	260.22
2.绵羊	万只	85.62	20.83	64.78
期内减少只数	万只	2074.15	58.20	2015.95
#自宰	万只	52.34	2.11	50.23
出售	万只	1980.06	55.89	1924.17
出售重量	万吨	55.31	2.22	53.09
出售金额	亿元	168.68	6.01	162.67
羊毛产量	吨	15363.00	12190.47	3172.53
羊绒产量	吨	887.00	7.45	879.55
平均每只羊出售重量	公斤/只	27.93	39.66	27.59
出售羊平均价格	元/公斤	30.50	27.12	30.64
羊肉产量	万吨	24.76	0.71	24.05

注：规模标准采用国家统计局畜禽监测调查规定的年末存栏量200只及以上。

3-9 河南省分品种(家禽)生产情况(2013年)

指标名称	计量单位	合计	(1)规模以上养殖	(2)规模以下养殖
期末存栏只数	万只	68100.20	11220.17	56880.03
1. 肉用家禽合计	万只	26410.78	5814.35	20596.43
2. 蛋用家禽合计	万只	40744.72	5015.65	35729.06
期内减少只数	万只	108415.67	16565.58	91850.08
#自宰家禽合计	万只	9272.78	6030.53	3242.25
出售家禽合计	万只	85059.32	9522.20	75537.12
出售家禽重量	万吨	186.16	19.98	166.18
出售家禽金额	亿元	187.50	19.42	168.08
禽蛋产量	万吨	410.23	50.84	359.39
平均每只家禽出售重量	公斤/只	2.19	2.10	2.20
出售家禽平均价格	元/公斤	10.07	9.72	10.11
禽肉产量	万吨	122.32	20.17	102.15

注：规模标准采用国家统计局畜禽监测调查规定的年末存栏量20000只及以上。

3-10 各市水产品产量（2013年）

计量单位：吨

地　区	水产品总产量合计	(1)捕捞产量合计	(2)养殖产量合计
全省合计	**1166538**	**66079**	**1100459**
郑州市	155165	5	155160
开封市	64215	299	63916
洛阳市	49109	4873	44236
平顶山市	47403	840	46563
安阳市	18184	1330	16854
鹤壁市	12145	298	11847
新乡市	60247	218	60029
焦作市	15700	35	15665
濮阳市	28846	583	28263
许昌市	11244	515	10729
漯河市	18080	985	17095
三门峡市	19200	6817	12383
南阳市	134779	5009	129770
商丘市	83282	2731	80551
信阳市	234913	17385	217528
周口市	62865	7904	54961
驻马店市	120781	15812	104969
济源市	30380	440	29940

3-11 历年牧渔业产量

年 份	肉类产量（万吨）	#猪肉	#牛肉	#羊肉	大牲畜年末存栏头数（万头）	#役畜	猪年末存栏头数（万头）	禽蛋产量（万吨）	水产品产量（万吨）
1978	45.64	42.20			515.03	401.70	1724.90		2.47
1979	55.14	50.00			521.50	400.40	1592.30		2.30
1980	55.03	49.45	0.69	2.88	541.99	423.75	1474.24	15.86	2.91
1981	51.58	44.30	0.60	3.36	607.00	498.90	1386.50	16.31	3.00
1982	54.26	47.60	0.52	3.46	671.50	542.10	1310.70	16.75	3.25
1983	51.33	43.70	0.88	3.41	704.70	562.20	1195.70	21.41	3.78
1984	58.59	49.60	1.83	3.31	794.70	615.70	1327.00	31.38	4.89
1985	71.83	61.08	3.01	3.38	886.35	664.55	1621.74	37.15	6.37
1986	79.42	65.00	5.50	3.70	957.44	708.10	1539.41	37.32	6.61
1987	86.63	66.10	8.90	5.00	1000.82	738.44	1404.72	43.55	7.62
1988	103.75	76.87	12.24	6.48	1069.20	779.57	1586.18	50.43	9.39
1989	121.53	88.11	15.26	7.89	1111.56	794.04	1680.22	53.62	9.83
1990	134.86	97.45	18.16	8.05	1116.33	798.30	1750.32	59.58	10.48
1991	157.95	108.73	24.82	7.76	1102.10	782.25	1820.80	73.81	10.77
1992	171.66	119.23	25.67	7.96	1135.50	794.90	1959.70	79.29	11.55
1993	203.51	137.60	32.64	9.90	1211.00	843.00	2085.00	95.58	13.83
1994	253.31	165.81	44.00	12.57	1329.18	919.79	2325.17	125.28	15.84
1995	333.00	210.37	64.39	21.10	1420.45	985.76	2667.72	140.01	18.09
1996	347.72	225.63	59.45	21.72	1089.14	783.00	2229.67	154.54	20.51
1997	403.00	256.12	64.88	25.23	1420.87	857.03	2931.91	201.40	23.88
1998	461.63	297.86	76.71	28.00	1416.84	803.70	3439.66	229.34	27.02
1999	485.11	313.95	82.21	29.96	1448.42	530.60	3556.43	251.82	28.83
2000	517.00	337.88	83.00	32.00	1445.73	482.84	3787.69	270.00	32.17
2001	540.65	343.77	89.23	34.51	1435.93	479.53	3672.07	286.00	31.46
2002	570.01	366.49	89.20	37.85	1409.78	437.03	3800.00	302.00	36.22
2003	603.55	386.00	93.00	42.00	1469.45	430.00	3917.80	326.20	38.95
2004	643.00	412.37	98.33	44.06	1491.19	427.00	4152.87	347.40	42.70
2005	689.00	441.20	102.75	47.38	1508.80	412.90	4439.00	375.30	51.68
2006	584.60	391.30	82.00	23.80	1114.26	410.12	3953.30	329.50	61.43
2007	542.90	339.00	82.10	25.30	1081.93	353.76	4185.50	336.70	74.74
2008	584.50	367.10	84.10	26.50	1097.55	251.62	4462.00	173.60	85.68
2009	615.10	389.60	84.00	25.90	1080.11	216.55	4528.90	382.90	93.94
2010	638.40	408.30	83.00	25.20	1044.80	290.20	4547.00	388.60	99.41
2011	641.65	406.40	82.00	24.80	988.60	257.67	4569.00	390.50	102.93
2012	677.35	432.50	80.44	24.75	942.34	216.71	4587.28	404.17	109.75
2013	699.05	454.13	80.56	24.76	936.80	204.96	4426.74	410.23	116.65

注：本表及表3-1、表3-2，2006年及以后的数据已与农普数据衔接。

主要统计指标解释

规模养殖户 是指农户养殖畜禽数量较大，明显高于一般农户饲养量。规模养殖划分标准：

生猪规模养殖户 指国家统计局畜禽监测调查规定河南的标准为年末存栏量650头及以上。

牛规模养殖户 指国家统计局畜禽监测调查规定河南的标准为年末存栏量200头及以上。

羊规模养殖户 指国家统计局畜禽监测调查规定河南的标准为年末存栏量200只及以上。

家禽规模养殖户 指国家统计局畜禽监测调查规定河南的标准为年末存栏量20000只及以上。

畜禽存栏 是指报告期末圈舍内饲养的实有畜禽数量，不论大小、公母一律包括在内。家禽只包括鸡、鸭、鹅。

畜禽出栏 是指报告期内的出售和自宰的成品畜禽数量。包括自食和送亲友的成品畜禽数量；还包括死亡后食用和被盗丢失的成品畜禽数量。但不包括出售的仔畜禽数量和购买架子畜转手倒卖或育肥 3 个月以内出售的家畜。

当年（期内）出栏的肉猪头数 是指当年（报告期内）乡、村各种合作经济组织和农民、国营农场、机关、团体、学校、工矿企业、部队等单位以及城镇居民饲养的、供屠宰并已出栏的全部肉猪头数包括交售给国家、集市上出售和农民自食的部分。

当年（期内）出售和自宰的肉用牛 是指当年（报告期内）国营农场等全民所有制生产单位、乡、村各种合作经济组织和农民、机关、团体、学校、工矿企业、部队等单位饲养的、供屠宰并已出栏的（包括交售国家在集市上出售和农民自食的）肉用牛。淘汰的耕牛、奶牛也应计算在内。

当年（期内）出售和自宰的肉用羊 是指当年（报告期内）国营农场等全民所有制生产单位、乡、村各种经济组织和农民、机关团体、学校、工矿企业、部队等单位以及城镇居民饲养的、供屠宰并已出栏的（包括交售国家在集市上出售和农民自食的）肉用羊。剥皮后作肉用的羊和淘汰的奶羊等也应计算在内。

出栏率 是分析饲养牲畜特别是饲养肉用牲畜向社会提供畜产品数量多少的指标它反映畜群周转的快慢反映饲养产品畜的经济效果和生产水平。其计算公式为：

出栏率=本期出栏头数(包括出售和自宰的)/上期末头数×100%

猪、牛、羊肉产量 是指当年出栏并已屠宰的猪、牛、羊肉产量即屠宰后去头、蹄、下水后带肉的重量也叫胴体重。此项指标可通过典型调查、抽样调查和收购部门掌握的资料取得平均每头胴体重数据和出栏头数推算。

从事农事劳役的牲畜 是指本年度内实际投入田间生产活动 如耕翻、 播种、中耕、浇水、施肥、送粪、拉运等庄稼活的役畜 不包括由于年岁太小或已经衰老实际没有干庄稼活的役畜 也不包括专门用于副业生产（如碾米磨 面）和用于专业性运输的牲畜。有的牲畜如有时参加田间劳役 有时参加副业劳役 则只包括其中主要和经常参加田间劳役的头数。

能繁殖的母畜 是指已达到生殖年龄有生殖能力的母畜不论是否配种受胎均应算作能繁殖的母畜。有的母畜虽未达到或已经超过生殖年龄但实际上配种受胎的也应算作能繁殖的母畜。有的母畜虽在生殖年龄内但已经丧失生殖能力的则不统计在内。能繁殖的母猪是指已达到生殖年龄而专门留作繁殖的母猪。母畜生殖年龄的标准：一般是二岁以上的牛、驴，3 岁以上的马，9 个月以上的猪，1 岁以上的羊。

规下工业和规下服务业

资料整理：任焱丽　郑　凯

4-1 历年规模以下工业总量指标

年 份	单位数合计(个)	企业	个体	从业人员合计(万人)	企业	个体
1998	681512	71160	610352	658.50	232.53	425.97
1999	726290	70711	655579	680.40	223.46	456.94
2000	685961	71239	614722	597.85	201.92	395.93
2001	679793	71686	608107	571.95	205.42	366.53
2002	660163	72418	587745	571.09	225.38	345.71
2003	697095	69915	627180	580.39	212.19	368.20
2004	696366	66420	629946	507.70	196.19	311.51
2005	689993	64625	625368	559.68	219.76	339.92
2006	696587	67542	629045	548.28	214.32	333.96
2007	780941	75134	705807	588.68	218.22	370.46
2008	664548	70460	594088	564.49	185.92	378.57
2009	756548	75266	681282	515.07	159.25	355.82
2010	743585	84400	659185	469.33	177.27	292.06
2011	719527	83383	636144	462.22	176.81	285.41
2012	663253	74328	588925	421.42	157.06	264.36
2013	613201	71617	541584	368.84	140.38	228.46

4-1 续表

年 份	工业增加值合计(亿元)		企 业		个 体	
	本期	指数(上年=100)	本期	指数(上年=100)	本期	指数(上年=100)
1998	752.15		270.70		481.45	
1999	768.22	107.5	283.59	110.0	484.63	106.2
2000	890.76	111.5	335.20	113.7	555.56	110.2
2001	981.22	109.6	370.31	109.9	610.91	109.4
2002	1077.98	109.9	406.37	109.7	671.61	109.9
2003	1255.06	113.5	440.80	103.7	814.26	119.6
2004	1415.98	110.5	546.04	113.7	869.93	108.8
2005	1695.78	110.8	654.71	111.0	1041.07	110.7
2006	1880.61	110.4	732.05	111.3	1148.56	109.8
2007	2070.27	109.5	829.27	112.6	1241.00	107.4
2008	2240.69	106.1	752.91	98.7	1487.78	110.4
2009	2249.35	105.0	687.99	100.0	1561.37	107.4
2010	2049.37	103.0	769.34	102.5	1280.03	103.3
2011	2390.44	106.0	924.29	106.1	1466.16	106.0
2012	2418.63	101.9	943.07	102.1	1475.56	101.8
2013	2142.11	103.5	835.96	103.8	1306.15	103.3

注：规模以下工业部分所有指标均为抽样调查数据，指数均按可比价格计算。

4-2 历年规模以下工业主要经济指标

指标名称	单位	2010年	2011年	2012年	2013年
规模以下工业					
单位数	个	743585	719527	663253	613201
从业人员	万人	469.33	462.22	421.42	368.84
增加值	亿元	2049.37	2390.44	2418.63	2142.11
规模以下工业企业					
企业数	个	84400	83383	74328	71617
资产总计	亿元	1666.53	2326.60	2185.51	2008.29
主营业务收入	亿元	2476.26	3043.89	3076.54	2727.13
税金总额	亿元	104.70	121.45	128.56	110.93
营业利润	亿元	331.49	368.83	361.07	339.49
应付职工薪酬	亿元	229.31	270.25	312.43	291.02
从业人员	万人	177.27	176.81	157.06	140.38
个体工业					
单位数	个	659185	636144	588925	541584
从业人员	万人	292.06	285.41	264.36	228.46
营业收入	亿元	4217.56	4830.83	4813.69	4261.00

4-3 规下服务业企业调查主要经济指标(2013年)

项　　目	单　位	2012年经济总量	2013年经济总量	增速
单位数	个	36175	39827	10.1%
固定资产原价	万元	5144957	5905191	14.8%
资产总计	万元	11414835	16844614	47.6%
负债合计	万元	4095171	4720382	15.3%
营业收入	万元	4939010	5703034	15.5%
营业成本	万元	2673352	3016302	12.8%
营业税金及附加	万元	209221	219983	5.1%
销售费用	万元	375574	419894	11.8%
管理费用	万元	885500	1002642	13.2%
财务费用	万元	84937	108047	27.2%
营业利润	万元	577652	728318	26.1%
利润总额	万元	577988	733461	26.9%
应交所得税	万元	77053	88938	15.4%
应付职工薪酬	万元	1011474	1172728	15.9%
应交增值税	万元	23929	43764	82.9%
从业人员平均人数	人	439756	486886	10.7%

4-4 铁路运输业主要经济指标(2013年)

项　　目	单　位	2012年经济总量	2013年经济总量	增速
单位数	个	39	37	-5.1%
固定资产原价	万元	7717	12738	65.1%
资产总计	万元	14725	17671	20.0%
负债合计	万元	11342	15248	34.4%
营业收入	万元	23001	27538	19.7%
营业成本	万元	20924	24065	15.0%
营业税金及附加	万元	862	899	4.3%
销售费用	万元	256	263	3.1%
管理费用	万元	412	342	-16.9%
财务费用	万元	44	55	26.7%
营业利润	万元			
利润总额	万元	545	2017	270.1%
应交所得税	万元	293	421	43.6%
应付职工薪酬	万元	1062	1361	28.2%
应交增值税	万元	365	374	2.4%
从业人员平均人数	人	427	539	26.4%

4-5 道路运输业主要经济指标(2013年)

项　　目	单　位	2012年经济总量	2013年经济总量	增速
单位数	个	2654	2666	0.5%
固定资产原价	万元	654530	740580	13.1%
资产总计	万元	903800	1079357	19.4%
负债合计	万元	321199	356129	10.9%
营业收入	万元	649739	779080	19.9%
营业成本	万元	411446	502580	22.1%
营业税金及附加	万元	27597	28885	4.7%
销售费用	万元	16343	17264	5.6%
管理费用	万元	39142	44596	13.9%
财务费用	万元	9629	10079	4.7%
营业利润	万元	113321	143907	27.0%
利润总额	万元	105076	132892	26.5%
应交所得税	万元	10219	12676	24.0%
应付职工薪酬	万元	107184	130484	21.7%
应交增值税	万元	3989	5744	44.0%
从业人员平均人数	人	49057	53310	8.7%

4-6　水上运输业主要经济指标(2013年)

项　目	单　位	2012年经济总量	2013年经济总量	增速
单位数	个	62	69	11.1%
固定资产原价	万元	27304	30652	12.3%
资产总计	万元	34638	39719	14.7%
负债合计	万元	7142	18826	163.6%
营业收入	万元	32279	37418	15.9%
营业成本	万元	20453	23643	15.6%
营业税金及附加	万元	1475	1715	16.3%
销售费用	万元	4990	5736	14.9%
管理费用	万元	1714	2054	19.8%
财务费用	万元	123	150	22.1%
营业利润	万元	3436	4021	17.0%
利润总额	万元	3547	4156	17.2%
应交所得税	万元	609	702	15.2%
应付职工薪酬	万元	4199	5052	20.3%
应交增值税	万元	198	240	21.5%
从业人员平均人数	人	1788	2090	16.9%

4-7　航空运输业主要经济指标(2013年)

项　目	单　位	2012年经济总量	2013年经济总量	增速
单位数	个	16	17	2.2%
固定资产原价	万元	851	908	6.7%
资产总计	万元	2764	2936	6.2%
负债合计	万元	323	302	-6.5%
营业收入	万元	1891	2379	25.8%
营业成本	万元	585	924	57.9%
营业税金及附加	万元	156	176	13.0%
销售费用	万元	31	35	11.0%
管理费用	万元	393	466	18.6%
财务费用	万元	32	34	7.4%
营业利润	万元	479	565	18.0%
利润总额	万元	490	576	17.5%
应交所得税	万元	21	32	50.6%
应付职工薪酬	万元	270	316	17.1%
应交增值税	万元	12	24	106.7%
从业人员平均人数	人	114	122	7.0%

4-8 装卸搬运和运输代理业主要经济指标(2013年)

项　　目	单　位	2012年经济总量	2013年经济总量	增速
单位数	个	583	640	9.8%
固定资产原价	万元	71561	83619	16.9%
资产总计	万元	145739	172576	18.4%
负债合计	万元	67851	74942	10.5%
营业收入	万元	135968	161557	18.8%
营业成本	万元	95187	111070	16.7%
营业税金及附加	万元	4814	5533	14.9%
销售费用	万元	6937	6971	0.5%
管理费用	万元	7298	9041	23.9%
财务费用	万元	1144	2122	85.5%
营业利润	万元	14762	16667	12.9%
利润总额	万元	14848	16926	14.0%
应交所得税	万元	1600	1779	11.2%
应付职工薪酬	万元	19102	22674	18.7%
应交增值税	万元	311	688	121.1%
从业人员平均人数	人	8753	10184	16.3%

4-9 仓储业主要经济指标(2013年)

项　　目	单　位	2012年经济总量	2013年经济总量	增速
单位数	个	986	1104	12.0%
固定资产原价	万元	364695	414702	13.7%
资产总计	万元	569847	605325	6.2%
负债合计	万元	243385	251493	3.3%
营业收入	万元	335082	381329	13.8%
营业成本	万元	224459	241719	7.7%
营业税金及附加	万元	5110	6103	19.4%
销售费用	万元	23368	24458	4.7%
管理费用	万元	27884	35245	26.4%
财务费用	万元	9956	14164	42.3%
营业利润	万元	31744	55222	74.0%
利润总额	万元	35718	59844	67.5%
应交所得税	万元	3002	3558	18.5%
应付职工薪酬	万元	25763	30887	19.9%
应交增值税	万元	1635	2376	45.4%
从业人员平均人数	人	13691	15423	12.7%

4-10 邮政业主要经济指标(2013年)

项　　目	单　位	2012年经济总量	2013年经济总量	增速
单位数	个	121	137	13.2%
固定资产原价	万元			
资产总计	万元			
负债合计	万元			
营业收入	万元			
营业成本	万元			
营业税金及附加	万元			
销售费用	万元			
管理费用	万元			
财务费用	万元			
营业利润	万元	1825	1924	5.4%
利润总额	万元			
应交所得税	万元			
应付职工薪酬	万元	6193	6861	10.8%
应交增值税	万元	17	40	138.4%
从业人员平均人数	人	2766	3666	32.6%

4-11 电信、广播电视和卫星传输服务业主要经济指标(2013年)

项　　目	单　位	2012年经济总量	2013年经济总量	增速
单位数	个	321	372	15.9%
固定资产原价	万元	65060	71240	9.5%
资产总计	万元	78323	76887	-1.8%
负债合计	万元	51558	57903	12.3%
营业收入	万元	47678	57741	21.1%
营业成本	万元	32685	39346	20.4%
营业税金及附加	万元	1696	1980	16.8%
销售费用	万元	2420	3007	24.3%
管理费用	万元	4937	5225	5.8%
财务费用	万元	1132	1254	10.8%
营业利润	万元	4663	5989	28.4%
利润总额	万元	4577	5285	15.5%
应交所得税	万元	864	962	11.3%
应付职工薪酬	万元	7485	8516	13.8%
应交增值税	万元	101	140	38.6%
从业人员平均人数	人	2747	3120	13.6%

4-12　互联网和相关服务业主要经济指标(2013年)

项　　目	单　位	2012年经济总量	2013年经济总量	增速
单位数	个	76	88	15.8%
固定资产原价	万元	15336	16793	9.5%
资产总计	万元	18463	18124	-1.8%
负债合计	万元	12154	13649	12.3%
营业收入	万元	11239	13611	21.1%
营业成本	万元	7705	9275	20.4%
营业税金及附加	万元	400	467	16.8%
销售费用	万元	570	709	24.4%
管理费用	万元	1164	1232	5.8%
财务费用	万元	267	296	10.9%
营业利润	万元	1099	1412	28.5%
利润总额	万元	1079	1246	15.5%
应交所得税	万元	204	227	11.3%
应付职工薪酬	万元	1764	2007	13.8%
应交增值税	万元	24	33	37.5%
从业人员平均人数	人	648	735	13.4%

4-13　软件和信息技术服务业主要经济指标(2013年)

项　　目	单　位	2012年经济总量	2013年经济总量	增速
单位数	个	4435	5182	16.8%
固定资产原价	万元	181211	249069	37.4%
资产总计	万元	645840	701039	8.5%
负债合计	万元	259417	174995	-32.5%
营业收入	万元	327139	379036	15.9%
营业成本	万元	173897	199242	14.6%
营业税金及附加	万元	13134	12466	-5.1%
销售费用	万元	14197	18173	28.0%
管理费用	万元	58555	72884	24.5%
财务费用	万元	4502	5733	27.3%
营业利润	万元	50352	53474	6.2%
利润总额	万元	49445	55216	11.7%
应交所得税	万元	6534	6861	5.0%
应付职工薪酬	万元	57682	71925	24.7%
应交增值税	万元	3611	4993	38.3%
从业人员平均人数	人	27355	29618	8.3%

4-14 物业管理业主要经济指标(2013年)

项　　目	单　位	2012年经济总量	2013年经济总量	增速
单位数	个	1898	2046	7.8%
固定资产原价	万元	100600	113120	12.4%
资产总计	万元	329788	416083	26.2%
负债合计	万元	205249	295844	44.1%
营业收入	万元	195810	232930	19.0%
营业成本	万元	58784	94626	61.0%
营业税金及附加	万元	10952	13081	19.4%
销售费用	万元	49886	46096	-7.6%
管理费用	万元	64421	68293	6.0%
财务费用	万元	5202	7709	48.2%
营业利润	万元	5550	5369	-3.3%
利润总额	万元	6166	4037	-34.5%
应交所得税	万元	3256	3764	15.6%
应付职工薪酬	万元	73787	97626	32.3%
应交增值税	万元	254	500	96.8%
从业人员平均人数	人	41170	46339	12.6%

4-15 房地产中介业主要经济指标(2013年)

项　　目	单　位	2012年经济总量	2013年经济总量	增速
单位数	个	1032	1207	16.9%
固定资产原价	万元	97936	115027	17.5%
资产总计	万元	207021	263570	27.3%
负债合计	万元	119206	153926	29.1%
营业收入	万元	114730	121757	6.1%
营业成本	万元	49809	40293	-19.1%
营业税金及附加	万元	6787	7169	5.6%
销售费用	万元	6546	9891	51.1%
管理费用	万元	40278	53290	32.3%
财务费用	万元	5799	7215	24.4%
营业利润	万元	5610	7873	40.3%
利润总额	万元	6298	9515	51.1%
应交所得税	万元	2207	2084	-5.6%
应付职工薪酬	万元	38153	40082	5.1%
应交增值税	万元	102	347	241.4%
从业人员平均人数	人	11140	13536	21.5%

4-16 租赁业主要经济指标(2013年)

项目	单位	2012年经济总量	2013年经济总量	增速
单位数	个	800	816	2.0%
固定资产原价	万元	136388	140169	2.8%
资产总计	万元	290907	247944	-14.8%
负债合计	万元	239998	182030	-24.2%
营业收入	万元	92703	108675	17.2%
营业成本	万元	44369	49944	12.6%
营业税金及附加	万元	2717	2657	-2.2%
销售费用	万元	2842	2766	-2.7%
管理费用	万元	13445	15084	12.2%
财务费用	万元	5529	4696	-15.1%
营业利润	万元	13797	17982	30.3%
利润总额	万元	15527	18419	18.6%
应交所得税	万元	2238	2642	18.0%
应付职工薪酬	万元	18251	18321	0.4%
应交增值税	万元	1155	1364	18.1%
从业人员平均人数	人	9021	8808	-2.4%

4-17 商务服务业主要经济指标(2013年)

项目	单位	2012年经济总量	2013年经济总量	增速
单位数	个	11835	13099	10.7%
固定资产原价	万元	725990	774682	6.7%
资产总计	万元	2796172	7077071	153.1%
负债合计	万元	787633	907467	15.2%
营业收入	万元	1238594	1443302	16.5%
营业成本	万元	568542	652154	14.7%
营业税金及附加	万元	69833	71662	2.6%
销售费用	万元	158440	179498	13.3%
管理费用	万元	312825	341462	9.2%
财务费用	万元	7162	12149	69.6%
营业利润	万元	106469	116843	9.7%
利润总额	万元	100379	113385	13.0%
应交所得税	万元	15552	18118	16.5%
应付职工薪酬	万元	246829	261038	5.8%
应交增值税	万元	4790	9148	91.0%
从业人员平均人数	人	95644	105180	10.0%

4-18 研究和试验发展业主要经济指标(2013年)

项　　目	单　位	2012年经济总量	2013年经济总量	增速
单位数	个	303	320	5.6%
固定资产原价	万元	42573	45772	7.5%
资产总计	万元	111061	182142	64.0%
负债合计	万元	9199	61250	565.8%
营业收入	万元	25958	31865	22.8%
营业成本	万元	14097	16278	15.5%
营业税金及附加	万元	796	1506	89.1%
销售费用	万元	1835	2826	53.9%
管理费用	万元	8390	9555	13.9%
财务费用	万元	289	299	3.5%
营业利润	万元	455	-300	-165.9%
利润总额	万元	443	1100	148.5%
应交所得税	万元	442	443	0.2%
应付职工薪酬	万元	7791	10159	30.4%
应交增值税	万元	130	142	9.0%
从业人员平均人数	人	3537	3453	-2.4%

4-19 专业技术服务业主要经济指标(2013年)

项　　目	单　位	2012年经济总量	2013年经济总量	增速
单位数	个	2252	2423	7.6%
固定资产原价	万元	183002	220563	20.5%
资产总计	万元	617779	577720	-6.5%
负债合计	万元	180384	210461	16.7%
营业收入	万元	428176	451527	5.5%
营业成本	万元	236739	234575	-0.9%
营业税金及附加	万元	24094	19642	-18.5%
销售费用	万元	15820	18954	19.8%
管理费用	万元	120290	120809	0.4%
财务费用	万元	1428	2463	72.4%
营业利润	万元	27108	33630	24.1%
利润总额	万元	26129	37137	42.1%
应交所得税	万元	8788	9913	12.8%
应付职工薪酬	万元	139297	153763	10.4%
应交增值税	万元	356	7536	2013.7%
从业人员平均人数	人	38456	44444	15.6%

4-20 科技推广和应用服务业主要经济指标(2013年)

项　　目	单　位	2012年经济总量	2013年经济总量	增速
单位数	个	867	1011	16.6%
固定资产原价	万元	59104	83206	40.8%
资产总计	万元	168763	283056	67.7%
负债合计	万元	58485	107449	83.7%
营业收入	万元	105122	126461	20.3%
营业成本	万元	59088	68019	15.1%
营业税金及附加	万元	2222	3439	54.8%
销售费用	万元	3948	5027	27.3%
管理费用	万元	14966	19910	33.0%
财务费用	万元	2845	3354	17.9%
营业利润	万元	13520	23908	76.8%
利润总额	万元	15024	26109	73.8%
应交所得税	万元	1460	1788	22.5%
应付职工薪酬	万元	14292	20299	42.0%
应交增值税	万元	651	772	18.6%
从业人员平均人数	人	9311	8854	-4.9%

4-21 水利管理业主要经济指标(2013年)

项　　目	单　位	2012年经济总量	2013年经济总量	增速
单位数	个	56	57	2.1%
固定资产原价	万元	102483	146158	42.6%
资产总计	万元	149057	231309	55.2%
负债合计	万元	34698	45967	32.5%
营业收入	万元	18658	23558	26.3%
营业成本	万元	9552	8907	-6.8%
营业税金及附加	万元	176	214	21.9%
销售费用	万元	511	603	18.0%
管理费用	万元	7105	7903	11.2%
财务费用	万元	128	239	86.9%
营业利润	万元	1120	2367	111.3%
利润总额	万元	1099	2401	118.5%
应交所得税	万元	306	479	56.8%
应付职工薪酬	万元	3940	5350	35.8%
应交增值税	万元	207	272	31.1%
从业人员平均人数	人	2153	2234	3.8%

4-22 生态保护和环境治理业主要经济指标(2013年)

项　目	单　位	2012年经济总量	2013年经济总量	增速
单位数	个	67	73	9.0%
固定资产原价	万元	34005	41772	22.8%
资产总计	万元	43576	48981	12.4%
负债合计	万元	25480	26804	5.2%
营业收入	万元	19528	22610	15.8%
营业成本	万元	10103	11469	13.5%
营业税金及附加	万元	302	377	24.8%
销售费用	万元	1587	1558	-1.8%
管理费用	万元	2625	2892	10.2%
财务费用	万元	156	189	21.2%
营业利润	万元	4405	4114	-6.6%
利润总额	万元	4431	4174	-5.8%
应交所得税	万元	266	363	36.5%
应付职工薪酬	万元	2718	2988	9.9%
应交增值税	万元	26	11	-57.7%
从业人员平均人数	人	1344	1439	7.1%

4-23 公共设施管理业主要经济指标(2013年)

项　目	单　位	2012年经济总量	2013年经济总量	增速
单位数	个	757	804	6.3%
固定资产原价	万元	1283755	1463661	14.0%
资产总计	万元	2521242	2834073	12.4%
负债合计	万元	744165	939636	26.3%
营业收入	万元	165872	195588	17.9%
营业成本	万元	100583	115540	14.9%
营业税金及附加	万元	4782	5782	20.9%
销售费用	万元	10647	13716	28.8%
管理费用	万元	28106	37014	31.7%
财务费用	万元	6824	7334	7.5%
营业利润	万元	27331	34061	24.6%
利润总额	万元	22449	31065	38.4%
应交所得税	万元	3511	3736	6.4%
应付职工薪酬	万元	30516	34962	14.6%
应交增值税	万元	1235	1424	15.4%
从业人员平均人数	人	13905	15101	8.6%

4-24　居民服务业主要经济指标(2013年)

项　目	单　位	2012年经济总量	2013年经济总量	增速
单位数	个	1977	2172	9.9%
固定资产原价	万元	144089	166635	15.6%
资产总计	万元	210269	246504	17.2%
负债合计	万元	73415	68132	-7.2%
营业收入	万元	248508	295754	19.0%
营业成本	万元	129944	149381	15.0%
营业税金及附加	万元	12055	13409	11.2%
销售费用	万元	10490	12970	23.6%
管理费用	万元	24112	32187	33.5%
财务费用	万元	5632	6409	13.8%
营业利润	万元	50580	66324	31.1%
利润总额	万元	59273	77283	30.4%
应交所得税	万元	6284	7670	22.1%
应付职工薪酬	万元	44221	52043	17.7%
应交增值税	万元	1123	1484	32.2%
从业人员平均人数	人	24671	27355	10.9%

4-25　机动车、电子产品和日用产品修理业主要经济指标(2013年)

项　目	单　位	2012年经济总量	2013年经济总量	增速
单位数	个	673	777	15.3%
固定资产原价	万元	43592	56649	30.0%
资产总计	万元	98469	101404	3.0%
负债合计	万元	27184	40999	50.8%
营业收入	万元	78907	86605	9.8%
营业成本	万元	47976	44471	-7.3%
营业税金及附加	万元	2540	3392	33.5%
销售费用	万元	2109	4641	120.1%
管理费用	万元	10452	13513	29.3%
财务费用	万元	1568	2059	31.3%
营业利润	万元	8962	12503	39.5%
利润总额	万元	9004	12365	37.3%
应交所得税	万元	1406	1827	29.9%
应付职工薪酬	万元	10978	15232	38.8%
应交增值税	万元	514	1138	121.3%
从业人员平均人数	人	6617	7893	19.3%

4-26 其他服务业主要经济指标(2013年)

项　目	单　位	2012年经济总量	2013年经济总量	增速
单位数	个	994	1141	14.8%
固定资产原价	万元	69077	90157	30.5%
资产总计	万元	161141	164365	2.0%
负债合计	万元	44359	67839	52.9%
营业收入	万元	126556	137519	8.7%
营业成本	万元	77673	70472	-9.3%
营业税金及附加	万元	3955	5410	36.8%
销售费用	万元	3391	7679	126.5%
管理费用	万元	16945	22081	30.3%
财务费用	万元	2550	3343	31.1%
营业利润	万元	13366	18882	41.3%
利润总额	万元	13486	18586	37.8%
应交所得税	万元	2244	2888	28.7%
应付职工薪酬	万元	17605	24633	39.9%
应交增值税	万元	804	1841	129.1%
从业人员平均人数	人	10660	12753	19.6%

4-27 教育业主要经济指标(2013年)

项　目	单　位	2012年经济总量	2013年经济总量	增速
单位数	个	1075	1155	7.4%
固定资产原价	万元	241285	264733	9.7%
资产总计	万元	259654	300094	15.6%
负债合计	万元	49092	63861	30.1%
营业收入	万元	119543	139993	17.1%
营业成本	万元	62383	71553	14.7%
营业税金及附加	万元	2767	2940	6.2%
销售费用	万元	4882	4681	-4.1%
管理费用	万元	16071	18160	13.0%
财务费用	万元	3610	3521	-2.5%
营业利润	万元	22526	27612	22.6%
利润总额	万元	23149	27753	19.9%
应交所得税	万元	1189	1308	10.0%
应付职工薪酬	万元	45467	54325	19.5%
应交增值税	万元	278	354	27.1%
从业人员平均人数	人	21602	24200	12.0%

4-28 卫生业主要经济指标(2013年)

项　目	单　位	2012年经济总量	2013年经济总量	增速
单位数	个	1004	996	-0.9%
固定资产原价	万元	227830	276437	21.3%
资产总计	万元	310470	341686	10.1%
负债合计	万元	117274	137462	17.2%
营业收入	万元	209718	249591	19.0%
营业成本	万元	113201	133338	17.8%
营业税金及附加	万元	3869	3999	3.4%
销售费用	万元	11117	12050	8.4%
管理费用	万元	30877	38806	25.7%
财务费用	万元	4410	7933	79.9%
营业利润	万元	42034	49664	18.2%
利润总额	万元	43149	48198	11.7%
应交所得税	万元	1915	1897	-0.9%
应付职工薪酬	万元	51073	58574	14.7%
应交增值税	万元	1120	1214	8.4%
从业人员平均人数	人	23247	24364	4.8%

4-29 社会工作业主要经济指标(2013年)

项　目	单　位	2012年经济总量	2013年经济总量	增速
单位数	个	31	32	3.3%
固定资产原价	万元	18533	14571	-21.4%
资产总计	万元	20420	16601	-18.7%
负债合计	万元	1716	1477	-14.0%
营业收入	万元	4208	5154	22.5%
营业成本	万元	2682	2930	9.2%
营业税金及附加	万元	55	64	16.3%
销售费用	万元	31	43	38.0%
管理费用	万元	754	1102	46.2%
财务费用	万元	310	305	-1.5%
营业利润	万元	162	614	279.8%
利润总额	万元	153	610	299.0%
应交所得税	万元	6	7	14.8%
应付职工薪酬	万元	1369	1479	8.0%
应交增值税	万元	8	10	15.1%
从业人员平均人数	人	706	707	0.2%

4-30 新闻和出版业主要经济指标(2013年)

项　　目	单　位	2012年经济总量	2013年经济总量	增速
单位数	个	44	51	15.9%
固定资产原价	万元	1599	2182	36.5%
资产总计	万元	26383	34092	29.2%
负债合计	万元	4283	7761	81.2%
营业收入	万元	7155	7940	11.0%
营业成本	万元	4187	4221	0.8%
营业税金及附加	万元	119	159	33.6%
销售费用	万元	881	1231	39.6%
管理费用	万元	2140	1910	-10.7%
财务费用	万元	5	4	-25.6%
营业利润	万元	-284	241	-185.1%
利润总额	万元	309	502	62.2%
应交所得税	万元	100	157	56.8%
应付职工薪酬	万元	1862	2099	12.8%
应交增值税	万元	131	292	124.0%
从业人员平均人数	人	651	701	7.6%

4-31 广播、电视、电影和影视录音制作业主要经济指标(2013年)

项　　目	单　位	2012年经济总量	2013年经济总量	增速
单位数	个	194	218	12.4%
固定资产原价	万元	30421	42019	38.1%
资产总计	万元	368005	431963	17.4%
负债合计	万元	303987	354985	16.8%
营业收入	万元	32480	39257	20.9%
营业成本	万元	20038	20081	0.2%
营业税金及附加	万元	1556	1701	9.3%
销售费用	万元	8767	8360	-4.6%
管理费用	万元	8378	8643	3.2%
财务费用	万元	1012	1259	24.4%
营业利润	万元	-2171	-717	-67.0%
利润总额	万元	-2018	-503	-75.1%
应交所得税	万元	239	346	45.1%
应付职工薪酬	万元	7634	9843	28.9%
应交增值税	万元	106	295	178.1%
从业人员平均人数	人	3268	3904	19.5%

4-32　文化艺术业主要经济指标(2013年)

项　　目	单　位	2012年经济总量	2013年经济总量	增速
单位数	个	297	333	12.1%
固定资产原价	万元	51946	63323	21.9%
资产总计	万元	92059	107150	16.4%
负债合计	万元	30705	23489	-23.5%
营业收入	万元	28753	35199	22.4%
营业成本	万元	16787	19769	17.8%
营业税金及附加	万元	888	1149	29.4%
销售费用	万元	2354	2821	19.9%
管理费用	万元	3911	4216	7.8%
财务费用	万元	445	621	39.6%
营业利润	万元	3327	7059	112.2%
利润总额	万元	3964	6789	71.3%
应交所得税	万元	391	534	36.4%
应付职工薪酬	万元	6093	7556	24.0%
应交增值税	万元	173	348	100.4%
从业人员平均人数	人	3507	4073	16.1%

4-33　体育业主要经济指标(2013年)

项　　目	单　位	2012年经济总量	2013年经济总量	增速
单位数	个	259	276	6.7%
固定资产原价	万元	59121	60731	2.7%
资产总计	万元	78481	76247	-2.8%
负债合计	万元	23438	21839	-6.8%
营业收入	万元	27540	32210	17.0%
营业成本	万元	12058	14873	23.4%
营业税金及附加	万元	1148	1341	16.8%
销售费用	万元	1993	2451	23.0%
管理费用	万元	5465	5246	-4.0%
财务费用	万元	999	1145	14.6%
营业利润	万元	4010	4589	14.4%
利润总额	万元	4373	5123	17.1%
应交所得税	万元	501	587	17.3%
应付职工薪酬	万元	7298	8533	16.9%
应交增值税	万元	172	198	14.9%
从业人员平均人数	人	4526	4859	7.3%

4-34 娱乐业主要经济指标(2013年)

项　目	单 位	2012年经济总量	2013年经济总量	增速
单位数	个	466	510	9.4%
固定资产原价	万元	88654	93077	5.0%
资产总计	万元	116714	130635	11.9%
负债合计	万元	32563	33476	2.8%
营业收入	万元	49377	58285	18.0%
营业成本	万元	23137	28390	22.7%
营业税金及附加	万元	2122	2458	15.8%
销售费用	万元	3808	4458	17.1%
管理费用	万元	7836	7235	-7.7%
财务费用	万元	1505	1500	-0.3%
营业利润	万元	8312	9970	19.9%
利润总额	万元	8571	10099	17.8%
应交所得税	万元	886	1067	20.5%
应付职工薪酬	万元	11598	13738	18.4%
应交增值税	万元	333	423	26.8%
从业人员平均人数	人	7276	7883	8.4%

主要统计指标解释

1. 调查范围

辖区内年末从业人员 50 人以下，且年营业收入 1000 万元以下的服务业样本法人单位。具体包括：交通运输、仓储和邮政业，信息传输、软件和信息技术服务业，租赁和商务服务业，科学研究和技术服务业，水利、环境和公共设施管理业，居民服务、修理和其他服务业，教育，卫生和社会工作，文化、体育和娱乐业；以及物业管理、房地产中介服务等行业。

2. 企业主要经济指标

固定资产原价　指固定资产的成本，包括企业在购置、自行建造、安装、改建、扩建、技术改造某项固定资产时所发生的全部支出总额。根据会计“固定资产”科目的期末借方余额填报。

资产总计　指企业过去的交易或者事项形成的、由企业拥有或者控制的、预期会给企业带来经济利益的资源。资产一般按流动性（资产的变现或耗用时间长短）分为流动资产和非流动资产。其中流动资产可分为货币资金、交易性金融资产、应收票据、应收账款、预付款项、其他应收款、存货等；非流动资产可分为长期股权投资、固定资产、无形资产及其他非流动资产等。根据会计“资产负债表”中“资产总计”项目的期末余额数填报。

负债合计　指企业过去的交易或者事项形成的，预期会导致经济利益流出企业的现时义务。负债一般按偿还期长短分为流动负债和非流动负债。根据会计“资产负债表”中“负债合计”项目的期末余额数填报。

营业收入　指企业经营主要业务和其他业务所确认的收入总额。营业收入合计包括“主营业务收入”和“其他业务收入”。根据会计“利润表”中“营业收入”项目的本期金额数填报。

营业成本　指企业经营主要业务和其他业务所发生的成本总额。包括企业（单位）在报告期内从事销售商品、提供劳务等日常活动发生的各种耗费。包括“主营业务成本”和“其他业务成本”。根据会计“利润表”中“营业成本”项目的本期金额数填报。

营业税金及附加　指企业因从事生产经营活动按税法规定缴纳的应从经营收入中抵扣的税金和附加，包括营业税、消费税、城市维护建设税、教育费附加等。根据会计“利润表”中“营业税金及附加”项目的本期金额数填报。

销售费用　指企业在销售商品和材料、提供劳务的过程中发生的各种费用，包括保险费、包装费、展览费和广告费、商品维修费、预计产品质量保证损失、运输费、装卸费等以及为销售本企业商品而专设的销售机构（含销售网点、售后服务网点等）的职工薪酬、业务费、折旧费等经营费用。建筑业企业销售费用指企业从事施工生产活动过程中发生的各项费用，包括应由企业负担的运输费、装卸费、包装费、保险费、维修费、展览费、差旅费、广告费和其他经费。房地产企业销售费用指企业在从事主要经营业务过程中所发生的各项销售费用，包括转让、销售、结算和出租开发产品等。根据会计“利润表”中“销售费用”项目的本期金额数填报。未执行 2006 年《企业会计准则》的企业，根据会计“利润表”中“营业费用（或经营费用)”项目的本期金额数填报。

管理费用　指企业为组织和管理企业生产经营所发生的费用，包括企业在筹建期间内发生的开办费、董事会和行政管理部门在企业经营管理中发生的，或者应当由企业统一负担的公司经费等。根据会计“利润表”中“管理费用”项目的本期金额数填报。

财务费用　指企业为筹集生产经营所需资金等而发生的筹资费用，包括企业生产经营期间发生的利息支出（减利息收入）、汇兑损失（减汇兑收益）以及相关的手续费等。根据会计“利润表”中“财务费用”项目的本期金额数填报。

营业利润 指企业从事生产经营活动所取得的利润。执行2006年《企业会计准则》的企业，营业利润为营业收入减去营业成本、营业税金及附加、销售费用、管理费用、财务费用、资产减值损失，再加上公允价值变动收益和投资收益。未执行2006年《企业会计准则》的企业，营业利润为主营业务收入减去主营业务成本、主营业务税金及附加，加上其他业务利润后，再减去销售费用、管理费用、财务费用后的金额。根据会计“利润表”中“营业利润”项目的本期金额数填报。

利润总额 指企业在一定会计期间的经营成果，是生产经营过程中各种收入扣除各种耗费后的盈余，反映企业在报告期内实现的盈亏总额。根据会计“利润表”中“利润总额”项目的本期金额数填报。执行2006年《企业会计准则》的企业，利润总额为营业利润加上营业外收入，减去营业外支出后的金额；未执行2006年《企业会计准则》的企业，利润总额为营业利润加上投资收益、补贴收入、营业外收入，再减去营业外支出后的金额。

应交所得税 指企业按税法规定，应从生产经营等活动的所得中缴纳的税金。执行2006年《企业会计准则》的企业，根据会计“利润表”中“所得税费用”项目的本期金额数填报；未执行2006年《企业会计准则》的企业，根据会计“利润表”中 “所得税”项目的本期金额数填报。

应付职工薪酬 指企业为获得职工提供的服务而给予各种形式的报酬以及其他相关支出。包括职工工资、奖金、津贴和补贴，职工福利费，医疗保险费、养老保险费、失业保险费、工伤保险费和生育保险费等社会保险费，住房公积金，工会经费和职工教育经费，非货币性福利，因解除与职工的劳动关系给予的补偿，其他与获得职工提供的服务相关的支出。执行2006年《企业会计准则》的企业，根据会计科目“应付职工薪酬”的本年贷方累计发生额填报；未执行2006年《企业会计准则》的企业，应将本年上述职工薪酬包含的科目归并填报。

应交增值税 指企业按税法规定，从事货物销售或提供加工、修理修配劳务等增加货物价值的活动本期应交纳的税金，不含期初未抵扣税额。

从业人员平均人数 指报告期内（年度、季度、月度）平均拥有的从业人员数。季度或年度平均人数按单位实际月平均人数计算得到，不得用期末人数替代。

工业 指从事自然资源的开采，对采掘品和农产品进行加工和再加工的生产活动部门。工业行业划分标准及代码依照国家标准《国民经济行业分类》执行。工业生产活动主要包括：对自然资源的开采，如采矿、晒盐等，但不包括禽兽捕猎和水产捕捞；对农副产品的加工、再加工，如粮油加工、食品加工、缫丝、纺织、制革等；对采掘品的加工、再加工，如冶金加工、石油加工、化学加工、机械加工、木材加工等，以及电力、煤气及水的生产和供应等；对工业品的修理、翻新，如机器设备、交通运输的修理等，不包括属于居民服务业的日用品修理、摩托车修理和自行车修理。

工业企业 必须同时具备下列条件：有固定或相对固定的生产组织、场所、设备和从事工业生产的人员；常年从事工业生产活动，或全年开工三个月以上的季节性工业生产活动；能够同农业及其他生产行业分开核算(会计上独立核算)；向当地工商行政管理部门领取了营业执照。

个体工业单位 生产资料归劳动者个人所有，以个体劳动为基础，从事工业生产活动，劳动成果归劳动者个人占有和支配的一种经营单位。包括：(1)按照《民法通则》和《城乡个体工商户管理暂行条例》规定经各级工商行政管理机关登记注册、领取《营业执照》的个体工业户。具体是指公民在法律允许范围内，依法经核准登记，从事工业活动的个体劳动者。(2)没有领取《营业执照》但实际从事工业生产活动的城镇、农村个体经营单位。但不包括农民家庭以辅助劳力或利用农闲时间进行的一些兼营性的工业、商业及其它活动。

个体工业统计范围不包括的活动有：(1)农民家庭以从事农业为主，以辅助劳力或利用农闲时间进行的一些工业生产活动或其他生产活动，如竹藤棕草编织、毛衣、手套、塑料提蓝编织、挑花、刺绣、抽纱、刷纸等，属农民家庭兼营工业。(2)农村中的一些经营活动，如养蜂、养鸡、养鸭、养猪、养鹅、生豆芽、养磨菇、养蚕、养鱼、炕房、烘房、孵坊、采种、育苗等，不论其单位名称如何，均属相应的农业、畜牧业、林业、渔业。(3)农村中一些从事流动性上门干活的工匠，如木匠、蔑匠、弹花、缝纫、油漆匠等，还有从事流动性的服务作业，如走街串巷、逢场赶集、赶会的屠宰户及临时性的豆制品加工等。(4)从事生活用品修理的单位，如钟表、钢笔、自行车、衣服、鞋、帽、日用小五金、黑白铁、铝制品、缝纫机和家用电器的修理等。(5)一些商店和饮食店以及一些小商小贩和饮食摊点，它们以商业、饮食业为主，同时也生产加工一些产品，产品直接向消费者出售。如豆腐店出售自己生产的豆腐，肉店购进活猪自己屠宰，玻璃油漆店自己加工的玻璃制品，粮店加工零售挂面、面条、面包，饮食店自产自销一些面包、糕点等。(6)洗染、照相、裱糊、刻图章等单位。

工业增加值　是指工业行业在报告期内以货币表现的工业生产活动的最终成果。

资产总计　指企业过去的交易或者事项形成的、由企业拥有或者控制的、预期会给企业带来经济利益的资源。资产一般按流动性（资产的变现或耗用时间长短）分为流动资产和非流动资产。其中流动资产可分为货币资金、交易性金融资产、应收票据、应收账款、预付款项、其他应收款、存货等；非流动资产可分为长期股权投资、固定资产、无形资产及其他非流动资产等。根据会计“资产负债表”中“资产总计”项目的期末余额数填报。执行 2006 年《企业会计准则》的企业：资产总计=流动资产合计+非流动资产合计；未执行 2006 年《企业会计准则》企业的资产包括流动资产、长期投资、固定资产、无形资产和其他资产等。个体资产总计指个体工业单位过去的交易或者事项形成的、由个体工业单位拥有或者控制的、预期会给个体工业单位带来经济利益的资源。

主营业务收入　指企业确认的销售商品、提供劳务等主营业务的收入。根据会计“主营业务收入”科目的期末贷方余额（结转前）填报。执行 2006 年《企业会计准则》的企业，如未设置该科目，以“营业收入”代替填报。

税金总额　指企业报告期内应交纳的各种税金总和，包括产品销售税金及附加(城市维护建设税、消费税、资源税、营业税和教育费附加)、增值税、所得税、以及房产税、印花税、车船使用税和土地使用税等。

营业利润　指企业从事生产经营活动所取得的利润。执行 2006 年《企业会计准则》的企业，营业利润为营业收入减去营业成本、营业税金及附加、销售费用、管理费用、财务费用、资产减值损失，再加上公允价值变动收益和投资收益。未执行 2006 年《企业会计准则》的企业，营业利润为主营业务收入减去主营业务成本、主营业务税金及附加，加上其他业务利润后，再减去销售费用、管理费用、财务费用后的金额。根据会计“利润表”中“营业利润”项目的本期金额数填报。

应付职工薪酬(贷方累计发生额)　指企业为获得职工提供的服务而给予各种形式的报酬以及其他相关支出。包括职工工资、奖金、津贴和补贴，职工福利费，医疗保险费、养老保险费、失业保险费、工伤保险费和生育保险费等社会保险费，住房公积金，工会经费和职工教育经费，非货币性福利，因解除与职工的劳动关系给予的补偿，其他与获得职工提供的服务相关的支出。执行 2006 年《企业会计准则》的企业，根据会计科目“应付职工薪酬”的本年贷方累计发生额填报；未执行 2006 年《企业会计准则》的企业，应将本年上述职工薪酬包含的科目归并填报。

从业人员期末人数　指报告期末最后一日 24 时在本单位中工作，并取得工资或其他形式劳动报酬的人员数。该指标为时点指标，不包括最后一日当天及以前已经与单位解除劳动合同关系的人员，是在岗职工、劳务派遣人员及其他从业人员之和。从业人员不包括：

（1）离开本单位仍保留劳动关系，并定期领取生活费的人员；

（2）利用课余时间打工的学生及在本单位实习的各类在校学生；

（3）本单位因劳务外包而使用的人员，如：建筑业整建制使用的人员。

营业收入　指个体工业单位，在报告期销售生产的工业产品及提供工业性劳务等取得的收入总计。

五　消费价格

资料整理：拓福星　王　燕

5-1 历年居民消费、商品零售及农业生产资料价格总指数

(上年=100)

年 份	居民消费价格总指数			商品零售价格总指数			农业生产资料价格总指数
	全 省	城 市	农 村	全 省	城 市	农 村	
1962	96.4	86.1	100.8	100.5	84.4	100.8	99.2
1965	97.0	96.3	97.3	96.8	96.0	97.3	95.7
1970	99.0	99.8	98.5	98.8	99.8	98.5	99.9
1975	100.1	100.2	100.1	100.2	100.2	100.1	100.0
1978	100.1	100.0	100.1	100.1	100.0	100.1	97.9
1980	104.6	106.0	103.8	104.9	106.4	103.8	100.1
1985	104.6	106.5	103.6	105.4	106.4	103.5	103.0
1990	100.7	100.5	100.9	100.1	99.8	100.4	98.3
1991	102.3	105.1	100.0	102.0	105.0	99.6	100.1
1992	105.4	107.7	102.9	105.0	107.5	102.2	101.2
1993	110.4	110.6	110.3	108.3	108.5	108.1	109.2
1994	125.2	127.4	123.5	120.6	118.2	122.3	124.4
1995	116.5	116.9	116.3	114.9	113.3	116.5	125.8
1996	110.5	109.5	110.9	107.9	106.2	109.4	107.9
1997	103.5	102.4	103.9	100.5	99.8	101.2	99.3
1998	97.5	97.9	97.1	96.6	96.6	96.5	94.2
1999	96.9	96.6	97.1	96.2	95.7	96.6	95.7
2000	99.2	99.1	99.2	98.5	98.8	98.3	99.6
2001	100.7	100.7	100.7	99.8	99.5	100.1	99.1
2002	100.1	99.8	100.6	99.2	99.0	99.3	100.8
2003	101.6	101.7	101.4	101.3	101.2	101.4	101.9
2004	105.4	105.4	105.4	105.7	105.3	106.0	111.4
2005	102.1	102.1	102.1	101.7	101.8	101.6	107.9
2006	101.3	101.2	101.5	100.9	100.7	101.1	101.2
2007	105.4	105.4	105.4	104.4	103.8	105.1	106.1
2008	107.0	106.5	107.9	107.5	107.4	107.5	120.9
2009	99.4	98.8	100.4	99.4	99.6	99.2	98.1
2010	103.5	103.4	103.8	103.7	103.5	104.0	103.1
2011	105.6	105.4	106.1	105.7	105.4	106.1	111.1
2012	102.5	102.6	102.4	102.3	102.4	102.1	105.4
2013	102.9	102.9	102.9	101.9	101.6	102.3	101.3

5-2 居民消费、商品零售及农业生产资料价格总指数(2013年)

以下列年份为100	居民消费价格总指数			商品零售价格总指数			农业生产资料价格总指数
	全 省	城 市	农 村	全 省	城 市	农 村	
1952	608.1	728.3	546.1	492.5	568.7	464.9	594.9
1957	532.7	633.9	480.3	458.3	498.5	411.6	585.5
1965	490.5	573.8	447.9	404.8	443.0	382.8	565.2
1970	500.1	575.1	461.1	422.3	442.9	394.6	623.0
1975	501.1	574.7	464.0	423.2	442.7	397.0	651.5
1978	497.2	558.0	464.4	412.4	429.8	397.1	638.3
1980	472.2	524.2	443.6	391.5	402.0	380.9	637.5
1985	429.2	449.4	417.1	350.0	345.4	357.7	533.8
1990	268.4	278.3	261.4	220.4	215.6	225.3	317.2
1995	154.6	149.2	160.4	137.7	131.2	143.8	183.3
2000	144.3	142.0	148.7	138.7	135.6	141.8	190.6
2005	130.9	129.1	134.5	128.6	126.9	130.6	155.7
2006	129.2	127.6	132.5	127.5	126.0	129.2	153.9
2007	122.6	121.1	125.7	122.1	121.4	122.9	145.1
2008	114.6	113.7	116.5	113.6	113.0	114.3	120.0
2009	115.3	115.1	116.0	114.3	113.5	115.3	122.3
2010	111.4	111.3	111.7	110.2	109.7	110.9	118.6
2011	105.5	105.6	105.4	104.2	104.0	104.4	106.8
2012	102.9	102.9	102.9	101.9	101.6	102.3	101.3

5-3 居民消费价格分类指数

类　别	2011年			2012年			2013年		
	上年＝100			上年＝100			上年＝100		
	全　省	城　市	农　村	全　省	城　市	农　村	全　省	城　市	农　村
总指数	**105.6**	**105.4**	**106.1**	**102.5**	**102.6**	**102.4**	**102.9**	**102.9**	**102.9**
食品	**111.9**	**111.5**	**112.9**	**103.6**	**104.3**	**102.4**	**105.6**	**105.4**	**105.8**
粮食	109.8	109.8	109.9	104.1	104.7	102.4	106.6	106.3	107.4
淀粉及制品	117.6	117.6	117.9	107.3	107.6	104.3	105.4	106.0	100.4
干豆类及豆制品	102.2	102.8	100.5	100.6	101.2	98.5	108.2	108.2	108.3
油脂	113.6	113.8	113.4	105.0	105.4	104.5	99.7	100.2	99.2
肉禽及其制品	126.8	127.1	126.3	99.4	101.7	95.6	104.8	104.8	104.7
蛋类	113.0	115.4	110.4	94.4	94.0	94.8	104.4	104.9	103.8
水产品类	111.5	111.6	111.2	108.9	109.1	108.1	103.0	103.9	99.5
菜类	98.4	97.9	99.7	113.2	112.5	114.9	110.1	109.8	110.8
鲜菜	97.9	97.6	98.7	115.1	114.1	117.6	110.3	109.7	111.8
调味品	106.2	107.6	104.5	104.9	104.9	104.9	107.7	107.8	107.4
糖类	112.5	110.7	114.4	105.8	105.7	106.0	99.9	99.8	100.1
茶及饮料	105.1	106.0	101.8	105.2	105.3	104.6	103.2	102.9	104.1
干鲜瓜果类	114.9	114.8	115.6	97.0	98.8	91.1	104.1	103.4	106.5
鲜果	114.2	113.9	115.0	93.8	96.2	87.8	106.3	105.8	108.0
糕点饼干面包	110.7	108.9	113.3	106.4	103.7	110.0	104.1	104.0	104.3
液体乳及乳制品	104.3	104.2	104.9	101.8	101.6	102.6	104.5	104.9	103.0
在外用膳食品	108.4	107.9	109.4	106.4	105.9	107.3	106.7	106.0	108.0
其它食品	104.3	105.9	101.5	103.0	103.7	101.7	101.7	100.6	103.7
烟酒	**103.9**	**104.3**	**103.5**	**103.4**	**103.1**	**103.6**	**100.4**	**99.2**	**101.5**
烟草	100.1	100.1	100.0	100.4	100.2	100.6	100.3	100.2	100.6
酒	107.2	109.4	105.8	105.8	106.3	105.4	100.5	98.3	102.0
吸烟饮酒用品									
衣着类	**101.9**	**101.9**	**101.9**	**103.2**	**102.1**	**105.2**	**102.5**	**102.0**	**103.5**
服装	101.7	101.9	101.3	103.0	102.3	104.5	102.5	102.0	103.7
衣着材料	115.5	119.2	112.5	102.0	103.5	100.7	101.0	101.4	100.7
鞋袜帽	101.6	100.8	102.7	103.8	101.1	107.0	102.4	101.6	103.2
衣着加工服务费	107.8	109.2	103.8	107.4	108.1	105.6	108.6	107.5	112.1
家庭设备用品及维修服务	**102.1**	**102.1**	**102.0**	**102.8**	**102.8**	**102.7**	**101.5**	**101.3**	**101.9**
耐用消费品	100.7	100.9	100.5	101.4	101.1	101.8	101.2	101.1	101.3
室内装饰品	100.7	100.6	101.0	101.4	101.4	101.3	100.9	100.5	102.1
床上用品	107.1	105.2	111.3	102.1	101.8	102.8	100.2	99.7	101.2
家庭日用杂品	102.7	102.7	102.7	104.0	104.4	103.1	101.2	100.8	102.2
家庭服务及加工维修服务	107.4	109.3	103.9	116.4	116.3	116.4	110.7	111.3	109.6
医疗保健和个人用品	**103.0**	**103.3**	**102.5**	**101.9**	**101.8**	**102.1**	**101.5**	**100.9**	**102.6**
医疗保健	101.9	102.1	101.5	101.1	101.1	101.3	101.6	101.2	102.2
个人用品及服务	105.6	105.8	105.0	103.5	103.2	104.0	101.3	100.2	103.7
交通和通讯	**101.0**	**100.4**	**101.9**	**100.7**	**100.2**	**101.6**	**100.2**	**100.2**	**100.2**
交通	102.9	102.2	104.0	102.1	101.4	103.0	100.8	100.8	100.8
通信	98.1	98.2	97.8	98.7	98.7	98.6	99.2	99.3	98.8
娱乐、教育、文化用品及服务	**100.9**	**100.8**	**101.2**	**101.2**	**100.9**	**101.9**	**102.9**	**102.9**	**102.8**
文娱用耐用消费品及服务	95.2	95.0	95.4	95.3	95.1	95.7	97.0	96.2	98.1
教育	101.8	101.0	103.4	102.5	101.7	104.1	104.2	104.2	104.1
文化娱乐用品	101.4	101.6	101.0	102.0	102.4	101.1	105.1	106.1	102.3
旅游	103.8	104.5	100.4	101.6	101.4	102.2	101.4	101.0	103.6
居住	**106.6**	**106.1**	**107.3**	**102.5**	**102.9**	**102.0**	**101.9**	**102.4**	**101.1**
建房及装修材料	106.6	106.4	106.8	101.0	102.0	100.3	100.4	101.1	99.9
住房租金	104.2	104.2	104.3	103.7	103.3	104.6	103.5	103.0	104.8
自有住房	107.9	107.9	108.0	102.8	102.7	103.1	103.8	103.9	103.5
水、电、燃料	104.3	102.9	106.8	102.9	103.5	102.0	99.6	100.3	98.4

5-4 历年商品零售价格指数

(上年＝100)

项　　目	2005年	2006年	2007年	2008年	2009年	2010年	2011年	2012年	2013年
商品零售价格总指数	**101.7**	**100.9**	**104.4**	**107.5**	**99.4**	**103.7**	**105.7**	**102.3**	**101.9**
食品类	103.2	102.1	115.4	116.1	101.2	108.7	112.4	103.1	105.6
粮食	100.9	101.5	108.6	106.8	107.9	111.1	110.3	103.5	107.0
淀粉及薯类	103.0	94.8	109.1	112.3	101.7	112.0	116.4	106.1	104.5
干豆类及豆制品	103.1	99.6	109.1	136.4	94.7	111.9	101.9	99.9	108.5
油脂	92.5	99.1	126.1	126.1	82.4	104.1	112.8	104.8	100.0
肉禽及其制品	102.9	96.6	137.7	124.5	90.0	104.0	126.3	99.3	104.8
蛋	105.2	95.8	121.4	106.6	101.3	108.2	112.4	94.7	104.2
水产品	101.3	100.0	109.2	122.4	99.1	107.4	113.0	108.9	103.3
菜	113.2	109.9	110.1	112.1	117.8	119.4	99.3	113.4	110.4
调味品	100.6	102.9	108.2	107.4	104.7	103.3	105.1	105.7	108.7
糖	107.4	113.7	101.3	102.0	103.2	111.4	114.6	104.7	99.5
干鲜瓜果	107.5	117.7	101.6	115.1	107.3	119.0	115.0	95.7	104.1
糕点饼干面包	100.8	100.1	103.8	107.5	104.7	103.0	110.3	106.7	104.1
液体乳及乳制品	101.9	100.4	102.0	119.7	103.1	101.7	104.4	101.7	104.3
在外用膳食品	101.5	100.9	107.6	112.0	104.0	104.4	108.3	106.3	106.7
其他食品	100.5	101.1	104.2	105.1	103.6	100.8	103.6	103.3	101.5
饮料、烟酒类	100.6	100.7	101.7	103.6	101.9	101.5	104.0	103.8	101.4
服装、鞋帽类	98.4	98.8	99.8	100.8	99.7	100.9	101.4	103.2	102.7
纺织品类	99.8	100.2	100.9	102.3	100.5	104.0	109.8	102.4	100.8
家用电器及音像器材	97.2	98.7	99.7	98.7	95.7	97.8	98.8	99.5	99.8
文化办公用品类	98.4	98.6	98.6	100.0	98.1	98.7	98.5	99.3	99.2
日用品类	99.9	100.1	101.4	104.5	101.6	100.1	102.5	102.8	101.3
体育娱乐用品类	99.6	99.8	99.5	99.0	99.4	99.8	100.8	100.9	100.3
交通、通信用品类	94.7	91.1	90.0	92.3	93.2	96.1	97.1	97.7	97.4
家具	99.1	99.6	102.4	101.4	99.8	99.6	102.3	101.8	101.4
化妆品类	99.6	99.9	100.1	100.6	100.6	100.3	101.1	103.2	102.0
金银珠宝类	103.0	119.2	107.2	118.8	93.8	111.3	114.3	103.2	91.5
中西药品及医疗保健用品类	96.0	98.2	100.6	102.9	101.2	104.0	103.9	102.4	102.2
书报杂志及电子出版物类	99.7	99.7	98.9	102.8	106.7	99.4	100.9	103.9	102.5
燃料类	118.2	111.2	102.6	119.3	98.7	110.5	113.6	104.5	98.3
煤炭及制品	122.8	104.7	101.1	127.3	111.2	106.2	116.9	104.2	95.6
石油及制品	114.0	114.3	103.2	115.3	92.1	113.3	112.3	104.6	99.3
建筑材料及五金电料类	102.1	102.8	105.5	109.3	96.9	104.3	107.0	101.3	100.0

5-5 历年农业生产资料价格指数

(上年=100)

项　　目	2005年	2006年	2007年	2008年	2009年	2010年	2011年	2012年	2013年
农业生产资料价格总指数	**107.9**	**101.2**	**106.1**	**120.9**	**98.1**	**103.1**	**111.1**	**105.4**	**101.3**
农用手工工具	103.0	100.2	102.2	118.1	105.9	101.1	104.9	102.9	105.0
农用手工工具	103.0	100.2	102.2	118.1	105.9	101.1	104.9	102.9	105.0
饲料	101.3	99.1	108.4	113.2	108.1	109.1	105.5	106.5	106.4
混合饲料	101.9	98.8	108.2	113.5	108.4	109.1	104.1	106.0	106.1
其　　他	99.2	100.3	109.5	111.8	106.7	109.2	109.9	108.1	107.5
产品畜	108.0	89.1	132.1	126.4	80.9	101.8	136.4	103.1	98.5
幼禽家畜	108.0	89.1	132.1	126.4	80.9	101.8	136.4	103.1	98.5
半机械化农具	104.2	99.4	101.6	105.6	100.1	100.9	105.8	104.6	102.3
半机械化农具	104.2	99.4	101.6	105.6	100.1	100.9	105.8	104.6	102.3
机械化农具	101.9	101.8	101.2	107.3	100.9	100.1	103.7	100.5	100.3
农用机械	101.9	101.8	101.2	107.3	100.9	100.1	103.7	100.5	100.3
化学肥料	110.7	99.4	105.3	138.5	92.6	98.5	115.2	106.0	95.4
氮　　肥	107.5	98.0	105.7	134.4	91.1	99.2	119.8	107.7	92.5
磷　　肥	112.2	102.2	103.4	142.2	97.2	101.3	108.6	104.0	99.5
钾　　肥	114.4	101.5	107.6	152.6	104.2	96.9	107.9	105.5	96.8
复合肥料	116.8	99.9	105.2	142.0	88.3	93.9	115.0	105.4	96.2
农药及农药器械	107.0	103.9	102.7	108.4	100.0	100.6	106.0	101.4	102.1
化学农药	107.1	103.6	102.8	109.0	98.1	99.4	106.3	101.4	102.4
杀 虫 剂	108.5	104.1	104.4	107.5	99.0	100.4	106.9	100.4	101.1
杀 菌 剂	103.8	101.5	101.8	112.1	100.6	100.3	106.6	102.2	103.7
除 草 剂	105.7	103.6	99.6	110.6	94.7	96.3	105.2	102.2	103.0
农药器械	104.4	105.2	101.9	105.8	108.8	105.9	102.5	100.8	99.6
农药器械	104.4	105.2	101.9	105.8	108.8	105.9	102.5	100.8	99.6
农用机油	110.9	113.2	104.2	115.4	89.4	113.1	114.7	104.2	99.3
农用机油	110.9	113.2	104.2	115.4	89.4	113.1	114.7	104.2	99.3
其他农业生产资料	114.2	106.2	103.2	105.1	104.5	109.5	108.2	107.9	106.0
农用种子	117.6	104.8	101.8	104.8	110.6	113.6	108.7	109.2	106.6
农用种子	117.6	104.8	101.8	104.8	110.6	113.6	108.7	109.2	106.6
其他	106.7	109.3	106.3	105.8	90.5	99.5	105.6	100.6	102.0
农用薄膜	106.7	113.3	108.4	105.9	83.4	97.8	104.3	99.3	102.5
其　　他	106.7	102.3	102.3	105.6	102.9	102.3	107.8	102.8	101.0
农业生产服务		104.1	104.7	106.0	105.5	102.3	106.9	107.1	106.1
排 灌 费		102.2	103.5	101.8	103.1	101.6	105.5	111.8	109.2
机械作业费		108.6	108.3	114.6	108.7	103.3	108.8	105.5	104.8
其　　他		101.8	101.9	101.4	104.5	101.9			
农业用电							100.0	100.0	100.0
农业用工							105.6	112.3	111.5

5-6 居民消费价格

（上年同期=100）

类　　别	年平均	1月	2月	3月	4月	5月
总　指　数	**102.9**	**101.8**	**103.7**	**102.1**	**102.5**	**102.4**
食品	105.6	102.6	107.6	102.9	104.3	104.1
粮食	106.6	105.7	106.8	107.1	107.0	106.6
大米	101.9	102.7	102.7	102.6	102.6	102.5
面粉	111.3	111.3	112.8	112.6	112.4	111.2
粮食制品	107.2	106.1	107.8	108.5	108.2	107.7
其它	106.6	102.0	102.5	102.8	103.7	104.0
淀粉及制品	105.4	107.7	107.7	106.8	106.3	105.9
淀粉及制品	105.4	107.7	107.7	106.8	106.3	105.9
干豆类及豆制品	108.2	107.4	110.1	109.9	109.4	108.9
干豆	101.3	100.1	99.9	101.0	102.0	101.7
豆制品	110.9	110.3	114.2	113.5	112.3	111.7
油脂	99.7	103.6	103.8	103.7	103.1	101.6
食用植物油	101.0	104.0	104.3	104.1	104.0	103.1
植物油制品	98.7	103.5	103.6	103.5	102.6	100.4
其　　他	93.0	92.8	94.1	92.4	90.5	92.5
肉禽及其制品	104.8	100.3	105.1	102.6	100.4	100.8
食用畜肉及副产品	105.4	99.5	104.7	101.1	100.0	101.0
#猪肉	100.2	94.5	98.3	93.3	91.5	92.8
牛肉	129.5	128.6	140.0	139.0	137.1	135.9
羊肉	113.1	106.5	114.3	113.8	114.7	114.7
畜肉副产品	103.1	97.5	103.5	103.3	103.2	102.7
其它	108.2	107.5	111.7	110.1	106.9	105.6
禽	101.0	98.7	106.9	105.3	94.2	92.1
#鸡	100.9	98.3	106.8	105.1	93.5	91.6
鸭	101.6	101.4	105.0	104.4	98.8	94.8
其它	105.2	112.2	127.6	124.0	116.1	108.6
肉禽加工制品	105.0	104.5	105.4	106.2	105.7	105.2
#畜肉制品	107.1	106.2	107.3	108.2	108.6	108.6
禽制品	101.5	101.8	102.3	102.9	101.0	99.6
蛋	104.4	116.0	132.0	120.1	117.4	111.6
鲜蛋	104.3	117.6	136.0	122.4	119.1	112.6
蛋制品	104.6	102.4	103.6	104.4	105.3	104.4
水产品	103.0	103.8	108.9	102.6	99.5	97.7
鱼	100.5	102.6	109.8	100.3	95.9	93.3
#淡水鱼	99.3	101.9	110.1	98.4	93.4	90.4
海水鱼	105.5	105.2	108.8	107.4	106.4	105.8
其它水产品	107.5	106.0	107.3	107.0	106.3	106.2
虾蟹类	105.4	101.7	103.3	102.7	102.4	103.0
其他	111.7	115.1	115.9	116.1	114.7	113.0
菜	110.1	100.0	117.6	89.0	102.6	101.0
鲜菜	110.3	99.1	118.1	87.0	101.7	99.8
干菜及菜制品	101.8	102.2	102.7	103.0	102.7	102.3
薯类	125.4	126.5	137.4	129.2	133.5	125.5

分月指数(2013年)

6月	7月	8月	9月	10月	11月	12月
103.2	**103.2**	**103.1**	**103.4**	**103.5**	**103.2**	**102.4**
106.7	106.7	106.2	107.5	107.8	106.8	103.8
106.8	107.1	107.0	106.3	106.2	106.6	105.8
103.3	103.1	102.2	100.7	100.2	100.7	99.6
111.4	111.4	111.3	110.5	111.1	111.1	109.2
107.5	108.1	107.7	107.2	106.3	106.0	105.5
104.4	105.4	107.9	108.3	110.6	113.4	114.3
105.5	106.0	105.7	105.1	103.4	102.6	102.3
105.5	106.0	105.7	105.1	103.4	102.6	102.3
108.3	108.3	108.9	108.5	106.9	106.5	105.5
101.3	101.3	101.2	101.3	101.4	101.9	102.1
111.0	111.1	111.9	111.2	108.9	108.2	106.8
99.8	99.2	97.7	96.3	96.2	96.2	96.0
101.8	100.9	99.4	98.1	97.8	97.6	97.3
98.2	97.7	96.2	94.8	94.9	95.1	94.9
93.1	93.9	94.1	93.8	93.7	92.6	92.4
107.2	108.0	108.7	108.1	106.9	106.5	103.6
108.7	109.6	110.7	109.8	108.7	108.3	104.2
103.4	104.7	106.7	106.6	106.0	106.2	100.9
135.1	134.4	132.1	125.9	120.7	117.4	115.3
114.8	115.0	115.1	114.1	112.4	111.2	111.1
104.5	104.5	104.5	103.6	103.9	103.8	102.6
106.6	106.7	106.8	108.3	109.5	109.7	108.5
101.5	102.8	102.6	104.0	102.3	101.5	100.5
101.7	103.0	102.6	104.2	102.4	101.6	100.5
99.7	102.4	103.6	103.3	102.8	101.0	101.5
99.9	98.6	97.4	96.8	93.9	95.8	96.4
105.7	105.7	105.7	105.0	103.9	103.5	103.3
108.9	108.5	108.2	106.8	105.2	104.6	104.3
100.6	101.1	101.5	102.0	101.7	101.5	101.6
98.4	96.4	96.4	100.2	94.4	93.0	90.9
97.7	95.3	95.4	99.7	93.1	91.5	89.4
103.8	105.0	104.9	104.4	105.7	106.2	105.0
98.9	100.7	102.8	104.8	105.5	105.8	105.8
94.6	96.7	99.8	102.5	103.7	105.1	104.6
92.0	94.6	98.5	102.0	103.6	105.5	104.6
105.5	105.3	104.9	104.4	103.9	103.6	104.9
107.3	108.3	108.6	109.1	108.9	107.0	107.7
105.1	106.4	106.5	108.6	109.4	107.8	108.0
111.8	112.0	112.8	110.2	108.0	105.5	107.2
114.8	116.5	110.8	122.0	138.8	126.7	101.9
116.0	117.7	111.1	124.1	144.2	129.8	101.4
101.3	101.0	100.8	100.7	100.8	101.6	103.1
121.2	127.2	126.3	124.6	122.2	119.8	112.6

5-6 续表 1

(上年同期=100)

类　别	年平均	1月	2月	3月	4月	5月
调味品	107.7	106.4	106.4	106.5	107.0	107.1
食用盐	113.7	108.0	108.0	109.4	110.4	111.8
酱油	103.4	104.3	105.2	104.2	104.5	103.7
食醋	107.3	111.6	110.8	110.2	109.8	108.9
味精	103.3	101.3	101.8	102.1	103.2	103.7
其它	101.6	103.1	102.5	101.0	101.1	100.3
糖	99.9	99.6	99.6	99.7	100.2	100.0
食糖	96.6	95.3	96.5	96.8	97.3	98.0
糖果	101.1	101.0	99.8	100.3	101.0	100.4
巧克力制品	103.5	104.5	104.5	103.7	104.1	103.6
糖类小食品	101.1	102.4	102.0	101.5	100.9	99.8
茶及饮料	103.2	105.4	105.3	105.0	104.0	103.0
茶叶	102.4	104.4	104.1	104.1	102.3	102.0
#茶叶	102.4	104.4	104.1	104.1	102.3	102.0
饮料	103.5	105.8	105.7	105.4	104.7	103.5
固体饮料	102.3	103.2	103.7	103.2	102.0	101.1
液体饮料	103.5	105.8	105.6	105.5	105.4	103.7
冷冻饮品	104.2	107.7	107.3	106.8	105.7	104.9
干鲜瓜果	104.1	91.2	98.8	100.9	102.4	107.1
鲜瓜果	106.3	87.3	97.8	101.4	103.7	110.7
干(坚)果	98.8	101.6	101.3	99.4	99.1	98.9
糕点饼干	104.1	102.8	103.1	103.5	104.0	103.9
糕点	104.6	103.3	104.1	105.0	105.3	105.2
饼干	103.8	102.1	101.6	101.7	102.7	102.4
面包	103.0	102.5	102.7	102.4	102.6	102.7
液体乳及乳制品	104.5	102.1	102.5	102.3	102.8	102.9
巴氏杀菌乳或灭菌乳	105.9	100.2	101.5	101.7	102.9	102.7
酸牛乳	103.5	105.6	105.0	103.5	102.5	102.1
乳粉	104.4	102.6	102.9	103.4	104.1	105.0
其他	101.8	102.2	101.6	101.1	100.8	101.3
在外用膳食品	106.7	106.0	107.2	107.6	107.7	107.4
主食	107.8	106.3	107.4	108.2	108.9	108.5
炒菜	103.8	103.9	104.6	104.3	104.4	104.0
地方小吃	112.5	111.5	113.8	116.6	115.6	115.1
其他	105.7	105.5	107.3	104.9	105.3	105.6
其它食品	101.7	103.1	102.8	102.6	102.4	101.6
其它食品	101.7	103.1	102.8	102.6	102.4	101.6
烟酒	100.4	101.5	101.7	101.7	101.5	101.0
烟草	100.3	100.7	100.6	100.7	100.6	100.1
高档卷烟	99.6	99.4	99.5	99.3	99.3	100.2
中档卷烟	100.2	100.5	100.5	100.6	100.5	99.8
其它	101.1	101.8	101.6	101.6	101.4	101.1
酒	100.5	102.2	102.5	102.5	102.3	101.6

6月	7月	8月	9月	10月	11月	12月
107.5	109.3	109.6	109.3	109.0	107.8	106.0
113.1	118.4	119.4	119.1	118.8	115.5	112.3
103.9	103.5	103.0	103.0	103.0	102.0	100.5
107.5	107.4	106.9	104.6	104.1	103.9	102.8
103.8	104.2	104.5	103.9	104.4	103.6	103.2
100.7	100.1	100.6	102.5	101.0	103.7	103.0
99.6	100.3	100.5	100.2	100.3	99.6	99.6
96.3	96.2	96.6	96.3	96.9	96.0	96.7
100.7	102.2	102.3	102.0	101.7	101.2	100.9
103.4	104.2	104.0	103.7	102.9	102.1	101.2
100.3	100.5	100.6	101.0	101.2	101.3	101.6
102.6	102.1	102.1	101.7	102.0	102.5	102.4
102.6	102.2	101.9	101.2	101.4	101.5	101.3
102.6	102.2	101.9	101.2	101.4	101.5	101.3
102.6	102.1	102.2	101.8	102.2	102.9	102.9
101.4	101.8	102.0	102.5	102.0	102.4	102.7
103.3	102.9	103.0	101.7	101.8	102.0	102.0
102.7	101.5	101.5	101.5	102.8	104.1	104.1
111.3	107.5	105.8	110.2	104.3	104.3	107.7
117.5	112.3	109.7	116.0	107.4	107.0	111.9
97.9	97.4	97.8	98.0	97.5	98.4	98.3
104.4	104.7	104.7	104.6	104.5	104.8	104.2
105.0	104.9	105.1	104.9	104.5	104.5	103.6
104.2	105.2	104.7	104.7	104.9	106.0	105.7
103.1	103.0	103.3	103.6	103.6	103.5	103.1
103.3	103.6	103.9	104.5	106.5	109.7	110.3
103.6	103.8	104.4	105.7	110.4	116.8	117.7
102.0	102.8	103.4	103.1	103.3	104.2	104.6
104.9	105.0	104.7	105.0	104.6	104.8	105.2
101.4	101.6	101.9	101.7	101.6	102.8	103.1
107.1	106.7	106.5	106.3	106.1	105.7	105.8
108.3	108.3	108.3	107.6	107.2	107.5	107.5
103.8	103.8	103.8	103.7	103.8	102.9	102.6
114.2	111.8	111.0	111.2	110.2	109.6	110.6
105.4	105.7	105.5	105.5	105.7	105.8	106.8
101.0	101.0	101.4	101.3	101.1	101.1	100.9
101.0	101.0	101.4	101.3	101.1	101.1	100.9
100.4	100.1	99.8	99.7	99.4	99.3	98.9
100.1	100.2	100.2	100.3	100.3	100.1	100.1
99.6	99.6	99.7	99.7	99.7	99.6	99.7
99.8	100.0	100.0	100.1	100.3	100.2	100.2
101.1	101.1	101.1	101.1	100.6	100.0	100.2
100.6	100.1	99.5	99.3	98.8	98.8	98.0

5-6 续表 2

(上年同期=100)

类　别	年平均	1月	2月	3月	4月	5月
白酒	100.1	101.9	102.4	102.3	102.0	101.2
葡萄酒	97.6	99.1	98.0	97.9	98.0	97.7
啤酒	102.4	103.5	103.3	104.1	104.3	103.9
其它	103.2	103.4	103.3	103.2	103.2	103.4
衣着	102.5	102.3	102.4	102.4	102.2	102.5
服装	102.5	102.3	102.5	102.5	102.3	102.6
男式服装	102.6	102.5	102.8	102.7	102.6	102.8
#大衣	101.1	100.6	101.5	101.5	101.5	101.5
毛线衣	102.2	102.4	102.8	102.3	102.6	103.1
夹克衫	102.0	103.8	103.8	102.1	102.5	102.2
衬衫	104.6	104.3	104.1	104.4	103.6	103.7
T恤衫	104.8	102.4	103.1	104.0	103.3	105.0
裤子	104.0	105.0	104.9	104.9	104.7	104.3
西服	101.5	102.4	102.1	101.8	101.5	101.6
运动衫裤	103.4	101.4	101.5	101.7	102.5	104.3
内衣	100.5	101.1	100.6	100.4	100.5	100.7
羽绒衣	101.6	99.3	101.6	101.7	101.7	101.8
其它	101.5	101.1	101.5	101.8	102.1	101.5
女式服装	102.1	101.6	101.8	102.2	101.9	102.0
#大衣	101.8	100.6	101.8	102.6	102.3	102.3
毛线衣	100.9	100.7	101.1	101.2	100.7	101.0
羽绒衣	100.7	100.3	101.5	100.6	100.2	100.4
套装	102.1	101.9	101.6	101.9	102.3	102.7
衬衫	104.9	104.4	104.8	105.8	104.5	104.5
T恤衫	103.0	100.8	101.2	102.7	102.5	102.9
裙子	101.6	101.7	101.5	101.9	100.5	99.4
裤子	103.7	103.0	102.8	103.1	103.3	103.8
运动衫裤	101.5	100.8	101.1	100.4	100.4	101.5
内衣	100.6	100.9	100.6	100.5	101.0	100.5
其它	103.0	103.0	100.6	104.6	104.1	103.7
儿童服装	103.1	103.5	103.4	102.9	102.4	103.6
上衣	102.7	102.9	102.8	102.2	102.2	102.7
裤子	103.9	105.2	104.6	103.9	102.9	104.9
裙子	103.4	102.5	103.0	103.3	102.3	103.8
其它	101.6	101.5	102.5	102.0	101.9	102.0
衣着材料	101.0	101.0	101.0	101.0	101.4	101.3
棉布	99.9	99.4	99.3	99.3	100.4	99.6
化纤布	101.2	101.6	101.7	101.4	101.2	101.6
毛线	101.0	102.3	102.5	102.3	102.0	101.8
其他	103.2	101.1	101.1	101.5	102.6	103.9

6月	7月	8月	9月	10月	11月	12月
100.1	99.6	99.1	98.9	98.2	98.1	97.3
97.4	96.6	96.4	96.3	97.0	98.1	98.4
103.0	101.7	101.1	100.6	101.1	101.1	101.1
103.7	103.7	103.5	103.4	103.4	103.4	100.5
102.7	102.8	102.9	102.9	102.5	102.2	102.1
102.7	102.8	102.9	103.0	102.5	102.1	102.0
103.0	103.2	103.1	103.0	102.4	101.9	101.7
101.5	101.5	101.4	101.0	101.2	100.2	100.1
103.2	103.1	103.0	101.7	101.7	101.1	99.8
102.3	102.5	102.3	101.6	100.7	100.3	100.3
104.1	105.1	105.2	105.6	105.2	104.9	104.7
105.8	106.0	106.2	106.1	105.6	105.3	105.3
104.3	104.6	104.0	104.7	102.8	102.0	101.6
101.6	101.8	101.7	101.7	101.2	100.5	100.6
104.5	104.2	104.8	104.6	103.8	103.6	103.8
100.5	100.4	100.6	100.0	100.2	99.9	100.6
101.9	101.9	102.0	102.0	102.5	101.9	101.7
101.1	101.6	101.8	101.5	101.3	101.3	101.0
102.2	102.3	102.4	102.6	102.5	102.1	102.0
102.2	102.2	102.2	102.1	102.1	100.4	100.8
101.0	101.0	101.0	100.8	101.1	100.8	100.5
100.4	100.4	100.4	100.4	101.3	101.2	101.1
102.4	102.4	102.3	102.9	102.1	101.6	101.6
105.5	105.2	104.9	105.4	104.6	104.6	104.5
103.9	103.3	103.9	104.0	103.2	103.4	103.8
99.9	101.0	101.9	102.6	102.8	103.0	103.2
104.3	104.3	104.4	104.9	104.4	103.5	103.2
101.8	101.5	102.2	102.2	101.7	101.7	102.2
100.3	100.5	100.8	100.5	100.9	100.8	100.5
104.0	103.9	104.1	102.5	102.2	102.0	101.3
103.5	103.5	103.6	103.8	102.6	102.4	102.5
102.4	102.3	102.5	103.5	102.9	102.9	103.0
104.9	105.2	105.4	104.7	102.1	102.0	102.1
103.9	103.7	103.6	103.9	103.4	103.5	103.4
101.6	101.6	101.6	101.6	101.6	101.0	100.4
101.1	101.0	100.9	100.8	100.9	100.9	100.8
99.7	99.2	99.1	100.4	100.6	100.9	101.0
101.2	101.0	101.1	100.9	101.0	100.8	100.5
101.1	101.2	101.2	99.3	99.5	99.5	99.3
104.2	104.1	104.0	104.0	104.0	104.0	103.7

5-6 续表 3

(上年同期=100)

类　　别	年平均	1月	2月	3月	4月	5月
鞋袜帽	102.4	102.4	102.0	102.2	102.0	102.1
鞋	102.6	102.6	102.1	102.3	102.2	102.4
#男鞋	102.6	103.5	102.6	102.6	102.6	102.9
女鞋	102.8	102.6	102.2	102.6	102.5	102.4
童鞋	102.1	100.3	100.5	100.4	100.4	100.9
袜子	101.6	102.3	102.1	102.5	101.6	101.4
#男袜	101.3	101.0	100.9	101.6	101.3	101.0
女袜	101.9	103.4	103.0	103.3	101.9	101.8
帽子	101.4	100.7	100.8	100.9	100.7	100.5
#男帽	101.9	101.2	101.1	101.1	101.1	101.1
女帽	101.1	100.3	100.6	100.6	100.5	100.1
衣着加工服务	108.6	106.4	107.1	107.5	107.6	108.9
缝纫	104.6	104.8	105.2	105.8	104.8	105.1
清洗	111.7	107.9	108.9	109.0	109.7	111.7
其他	107.2	104.7	105.5	106.4	106.3	107.6
家庭设备用品及维修服务	101.5	101.8	101.5	101.5	101.6	101.5
耐用消费品	101.2	101.0	101.0	100.9	101.1	101.0
家具	101.5	101.1	101.0	101.2	101.3	101.0
柜	101.4	100.8	100.8	101.0	101.2	100.8
床	101.8	101.4	101.2	101.5	101.8	101.7
桌	101.2	100.8	100.8	100.6	100.6	100.3
椅	102.5	101.6	101.5	102.0	102.1	101.9
沙发	101.3	101.2	101.2	101.2	101.2	101.0
其它	100.3	100.7	100.8	100.7	100.2	99.9
家庭设备	101.0	101.0	100.9	100.7	100.9	101.0
#洗衣机	100.1	99.7	99.4	99.6	100.1	99.7
电风扇	105.6	103.6	103.6	103.6	103.5	106.6
电冰箱(柜)	100.2	99.6	99.5	99.6	99.8	99.6
吸排油烟机	99.7	100.1	98.6	98.5	98.6	99.6
空调器	101.1	102.0	102.2	101.5	101.7	101.3
热水器	101.4	101.3	101.1	100.8	101.6	100.8
微波炉	99.1	100.7	100.6	99.8	99.0	99.2
其他	99.5	100.1	100.3	100.1	100.3	99.9
室内装饰品	100.9	100.9	100.8	100.9	100.8	100.9
纺织装饰品	101.9	101.2	101.3	101.9	101.6	101.6
装饰灯具	100.5	100.2	100.3	100.5	100.5	100.6
其它	100.8	101.6	101.0	100.9	100.6	100.7
床上用品	100.2	99.5	99.6	100.3	100.3	100.2
被子	100.7	100.6	100.5	100.9	100.9	100.9

6月	7月	8月	9月	10月	11月	12月
102.6	102.4	102.6	102.6	102.6	102.6	102.4
102.9	102.7	102.9	102.9	102.9	102.8	102.5
103.1	102.7	102.8	102.3	102.2	102.1	101.9
103.2	103.0	103.2	102.9	103.0	102.9	102.6
101.7	101.7	102.4	104.5	104.2	104.2	104.2
101.4	101.5	101.6	101.5	101.2	101.3	101.3
100.9	101.2	101.3	101.6	101.6	101.7	101.8
101.8	101.7	101.8	101.4	100.9	101.0	101.0
101.2	101.5	101.7	101.4	102.0	103.0	102.8
101.8	102.1	102.2	101.7	102.4	103.3	103.2
100.7	101.0	101.3	101.2	101.8	102.8	102.6
109.9	109.2	108.6	109.3	110.0	109.6	109.2
105.5	103.5	103.6	103.7	104.3	104.4	104.7
113.4	113.6	112.7	113.8	113.9	113.0	112.1
107.7	107.1	105.8	106.3	109.8	109.6	109.5
101.5	101.5	101.4	101.5	101.4	101.3	101.2
101.2	101.4	101.3	101.4	101.3	101.2	101.2
101.3	101.4	101.6	102.0	102.1	101.9	101.9
100.9	101.4	101.5	102.2	102.3	102.1	102.2
102.0	101.4	101.3	102.1	102.5	102.2	102.1
101.0	101.3	101.5	101.8	101.8	101.7	101.8
102.2	102.2	102.6	103.6	103.6	103.5	103.6
101.2	101.2	101.8	101.4	101.4	101.2	101.1
99.9	100.4	100.3	100.2	100.3	100.2	100.3
101.2	101.4	101.1	101.1	100.9	100.8	100.8
100.0	100.5	100.6	100.6	100.5	100.4	100.4
107.4	106.3	105.8	106.6	106.6	106.6	106.6
100.2	100.7	100.8	100.8	101.0	100.7	100.6
99.7	99.3	99.1	100.3	101.1	100.8	100.9
101.3	101.3	100.7	100.2	100.2	100.1	100.1
100.6	101.8	101.9	101.6	101.8	101.9	101.9
98.7	98.7	98.9	99.0	98.3	98.3	98.6
99.9	100.5	99.8	99.8	97.7	97.9	97.7
100.8	101.0	101.0	101.2	101.0	101.0	101.1
101.4	102.1	102.2	102.5	102.3	102.4	102.3
100.6	100.4	100.4	100.5	100.5	100.5	100.6
100.6	100.9	101.0	101.1	100.5	100.4	100.6
100.1	100.0	100.4	100.4	100.5	100.4	100.4
100.9	100.6	100.9	100.5	100.9	100.7	100.3

5-6 续表 4

(上年同期=100)

类　　别	年平均	1月	2月	3月	4月	5月
床上套件	100.3	99.4	99.6	100.3	100.2	100.0
其它	99.2	98.2	98.6	99.6	99.8	99.6
家庭日用杂品	101.2	102.5	101.6	101.7	101.4	101.3
茶具	101.0	101.2	101.1	101.3	101.0	100.3
餐具	100.7	98.7	99.4	99.4	99.5	100.2
厨具	100.6	100.1	100.5	100.5	100.6	100.2
家用手工工具	100.5	100.6	100.2	100.0	100.3	100.5
洗涤用品	101.5	104.4	102.5	102.6	102.1	101.8
其它	101.6	102.4	102.6	102.4	102.2	102.2
家庭服务及加工维修服务	110.7	113.9	113.1	113.0	112.6	112.3
家庭服务	114.8	117.2	116.3	117.5	118.7	118.3
加工维修服务费	108.4	112.0	111.3	110.5	109.3	109.0
医疗保健和个人用品	101.5	101.8	101.7	101.8	101.8	101.8
医疗保健	101.6	101.2	101.1	101.3	101.5	101.6
医疗器具及用品	101.4	102.4	102.4	102.2	102.1	102.0
#医疗器具及用品	101.4	102.4	102.4	102.2	102.1	102.0
中药材及中成药	104.0	103.2	102.7	102.7	103.8	103.9
#中药材	105.6	103.4	102.6	102.6	103.6	103.6
中成药	102.9	103.1	102.7	102.8	103.9	104.1
西药	101.5	101.8	101.6	101.7	101.4	101.6
抗菌素(抗感染药)	99.3	99.1	98.6	98.6	98.7	99.0
消化系统用药	100.8	100.7	100.6	101.0	100.5	100.5
呼吸系统用药	103.7	102.4	103.1	104.6	103.4	104.1
解热镇痛	100.2	100.0	99.8	100.2	99.8	99.6
抗肿瘤药	99.9	100.3	100.2	100.3	100.0	100.1
激素类药	101.8	100.7	100.8	101.3	101.1	101.9
心血管系统用药	103.9	105.1	105.1	103.8	104.1	104.2
中枢神经系统用药	102.8	105.8	104.4	103.9	103.2	103.2
消毒防腐及创伤外科用药	100.9	99.8	100.0	100.9	100.5	100.5
泌尿系统用药	101.2	101.1	101.6	101.6	100.9	101.0
维生素类	102.9	103.3	103.9	103.8	103.7	103.9
其它	101.5	102.8	102.1	101.9	101.8	101.9
保健器具及用品	102.5	101.4	100.8	100.9	102.3	102.2
#保健器具	100.7	101.6	100.9	100.5	100.6	100.7
滋补保健用品	103.0	101.4	100.8	101.0	102.8	102.6
医疗保健服务	100.8	100.3	100.3	100.6	100.9	100.9
#挂号诊疗费	101.6	99.7	99.8	99.8	99.8	101.8
注射费	100.3	100.0	100.0	100.0	100.4	100.4
检查费	100.6	100.4	100.4	100.4	100.4	100.5
手术费	100.9	100.0	100.0	100.2	101.1	101.1
床位费	103.0	100.9	100.9	103.5	103.5	103.5
理疗费	100.3	100.0	100.0	100.0	100.4	100.4
化验费	100.2	100.3	100.3	100.3	100.4	100.1
其它	100.0	100.0	100.0	100.0	100.0	100.0
个人用品及服务	101.3	102.9	103.2	102.8	102.6	102.4

6月	7月	8月	9月	10月	11月	12月
100.1	100.1	100.7	100.7	100.7	100.7	100.8
99.4	98.9	99.1	99.3	99.3	99.1	99.4
101.2	100.9	101.0	100.8	100.9	100.7	100.6
100.8	100.6	101.0	101.2	101.2	101.2	100.9
100.1	101.9	101.1	101.4	101.5	102.5	102.9
100.3	100.6	101.2	101.3	100.8	100.7	100.6
100.9	100.4	100.4	100.6	100.8	100.9	100.9
101.3	100.7	101.0	100.6	100.8	100.5	100.3
102.6	101.8	101.2	101.3	100.9	100.4	99.7
111.2	111.6	109.0	108.8	107.7	108.9	107.6
114.8	115.0	113.8	114.1	112.3	112.3	108.9
109.1	109.6	106.3	105.8	105.1	106.9	106.9
101.8	101.5	101.5	101.1	100.9	101.0	100.8
101.7	101.8	101.7	101.7	101.7	101.7	101.6
101.9	101.1	100.6	100.8	100.9	100.5	100.1
101.9	101.1	100.6	100.8	100.9	100.5	100.1
104.3	104.8	104.4	104.4	104.5	104.5	104.2
105.2	107.6	107.4	107.5	107.7	107.8	107.4
103.7	102.9	102.3	102.3	102.2	102.2	102.0
101.6	101.6	101.6	101.6	101.5	101.3	101.2
99.0	99.4	99.9	100.1	100.0	99.9	99.7
100.6	100.3	101.0	100.9	101.0	100.9	101.7
103.8	104.1	103.6	103.7	103.8	103.8	103.5
99.2	100.1	100.6	101.0	100.8	100.7	100.6
100.1	99.7	99.8	99.7	99.7	99.6	99.5
102.1	101.9	102.3	102.3	102.3	102.3	102.1
104.7	104.3	103.7	103.5	103.2	102.9	102.1
103.4	103.0	102.1	101.6	101.5	100.8	100.4
100.8	100.9	101.4	101.5	101.6	101.6	101.5
101.1	101.5	101.4	101.4	101.4	100.8	100.6
103.5	103.5	103.5	102.2	102.0	101.0	100.3
102.3	101.6	100.2	101.0	101.1	100.7	100.6
102.1	102.4	102.3	102.3	102.7	104.9	105.3
100.5	100.7	100.1	100.2	100.6	100.7	100.7
102.6	102.9	102.9	102.9	103.3	106.1	106.7
101.0	101.1	101.0	101.0	101.0	100.9	100.9
102.3	102.7	102.6	102.5	102.5	102.5	102.5
100.4	100.4	100.4	100.4	100.4	100.4	100.4
100.8	100.8	100.8	100.8	100.8	100.4	100.4
101.3	101.3	101.3	101.3	101.3	101.3	101.3
103.5	103.5	103.5	103.5	103.3	103.3	103.3
100.4	100.4	100.4	100.4	100.4	100.4	100.3
100.1	100.1	100.1	100.1	100.1	100.1	100.0
100.0	100.0	100.0	100.0	100.0	100.0	100.0
102.0	101.1	101.0	99.9	99.2	99.5	99.0

5-6 续表 5

(上年同期=100)

类 别	年平均	1月	2月	3月	4月	5月
化妆美容用品	101.8	102.3	102.1	101.9	101.8	101.8
#化妆美容器具	102.4	102.6	102.2	101.8	101.5	102.4
美容化妆品	100.3	101.0	100.9	100.7	100.3	100.1
护肤品	102.8	103.3	103.1	102.9	103.0	103.1
护发美容用品	101.4	101.7	101.7	101.7	101.5	101.1
清洁化妆用品	101.7	102.5	102.2	102.8	102.5	101.9
#洗发用品	101.7	104.4	104.0	103.7	102.4	101.3
洗浴用品	101.9	101.8	102.3	102.2	102.7	101.8
其它	101.5	101.2	100.7	102.2	102.6	102.6
个人饰品	95.5	100.8	99.0	99.1	98.3	98.2
#首饰	91.7	100.3	97.5	97.7	96.1	96.2
皮件	101.0	101.7	101.6	101.3	101.2	100.8
手表	102.2	102.7	102.8	102.9	102.9	103.1
领带	100.7	101.2	100.6	100.7	100.7	100.6
其它	100.3	100.2	100.1	100.3	101.9	100.3
个人服务	106.4	105.3	108.0	106.7	107.1	106.8
#美容	102.6	102.2	102.2	102.8	102.3	101.9
理(烫)发	110.6	108.1	111.1	109.1	111.1	111.4
洗浴	107.0	105.3	111.9	109.4	108.6	108.0
其它	103.3	104.1	104.2	103.8	103.9	103.3
交通和通信	100.2	99.9	101.2	100.6	99.9	99.8
交通	100.8	101.0	103.0	101.9	100.6	100.3
交通工具	98.8	99.7	99.8	99.9	99.9	99.9
助动自行车	99.9	99.4	99.7	99.8	99.8	99.9
轿车	97.3	99.1	99.2	99.3	99.3	99.3
自 行 车	102.1	102.4	102.3	102.9	102.1	102.1
其它	101.0	101.3	101.3	101.2	101.3	101.2
车用燃料及零配件	99.7	102.9	101.1	100.4	94.7	94.4
#汽油	98.9	102.9	100.6	99.9	92.8	92.4
柴油	98.9	103.2	101.0	100.1	93.2	92.7
零配件	104.0	103.1	103.0	103.3	103.4	103.8
其它	100.6	101.8	101.5	100.8	100.8	100.2
车辆使用及维修	104.0	104.1	104.5	103.3	103.0	104.0
保险费	100.2	100.4	100.4	100.4	100.4	100.4
停车费	105.1	109.3	107.5	107.7	107.7	106.4
车辆修理服务	107.3	105.9	105.2	105.3	104.8	107.2
其它	103.8	107.0	113.0	103.1	102.9	102.4
市区公共交通	103.4	101.9	106.1	105.8	104.1	103.1
#公共汽车票	103.6	102.9	105.9	107.1	104.2	102.9
出租汽车	103.1	100.2	106.1	104.0	103.9	103.0
其它	105.7	107.1	108.4	108.4	106.6	106.6
城市间交通	107.7	102.5	116.2	110.1	107.5	106.2
#飞机票	166.2	113.1	207.9	179.7	160.8	151.3
火车票	99.1	99.2	99.2	99.1	99.1	99.1

6月	7月	8月	9月	10月	11月	12月
102.0	101.8	101.9	101.9	101.5	101.3	101.2
102.9	102.4	102.5	102.7	102.9	102.7	102.1
100.1	99.9	99.9	100.0	100.4	100.3	100.5
103.5	103.1	103.3	103.1	102.2	101.8	101.7
101.3	101.3	101.4	101.5	101.3	101.1	100.8
101.4	101.5	101.1	101.0	101.0	100.9	101.0
101.0	101.2	100.9	100.4	100.3	100.3	100.3
101.9	101.7	101.7	101.7	101.7	101.6	101.7
101.5	101.6	101.0	101.2	101.3	101.0	101.3
96.8	94.4	94.8	92.7	91.0	90.9	90.4
93.8	89.8	90.6	87.2	84.5	84.3	83.2
100.8	100.7	100.6	100.8	100.7	100.5	100.8
103.1	103.0	102.9	101.7	100.6	100.7	100.7
100.6	100.6	100.3	101.1	101.1	100.9	100.7
100.5	100.1	100.0	99.9	99.7	100.3	100.5
107.1	106.8	106.5	105.5	105.2	106.4	105.5
102.7	102.8	103.1	102.0	102.0	103.2	103.4
112.7	111.9	111.0	110.2	109.9	111.4	109.0
107.5	107.4	107.0	105.2	104.7	104.7	104.7
103.0	102.8	102.8	102.2	102.2	104.1	103.3
99.7	100.4	100.4	100.2	99.8	99.6	100.4
100.1	101.0	101.0	100.6	100.0	99.6	100.8
98.4	98.5	98.4	98.0	98.0	96.9	97.8
99.5	99.8	100.1	100.3	100.0	100.2	99.9
96.5	96.5	96.6	95.9	96.1	94.0	95.8
102.0	101.8	102.1	101.9	101.7	101.7	102.5
101.8	102.0	100.6	100.6	100.6	100.1	100.2
98.6	102.8	103.1	101.1	98.1	98.1	101.8
97.3	102.6	103.0	100.4	96.9	97.0	101.8
97.8	102.8	102.6	100.5	96.8	96.7	100.2
104.6	104.9	104.9	105.3	104.3	103.8	103.6
100.8	100.9	100.3	100.3	99.9	100.0	100.0
103.4	104.0	104.8	104.4	104.3	104.2	104.4
100.4	100.4	100.4	99.9	99.9	99.9	99.9
105.5	105.7	105.7	103.0	100.8	100.8	101.9
106.5	108.1	108.9	108.9	109.0	108.8	108.9
101.1	100.3	103.3	103.3	103.3	103.3	103.5
103.1	102.3	102.3	102.7	103.2	103.4	103.4
102.9	102.9	102.9	102.9	102.9	102.9	102.9
103.0	101.5	101.5	102.4	103.5	103.9	104.0
106.6	104.2	104.2	104.2	104.2	104.2	104.2
106.0	107.0	106.5	107.4	106.3	108.5	108.8
148.8	167.3	163.0	173.0	162.4	183.0	185.2
99.1	99.1	99.1	99.1	99.1	99.1	99.1

5-6 续表 6

(上年同期=100)

类　　别	年平均	1月	2月	3月	4月	5月
长途汽车	101.5	101.1	108.5	102.7	101.8	101.1
短途汽车	103.7	105.3	111.1	106.0	104.7	104.8
其它	105.8	100.5	107.1	105.0	105.5	106.1
通信	99.2	98.3	98.4	98.6	98.9	98.9
通信工具	93.7	88.9	89.5	90.5	92.1	92.2
#固定电话机	101.1	101.1	101.3	101.1	100.8	100.4
移动电话机	93.4	88.5	89.1	90.2	91.8	91.9
其它	97.6	97.2	96.8	96.6	97.3	97.0
通信服务	100.1	100.0	100.0	100.0	100.0	100.1
#移动通信费	100.0	100.0	100.0	100.0	100.0	100.0
市内电话通话费	100.0	100.0	100.0	100.0	100.0	100.0
长途电话通话费	99.7	99.7	99.6	99.6	99.6	99.9
月租费	99.5	99.4	99.4	99.4	99.4	99.2
上网费	102.2	101.1	101.7	101.7	101.6	102.4
邮政邮寄	100.0	100.0	100.0	100.0	100.0	100.0
其他邮寄	100.3	100.6	100.6	100.6	100.6	100.6
其它	100.0	100.0	100.0	100.0	100.0	100.0
娱乐教育文化用品及服务	102.9	101.8	102.9	102.7	102.8	102.5
文娱用耐用消费品及服务	97.0	95.6	95.4	95.6	96.4	96.5
电视机	96.1	93.7	93.2	93.8	95.5	95.4
激光视盘机	98.9	99.2	98.7	98.5	98.6	99.1
摄像机	96.4	96.1	96.0	95.8	95.6	95.2
照相机	90.2	94.2	93.9	90.5	88.4	89.0
家用音响	98.6	99.5	98.9	98.7	98.9	98.7
便携式音响	98.5	97.3	97.7	97.4	98.0	98.0
电脑	98.2	96.4	96.6	96.8	97.5	97.8
修理服务费	102.6	103.5	102.8	102.7	102.1	102.0
其它	93.6	96.2	95.2	95.2	95.1	95.1
教育	104.2	103.9	103.8	104.1	104.5	104.4
教材及参考书	103.3	104.1	104.0	104.0	104.0	104.0
#工具书	101.6	102.4	102.4	102.4	102.4	102.1
教材	105.1	106.7	106.5	106.5	106.5	106.5
参考书	101.8	101.9	102.0	102.0	102.0	102.0
教育软件	100.0	100.0	100.0	100.0	100.0	100.0
教育服务	104.2	103.8	103.8	104.1	104.6	104.5
学前教育	112.3	107.7	107.7	109.6	111.7	112.2
中等教育	101.1	101.2	101.2	101.5	101.5	101.5
高等教育	100.0	100.0	100.0	100.0	100.0	100.0
专业技能培训费	104.5	105.4	104.5	104.4	104.4	104.4
其他	105.2	108.8	109.0	108.1	108.1	106.6
文化娱乐类	105.1	102.4	105.6	105.5	105.4	105.3
文化娱乐用品	99.9	99.8	99.8	99.6	99.4	99.5
#乐器	101.6	103.0	103.0	102.7	101.8	101.3
音像光盘和视盘	98.5	98.5	98.4	98.3	98.5	98.3
电子存储器	91.3	88.2	87.9	88.2	88.3	89.8
儿童玩具	101.5	101.5	101.6	101.4	101.4	101.5

6月	7月	8月	9月	10月	11月	12月
100.9	100.5	100.3	99.9	100.2	100.6	101.0
104.8	101.3	101.1	101.1	101.2	101.6	101.6
106.1	106.1	106.6	106.6	106.5	106.5	106.6
99.2	99.6	99.6	99.6	99.5	99.6	99.7
93.9	96.1	96.5	96.3	95.9	96.5	97.1
101.0	101.3	101.2	101.3	101.3	101.3	101.3
93.7	96.0	96.3	96.1	95.7	96.3	96.9
97.8	98.2	97.6	97.9	97.9	98.0	99.0
100.1	100.1	100.2	100.1	100.1	100.1	100.1
100.0	100.0	100.0	100.0	100.0	100.0	100.0
100.0	100.0	100.0	100.0	100.0	100.0	100.0
99.9	99.9	99.9	99.7	99.7	99.7	99.7
99.2	99.5	99.7	99.6	99.6	99.6	99.7
102.4	102.5	102.8	102.7	102.6	102.6	102.6
100.0	100.0	100.0	100.0	100.0	100.0	100.0
100.6	100.6	99.9	99.9	99.9	100.2	99.6
100.0	100.0	100.0	100.0	100.0	100.0	100.0
102.6	102.7	102.6	102.6	103.4	103.9	104.0
96.7	97.8	97.8	97.9	98.1	98.2	98.1
95.8	97.7	97.7	97.7	97.6	97.6	97.4
99.0	98.8	99.0	99.0	99.0	98.9	98.9
95.8	96.9	96.9	97.1	97.0	96.7	97.9
88.7	90.2	90.2	89.7	89.0	89.0	89.0
98.7	98.7	98.2	98.1	98.3	98.4	98.4
98.2	98.6	99.4	99.5	99.4	99.4	99.6
98.0	98.8	98.7	99.1	99.8	99.9	99.7
102.2	102.2	102.5	102.6	102.6	103.7	102.4
94.0	93.0	92.5	91.7	91.6	91.6	91.6
104.5	104.1	104.1	104.0	104.1	104.2	104.1
104.2	104.2	104.6	101.4	101.7	101.7	101.7
102.2	102.2	102.2	100.6	100.4	100.4	100.1
106.5	106.5	107.3	102.4	102.4	102.4	102.4
102.4	102.4	102.4	100.7	101.4	101.4	101.5
100.1	100.1	100.1	100.0	100.0	100.0	100.0
104.5	104.1	104.1	104.2	104.3	104.4	104.3
112.3	112.5	112.3	114.6	115.1	115.8	115.4
101.5	101.5	101.5	100.5	100.5	100.5	100.5
100.0	100.0	100.0	100.0	100.0	100.0	100.0
104.5	105.0	104.4	104.7	104.7	104.1	103.7
106.5	103.2	103.4	102.3	102.3	102.3	102.3
105.3	105.3	105.1	105.0	104.9	105.0	105.8
99.8	99.9	99.7	100.1	100.3	100.3	100.6
101.2	101.2	101.1	101.3	100.9	100.9	101.1
98.3	98.3	98.3	98.3	98.3	98.7	99.4
91.4	92.1	92.7	93.1	94.8	94.7	95.6
101.5	101.7	101.1	101.7	101.7	101.6	101.8

5-6 续表 7

(上年同期=100)

类 别	年平均	1月	2月	3月	4月	5月
纸张本册	100.9	102.2	102.0	101.5	100.9	100.5
文具	101.4	102.3	102.3	101.8	101.7	101.0
体育用品	100.2	100.5	100.5	100.6	100.6	100.2
其它	100.8	101.5	101.5	101.4	101.3	101.3
书报杂志	102.6	103.6	103.8	103.5	103.5	103.6
#书籍	100.3	100.4	100.4	100.4	100.4	100.4
报纸	105.3	107.8	108.5	107.6	107.6	107.9
杂志	102.1	102.0	102.1	102.1	102.1	102.1
文娱费	109.4	103.9	110.3	110.3	110.1	110.0
#电影票	102.3	101.6	103.1	103.1	103.1	102.9
景点门票	122.7	104.9	126.4	126.4	124.6	125.5
有线电视	104.1	103.1	103.1	103.1	103.1	103.1
健身活动	103.6	106.1	104.7	105.7	105.7	104.8
其它	107.3	104.9	109.5	109.4	109.4	108.6
旅游	101.4	99.4	104.6	101.5	100.0	97.8
旅行社收费	101.4	99.3	104.7	101.4	99.5	97.6
宾馆住宿	100.8	100.3	100.6	101.1	104.0	100.0
其它住宿	102.6	102.8	103.8	102.9	107.7	101.5
居住	101.9	101.5	101.7	101.7	101.8	101.9
建房及装修材料	100.4	99.1	99.0	99.0	99.4	99.7
木材	103.0	101.9	102.0	101.8	101.8	103.2
木地板	101.1	100.5	100.2	100.0	99.9	101.3
砖	100.8	99.8	98.7	97.9	98.6	99.6
水泥	94.7	92.0	92.2	92.6	93.7	93.8
涂料	101.0	101.1	101.2	100.9	100.9	100.8
板材	101.8	101.2	101.1	101.0	100.9	101.3
玻璃	102.2	99.4	100.0	102.0	103.0	101.2
粘胶	100.1	100.2	99.7	99.6	99.6	99.7
厨卫设备	101.2	99.7	100.1	100.6	100.5	100.8
其它	102.0	100.7	100.8	101.6	101.6	101.4
住房租金	103.5	103.6	103.9	103.3	103.2	103.3
公房房租	100.7	103.8	103.8	100.1	100.0	100.1
私房房租	105.2	103.6	104.2	105.3	105.0	105.2
其它费用	101.6	101.4	101.4	100.9	101.8	102.0
自有住房	103.8	102.7	103.2	103.5	103.8	103.9
住房估算租金	104.1	103.3	103.7	104.0	104.3	104.5
物业管理费用	104.7	102.5	102.6	103.0	103.4	103.5
维护修理费用	104.6	100.9	102.4	103.1	103.4	103.3
其它	99.8	99.7	99.7	99.7	99.7	99.7
水、电、燃料	99.6	101.0	101.0	100.5	100.1	100.0
水	101.3	101.7	101.7	101.7	101.7	101.7
电	101.0	102.1	102.1	102.1	102.1	102.1
液化石油气	100.5	103.3	102.8	99.6	98.6	99.5
管道燃气	100.0	100.5	100.5	100.5	100.5	99.4
其它燃料	94.1	96.6	96.9	96.2	94.6	93.7

6月	7月	8月	9月	10月	11月	12月
100.7	100.4	100.4	100.5	100.6	100.6	100.9
101.1	100.7	100.6	101.0	101.4	101.6	101.8
100.2	100.0	99.9	100.0	100.0	100.0	100.0
100.5	100.6	100.5	100.7	100.3	100.3	100.2
103.5	103.5	102.1	101.0	101.0	101.0	101.2
100.4	100.4	100.4	100.1	100.0	100.0	100.0
107.6	107.6	104.0	101.3	101.3	101.3	101.8
102.1	102.1	101.9	102.1	102.1	102.1	102.3
109.8	109.7	109.8	109.6	109.2	109.5	110.8
102.3	102.1	101.9	101.9	101.9	101.9	101.9
124.7	124.2	124.6	124.8	122.7	120.9	122.2
103.6	103.6	103.9	103.9	104.4	106.0	108.3
102.3	102.6	102.3	102.2	102.5	102.7	102.7
108.4	108.5	107.4	106.2	105.0	105.3	105.1
98.1	99.1	98.7	98.9	104.0	107.1	108.0
97.9	98.9	98.6	98.8	104.1	107.5	108.5
100.8	100.3	100.5	100.1	100.3	100.3	100.5
101.8	101.3	101.3	101.6	102.1	102.0	101.8
102.0	101.9	101.9	102.1	102.0	102.0	102.1
100.4	100.5	100.9	101.3	101.3	101.7	102.0
104.9	104.2	103.7	103.2	103.0	103.0	102.8
101.5	101.9	102.0	102.1	101.6	101.3	101.4
100.8	100.9	101.7	102.5	102.8	102.9	103.0
94.1	93.7	94.7	96.0	96.0	98.3	99.8
100.8	101.0	101.0	100.9	101.0	101.1	100.9
102.1	102.2	102.3	102.2	102.1	102.6	102.8
101.3	102.0	103.1	104.1	103.6	103.3	103.4
99.8	100.3	100.3	100.5	100.6	100.8	100.7
101.3	101.3	101.7	102.1	102.1	102.1	102.3
102.3	102.5	102.4	102.6	102.6	102.5	103.0
103.1	103.6	103.6	104.0	103.7	103.5	103.8
100.1	100.2	100.1	100.1	100.1	100.1	100.1
104.9	105.6	105.6	106.3	105.8	105.5	106.0
102.0	102.0	101.8	101.6	101.6	101.6	101.6
103.8	104.1	104.0	104.2	104.0	104.0	103.9
104.1	104.4	104.2	104.4	104.2	104.1	103.9
105.0	105.0	105.6	106.2	106.2	106.5	106.5
104.2	105.8	105.9	105.9	106.1	106.0	107.5
99.7	100.0	100.0	99.7	99.7	100.0	100.0
100.0	98.9	98.8	98.8	98.8	98.7	98.9
101.2	101.2	101.2	101.2	101.2	101.2	100.3
102.1	100.0	100.0	100.0	100.0	100.0	100.0
100.7	101.0	100.4	100.1	99.7	99.2	100.8
99.4	99.4	99.4	99.7	100.0	100.0	100.0
93.3	93.0	92.9	93.1	93.2	92.8	93.2

5-7 居民消费价格

(上月=100)

类　　别	1月	2月	3月	4月	5月
总 指 数	**101.3**	**101.3**	**98.8**	**100.0**	**99.2**
食品	104.0	103.1	96.1	99.7	97.7
粮食	101.8	101.2	100.4	100.2	99.8
大米	100.0	100.3	100.1	100.0	99.9
面粉	104.8	101.4	99.9	100.1	99.2
粮食制品	101.8	101.8	100.8	100.2	99.8
其它	100.4	100.7	100.5	100.6	100.2
淀粉及制品	100.4	100.3	100.0	100.2	100.1
淀粉及制品	100.4	100.3	100.0	100.2	100.1
干豆类及豆制品	101.2	102.4	99.8	100.2	100.2
干豆	100.6	100.2	100.1	100.0	100.0
豆制品	101.4	103.2	99.7	100.3	100.2
油脂	100.3	100.4	99.8	99.8	98.3
食用植物油	100.3	100.5	99.9	100.2	98.9
植物油制品	100.3	100.2	99.7	99.5	97.6
其　　他	100.2	99.9	96.9	97.4	99.6
肉禽及其制品	105.4	102.2	94.4	94.6	98.4
食用畜肉及副产品	107.7	102.0	92.0	94.0	98.5
#猪肉	109.6	100.1	89.3	91.5	97.8
牛肉	104.9	108.0	98.5	99.3	100.0
羊肉	101.8	106.4	98.1	99.9	99.9
畜肉副产品	102.2	104.1	97.5	98.5	98.9
其它	105.7	104.0	97.8	97.0	99.7
禽	100.3	105.3	98.8	89.5	95.6
#鸡	100.2	105.5	98.8	88.9	95.6
鸭	101.6	101.7	99.1	94.9	96.1
其它	98.3	113.8	97.3	97.7	93.9
加工肉禽	100.6	101.4	100.4	99.5	99.5
#畜肉制品	100.7	101.9	100.3	100.2	99.8
禽制品	100.3	100.5	100.5	98.3	98.9
蛋	101.9	98.6	88.5	96.2	98.1
鲜蛋	102.0	98.3	87.2	95.7	97.8
蛋制品	100.3	101.0	100.3	100.3	100.0
水产品	101.8	105.6	97.5	100.0	100.4
鱼	102.1	107.8	96.1	99.9	100.1
#淡水鱼	101.9	109.1	95.4	100.2	100.2
海水鱼	103.0	103.4	98.5	99.1	99.8
其它水产品	101.3	101.7	100.1	100.2	100.7
虾蟹类	101.8	102.0	99.8	100.4	101.0
其他	100.5	101.2	100.6	99.9	100.1
菜	118.5	112.3	82.7	107.1	84.2
鲜菜	120.4	113.2	81.0	107.8	81.9
干菜及菜制品	100.0	100.8	100.3	100.1	99.9
薯类	111.3	109.8	97.1	105.1	110.3

分月指数(2013年)

6月	7月	8月	9月	10月	11月	12月
100.1	**100.2**	**100.4**	**100.8**	**99.8**	**100.0**	**100.3**
100.4	100.3	101.3	101.8	99.2	99.8	100.6
100.2	100.1	100.4	100.3	100.6	100.8	100.1
100.1	100.0	100.0	100.0	100.0	100.1	99.3
100.0	100.0	100.3	100.9	101.4	100.7	100.2
100.3	100.0	100.1	100.0	100.0	100.4	100.1
100.2	101.0	102.2	100.6	102.3	103.2	101.5
100.4	100.8	99.9	99.9	99.7	100.4	100.2
100.4	100.8	99.9	99.9	99.7	100.4	100.2
100.1	100.1	100.7	100.4	100.0	100.3	100.0
100.0	100.0	100.0	100.1	100.1	100.4	100.5
100.2	100.2	101.0	100.5	100.0	100.2	99.8
98.4	99.7	99.7	99.8	100.1	100.0	99.9
99.0	99.6	99.5	99.9	99.8	99.7	99.9
97.7	99.8	99.9	99.6	100.4	100.2	100.0
100.3	100.2	99.2	99.8	99.8	99.0	99.9
105.1	101.2	101.5	101.4	99.6	100.1	100.3
105.9	101.4	102.1	101.6	99.5	100.1	100.4
108.6	101.9	103.0	102.0	99.1	100.0	100.0
100.3	100.3	100.3	100.8	100.4	100.5	101.4
101.0	100.4	100.5	100.6	100.4	100.7	101.1
100.8	100.5	100.4	99.9	100.4	99.8	99.7
100.7	100.2	100.0	101.3	101.0	100.7	100.4
109.2	101.7	100.0	102.5	99.3	99.7	99.9
110.0	101.7	99.9	102.7	99.3	99.6	99.9
104.8	102.3	101.1	100.9	99.9	99.1	100.5
92.1	98.7	99.0	100.6	100.1	104.4	102.1
100.5	100.4	100.2	100.3	100.2	100.2	100.2
100.2	100.3	100.1	100.0	100.2	100.3	100.2
101.0	100.7	100.4	100.7	100.1	100.0	100.1
100.9	97.7	112.2	109.8	87.9	98.5	103.1
100.9	97.4	113.8	110.8	86.5	98.3	103.5
100.6	100.0	100.1	101.2	100.9	100.5	99.6
100.1	100.0	100.4	100.8	99.5	99.5	100.2
100.4	100.3	100.9	100.4	98.7	99.0	99.1
100.5	100.4	101.1	100.6	98.4	98.7	98.6
100.1	99.9	100.2	100.0	99.9	100.0	101.1
99.7	99.5	99.5	101.3	100.9	100.4	102.0
99.6	99.0	98.8	101.8	101.2	100.4	101.8
99.8	100.3	100.9	100.5	100.4	100.3	102.5
93.8	104.5	104.9	106.3	97.9	96.6	99.6
93.2	105.5	105.6	107.4	97.8	96.1	99.3
99.7	100.0	100.1	100.2	100.5	100.5	101.0
95.1	95.5	99.2	94.3	93.7	98.6	104.3

5-7 续表 1

(上月=100)

类　　别	1月	2月	3月	4月	5月
调味品	100.2	100.1	100.5	100.6	100.8
食用盐	100.0	100.0	101.3	100.9	102.0
酱油	100.3	100.5	99.7	100.3	100.1
食醋	100.4	100.0	100.8	100.1	100.3
味精	100.5	100.4	100.3	100.7	100.3
其它	99.9	100.0	99.2	100.7	99.9
糖	99.7	99.7	100.1	100.1	99.9
食糖	99.4	99.3	99.9	99.6	99.7
糖果	99.7	99.5	100.4	100.6	100.1
巧克力制品	100.4	100.7	100.4	100.1	100.0
糖制小食品	100.0	100.4	99.7	99.8	99.0
茶及饮料	100.1	100.1	100.1	100.3	100.1
茶叶	100.1	100.1	100.0	100.3	99.8
#茶叶	100.1	100.1	100.0	100.3	99.8
饮料	100.2	100.2	100.1	100.3	100.2
固体饮料	100.3	100.3	100.0	99.7	100.1
液体饮料	100.2	100.2	100.2	100.4	99.8
冷冻饮品	100.0	100.0	100.1	100.5	100.6
干鲜瓜果	102.3	106.6	101.0	100.4	101.4
鲜瓜果	103.3	109.1	101.5	100.6	102.0
干(坚)果	100.0	100.8	99.9	99.9	99.7
糕点饼干	100.3	100.5	100.4	100.5	100.3
糕点	100.6	100.8	100.7	100.3	100.1
饼干	99.9	100.2	100.0	100.9	100.5
面包	100.3	100.2	100.1	100.4	100.3
液体乳及乳制品	100.2	100.5	100.2	100.7	100.5
巴氏杀菌乳或灭菌乳	100.1	101.1	100.2	101.0	100.3
酸牛乳	100.0	99.9	100.4	100.2	100.0
乳粉	100.0	100.2	100.6	101.1	101.5
其他	101.5	100.3	99.6	99.6	100.8
在外用膳食品	100.7	101.5	100.9	100.5	100.3
主食	100.9	101.7	100.8	101.0	100.5
炒菜	100.4	100.9	100.1	100.0	100.1
地方小吃	100.7	102.7	103.4	100.7	100.3
其他	102.2	101.9	99.8	100.3	100.3
其它食品	100.5	100.3	99.9	99.8	99.5
其它食品	100.5	100.3	99.9	99.8	99.5
烟酒	100.1	100.2	100.1	99.9	99.9
烟草	100.0	100.0	100.1	99.9	99.9
高档卷烟	99.9	100.0	99.8	100.0	100.0
中档卷烟	100.0	100.0	100.1	99.9	99.9
其它	100.0	100.0	100.0	100.0	100.0
酒	100.2	100.3	100.2	100.0	99.9

6月	7月	8月	9月	10月	11月	12月
100.8	101.9	100.3	100.0	100.1	100.2	100.2
101.6	104.8	100.8	100.0	100.0	100.4	100.0
100.0	99.6	99.8	100.1	100.0	99.8	100.3
100.5	100.5	100.0	100.1	99.9	100.1	100.0
100.1	100.4	100.0	100.0	100.3	100.1	100.2
100.5	100.0	100.3	100.0	100.4	100.8	101.2
99.7	100.0	100.0	99.9	100.2	99.9	100.3
98.1	99.6	100.1	99.6	100.5	100.0	100.9
100.7	100.1	99.9	100.1	100.1	99.8	100.0
99.8	100.1	100.0	100.0	100.0	100.2	99.5
100.7	100.7	100.1	100.2	100.1	100.0	100.9
100.4	100.0	100.2	100.2	100.4	100.5	100.1
100.8	100.1	99.9	99.9	100.3	100.2	99.9
100.8	100.1	99.9	99.9	100.3	100.2	99.9
100.2	100.0	100.3	100.3	100.4	100.6	100.1
100.9	100.0	100.6	100.5	99.8	100.4	100.1
100.0	99.8	100.5	100.4	100.0	100.1	100.3
100.0	100.2	100.0	100.0	101.3	101.3	100.0
98.8	93.5	98.4	104.9	97.5	100.0	103.2
98.7	91.2	97.8	107.1	96.8	99.9	104.5
99.2	99.6	99.9	99.7	99.4	100.2	100.1
100.9	100.3	100.2	100.4	100.0	100.3	100.1
100.4	100.1	100.3	100.4	100.0	100.1	99.8
101.8	100.8	100.0	100.5	100.1	100.6	100.4
100.5	100.3	100.2	100.1	100.0	100.1	100.4
100.5	100.4	100.3	100.7	102.1	103.0	100.6
100.8	100.2	100.5	101.3	104.5	105.8	100.8
99.9	100.9	100.4	100.2	100.6	101.3	100.7
100.7	100.5	99.8	100.4	99.9	100.3	100.2
100.2	100.0	100.0	99.9	99.9	100.7	100.5
100.3	100.3	100.1	100.0	100.1	100.1	100.7
100.2	100.6	100.4	99.8	100.1	100.5	100.7
100.2	100.1	100.2	100.0	100.2	100.1	100.3
100.5	100.3	99.8	100.4	99.9	99.9	101.5
100.2	100.7	100.0	100.0	100.0	100.0	101.3
99.8	100.1	100.0	100.6	99.9	100.3	100.1
99.8	100.1	100.0	100.6	99.9	100.3	100.1
99.6	99.8	99.8	100.0	99.8	100.0	99.8
100.0	100.0	100.0	100.1	100.1	100.0	100.0
100.0	100.0	100.0	100.0	100.0	100.0	100.0
100.0	100.0	100.0	100.2	100.2	100.0	100.0
100.0	100.0	100.0	100.0	100.0	99.9	100.2
99.3	99.6	99.6	99.8	99.6	100.0	99.6

5-7 续表 2

(上月＝100)

类　　别	1月	2月	3月	4月	5月
白酒	100.1	100.4	100.1	99.9	99.9
葡萄酒	99.2	98.9	99.8	100.1	99.9
啤酒	100.1	100.1	100.7	100.3	100.0
其它	101.6	100.1	100.0	100.0	100.0
衣着	99.9	99.8	100.4	100.2	100.3
服装	99.9	99.8	100.4	100.2	100.3
男式服装	99.9	99.8	100.3	100.1	100.2
#大衣	99.7	99.2	99.1	99.8	100.0
毛线衣	99.6	99.6	99.5	99.8	99.9
夹克衫	99.9	99.8	100.6	100.0	99.6
衬衫	100.0	100.2	101.6	100.3	100.1
T恤衫	100.4	100.9	101.8	100.3	101.2
裤子	100.0	100.1	100.8	100.5	100.1
西服	99.9	99.9	100.1	100.0	100.1
运动衫裤	99.9	100.3	100.7	99.9	100.9
内衣	100.0	99.6	99.7	100.2	100.0
羽绒衣	99.6	98.1	98.4	100.1	100.1
其它	100.0	99.9	100.2	100.5	100.0
女式服装	99.9	99.7	100.4	100.2	100.4
#大衣	99.9	99.7	99.3	99.7	100.0
毛线衣	99.7	99.8	99.5	99.7	99.7
羽绒衣	99.0	97.2	98.3	100.1	100.2
套装	100.0	99.9	100.8	100.6	100.5
衬衫	100.1	100.7	102.4	100.3	99.9
T恤衫	100.1	100.5	101.5	100.6	101.0
裙子	100.4	100.2	101.1	100.2	101.1
裤子	100.0	100.0	101.2	100.8	100.8
运动衫裤	99.8	100.5	100.5	99.3	100.3
内衣	100.1	99.8	99.9	99.9	100.0
其它	100.0	99.0	101.9	100.2	100.1
儿童服装	99.9	99.9	100.3	100.1	100.4
上衣	99.8	99.9	100.3	100.2	100.2
裤子	99.9	99.9	100.4	99.8	99.9
裙子	99.6	100.0	100.7	100.8	102.6
其它	100.6	100.1	99.2	100.0	100.0
衣着材料	100.1	100.1	100.1	100.2	100.2
棉布	100.3	100.0	100.1	100.0	100.1
化纤布	100.3	100.1	100.0	100.1	100.5
毛线	100.0	100.1	100.0	99.9	99.4
其他	100.0	100.0	100.6	101.2	101.4

6月	7月	8月	9月	10月	11月	12月
99.0	99.5	99.5	99.9	99.4	100.0	99.6
100.0	99.5	99.8	99.9	100.7	100.4	100.1
100.2	99.7	100.1	99.7	100.1	100.0	100.1
100.0	100.0	100.0	99.9	100.0	100.0	98.9
100.2	99.8	100.0	100.8	100.2	100.4	100.2
100.1	99.8	100.0	100.8	100.1	100.4	100.3
100.1	99.9	100.0	100.8	100.0	100.3	100.3
100.0	100.0	100.0	100.0	100.3	101.1	100.8
100.1	99.9	99.9	100.1	100.9	100.4	100.1
100.0	100.0	100.0	101.0	99.3	100.1	100.0
100.1	100.5	100.0	102.0	100.1	100.0	99.9
100.9	99.4	99.7	101.0	99.9	99.7	100.0
99.8	99.4	99.7	101.7	99.5	100.0	99.9
99.9	100.1	100.2	100.4	99.9	99.9	100.3
100.2	99.7	100.7	101.9	99.7	99.9	100.2
100.1	99.9	100.1	100.1	100.5	100.1	100.3
100.1	100.0	100.1	100.0	100.7	102.7	101.7
99.9	100.0	100.0	100.0	100.2	100.1	100.3
100.2	99.8	99.9	100.6	100.2	100.5	100.3
100.0	100.0	100.0	100.0	100.2	100.7	101.2
100.1	99.9	100.0	100.4	101.2	100.3	100.2
100.0	100.0	100.0	100.0	101.2	103.5	101.9
99.6	99.9	100.0	100.7	99.7	99.9	100.0
100.5	99.8	99.8	101.5	99.5	99.9	99.9
100.9	99.2	99.4	100.6	99.6	99.9	100.5
100.8	99.5	99.3	100.5	99.9	100.2	100.0
100.2	99.5	100.2	101.0	99.8	99.9	99.7
100.2	99.6	100.7	101.8	99.7	99.5	100.2
100.0	100.1	100.0	100.2	100.5	100.3	99.6
100.3	100.0	100.0	100.0	100.2	99.8	100.0
99.9	99.6	100.0	101.3	100.3	100.5	100.2
99.6	99.9	100.0	101.6	100.3	100.7	100.6
99.9	99.7	100.2	101.5	100.6	100.5	99.9
100.7	98.7	99.3	101.0	100.0	100.1	100.0
99.6	100.0	100.0	100.0	100.1	100.3	100.4
99.9	99.9	100.0	100.0	100.2	100.1	100.1
100.2	99.6	100.0	100.1	100.3	100.2	100.2
99.7	100.0	100.1	99.7	100.0	100.0	100.0
99.4	99.9	100.1	100.1	100.4	100.0	100.1
100.3	100.2	99.9	100.1	100.0	100.0	100.0

5-7 续表 3

(上月=100)

类　　别	1月	2月	3月	4月	5月
鞋袜帽	100.1	99.9	100.7	100.1	100.2
鞋	100.0	99.9	100.8	100.2	100.2
#男鞋	100.0	99.8	100.9	100.1	100.1
女鞋	100.0	100.0	100.9	100.2	100.4
童鞋	100.3	99.8	100.2	100.1	100.1
袜子	100.1	100.0	100.4	100.0	100.0
#男袜	100.3	100.1	100.6	100.0	100.0
女袜	100.0	99.9	100.2	100.0	100.1
帽子	100.1	100.1	100.1	99.9	99.8
#男帽	100.0	100.0	100.3	100.1	100.0
女帽	100.2	100.2	100.0	99.7	99.7
衣着加工服务	100.6	101.0	100.5	100.6	101.9
缝纫	100.1	100.4	100.5	100.1	101.3
清洗	100.9	101.1	100.5	101.0	102.7
其他	100.7	101.9	100.8	100.0	100.2
家庭设备用品及维修服务	100.0	100.1	100.2	100.2	100.1
耐用消费品	100.0	100.1	100.1	100.2	100.2
家具	100.1	100.0	100.2	100.1	99.9
#柜	100.0	100.1	100.2	100.2	99.9
床	100.1	100.0	100.3	100.2	100.1
桌	100.0	100.0	100.0	100.0	99.7
椅	100.1	100.0	100.6	100.2	99.9
沙发	100.1	100.1	100.1	100.1	100.0
其它	100.0	100.3	100.0	99.9	99.9
家庭设备	100.0	100.2	100.1	100.2	100.4
#洗衣机	100.2	100.0	100.2	100.4	99.8
电风扇	100.0	100.0	100.0	100.1	104.7
电冰箱(柜)	100.0	100.2	100.2	100.2	99.9
吸排油烟机	99.4	99.2	100.2	100.0	99.9
空调器	100.1	100.5	100.1	100.2	99.9
热水器	100.0	100.2	100.0	100.6	99.9
微波炉	100.0	100.0	99.7	99.4	100.4
其他	100.1	100.1	100.0	100.0	99.9
室内装饰品	100.2	99.9	100.2	100.0	100.1
纺织装饰品	100.3	100.0	100.6	99.8	100.1
装饰灯具	100.1	100.1	100.1	100.0	100.1
其它	100.1	99.4	100.0	100.1	100.1
床上用品	99.9	100.0	100.2	100.0	99.8
被子	100.0	100.1	100.1	99.7	99.7

6月	7月	8月	9月	10月	11月	12月
100.4	99.8	99.9	100.8	100.2	100.2	100.0
100.4	99.7	99.9	101.0	100.2	100.2	100.0
100.2	99.7	100.1	100.8	100.2	100.1	99.9
100.4	99.8	99.8	100.9	100.3	100.2	99.9
100.9	99.9	99.8	101.6	100.3	100.4	100.5
100.2	100.1	100.1	100.3	100.0	100.0	100.0
100.1	100.2	100.2	100.3	100.0	100.0	100.1
100.2	100.1	100.1	100.3	100.0	100.0	100.0
100.5	100.4	100.0	100.1	100.6	101.2	100.0
100.5	100.4	100.0	99.9	100.7	101.2	100.0
100.5	100.3	100.0	100.2	100.5	101.1	100.0
101.0	100.2	100.4	101.2	100.7	100.1	100.7
100.5	100.2	100.1	100.3	100.6	100.2	100.3
101.6	100.3	100.6	101.6	100.2	100.1	101.0
100.2	100.0	100.0	101.7	103.2	100.1	100.4
100.2	100.3	100.0	100.1	100.0	100.1	100.0
100.2	100.4	99.9	100.0	99.8	100.1	100.1
100.4	100.4	100.1	100.4	100.0	100.0	100.2
100.3	100.6	100.1	100.5	100.0	100.1	100.2
100.5	100.0	100.0	100.6	100.2	99.9	100.1
100.8	100.7	100.1	100.3	100.0	100.0	100.2
100.3	100.6	100.4	101.2	99.9	100.0	100.4
100.4	100.2	100.1	99.9	100.0	100.0	100.1
100.0	100.4	99.9	99.9	100.0	100.0	100.1
100.1	100.4	99.8	99.8	99.7	100.1	100.0
100.2	100.1	99.9	99.8	99.9	100.0	99.9
101.1	100.9	99.7	100.0	100.0	100.0	100.0
100.5	100.3	99.8	99.7	100.0	99.9	99.9
100.8	99.9	99.9	100.7	100.4	100.4	100.0
99.6	100.4	99.5	99.7	99.9	100.1	100.1
100.1	101.1	100.1	99.5	100.1	100.3	100.0
99.4	99.6	100.3	100.0	99.3	100.2	100.3
99.9	100.0	99.9	100.0	97.8	100.1	99.9
100.1	100.3	100.1	100.1	100.0	100.1	100.1
100.2	100.6	100.3	100.3	100.0	100.1	100.1
100.1	100.1	100.0	100.0	100.0	100.0	100.0
100.2	100.1	100.1	100.2	100.0	100.1	100.3
100.0	100.0	100.0	100.1	100.1	100.1	100.1
99.8	100.1	99.8	100.2	100.3	100.2	100.2

5-7 续表 4

(上月=100)

类　　别	1月	2月	3月	4月	5月
床上套件	100.0	100.1	100.2	100.0	99.9
其它	99.6	99.9	100.3	100.1	99.7
家庭日用杂品	99.8	100.1	100.2	100.1	100.0
茶具	100.0	100.0	100.1	99.8	99.5
餐具	99.2	100.7	100.2	100.1	100.8
厨具	99.0	100.7	100.2	100.2	100.0
家用手工工具	99.9	100.0	100.1	100.3	100.0
洗涤用品	100.0	100.0	100.3	100.0	99.9
其它	100.0	100.0	99.8	100.0	100.1
家庭服务及加工维修服务	101.1	100.7	101.3	100.7	100.2
家庭服务	100.4	101.3	102.7	101.2	100.5
加工维修服务费	101.6	100.3	100.5	100.4	100.1
医疗保健和个人用品	100.0	100.4	100.1	100.1	100.0
医疗保健	100.0	100.1	100.3	100.4	100.2
医疗器具及用品	100.1	100.0	100.0	99.9	100.0
#医疗器具及用品	100.1	100.0	100.0	99.9	100.0
中药材及中成药	100.1	100.1	100.5	101.2	100.5
#中药材	100.3	100.2	100.7	100.9	100.8
中成药	99.9	100.0	100.4	101.3	100.4
西药	99.8	100.2	100.4	100.1	100.2
抗菌素(抗感染药)	99.9	99.9	100.0	100.0	100.0
消化系统用药	99.4	100.4	100.0	100.0	100.1
呼吸系统用药	100.0	100.2	101.7	100.8	100.5
解热镇痛	99.9	100.2	100.1	99.9	100.0
抗肿瘤药	99.9	100.0	100.1	99.6	100.0
激素类药	100.0	100.1	100.3	100.2	100.9
心血管系统用药	99.7	100.5	100.7	100.4	100.2
中枢神经系统用药	100.1	100.4	100.0	99.8	100.0
消毒防腐及创伤外科用药	100.1	100.3	100.8	99.6	100.3
泌尿系统用药	99.8	100.1	100.0	99.9	100.2
维生素类	99.7	100.0	100.0	99.9	100.1
其它	100.0	99.9	100.1	100.0	100.0
保健器具及用品	100.0	99.9	100.2	101.4	100.3
#保健器具	99.9	100.0	100.0	100.2	100.1
滋补保健用品	100.1	99.9	100.3	101.7	100.3
医疗保健服务	100.1	100.0	100.3	100.3	100.1
#挂号诊疗费	100.0	100.0	100.0	100.0	102.5
注射费	100.0	100.0	100.0	100.4	100.0
检查费	100.0	100.0	100.0	100.0	100.1
手术费	100.0	100.0	100.2	100.9	100.0
床位费	100.7	100.0	102.5	100.0	100.0
理疗费	100.0	100.0	100.0	100.4	100.0
化验费	100.0	100.0	100.0	100.1	100.0
其它	100.0	100.0	100.0	100.0	100.0
个人用品及服务	100.0	101.0	99.7	99.7	99.7

6月	7月	8月	9月	10月	11月	12月
100.2	100.1	100.1	100.1	100.1	100.1	100.0
99.7	99.7	100.0	99.9	99.9	100.1	100.3
100.1	100.1	100.0	100.0	100.2	100.0	99.9
100.4	100.2	100.7	100.1	100.0	100.0	100.0
100.2	101.3	99.9	99.9	100.3	100.2	100.0
99.9	100.0	100.1	100.1	100.3	100.0	100.0
100.1	99.9	100.0	100.1	100.2	100.1	100.0
100.0	100.0	100.0	100.0	100.2	99.9	99.9
100.4	99.9	100.1	100.0	99.8	100.1	99.6
100.4	100.9	100.0	100.7	100.1	101.2	100.0
100.5	101.3	99.5	100.5	100.3	100.3	100.0
100.3	100.6	100.3	100.8	100.0	101.7	100.0
100.0	99.8	100.1	100.0	100.0	100.2	99.9
100.2	100.1	100.1	100.0	100.0	100.2	100.1
100.0	100.0	100.0	100.0	100.0	100.0	100.1
100.0	100.0	100.0	100.0	100.0	100.0	100.1
100.6	100.7	99.9	100.2	100.1	100.3	99.9
101.2	101.9	100.4	100.3	100.1	100.5	99.9
100.2	99.9	99.6	100.1	100.0	100.2	99.9
100.1	100.1	100.1	100.0	100.0	100.0	100.1
100.0	100.0	100.1	100.0	99.8	99.8	100.2
100.1	100.0	100.6	100.0	100.0	100.4	100.8
100.1	100.3	99.6	99.9	100.1	100.3	100.1
99.5	100.6	100.2	100.0	100.1	100.2	99.8
100.0	99.9	100.0	100.0	100.0	99.9	100.0
100.3	100.1	100.3	100.0	100.0	100.0	99.9
100.4	100.0	100.4	100.0	100.1	99.8	100.0
100.3	99.9	100.0	99.7	100.0	100.0	100.2
100.2	100.1	100.3	100.0	100.0	99.8	100.0
100.1	100.6	100.3	100.0	100.0	99.6	100.0
99.5	100.7	100.2	100.0	100.5	99.9	99.8
100.2	99.2	99.9	100.8	100.5	99.9	100.0
100.1	100.3	100.1	100.1	100.4	102.2	100.3
100.0	100.1	100.0	100.3	100.2	100.0	100.0
100.1	100.3	100.1	100.1	100.4	102.8	100.4
100.1	100.0	100.0	100.0	100.0	100.0	100.0
100.0	100.0	100.0	100.0	100.0	100.0	100.0
100.0	100.0	100.0	100.0	100.0	100.0	100.0
100.3	100.0	100.0	100.0	100.0	100.0	100.0
100.2	100.0	100.0	100.0	100.0	100.0	100.0
100.0	100.1	100.0	100.0	100.0	100.0	100.0
100.0	100.0	100.0	100.0	100.0	100.0	99.9
100.0	100.0	100.0	100.0	100.0	100.0	100.0
100.0	100.0	100.0	100.0	100.0	100.0	100.0
99.8	99.2	100.3	100.0	99.8	100.3	99.7

5-7 续表 5

(上月=100)

类　别	1月	2月	3月	4月	5月
化妆美容用品	99.9	100.1	100.0	100.1	100.1
#化妆美容器具	99.9	100.0	100.1	99.8	100.5
美容化妆品	100.1	100.0	100.0	100.0	100.1
护肤品	99.9	100.0	100.0	100.3	100.0
护发美容用品	99.8	100.2	100.2	100.1	100.1
清洁化妆用品	99.7	99.9	100.7	100.1	100.0
#洗发用品	99.8	100.0	100.0	100.1	100.1
洗浴用品	99.4	100.2	100.3	100.3	99.6
其它	99.9	99.6	101.6	100.0	100.0
个人饰品	99.6	99.7	99.6	98.5	98.8
#首饰	99.3	99.5	99.3	97.4	97.9
皮件	100.3	100.1	100.1	100.0	99.9
手表	100.0	100.0	100.1	100.1	100.2
领带	100.1	100.0	100.1	100.0	100.0
其它	100.0	99.9	100.4	100.1	100.0
个人服务	100.5	103.0	99.1	100.4	100.1
#美容	100.0	100.0	100.5	100.2	100.0
理(烫)发	100.4	104.2	99.4	101.3	100.3
洗浴	101.3	106.0	97.6	99.4	100.0
其它	100.2	100.5	99.6	100.5	100.0
交通和通信	100.2	101.3	99.7	99.6	99.7
交通	100.3	102.1	99.5	99.3	99.5
交通工具	100.1	100.0	100.0	100.0	99.9
助动自行车	100.0	100.1	100.0	100.0	99.8
轿车	100.0	100.0	100.0	100.0	100.0
自 行 车	100.8	100.0	100.4	100.0	100.0
其它	100.1	100.1	99.9	100.1	99.9
车用燃料及零配件	100.1	100.4	101.8	97.1	97.7
#汽油	100.0	100.5	102.3	96.4	97.0
柴油	100.2	100.4	101.9	96.3	97.1
零配件	100.7	100.0	100.3	100.2	100.6
其它	100.3	100.0	100.1	100.0	99.9
车辆使用及维修	100.2	101.2	99.9	100.1	100.8
保险费	99.9	100.0	100.0	100.0	100.0
停车费	100.0	100.1	100.2	100.0	100.0
车辆修理服务	100.3	101.3	101.5	100.3	101.8
其它	100.5	105.0	94.7	100.1	100.1
市区公共交通	100.2	102.2	99.9	100.7	99.3
#公共汽车票	100.0	101.6	101.3	101.2	98.8
出租汽车	100.3	103.1	98.1	100.0	100.0
其它	103.6	100.6	100.0	100.0	100.0
城市间交通	101.7	112.5	95.0	98.1	98.9
#飞机票	117.3	179.8	86.9	90.2	92.7
火车票	99.1	100.0	100.0	100.0	100.0

6月	7月	8月	9月	10月	11月	12月
100.2	100.1	100.3	100.2	100.2	100.0	100.0
100.4	100.5	100.4	100.2	100.1	100.0	100.1
100.1	99.8	100.0	100.1	100.2	99.9	100.2
100.2	100.1	100.5	100.3	100.3	100.2	99.9
100.1	100.2	100.2	99.9	100.0	100.0	100.1
99.8	100.1	100.2	100.2	100.1	100.1	100.1
100.0	100.0	100.1	100.0	100.0	100.1	100.0
100.2	100.6	100.5	100.0	100.3	100.2	100.0
99.4	99.9	100.1	100.4	100.1	100.1	100.3
98.5	97.3	100.8	100.1	98.9	99.3	98.8
97.4	95.3	101.5	100.1	98.1	98.7	97.6
99.9	100.0	100.0	100.1	100.0	100.0	100.5
100.1	100.0	100.0	100.1	100.0	100.0	100.0
99.8	100.1	100.0	100.8	100.0	100.0	99.9
100.3	99.9	100.0	100.0	100.0	100.0	100.0
100.7	100.1	100.0	99.8	100.2	101.2	100.2
100.7	100.4	100.2	100.0	100.0	101.1	100.2
101.5	100.1	100.1	100.0	100.1	101.5	100.0
100.0	100.0	99.6	99.4	100.8	100.3	100.4
100.3	100.0	100.0	100.0	100.0	101.9	100.1
99.5	100.3	100.1	100.1	99.7	99.6	100.6
99.2	100.5	100.2	100.2	99.6	99.4	101.0
98.5	100.1	99.9	99.5	99.9	98.8	101.1
99.6	100.3	100.2	99.8	99.9	100.0	100.1
97.2	100.0	100.0	99.1	99.9	97.8	101.9
99.9	100.4	100.4	100.0	100.0	100.0	100.6
100.6	100.1	99.4	100.0	100.0	99.8	100.2
100.0	100.9	101.8	102.0	98.8	98.8	102.5
99.9	101.1	102.3	102.4	98.5	98.4	103.3
99.9	101.0	102.2	102.6	98.3	98.3	102.2
100.7	100.2	100.1	100.3	100.2	100.2	99.9
100.1	100.0	99.6	100.0	100.0	100.1	100.0
100.1	101.1	100.7	100.0	100.1	100.0	100.2
100.0	100.0	100.0	100.0	100.0	100.0	100.0
100.2	100.2	100.0	100.0	100.0	100.0	101.1
100.1	102.4	100.7	100.0	100.2	100.0	100.2
100.0	100.0	103.1	100.0	100.0	100.0	100.2
100.0	100.1	100.0	100.3	100.5	100.2	100.0
100.0	100.0	100.0	100.0	100.0	100.0	100.0
100.0	100.2	100.0	100.6	101.1	100.5	100.1
100.0	100.0	100.0	100.0	100.0	100.0	100.0
100.1	101.3	99.6	101.1	98.8	101.9	100.3
100.6	111.7	98.1	107.4	91.6	110.8	100.6
100.0	100.0	100.0	100.0	100.0	100.0	100.0

5-7 续表 6

(上月=100)

类别	1月	2月	3月	4月	5月
长途汽车	100.3	106.7	94.4	99.4	100.0
短途汽车	101.0	104.2	97.3	99.4	100.2
其它	100.0	104.5	98.3	102.4	100.5
通信	100.0	100.0	100.0	100.0	100.0
通信工具	99.8	99.7	99.9	100.1	99.5
#固定电话机	100.2	100.1	99.7	100.2	100.0
移动电话机	99.8	99.7	99.9	100.1	99.5
其它	99.3	99.5	99.7	99.2	99.9
通信服务	100.1	100.0	100.0	100.0	100.0
#移动通信费	100.0	100.0	100.0	100.0	100.0
市内电话通话费	100.0	100.0	100.0	100.0	100.0
长途电话通话费	100.0	99.9	100.0	100.0	100.0
月租费	99.9	100.0	100.0	100.0	99.8
上网费	100.9	100.4	100.0	100.0	100.7
邮政邮寄	100.0	100.0	100.0	100.0	100.0
其他邮寄	100.0	100.0	100.0	100.0	100.0
其它	100.0	100.0	100.0	100.0	100.0
娱乐教育文化用品及服务	100.6	100.7	99.9	100.7	99.6
文娱用耐用消费品及服务	99.9	99.6	99.8	100.3	99.8
电视机	99.6	98.8	99.7	100.7	99.7
激光视盘机	99.9	99.9	99.9	100.0	99.9
摄像机	99.5	99.9	99.9	99.6	99.6
照相机	100.0	99.4	96.4	97.3	100.5
家用音响	99.5	99.9	100.0	100.0	99.8
便携式音响	100.3	100.2	99.9	100.0	99.6
电脑	100.2	100.1	100.1	100.3	99.8
修理服务费	100.0	100.0	100.1	100.3	100.2
其它	99.0	98.9	100.0	100.0	100.0
教育	100.2	100.1	100.5	100.5	100.1
教材及参考书	100.2	100.0	100.0	100.0	100.1
#工具书	100.0	100.0	100.0	100.0	100.0
教材	100.3	100.0	100.0	100.0	100.0
参考书	100.0	100.0	100.0	100.0	100.1
教育软件	100.0	100.0	100.0	100.0	100.0
教育服务	100.2	100.1	100.5	100.5	100.1
学前教育	100.1	100.3	101.8	101.9	100.4
中等教育	100.0	100.0	100.2	100.0	100.0
高等教育	100.0	100.0	100.0	100.0	100.0
专业技能培训费	101.9	100.1	100.0	100.6	100.0
其他	100.0	100.3	100.3	100.1	100.2
文化娱乐类	101.0	103.1	99.9	100.8	99.5
文化娱乐用品	100.2	100.0	100.0	100.0	100.0
#乐器	100.4	100.0	100.0	100.1	100.0
音像光盘和视盘	100.0	100.0	100.0	99.9	99.9
电子存储器	99.5	99.4	99.6	100.1	99.6
儿童玩具	100.5	100.1	100.0	100.0	100.1

6月	7月	8月	9月	10月	11月	12月
100.0	99.5	99.8	100.0	100.4	100.4	100.4
100.1	99.3	99.8	100.0	100.0	100.4	100.0
100.0	100.4	100.4	100.0	100.0	100.0	100.1
100.1	100.1	100.0	99.8	99.8	100.0	99.9
100.8	100.4	99.7	99.0	98.7	99.7	99.6
100.6	100.4	100.0	100.1	100.0	100.0	100.0
100.9	100.4	99.7	98.9	98.6	99.7	99.6
100.8	100.3	99.4	100.0	100.0	100.0	100.7
100.0	100.0	100.0	100.0	100.0	100.0	100.0
100.0	100.0	100.0	100.0	100.0	100.0	100.0
100.0	100.0	100.0	100.0	100.0	100.0	100.0
100.0	100.0	100.0	99.9	100.0	100.0	100.0
100.0	100.0	100.0	99.9	100.0	100.0	100.0
100.1	100.1	100.4	100.0	100.0	100.0	100.0
100.0	100.0	100.0	100.0	100.0	100.0	100.0
100.0	100.0	99.4	100.0	100.0	100.2	100.0
100.0	100.0	100.0	100.0	100.0	100.0	100.0
100.0	100.5	100.0	100.9	100.6	100.3	100.2
99.8	99.9	99.7	99.8	99.7	100.0	99.9
100.1	100.4	99.6	99.4	99.5	100.1	99.8
99.9	99.8	99.9	99.9	99.9	99.9	100.0
100.5	99.9	100.0	99.6	99.7	99.6	100.0
99.1	99.5	99.8	99.1	97.5	99.8	100.0
99.9	99.9	99.7	99.8	100.0	99.9	100.0
100.0	99.8	99.9	100.0	100.0	100.0	100.0
99.7	99.6	99.7	100.2	100.1	99.9	99.9
100.3	100.1	100.3	100.0	100.0	101.1	99.9
97.5	97.4	99.4	99.2	99.8	100.0	100.0
100.1	100.6	100.0	101.5	100.1	100.2	100.1
100.1	100.0	100.4	100.6	100.3	100.0	100.0
100.1	100.0	100.0	100.0	100.0	100.0	100.0
100.0	100.0	100.8	101.2	100.0	100.0	100.0
100.3	100.0	100.0	100.1	100.9	100.0	100.0
100.0	100.0	100.0	100.0	100.0	100.0	100.0
100.1	100.6	100.0	101.5	100.1	100.2	100.2
100.4	102.2	100.0	105.9	100.5	100.6	100.4
100.0	100.0	100.0	100.3	100.0	100.0	100.0
100.0	100.0	100.0	100.0	100.0	100.0	100.0
99.9	100.6	99.5	100.3	100.0	100.2	100.6
100.3	100.3	100.5	100.3	100.0	100.0	100.0
100.0	100.1	100.1	100.1	100.3	100.4	100.3
100.1	100.1	100.0	100.2	100.0	100.0	100.2
99.9	100.0	99.8	100.4	100.0	100.0	100.3
100.1	99.9	99.9	99.8	100.0	100.0	100.0
99.6	99.7	99.8	98.9	99.5	99.8	99.8
100.3	100.1	100.0	100.5	100.0	100.0	100.2

5-7 续表 7

(上月=100)

类别	1月	2月	3月	4月	5月
纸张本册	99.9	100.0	100.0	100.2	100.0
文具	100.2	99.8	100.0	100.0	100.0
体育用品	100.0	100.0	100.1	100.0	99.8
其它	100.0	100.0	100.0	100.0	100.0
书报杂志	100.7	100.2	100.0	100.0	100.0
#书籍	100.0	100.0	100.0	100.0	100.0
报纸	100.8	100.6	100.0	100.0	100.0
杂志	101.8	100.0	100.0	100.0	100.1
文娱费	101.7	106.1	99.9	101.6	99.0
#电影票	100.6	101.4	100.0	100.0	99.9
景点门票	100.9	120.2	99.5	105.2	96.7
有线电视	103.1	100.0	100.0	100.0	100.0
健身活动	100.1	100.0	100.8	100.1	100.1
其它	100.1	104.1	100.2	100.1	100.1
旅游	102.3	102.0	97.7	101.7	97.0
旅行社收费	102.4	102.1	97.5	100.2	98.4
宾馆住宿	100.7	100.3	100.7	129.3	77.7
其它住宿	100.7	101.0	99.4	118.6	84.0
居住	100.1	100.3	100.3	100.1	100.1
建房及装修材料	100.0	100.2	100.4	100.2	100.1
木材	99.9	100.0	100.1	100.0	100.6
木地板	100.1	99.9	99.9	100.2	100.7
砖	100.3	100.6	100.4	100.4	100.0
水泥	99.5	100.0	101.1	100.0	99.5
涂料	99.9	100.1	100.1	100.1	100.1
板材	100.2	100.0	100.1	100.2	100.6
玻璃	100.5	100.5	101.4	100.6	99.8
粘胶	100.2	100.0	100.0	100.0	100.0
厨卫设备	100.0	100.0	100.2	100.4	100.3
其它	100.0	100.2	100.3	100.0	99.9
住房租金	100.3	100.5	100.8	100.2	100.2
公房房租	100.0	100.0	100.0	99.9	100.1
私房房租	100.5	100.9	101.2	100.3	100.2
其它费用	100.0	100.0	100.4	101.0	100.2
自有住房	100.1	100.6	100.5	100.5	100.3
住房估算租金	100.1	100.5	100.6	100.5	100.3
物业管理费用	100.5	100.0	100.5	100.4	101.5
维护修理费用	100.1	101.5	100.7	100.3	100.0
其它	100.0	100.0	100.0	100.0	100.0
水、电、燃料	100.0	99.9	99.8	99.5	99.7
水	100.3	100.0	100.0	100.0	100.0
电	100.0	100.0	100.0	100.0	100.0
液化石油气	100.1	99.9	99.7	99.5	99.0
管道燃气	100.0	100.0	100.0	100.0	100.0
其它燃料	99.6	99.7	99.3	97.6	99.2

6月	7月	8月	9月	10月	11月	12月
100.3	100.2	100.0	100.1	100.0	100.0	100.1
100.3	100.0	100.0	100.5	100.5	100.1	100.4
100.0	100.1	100.0	100.0	100.0	100.0	100.1
100.0	100.1	99.9	100.0	100.0	100.3	99.9
100.0	100.0	100.0	100.0	100.0	100.0	100.2
100.0	100.0	100.0	100.0	100.0	100.0	100.0
100.0	100.0	100.0	100.0	100.0	100.0	100.4
100.0	100.0	100.0	100.1	100.0	100.0	100.2
100.0	100.1	100.3	100.1	100.5	100.7	100.4
100.0	100.0	99.8	100.2	100.0	100.0	100.0
99.3	100.0	100.4	100.4	101.1	100.1	98.2
100.4	100.0	100.4	100.0	100.4	101.6	102.1
100.2	101.2	100.0	100.0	100.0	100.0	100.0
100.2	100.3	100.0	100.0	100.0	100.0	100.0
99.2	101.2	100.3	100.8	103.7	101.4	100.5
99.2	101.4	100.3	100.9	103.9	101.6	100.6
99.5	99.4	99.5	99.8	101.0	99.3	100.0
100.3	99.9	100.0	100.4	100.5	100.0	100.0
100.2	100.3	100.1	100.2	100.0	100.1	100.2
100.3	100.1	100.2	100.1	100.0	100.3	100.0
101.3	100.0	100.1	100.1	100.1	100.2	100.2
100.4	100.1	100.1	100.0	100.0	100.0	100.0
100.4	100.3	100.4	100.2	100.1	100.0	99.9
99.4	99.7	100.2	100.0	99.6	100.8	100.0
100.1	100.4	99.9	100.0	100.0	100.3	99.9
100.6	100.2	100.1	100.0	100.0	100.6	100.2
99.8	100.5	100.1	100.5	99.9	100.0	99.6
100.0	100.1	100.1	100.1	99.9	100.3	100.0
100.3	100.0	100.4	100.4	100.0	100.0	100.2
100.9	100.1	100.2	100.2	100.1	100.5	100.5
100.2	100.4	100.2	100.6	100.0	100.0	100.3
100.0	100.1	100.0	100.0	100.0	100.0	100.0
100.3	100.6	100.3	100.9	100.0	100.0	100.5
100.0	100.0	100.0	100.0	100.0	100.0	100.0
100.4	100.5	100.2	100.4	100.0	100.1	100.3
100.3	100.5	100.2	100.5	100.0	100.1	100.2
101.4	100.6	100.5	100.6	100.0	100.3	100.0
101.2	101.6	100.1	100.0	100.2	100.1	101.6
100.0	100.2	100.0	99.8	100.0	100.0	100.0
99.9	99.9	99.9	100.0	100.0	100.1	100.2
100.2	100.0	100.0	99.8	100.0	100.0	100.0
100.0	100.0	100.0	100.0	100.0	100.0	100.0
99.6	100.0	100.1	100.5	100.4	100.4	101.8
100.0	100.0	100.0	100.0	100.0	100.0	100.0
99.3	99.3	99.3	99.8	99.9	100.1	100.0

5-8 城市居民消费

(上年同期=100)

类　别	年平均	1月	2月	3月	4月	5月
总 指 数	**102.9**	**101.8**	**103.7**	**102.1**	**102.6**	**102.5**
食品	105.4	102.7	107.5	102.9	104.3	104.1
粮食	106.3	105.4	106.5	106.8	106.7	106.3
淀粉及制品	106.0	108.8	108.7	107.8	107.1	106.7
干豆类及豆制品	108.2	108.0	110.3	109.9	109.2	108.7
油脂	100.2	104.0	104.4	104.3	103.8	101.6
肉禽及其制品	104.8	100.5	105.5	103.4	101.3	101.8
食用畜肉及副产品	105.5	99.4	105.4	102.3	101.0	102.0
禽	100.9	99.1	106.7	103.7	94.0	92.7
加工肉禽	105.0	104.4	105.3	106.5	106.1	105.9
蛋	104.9	116.6	134.7	121.7	119.3	113.1
水产品	103.9	104.9	109.3	103.5	100.3	98.8
鱼	101.2	103.9	110.6	100.9	96.1	93.7
其它水产品	107.6	106.1	107.5	107.0	106.3	106.4
菜	109.8	100.3	118.2	89.7	102.1	100.9
调味品	107.8	108.4	108.4	108.2	108.8	108.1
糖	99.8	100.0	99.7	100.1	100.4	99.4
茶及饮料	102.9	104.9	104.7	104.6	104.0	103.0
茶叶	101.8	102.9	102.5	102.5	102.3	101.8
饮料	103.4	106.0	105.8	105.6	104.9	103.5
干鲜瓜果	103.4	92.9	98.5	100.9	102.7	105.5
糕点饼干面包	104.0	102.8	103.2	103.7	104.1	104.0
液体乳及乳制品	104.9	101.9	102.5	102.2	102.7	102.8
在外用膳食品	106.0	105.5	106.2	106.7	106.9	106.7
其它食品	100.6	103.2	102.4	102.1	102.0	100.7
烟酒	99.2	99.9	99.9	100.1	99.7	99.3
烟草	100.2	100.3	100.2	100.2	100.2	100.2
酒	98.3	99.6	99.5	99.9	99.3	98.4
衣着	102.0	101.8	101.9	101.8	101.7	102.1
服装	102.0	101.9	102.0	101.9	101.7	102.1
男式服装	102.2	102.2	102.3	102.0	101.9	102.2
女式服装	101.6	101.4	101.4	101.4	101.2	101.4
儿童服装	102.7	102.5	103.1	102.8	102.3	104.0
衣着材料	101.4	101.7	101.7	101.6	101.4	101.6
鞋袜帽	101.6	101.4	101.2	101.2	101.6	101.7
鞋	102.0	101.6	101.3	101.3	101.8	102.0
袜子	100.0	100.5	100.3	100.5	100.5	100.0
帽子	101.0	100.9	101.2	101.0	101.0	100.6
衣着加工服务费	107.5	106.4	107.2	107.2	106.7	108.1
家庭设备用品及维修服务	101.3	101.5	101.3	101.4	101.4	101.4
耐用消费品	101.1	100.8	100.8	100.7	101.0	101.1

价格分月指数(2013年)

6月	7月	8月	9月	10月	11月	12月
103.0	**103.1**	**103.0**	**103.3**	**103.5**	**103.3**	**102.4**
106.3	106.3	105.9	107.0	107.6	106.8	103.9
106.6	107.0	106.7	106.0	105.8	106.3	105.7
106.2	106.6	106.3	105.6	103.6	102.6	102.3
108.3	108.2	109.1	108.4	106.6	106.3	105.2
100.3	99.8	98.5	96.7	96.5	96.5	96.2
106.7	107.6	108.8	107.7	106.2	105.6	103.1
107.7	109.2	111.1	109.6	108.1	107.4	103.5
102.3	102.8	102.5	103.2	101.7	101.3	101.3
106.1	106.1	105.8	104.7	103.6	103.1	103.0
99.2	97.0	96.6	99.9	93.9	92.7	90.4
100.3	102.1	104.2	105.9	106.2	106.1	106.0
95.5	97.7	101.1	103.5	104.2	105.5	104.8
107.5	108.5	108.8	109.2	108.9	106.9	107.6
113.0	114.8	110.4	120.0	137.3	127.7	102.6
108.1	108.4	108.8	108.6	107.8	106.6	104.4
99.4	100.1	99.8	99.8	100.3	99.4	99.2
102.3	101.7	101.7	101.3	101.9	102.5	102.4
102.2	101.6	101.4	100.9	101.1	101.2	101.0
102.4	101.7	101.8	101.6	102.3	103.2	103.1
108.9	105.6	103.5	107.6	104.2	104.5	107.1
104.2	104.5	104.6	104.5	104.2	104.3	103.4
103.4	103.5	104.1	104.8	107.3	111.2	111.8
106.4	105.9	105.8	105.6	105.4	105.1	105.4
100.3	99.7	99.9	99.7	99.3	99.0	99.1
98.8	99.2	99.1	99.1	98.8	98.8	98.1
100.2	100.2	100.2	100.1	100.1	100.0	100.0
97.3	98.1	98.0	98.0	97.5	97.4	96.1
102.1	102.4	102.4	102.3	102.0	101.7	101.7
102.1	102.4	102.5	102.4	102.0	101.6	101.6
102.3	102.8	102.7	102.6	102.3	101.8	101.6
101.5	101.7	101.9	102.0	101.9	101.6	101.6
103.5	103.6	103.5	103.0	101.6	101.4	101.4
101.6	101.1	101.0	100.9	101.1	101.3	101.3
101.8	102.0	101.8	101.7	101.8	101.8	101.8
102.1	102.5	102.2	102.2	102.2	102.1	102.1
99.9	99.8	99.5	99.6	99.8	100.0	100.1
100.8	100.7	100.7	100.5	101.3	101.7	101.5
109.2	108.0	107.1	106.9	107.8	107.4	107.6
101.3	101.2	101.1	101.2	101.2	101.2	101.1
101.3	101.3	101.1	101.3	101.2	101.1	101.2

5-8 续表

(上年同期=100)

类 别	年平均	1月	2月	3月	4月	5月
家具	101.1	100.3	100.2	100.5	100.5	100.6
家庭设备	101.0	101.1	101.1	100.8	101.3	101.4
室内装饰品	100.5	100.6	100.3	100.4	100.2	100.3
床上用品	99.7	99.0	99.3	99.9	100.0	99.8
家庭日用杂品	100.8	102.2	101.5	101.5	101.2	100.9
家庭服务及加工维修服务	111.3	112.5	112.3	113.1	113.0	112.5
医疗保健和个人用品	100.9	101.6	101.3	101.4	101.4	101.4
医疗保健	101.2	101.2	101.0	101.1	101.2	101.3
医疗器具及用品	101.5	102.1	102.2	102.0	101.9	101.9
中药材及中成药	103.2	103.4	102.6	102.4	103.3	103.5
西药	101.3	101.4	101.3	101.6	101.3	101.4
保健器具及用品	102.5	101.5	100.8	100.9	102.3	102.2
医疗保健服务	100.1	100.0	100.0	100.0	100.1	100.1
个人用品及服务	100.2	102.4	101.9	102.0	101.7	101.5
化妆美容用品	101.2	101.9	101.8	101.6	101.5	101.5
清洁化妆用品	101.2	102.0	101.7	102.4	102.3	101.8
个人饰品	94.8	100.5	98.6	98.8	97.9	97.7
个人服务	104.6	104.7	105.4	105.2	105.4	105.1
交通和通讯	100.2	99.8	101.1	100.7	100.1	100.0
交通	100.8	100.7	102.9	102.1	100.9	100.6
交通工具	98.0	99.3	99.4	99.5	99.5	99.5
车用燃料及零配件	99.8	103.1	101.3	100.5	94.9	94.6
车辆使用及维修	103.1	103.5	103.2	102.4	102.8	103.1
市区公共交通	103.3	99.8	103.7	103.8	104.1	103.7
城市间交通	111.9	103.3	120.0	114.8	111.5	109.2
通信	99.3	98.8	98.9	98.9	99.1	99.2
通信工具	93.1	89.5	89.7	90.3	91.8	92.2
通信服务	100.2	100.1	100.1	100.1	100.1	100.2
娱乐教育文化用品及服务	102.9	101.2	102.8	102.4	102.5	102.2
文娱用耐用消费品及服务	96.2	95.3	94.8	94.6	95.4	95.4
教育	104.2	103.1	103.0	103.4	104.0	104.2
教材及参考书	103.2	104.0	104.0	104.0	104.0	104.0
教育服务	104.3	103.0	102.9	103.3	104.0	104.2
文化娱乐类	106.1	102.7	107.1	106.9	106.7	106.7
文化娱乐用品	100.5	100.9	100.8	100.5	100.5	100.6
书报杂志	102.7	104.0	104.3	103.9	103.9	104.0
文娱费	109.8	103.3	111.1	110.9	110.6	110.6
旅游	101.0	98.4	104.2	100.9	99.3	96.9
居住	102.4	102.5	102.6	102.6	102.7	102.8
建房及装修材料	101.1	100.4	100.4	100.5	101.0	101.3
住房租金	103.0	103.6	103.9	102.7	102.4	102.7
自有住房	103.9	103.4	103.6	104.0	104.1	104.3
水、电、燃料	100.3	101.8	101.6	101.2	101.1	100.9

6月	7月	8月	9月	10月	11月	12月
100.7	101.1	101.3	101.9	102.0	102.0	102.2
101.6	101.5	101.0	101.0	100.7	100.6	100.6
100.2	100.5	100.5	100.7	100.7	100.7	100.8
99.7	99.3	99.5	99.6	100.0	100.0	99.9
100.8	100.2	100.4	100.3	100.4	100.3	100.1
110.6	111.2	110.9	110.9	109.3	111.1	109.2
101.1	100.8	100.8	100.4	100.1	100.3	100.1
101.3	101.3	101.3	101.3	101.2	101.4	101.3
101.9	101.6	101.0	101.2	101.2	100.8	100.3
103.7	103.7	103.3	103.2	103.2	103.2	102.9
101.4	101.3	101.3	101.4	101.2	101.0	100.9
102.1	102.4	102.3	102.3	102.7	105.0	105.5
100.1	100.2	100.1	100.1	100.1	100.1	100.1
100.8	99.9	99.7	98.5	97.8	98.2	97.6
101.7	101.4	101.3	100.8	100.7	100.4	100.3
101.1	101.3	100.8	100.4	100.5	100.3	100.5
96.1	93.6	94.1	91.8	89.9	89.9	89.3
105.0	104.9	104.3	103.7	103.7	104.8	103.6
99.6	100.3	100.4	100.2	99.8	99.5	100.4
99.9	100.8	101.0	100.6	100.0	99.6	101.1
97.4	97.4	97.6	97.0	97.2	95.6	97.1
98.3	102.6	103.0	101.1	98.2	98.3	102.0
102.7	102.6	103.8	103.3	103.2	103.2	103.4
103.7	102.9	102.9	103.3	103.8	104.0	104.0
108.8	111.9	111.1	112.9	110.8	114.2	114.5
99.4	99.7	99.7	99.6	99.5	99.5	99.6
93.6	96.3	96.1	94.9	94.0	94.1	94.9
100.1	100.1	100.2	100.2	100.2	100.2	100.2
102.3	102.8	102.8	103.0	103.9	104.6	104.8
95.7	97.2	97.2	97.2	97.5	97.4	97.4
104.2	104.4	104.3	104.8	104.9	105.1	104.9
104.0	104.0	104.4	101.5	101.5	101.4	101.4
104.2	104.4	104.3	105.1	105.2	105.4	105.2
106.6	106.4	106.2	106.0	105.6	105.8	106.5
100.5	100.3	100.2	100.4	100.5	100.5	100.6
103.9	103.9	102.1	100.7	100.6	100.6	100.9
110.3	110.2	110.3	110.2	109.4	109.9	110.9
97.2	98.6	98.6	98.7	103.8	107.3	108.4
102.6	102.2	102.1	102.2	102.2	102.3	102.2
101.4	101.3	101.2	101.3	101.2	101.4	101.4
102.3	102.8	102.9	103.2	103.2	103.2	103.7
103.7	104.0	103.7	104.0	103.9	104.1	103.9
101.1	99.4	99.4	99.4	99.4	99.4	99.5

5-9 农村居民消费

(上年同期=100)

类 别	年平均	1月	2月	3月	4月	5月
总 指 数	**102.9**	**101.8**	**103.6**	**102.2**	**102.4**	**102.3**
食品	105.8	102.6	107.8	103.0	104.3	104.2
粮食	107.4	106.6	107.9	108.0	107.9	107.3
淀粉及制品	100.4	98.4	99.3	99.0	99.7	100.0
干豆类及豆制品	108.3	105.3	109.7	110.0	109.8	109.7
油脂	99.2	103.1	103.1	102.9	102.4	101.5
肉禽及其制品	104.7	100.1	104.3	101.1	98.9	99.2
食用畜肉及副产品	105.3	99.6	103.6	99.3	98.5	99.6
禽	101.2	98.0	107.3	108.2	94.7	91.0
加工肉禽	104.8	104.8	105.6	105.4	104.5	103.3
蛋	103.8	115.2	128.9	118.2	115.1	109.8
水产品	99.5	99.8	107.4	99.2	96.5	93.5
鱼	98.8	99.4	107.7	98.5	95.5	92.5
其它水产品	106.1	103.6	105.0	105.8	106.2	103.6
菜	110.8	99.1	116.2	87.4	103.7	101.2
调味品	107.4	103.7	103.8	104.2	104.5	105.9
糖	100.1	99.3	99.4	99.4	100.0	100.5
茶及饮料	104.1	107.2	107.3	106.5	103.7	103.3
茶叶	106.6	115.8	115.9	115.2	102.2	103.2
饮料	103.5	105.4	105.5	104.8	104.1	103.3
干鲜瓜果	106.5	85.6	99.9	100.6	101.4	113.0
糕点饼干面包	104.3	102.9	102.9	103.4	104.0	103.7
液体乳及乳制品	103.0	103.2	102.7	102.9	103.2	103.0
在外用膳食品	108.0	107.0	109.2	109.3	109.3	108.6
其它食品	103.7	103.1	103.5	103.4	103.1	103.4
烟酒	101.5	103.0	103.4	103.3	103.2	102.5
烟草	100.6	101.2	101.2	101.3	101.2	100.0
酒	102.0	104.0	104.6	104.4	104.3	103.9
衣着	103.5	103.3	103.3	103.8	103.3	103.4
服装	103.7	103.2	103.5	104.0	103.7	103.7
男式服装	103.6	103.2	103.9	104.1	104.1	104.2
女式服装	103.6	102.0	102.8	104.2	103.8	103.6
儿童服装	104.0	105.4	104.2	103.3	102.7	102.9
衣着材料	100.7	100.4	100.4	100.4	101.4	101.1
鞋袜帽	103.2	103.7	103.0	103.4	102.6	102.6
鞋	103.4	103.9	103.1	103.5	102.8	102.8
袜子	103.2	104.1	103.9	104.4	102.7	102.8
帽子	101.9	100.4	100.4	100.7	100.4	100.4
衣着加工服务	112.1	106.2	106.9	108.7	110.3	111.2
家庭设备用品及维修服务	101.9	102.3	101.9	101.8	101.8	101.6
耐用消费品	101.3	101.4	101.2	101.2	101.2	100.8

价格分月指数(2013年)

6月	7月	8月	9月	10月	11月	12月
103.5	**103.4**	**103.2**	**103.7**	**103.5**	**103.0**	**102.3**
107.5	107.5	106.7	108.5	108.3	106.6	103.6
107.5	107.6	108.1	107.1	107.4	107.6	106.2
99.9	100.8	101.2	101.2	101.6	102.3	102.1
108.2	108.7	108.4	108.7	108.0	107.0	106.5
99.3	98.4	96.7	95.9	96.0	95.9	95.8
108.1	108.5	108.5	108.9	108.2	107.9	104.3
110.1	110.2	110.1	110.1	109.6	109.5	105.2
100.0	102.9	102.8	105.5	103.6	101.8	99.1
104.9	104.5	105.4	105.7	104.7	104.3	104.1
97.5	95.7	96.1	100.5	95.0	93.4	91.5
93.4	95.2	97.4	100.6	102.8	104.7	104.9
92.3	94.3	96.5	99.9	102.2	104.2	104.3
104.0	104.7	105.8	107.4	108.3	108.7	109.4
118.8	120.4	111.6	126.6	142.3	124.3	100.3
106.7	110.6	110.6	110.3	110.6	109.6	108.3
99.8	100.5	101.1	100.6	100.2	99.9	100.0
103.8	103.8	103.7	102.8	102.4	102.3	102.5
105.3	105.5	104.6	103.6	103.6	103.6	103.8
103.4	103.4	103.5	102.6	102.2	102.0	102.2
120.3	114.3	114.6	119.8	104.8	103.8	109.7
104.7	104.9	104.7	104.7	104.9	105.5	105.3
102.9	103.6	103.1	102.8	102.9	102.9	103.1
108.2	108.0	107.9	107.7	107.3	106.6	106.6
102.4	103.4	104.1	104.2	104.4	105.1	104.2
101.8	101.0	100.4	100.3	99.9	99.9	99.7
100.0	100.2	100.2	100.5	100.5	100.2	100.3
102.9	101.4	100.5	100.2	99.6	99.7	99.3
104.0	103.5	103.8	104.1	103.6	103.3	103.0
104.2	103.9	103.9	104.4	103.6	103.2	103.0
104.4	104.1	104.0	103.9	102.9	102.3	102.0
104.3	103.9	103.9	104.3	104.0	103.4	103.2
103.4	103.3	103.8	105.3	104.4	104.4	104.5
100.7	100.8	100.8	100.6	100.8	100.6	100.4
103.5	102.9	103.6	103.6	103.4	103.5	103.1
103.9	102.9	103.7	103.8	103.7	103.6	103.1
102.8	103.2	103.6	103.3	102.5	102.5	102.5
101.5	102.4	102.8	102.3	102.8	104.5	104.4
112.0	112.8	113.2	116.7	116.8	116.3	114.1
101.9	102.2	102.0	101.9	101.8	101.7	101.6
101.1	101.5	101.6	101.6	101.6	101.4	101.3

5-9 续表

(上年同期=100)

类　别	年平均	1月	2月	3月	4月	5月
家具	101.9	102.1	102.1	102.1	102.3	101.5
家庭设备	100.9	100.9	100.7	100.6	100.5	100.3
室内装饰品	102.1	101.6	101.9	102.3	102.4	102.5
床上用品	101.2	100.4	100.3	101.2	100.9	100.9
家庭日用杂品	102.2	103.2	102.1	101.9	102.0	102.2
家庭服务及加工维修服务	109.6	116.5	114.8	113.0	112.0	111.9
医疗保健和个人用品	102.6	102.1	102.7	102.6	102.7	102.8
医疗保健	102.2	101.4	101.3	101.7	102.0	102.1
医疗器具及用品	100.4	105.7	104.9	104.6	103.8	103.0
中药材及中成药	106.1	102.7	102.9	103.6	105.2	105.0
西药	102.3	102.9	102.5	102.3	101.7	102.1
保健器具及用品	100.6	100.4	100.2	100.1	100.1	100.3
医疗保健服务	101.6	100.6	100.6	101.2	101.7	101.7
个人用品及服务	103.7	103.8	105.9	104.5	104.4	104.3
化妆美容用品	102.5	102.7	102.5	102.3	102.2	102.2
清洁化妆用品	102.7	103.8	103.6	103.6	103.1	102.2
个人饰品	97.2	101.4	100.2	100.0	99.3	99.4
个人服务	110.4	106.5	113.8	110.3	110.8	110.7
交通和通讯	100.2	100.1	101.3	100.5	99.5	99.4
交通	100.8	101.4	103.1	101.7	100.1	100.0
交通工具	99.8	100.2	100.4	100.4	100.5	100.4
车用燃料及零配件	99.6	102.6	100.8	100.3	94.5	94.3
车辆使用及维修	105.5	105.1	106.5	104.7	103.4	105.2
市区公共交通	104.0	110.7	116.6	114.7	104.3	100.7
城市间交通	103.1	101.5	111.8	104.7	103.1	102.9
通信	98.8	97.2	97.4	97.8	98.2	98.2
通信工具	94.6	88.2	89.1	90.9	92.5	92.1
通信服务	99.9	99.7	99.7	99.7	99.7	99.8
娱乐教育文化用品及服务	102.8	103.1	103.2	103.4	103.5	103.1
文娱用耐用消费品及服务	98.1	96.1	96.3	96.9	97.9	98.2
教育	104.1	105.3	105.3	105.6	105.6	104.9
教材及参考书	103.9	104.2	104.2	104.2	104.2	104.4
教育服务	104.1	105.4	105.4	105.6	105.6	104.9
文化娱乐类	102.3	101.7	101.8	102.0	101.8	101.8
文化娱乐用品	99.0	98.4	98.4	98.5	98.0	98.0
书报杂志	102.3	102.4	102.4	102.4	102.4	102.4
文娱费	107.7	106.7	107.0	107.5	107.7	107.7
旅游	103.6	105.1	106.5	104.5	104.0	102.7
居住	101.1	100.0	100.4	100.3	100.5	100.6
建房及装修材料	99.9	98.3	98.0	97.9	98.2	98.7
住房租金	104.8	103.3	104.0	104.9	104.9	104.9
自有住房	103.5	101.4	102.4	102.6	103.2	103.2
水、电、燃料	98.4	99.6	99.9	99.4	98.5	98.3

6月	7月	8月	9月	10月	11月	12月
102.1	101.7	102.0	102.1	102.2	101.8	101.5
100.5	101.3	101.3	101.3	101.1	101.2	101.2
102.2	102.2	102.2	102.3	101.6	101.6	101.8
101.1	101.3	102.3	101.9	101.5	101.3	101.4
102.4	102.7	102.3	102.3	102.2	101.9	101.7
112.3	112.2	105.5	104.9	104.7	104.7	104.7
103.1	102.9	102.9	102.6	102.4	102.4	102.3
102.4	102.6	102.6	102.5	102.6	102.4	102.3
102.8	96.1	96.1	97.0	97.1	97.3	97.3
106.0	107.9	107.6	107.7	107.8	108.4	107.9
102.2	102.6	102.5	102.3	102.4	102.2	102.0
100.6	100.9	100.8	100.8	100.9	100.9	100.7
102.0	102.0	102.0	102.0	102.0	101.7	101.7
104.6	103.7	103.8	102.9	102.0	102.4	102.2
102.5	102.2	102.6	103.1	102.5	102.5	102.3
102.4	102.2	102.1	102.7	102.5	102.2	102.4
98.6	96.5	96.5	95.1	93.7	93.4	93.1
111.8	111.2	111.3	109.5	108.7	110.0	109.7
99.9	100.6	100.4	100.2	99.8	99.7	100.3
100.4	101.2	100.9	100.5	99.8	99.6	100.5
99.7	100.0	99.4	99.4	99.2	98.7	98.9
98.8	103.1	103.2	101.1	97.9	97.8	101.6
104.6	106.1	106.1	106.1	106.0	105.8	106.0
100.7	100.1	100.1	100.7	100.7	100.7	100.9
102.9	101.5	101.3	101.2	101.3	102.1	102.5
98.8	99.2	99.5	99.7	99.7	100.0	100.0
94.4	95.9	96.9	98.2	98.5	99.7	100.1
99.9	100.0	100.2	100.1	100.0	100.0	100.0
103.2	102.5	102.3	101.8	102.2	102.4	102.4
98.2	98.6	98.8	99.0	99.2	99.4	99.2
105.0	103.7	103.6	102.6	102.7	102.7	102.7
105.1	105.1	105.1	101.1	103.0	103.0	103.0
105.0	103.7	103.6	102.7	102.7	102.7	102.6
102.1	102.4	102.2	102.5	102.9	102.9	104.0
98.7	99.3	98.9	99.6	100.0	99.9	100.5
102.4	102.4	102.2	102.1	102.1	102.1	102.1
107.4	107.3	107.5	107.2	108.0	108.0	110.2
102.7	101.3	99.1	100.3	104.6	106.1	106.1
101.1	101.3	101.6	101.8	101.7	101.6	102.0
99.7	99.9	100.6	101.4	101.4	101.9	102.5
105.1	105.8	105.3	105.9	104.8	104.2	104.1
103.8	104.4	104.5	104.5	104.3	103.8	104.0
98.2	97.9	97.7	97.8	97.8	97.5	97.8

5-10　商品零售价格

(上年同期=100)

类　　别	年平均	1月	2月	3月	4月	5月
总　指　数	**101.9**	**101.4**	**102.8**	**101.3**	**101.4**	**101.3**
食品类	105.6	102.7	107.8	103.0	104.3	104.1
粮食	107.0	106.4	107.5	107.7	107.6	107.0
淀粉	104.5	106.0	106.1	105.2	105.0	104.6
干豆类及豆制品	108.5	106.8	110.1	110.3	109.8	109.5
油脂	100.0	103.6	103.8	103.7	103.2	101.9
肉禽及其制品	104.8	100.7	105.4	102.8	100.5	100.8
食用畜肉及副产品	105.5	100.1	105.2	101.4	100.3	101.4
禽	101.3	98.5	106.7	105.8	94.7	92.4
肉禽加工制品	104.6	104.5	105.3	106.1	105.1	104.1
蛋	104.2	115.1	130.8	119.5	116.5	111.1
水产品	103.3	104.3	109.9	103.2	100.2	98.3
鱼	99.9	101.6	108.5	99.4	95.5	93.0
其它水产品	112.8	111.4	113.7	113.7	113.5	114.0
菜	110.4	100.3	117.4	89.2	103.4	101.4
调味品	108.7	105.3	105.4	105.6	105.7	106.7
糖	99.5	99.6	99.2	99.6	99.8	100.0
干鲜瓜果	104.1	90.4	98.5	100.3	102.0	107.6
糕点饼干	104.1	102.7	103.0	103.4	104.0	103.9
液体乳及乳制品	104.3	102.0	102.3	102.2	102.5	102.6
在外用膳食品	106.7	105.8	107.3	107.6	107.7	107.3
其它食品	101.5	103.1	102.6	102.6	102.4	101.3
饮料、烟酒	101.4	102.7	102.8	102.7	102.5	102.0
茶及饮料	103.0	105.4	105.0	104.8	104.0	103.1
茶叶	102.5	105.5	104.4	104.0	102.9	102.3
饮料	103.3	105.4	105.3	105.2	104.7	103.5
烟草	101.1	101.5	101.5	101.6	101.5	101.2
酒	100.9	102.5	102.7	102.7	102.5	102.0
服装、鞋帽类	102.7	102.5	102.5	102.7	102.5	102.7
服装	102.8	102.4	102.6	102.8	102.6	102.9
男式服装	102.8	102.5	102.8	102.8	102.7	103.0
女式服装	102.4	101.6	101.9	102.5	102.3	102.4
儿童服装	103.5	104.2	103.9	103.4	103.0	103.7
鞋袜帽	102.7	102.9	102.4	102.7	102.4	102.5
鞋	102.9	103.1	102.5	102.8	102.5	102.6
袜子	102.5	102.8	102.6	103.1	102.3	102.3
帽子	101.3	100.5	100.5	100.6	100.6	100.5
其它	100.6	100.8	100.6	100.6	100.7	100.6

分月指数(2013年)

6月	7月	8月	9月	10月	11月	12月
102.1	**102.4**	**102.3**	**102.6**	**102.4**	**102.0**	**101.4**
106.7	106.8	106.2	107.6	107.9	106.6	103.6
107.1	107.3	107.3	106.5	106.7	106.9	105.8
104.6	104.9	104.8	104.3	103.2	102.7	102.2
108.9	109.1	109.5	109.2	107.3	106.8	105.7
100.1	99.5	98.1	96.7	96.7	96.7	96.4
107.2	107.9	108.4	107.9	106.9	106.5	103.7
108.9	109.6	110.4	109.5	108.5	108.2	104.3
101.6	103.1	102.9	104.5	102.9	102.0	101.0
105.1	105.1	105.2	104.8	103.8	103.4	103.2
98.3	96.3	96.4	100.3	94.6	93.2	91.3
99.2	101.0	103.1	105.1	105.5	105.6	105.7
93.9	96.1	98.8	101.9	103.3	104.6	104.4
114.9	115.3	115.7	113.7	111.2	108.3	108.8
115.8	117.2	110.8	122.6	139.1	125.7	101.5
108.1	111.9	112.0	111.8	111.7	110.5	108.9
99.4	99.7	99.7	99.4	99.5	99.1	99.4
112.0	107.7	106.4	110.8	104.2	104.2	107.9
104.5	104.7	104.7	104.6	104.5	104.8	104.3
102.9	103.4	103.7	104.0	106.3	109.4	110.0
107.0	106.7	106.6	106.4	106.2	105.7	105.8
100.9	100.7	101.1	100.9	100.8	101.0	100.5
101.4	101.0	100.7	100.5	100.2	100.1	99.9
102.6	102.2	102.1	101.5	101.8	102.2	102.1
102.4	102.2	101.9	101.3	101.4	101.4	101.2
102.7	102.2	102.3	101.6	102.0	102.7	102.7
101.2	101.2	101.3	101.3	100.7	100.1	100.3
101.1	100.4	99.9	99.6	99.3	99.3	98.8
103.0	102.9	103.0	103.1	102.7	102.4	102.2
103.1	103.1	103.2	103.3	102.7	102.3	102.2
103.2	103.2	103.2	103.2	102.6	102.1	101.9
102.7	102.7	102.8	103.0	102.8	102.4	102.3
103.8	103.8	104.0	104.1	102.9	102.7	102.7
103.0	102.6	103.0	102.9	102.9	102.8	102.5
103.2	102.7	103.1	103.1	103.1	103.0	102.6
102.1	102.4	102.8	102.8	102.3	102.2	102.3
101.2	101.6	101.9	101.4	101.9	102.5	102.4
100.5	100.4	100.2	100.7	100.7	100.5	100.4

5-10 续表

(上年同期=100)

类　别	年平均	1月	2月	3月	4月	5月
纺织品类	100.8	100.4	100.5	100.9	100.9	100.8
衣着材料	101.7	101.7	101.7	101.6	101.7	101.9
床上用品	100.6	100.0	100.2	100.7	100.7	100.5
家用电器及音像器材	99.8	99.6	99.5	99.4	99.6	99.5
家庭设备	101.2	101.3	101.3	101.2	101.2	101.1
文娱用耐用消费品	96.2	95.5	94.8	94.7	95.5	95.7
音像器材	99.3	99.1	99.0	98.9	99.0	98.9
文化办公用品	99.2	98.6	98.6	98.4	98.6	98.8
日用品	101.3	101.7	101.6	101.5	101.5	101.4
日用百货	100.9	100.9	101.0	101.0	100.9	100.8
日用杂品	100.6	99.9	100.4	100.3	100.2	100.2
洗涤用品	102.4	104.3	103.3	103.2	103.1	103.2
其它日用品	101.3	101.1	101.3	101.4	101.4	101.3
体育娱乐用品	100.3	100.5	100.5	100.4	100.4	100.3
体育用品	100.1	100.3	100.3	100.2	100.2	100.2
娱乐用品	100.5	101.0	101.0	100.8	100.6	100.4
交通、通信用品	97.4	97.2	97.5	97.8	98.3	98.2
交通运输机械	98.0	99.3	99.5	99.5	99.5	99.4
通信器材	96.4	93.3	93.8	94.5	95.8	95.8
家具	101.4	101.0	100.9	101.1	101.1	100.9
化妆品类	102.0	102.9	102.7	102.7	102.5	101.8
金银珠宝类	91.5	101.7	98.6	98.2	96.1	95.7
中西药品及医疗保健用品类	102.2	102.0	101.9	102.0	102.2	102.3
医疗器具及用品	101.2	101.9	101.9	101.9	101.8	101.7
中药材及中成药	104.1	103.1	103.0	103.2	104.4	104.3
西药	101.5	101.7	101.6	101.7	101.4	101.6
保健器具及用品	101.9	101.0	100.6	100.6	101.6	101.7
书报杂志及电子出版物类	102.5	103.3	103.5	103.3	103.3	103.3
教材及参考书	102.7	103.5	103.5	103.5	103.5	103.4
书报杂志	103.1	103.9	104.5	104.1	104.1	104.2
电子音像制品	99.5	100.1	99.8	99.8	99.3	99.2
燃料类	98.3	101.4	100.2	99.2	95.2	94.8
煤炭及制品类	95.6	97.6	97.7	97.1	96.4	95.6
石油及制品类	99.3	102.8	101.2	100.0	94.8	94.6
建筑材料及五金电料类	100.0	98.9	98.8	98.6	99.0	99.3
建筑装璜材料	99.6	98.4	98.3	98.1	98.5	98.9
五金电料类	101.2	100.8	100.7	100.7	100.9	101.0

6月	7月	8月	9月	10月	11月	12月
100.8	100.8	101.2	100.9	101.0	100.9	100.8
101.9	101.8	101.7	101.6	101.6	101.6	101.5
100.4	100.5	101.0	100.7	100.8	100.8	100.6
99.7	100.3	100.1	100.0	99.9	99.9	99.9
101.2	101.5	101.3	101.2	101.1	101.1	101.0
95.8	97.3	97.2	97.1	96.9	96.8	96.8
98.9	99.2	99.5	99.5	99.5	99.5	100.0
99.0	99.3	99.3	99.5	99.9	99.9	99.9
101.0	101.2	101.2	101.1	101.0	101.1	101.1
100.6	100.9	100.8	101.0	100.8	100.9	100.9
100.3	101.0	101.0	101.1	100.9	101.2	101.2
102.2	101.6	101.8	101.4	101.4	101.5	101.4
101.2	101.6	101.1	101.4	101.3	101.2	101.5
100.2	100.1	100.1	100.2	100.2	100.2	100.2
100.0	100.0	100.0	100.1	100.1	100.0	100.0
100.4	100.3	100.2	100.3	100.3	100.4	100.5
96.9	97.4	97.5	97.2	97.1	96.5	97.7
97.1	97.2	97.4	96.8	96.9	95.7	97.4
96.5	97.7	97.9	98.0	97.6	98.0	98.4
101.1	101.3	101.5	102.1	102.2	102.1	102.1
101.9	101.9	101.9	101.8	101.4	101.3	101.3
93.6	89.3	90.0	86.0	83.9	83.6	82.5
102.3	102.5	102.3	102.3	102.2	102.3	102.2
101.7	101.3	100.5	100.4	100.5	100.5	100.2
104.5	104.8	104.4	104.4	104.3	104.5	104.1
101.5	101.6	101.6	101.6	101.5	101.3	101.2
101.7	101.9	101.8	101.8	102.2	103.8	104.0
103.3	103.3	102.6	100.9	100.9	100.9	101.1
103.6	103.6	103.9	100.9	101.0	101.0	100.9
104.1	104.1	102.5	101.3	101.3	101.3	101.7
99.3	99.3	99.3	99.6	99.6	99.6	99.6
97.2	99.8	100.0	98.7	97.0	96.8	99.4
94.8	94.7	94.5	94.6	95.0	94.4	94.8
98.2	101.8	102.1	100.3	97.8	97.7	101.2
99.8	99.9	100.4	100.9	100.9	101.2	101.5
99.4	99.6	100.2	100.8	100.8	101.2	101.5
101.3	101.2	101.4	101.5	101.5	101.4	101.6

5-11 城市商品零售

(上年同期=100)

类　别	年平均	1月	2月	3月	4月	5月
总　指　数	**101.6**	**101.3**	**102.6**	**101.2**	**101.2**	**101.1**
食品类	105.3	102.7	107.6	103.2	104.3	104.1
粮食	106.3	105.9	106.8	107.1	107.0	106.5
淀粉	105.2	107.6	107.4	106.4	106.1	105.5
干豆类及豆制品	107.9	107.6	109.5	109.5	109.0	108.6
油脂	100.5	104.1	104.5	104.3	103.8	101.8
肉禽及其制品	104.9	100.7	105.9	103.7	101.5	102.0
食用畜肉及副产品	105.6	99.8	105.9	102.6	101.3	102.4
禽	101.4	99.4	107.0	104.2	94.8	93.6
肉禽加工制品	105.0	104.4	105.3	106.6	106.1	105.7
蛋	104.8	115.9	133.4	121.2	118.7	112.7
水产品	105.7	107.2	112.3	105.9	102.4	101.1
鱼	100.9	103.7	110.4	100.8	95.8	93.5
其它水产品	114.3	113.3	115.6	115.5	115.2	116.3
菜	109.9	100.6	118.1	90.4	102.5	101.2
调味品	108.5	109.6	109.6	109.2	109.4	108.7
糖	99.5	99.4	99.1	99.6	99.8	99.3
干鲜瓜果	103.3	92.8	98.2	100.5	102.5	105.4
糕点饼干	103.9	102.4	103.1	103.6	104.1	104.1
液体乳及乳制品	104.7	101.7	102.3	102.0	102.3	102.5
在外用膳食品	105.5	105.0	105.7	106.2	106.3	106.1
其它食品	100.7	103.0	102.4	102.3	102.1	100.5
饮料、烟酒	100.4	101.6	101.3	101.5	101.1	100.5
茶及饮料	102.7	105.0	104.4	104.4	103.9	102.8
茶叶	102.0	104.5	103.0	102.9	102.6	102.0
饮料	103.2	105.3	105.1	105.2	104.6	103.2
烟草	100.1	100.2	100.2	100.2	100.1	100.2
酒	98.6	99.8	99.6	100.0	99.5	98.7
服装、鞋帽类	101.9	101.7	101.7	101.7	101.6	102.0
服装	102.0	101.8	101.9	101.8	101.6	102.1
男式服装	102.1	102.0	102.1	101.8	101.6	102.0
女式服装	101.7	101.3	101.4	101.5	101.3	101.6
儿童服装	102.6	102.5	102.9	102.6	102.3	103.7
鞋袜帽	101.6	101.5	101.2	101.3	101.6	101.8
鞋	101.9	101.7	101.4	101.4	101.8	102.1
袜子	100.1	100.7	100.5	100.6	100.6	100.2
帽子	101.1	100.7	100.8	100.6	100.9	100.7
其它	100.8	101.1	100.6	100.7	100.9	100.9

价格分月指数(2013年)

6月	7月	8月	9月	10月	11月	12月
101.7	**102.0**	**101.9**	**102.0**	**101.9**	**101.7**	**101.1**
106.1	106.2	105.8	106.8	107.3	106.6	103.6
106.6	106.8	106.5	105.7	105.7	106.1	105.3
105.5	105.7	105.5	104.8	103.5	102.7	102.3
108.2	108.1	109.0	108.4	106.3	106.2	105.0
100.4	100.1	98.8	97.3	97.3	97.2	96.8
106.6	107.6	108.7	107.6	106.3	105.7	103.3
107.7	109.1	111.0	109.5	108.1	107.5	103.8
102.7	103.2	102.9	103.7	102.1	101.6	101.6
106.0	106.1	105.7	104.6	103.5	103.1	102.9
99.4	97.1	96.8	100.1	94.2	92.9	90.9
102.6	104.0	106.3	107.5	106.8	106.2	106.3
95.2	97.2	100.4	103.3	103.9	105.0	104.7
117.2	117.7	118.0	115.2	111.8	108.3	108.9
113.1	114.5	110.2	119.7	136.8	127.3	102.7
109.0	109.3	109.4	109.1	108.3	106.5	103.9
99.2	100.0	99.5	99.2	100.1	99.0	99.3
108.5	105.4	103.4	107.7	104.5	104.8	107.5
104.2	104.5	104.6	104.3	104.1	104.3	103.4
103.0	103.3	103.8	104.4	107.4	111.7	112.3
105.9	105.5	105.3	105.2	105.0	104.8	105.2
100.4	99.8	100.1	99.8	99.5	99.4	99.2
99.9	99.9	99.9	99.7	99.7	99.9	99.4
102.2	101.8	101.7	101.2	101.7	102.2	102.0
102.2	101.9	101.6	100.9	101.0	100.9	100.5
102.2	101.7	101.8	101.3	102.0	102.9	102.8
100.0	100.0	100.1	100.1	100.0	100.0	100.0
97.9	98.3	98.2	98.1	97.9	98.0	96.9
102.0	102.2	102.2	102.2	102.0	101.7	101.6
102.1	102.3	102.4	102.4	102.1	101.7	101.7
102.1	102.5	102.5	102.5	102.3	101.8	101.7
101.6	101.8	102.1	102.1	102.1	101.8	101.8
103.3	103.4	103.3	102.8	101.6	101.4	101.4
101.7	101.8	101.6	101.7	101.9	101.8	101.6
102.0	102.2	101.9	102.0	102.1	102.0	101.8
100.1	99.9	99.7	99.8	99.9	99.9	100.0
101.0	100.7	100.8	100.7	101.6	102.2	102.0
101.0	101.0	100.6	101.1	101.0	100.8	100.4

5-11 续表

(上年同期=100)

类 别	年平均	1月	2月	3月	4月	5月
纺织品类	100.2	100.1	100.3	100.4	100.6	100.3
衣着材料	101.7	102.0	102.0	101.9	101.9	101.9
床上用品	99.7	99.5	99.7	99.9	100.1	99.8
家用电器及音像器材	99.1	99.2	99.0	98.6	99.1	99.0
家庭设备	101.4	101.6	101.9	101.5	101.9	101.9
文娱用耐用消费品	94.7	95.1	94.0	93.1	93.8	93.7
音像器材	99.0	98.7	98.7	98.5	98.6	98.5
文化办公用品	99.0	98.7	98.6	98.4	98.6	98.8
日用品	101.1	101.5	101.4	101.6	101.5	101.3
日用百货	100.7	100.2	100.1	100.7	100.7	100.4
日用杂品	100.2	99.5	100.1	100.1	99.9	99.9
洗涤用品	102.0	104.3	103.7	103.7	103.3	103.0
其它日用品	101.0	100.9	101.1	101.1	101.1	101.1
体育娱乐用品	100.1	100.5	100.5	100.4	100.3	100.2
体育用品	99.9	100.1	100.1	100.1	100.1	100.1
娱乐用品	100.5	101.4	101.4	101.0	100.6	100.5
交通、通信用品	97.4	97.7	97.8	97.8	98.3	98.2
交通运输机械	97.9	99.2	99.4	99.4	99.4	99.2
通信器材	96.3	94.3	94.3	94.2	95.7	95.8
家具	101.2	100.4	100.3	100.6	100.5	100.5
化妆品类	101.4	102.1	102.1	102.0	101.9	101.3
金银珠宝类	91.4	102.2	98.6	98.4	96.0	95.5
中西药品及医疗保健用品类	101.7	101.6	101.4	101.6	101.9	102.0
医疗器具及用品	101.5	101.9	102.1	102.0	101.9	101.9
中药材及中成药	103.1	103.2	102.8	102.8	103.9	104.0
西药	101.1	101.0	100.9	101.3	101.0	101.1
保健器具及用品	102.2	101.2	100.7	100.7	102.0	102.0
书报杂志及电子出版物类	102.7	103.8	104.1	103.8	103.7	103.8
教材及参考书	102.7	103.8	103.7	103.7	103.7	103.7
书报杂志	103.4	104.5	105.2	104.8	104.8	104.9
电子音像制品	99.7	100.5	100.3	100.2	99.5	99.4
燃料类	98.6	101.8	100.3	99.3	95.4	94.8
煤炭及制品类	96.0	97.0	96.7	96.6	97.0	95.5
石油及制品类	99.3	103.1	101.4	100.0	94.9	94.6
建筑材料及五金电料类	100.4	99.9	100.1	100.0	100.4	100.7
建筑装璜材料	100.5	99.4	99.8	99.7	100.4	100.7
五金电料类	100.4	100.8	100.7	100.5	100.6	100.5

6月	7月	8月	9月	10月	11月	12月
100.2	99.9	99.9	100.0	100.3	100.4	100.3
101.9	101.5	101.3	101.3	101.4	101.5	101.5
99.6	99.3	99.5	99.6	100.0	100.0	99.9
99.1	99.6	99.2	99.1	99.1	99.0	99.0
101.9	101.5	100.9	100.9	101.1	100.9	100.8
94.0	95.9	95.9	95.7	95.3	95.2	95.3
98.5	98.9	99.2	99.3	99.3	99.4	100.0
98.8	99.2	99.2	99.3	99.7	99.6	99.5
101.0	101.0	101.1	100.6	100.6	100.7	100.8
100.4	101.1	101.2	100.7	100.8	100.9	101.2
99.9	100.6	100.7	100.6	100.2	100.4	100.4
102.0	101.1	101.3	100.4	100.5	100.6	100.5
101.0	100.8	100.8	100.9	100.9	100.9	100.9
100.0	99.9	99.8	99.9	100.0	100.0	100.0
99.8	99.7	99.7	99.8	99.8	99.8	99.8
100.4	100.1	100.0	100.2	100.2	100.3	100.4
96.9	97.5	97.5	96.9	96.8	96.0	97.6
97.0	97.1	97.3	96.8	96.9	95.6	97.6
96.6	98.4	98.0	97.2	96.7	96.9	97.6
100.6	101.2	101.4	102.2	102.3	102.3	102.4
101.3	101.4	101.3	100.9	100.8	100.6	100.6
93.5	89.0	90.1	85.7	83.5	83.3	82.0
101.9	101.8	101.7	101.7	101.7	101.8	101.7
101.9	101.9	101.0	100.8	100.8	100.7	100.5
103.7	103.2	102.8	102.8	102.7	102.6	102.3
101.1	101.1	101.2	101.2	101.1	101.0	100.9
101.9	102.1	101.9	102.0	102.4	104.5	104.8
103.7	103.7	102.8	100.9	100.8	100.8	101.0
103.7	103.7	104.0	100.8	100.7	100.7	100.6
104.8	104.8	102.7	101.2	101.1	101.1	101.7
99.5	99.2	99.2	99.7	99.7	99.7	99.6
97.4	100.2	100.5	99.3	97.4	97.4	100.1
95.4	95.1	95.5	95.5	95.9	96.1	96.1
98.0	101.6	101.9	100.4	97.8	97.7	101.1
100.6	100.6	100.6	100.7	100.6	100.6	100.7
100.5	100.8	100.8	100.9	100.9	100.9	100.8
100.6	100.1	100.1	100.2	100.2	100.1	100.4

5-12 农村商品零售

(上年同期＝100)

类　别	年平均	1月	2月	3月	4月	5月
总　指　数	**102.3**	**101.5**	**103.1**	**101.5**	**101.6**	**101.5**
食品类	105.9	102.7	108.0	102.8	104.4	104.2
粮食	107.8	107.0	108.3	108.4	108.3	107.7
淀粉	100.7	98.6	99.7	99.4	99.9	99.9
干豆类及豆制品	109.8	105.2	111.2	112.0	111.4	111.4
油脂	99.5	103.2	103.2	103.1	102.8	101.9
肉禽及其制品	104.7	100.6	104.8	101.6	99.3	99.2
食用畜肉及副产品	105.4	100.4	104.5	100.0	99.2	100.2
禽	101.2	97.1	106.2	108.0	94.5	90.7
肉禽加工制品	103.9	104.6	105.2	105.0	103.2	101.2
蛋	103.7	114.5	129.0	118.3	114.9	109.9
水产品	99.5	99.6	106.1	98.7	96.5	93.8
鱼	98.6	99.1	106.2	97.8	95.2	92.4
其它水产品	105.9	103.2	104.9	105.6	106.0	103.9
菜	111.0	99.9	116.6	87.6	104.5	101.5
调味品	108.8	102.8	102.9	103.5	103.6	105.6
糖	99.6	99.6	99.3	99.6	99.8	100.4
干鲜瓜果	105.5	86.2	99.0	100.0	100.9	112.1
糕点饼干	104.3	102.9	102.9	103.3	104.0	103.7
液体乳及乳制品	103.2	103.0	102.5	102.6	102.9	102.8
在外用膳食品	108.0	106.8	109.1	109.3	109.3	108.6
其它食品	103.7	103.2	103.4	103.4	103.3	103.4
饮料、烟酒	102.3	103.8	104.1	103.9	103.7	103.3
茶及饮料	104.1	107.1	107.1	106.1	104.5	104.0
茶叶	104.4	109.1	109.2	107.6	103.6	103.2
饮料	103.9	105.8	105.8	105.1	105.1	104.6
烟草	101.9	102.6	102.6	102.6	102.6	102.0
酒	102.2	104.0	104.5	104.3	104.2	103.9
服装、鞋帽类	103.5	103.3	103.3	103.8	103.4	103.5
服装	103.7	103.2	103.5	104.0	103.8	103.9
男式服装	103.6	103.1	103.7	104.0	103.9	104.2
女式服装	103.5	102.0	102.7	103.9	103.7	103.6
儿童服装	104.4	106.1	104.9	104.2	103.7	103.8
鞋袜帽	103.4	103.8	103.1	103.6	102.8	102.9
鞋	103.5	104.1	103.2	103.7	103.0	103.0
袜子	103.4	103.6	103.5	104.1	102.9	103.1
帽子	101.5	100.2	100.2	100.5	100.3	100.3
其它	100.2	100.4	100.4	100.4	100.4	100.2

价格分月指数(2013年)

6月	7月	8月	9月	10月	11月	12月
102.7	**102.9**	**102.7**	**103.3**	**103.0**	**102.4**	**101.7**
107.4	107.6	106.7	108.5	108.5	106.7	103.5
107.8	107.8	108.2	107.5	107.8	107.9	106.3
100.2	100.9	101.6	101.7	101.9	102.3	102.1
110.2	110.9	110.3	110.8	109.3	108.0	107.0
99.7	98.9	97.4	96.3	96.2	96.2	96.1
107.9	108.2	108.1	108.3	107.6	107.4	104.1
110.1	110.1	109.8	109.5	108.9	108.9	104.9
100.2	103.0	102.9	105.6	104.1	102.5	100.1
103.6	103.3	104.3	105.0	104.1	103.8	103.6
97.4	95.7	96.0	100.4	95.0	93.5	91.6
93.7	96.0	97.9	101.2	103.3	104.6	104.7
92.3	94.8	96.8	100.4	102.6	104.1	104.1
104.4	104.7	105.7	107.2	108.1	108.2	108.7
119.1	120.3	111.4	126.1	141.9	123.7	100.0
107.7	113.5	113.6	113.4	113.7	112.9	111.9
99.5	99.6	99.8	99.5	99.2	99.2	99.5
119.0	112.6	112.6	117.1	103.6	103.1	108.7
104.8	104.9	104.7	104.8	104.8	105.3	105.2
102.5	103.6	103.4	103.2	103.6	103.6	104.2
108.2	108.0	108.1	107.9	107.5	106.9	106.6
102.3	103.1	103.9	104.1	104.5	105.7	104.1
102.7	102.0	101.5	101.2	100.7	100.3	100.3
103.8	103.7	103.5	102.7	102.3	102.3	102.7
102.9	103.0	103.0	102.8	102.8	102.7	103.5
104.3	104.1	103.8	102.6	102.0	102.0	102.3
102.0	102.1	102.1	102.2	101.2	100.1	100.5
102.9	101.6	100.8	100.5	100.1	100.1	99.9
104.0	103.6	103.9	104.0	103.5	103.2	102.9
104.3	104.0	104.1	104.4	103.6	103.1	102.9
104.5	104.1	104.2	104.0	103.0	102.5	102.2
104.2	103.9	103.8	104.2	103.8	103.3	103.0
104.3	104.2	104.7	105.4	104.2	104.0	104.1
103.7	103.1	103.9	103.7	103.6	103.5	103.1
104.0	103.1	103.9	103.8	103.8	103.6	103.1
102.9	103.3	104.0	104.0	103.2	103.1	103.1
101.5	102.4	102.9	102.2	102.3	102.8	102.7
100.0	99.8	99.7	100.2	100.2	100.2	100.4

5-12 续表

(上年同期=100)

类别	年平均	1月	2月	3月	4月	5月
纺织品类	101.6	100.7	100.8	101.6	101.3	101.4
衣着材料	101.7	101.1	101.1	101.2	101.5	101.9
床上用品	101.6	100.7	100.7	101.7	101.3	101.3
家用电器及音像器材	100.4	100.0	99.8	100.0	100.1	100.0
家庭设备	101.1	101.1	100.9	100.9	100.7	100.5
文娱用耐用消费品	98.1	96.0	95.9	97.0	97.8	98.4
音像器材	100.0	99.9	99.8	99.8	100.0	100.0
文化办公用品	99.4	98.4	98.7	98.6	98.6	98.8
日用品	101.4	101.8	101.6	101.5	101.5	101.4
日用百货	100.9	101.1	101.4	101.1	101.0	100.9
日用杂品	101.5	100.8	100.8	100.7	100.7	100.8
洗涤用品	102.7	104.4	102.9	102.7	102.9	103.4
其它日用品	101.7	101.3	101.5	101.7	101.7	101.4
体育娱乐用品	100.8	100.5	100.7	100.6	100.7	100.5
体育用品	101.3	101.1	101.1	100.9	100.9	100.7
娱乐用品	100.5	100.1	100.3	100.4	100.5	100.3
交通、通信用品	97.5	96.3	97.0	97.7	98.2	98.1
交通运输机械	98.1	99.4	99.7	99.7	99.8	99.8
通信器材	96.6	92.1	93.2	94.9	95.9	95.7
家具	101.9	102.2	102.2	102.1	102.3	101.6
化妆品类	102.6	103.5	103.4	103.4	103.0	102.3
金银珠宝类	91.8	100.9	98.5	97.9	96.3	96.3
中西药品及医疗保健用品类	103.1	102.8	102.7	102.7	102.8	102.9
医疗器具及用品	99.2	101.4	100.6	101.1	100.8	100.5
中药材及中成药	105.9	102.9	103.4	103.9	105.4	104.9
西药	102.3	103.0	102.6	102.5	101.9	102.3
保健器具及用品	100.7	100.6	100.2	100.0	100.0	100.4
书报杂志及电子出版物类	101.7	101.8	101.8	101.8	101.8	101.7
教材及参考书	102.6	102.8	102.8	102.8	102.8	102.7
书报杂志	101.9	101.9	101.9	101.9	101.9	101.9
电子音像制品	99.0	99.0	98.6	98.6	98.5	98.5
燃料类	97.8	100.7	100.0	99.1	95.1	94.9
煤炭及制品类	95.3	98.1	98.5	97.6	96.0	95.6
石油及制品类	99.3	102.3	100.8	100.0	94.6	94.4
建筑材料及五金电料类	99.6	98.2	97.8	97.6	97.9	98.3
建筑装璜材料	99.1	97.8	97.3	97.0	97.3	97.7
五金电料类	102.4	100.9	100.6	101.0	101.4	101.8

6月	7月	8月	9月	10月	11月	12月
101.5	101.9	102.8	102.1	101.9	101.7	101.5
102.0	102.4	102.4	102.0	102.0	101.8	101.6
101.4	101.8	102.9	102.1	101.9	101.7	101.5
100.2	101.0	100.9	100.8	100.7	100.7	100.7
100.7	101.5	101.5	101.3	101.2	101.2	101.2
98.4	99.1	98.9	99.0	98.9	99.0	98.7
100.0	100.0	100.0	100.0	100.0	100.0	100.0
99.5	99.5	99.6	99.9	100.3	100.4	100.7
101.1	101.4	101.2	101.5	101.3	101.4	101.3
100.6	100.9	100.7	101.1	100.8	100.9	100.7
101.1	101.8	101.5	101.9	102.4	102.5	102.6
102.3	102.2	102.4	102.4	102.4	102.4	102.3
101.4	102.4	101.5	101.9	101.8	101.6	102.0
100.7	101.1	101.1	101.1	101.0	100.9	101.1
101.1	101.5	101.6	101.7	101.5	101.3	101.5
100.4	100.7	100.6	100.5	100.5	100.6	100.7
97.0	97.1	97.6	97.6	97.6	97.3	97.9
97.3	97.3	97.5	96.7	96.8	95.8	96.8
96.5	96.8	97.7	99.0	98.8	99.4	99.6
101.9	101.5	101.9	101.8	102.1	101.6	101.4
102.5	102.2	102.4	102.6	102.0	101.9	101.9
93.8	89.9	89.7	86.7	84.7	84.4	83.4
103.1	103.7	103.4	103.3	103.4	103.4	103.2
99.6	97.2	97.2	97.6	97.9	98.2	98.2
105.8	107.5	107.1	107.0	107.1	107.7	107.3
102.3	102.5	102.3	102.1	102.1	101.9	101.8
100.7	101.2	101.0	101.0	101.1	101.1	100.9
102.1	102.2	102.1	101.2	101.5	101.5	101.5
103.5	103.5	103.5	101.1	101.9	101.9	101.9
101.9	101.9	101.8	101.7	101.7	101.7	101.7
98.9	99.5	99.5	99.3	99.3	99.3	99.5
96.9	99.3	99.2	97.9	96.5	96.1	98.4
94.3	94.4	93.6	93.9	94.3	93.1	93.8
98.5	102.3	102.5	100.2	97.7	97.8	101.2
99.2	99.5	100.3	101.1	101.1	101.7	102.2
98.6	98.8	99.8	100.7	100.7	101.4	102.0
102.4	103.1	103.4	103.5	103.5	103.4	103.6

5-13 农业生产资料

(上年同期=100)

类　别	年平均	1月	2月	3月	4月	5月
农业生产资料价格指数	**101.3**	**104.8**	**104.1**	**102.7**	**101.4**	**101.2**
农用手工工具	105.0	103.4	103.4	103.4	104.7	105.9
农用手工工具	105.0	103.4	103.4	103.4	104.7	105.9
饲料	106.4	107.1	107.6	107.8	107.1	107.4
混合饲料	106.1	107.8	108.0	107.9	106.8	106.7
其他	107.5	105.0	106.5	107.3	107.8	109.6
产品畜	98.5	111.7	105.4	98.7	90.5	90.3
幼禽家畜	98.5	111.7	105.4	98.7	90.5	90.3
半机械化农具	102.3	104.5	104.5	103.5	103.5	100.5
半机械化农具	102.3	104.5	104.5	103.5	103.5	100.5
机械化农具	100.3	100.1	99.7	99.8	99.6	100.6
机械化农具	100.3	100.1	99.7	99.8	99.6	100.6
化学肥料	95.4	101.6	101.3	99.0	98.2	97.2
氮肥	92.5	100.5	99.5	97.8	97.0	93.7
磷肥	99.5	100.6	100.6	99.1	98.8	100.8
钾肥	96.8	99.8	99.1	97.4	97.8	98.3
复合肥料	96.2	102.9	103.2	100.2	99.1	98.8
农药及农药器械	102.1	100.4	99.6	99.6	100.3	102.9
化学农药	102.4	100.5	99.6	99.7	100.4	103.2
杀虫剂	101.1	98.6	97.3	97.3	98.3	103.8
杀菌剂	103.7	101.5	100.8	100.7	101.5	102.7
除草剂	103.0	102.4	102.1	102.4	102.8	103.0
农药器械	99.6	99.3	99.3	99.3	99.3	99.5
农药器械	99.6	99.3	99.3	99.3	99.3	99.5
农用机油	99.3	102.1	101.0	100.7	95.2	95.0
农用机油	99.3	102.1	101.0	100.7	95.2	95.0
其他农业生产资料	106.0	109.3	108.3	106.1	106.1	104.9
农用种子	106.6	110.7	109.6	106.7	106.9	105.4
农用种子	106.6	110.7	109.6	106.7	106.9	105.4
其他	102.0	101.2	101.0	102.0	101.4	101.4
农用薄膜	102.5	101.8	101.4	102.3	101.3	101.1
其他	101.0	100.3	100.3	101.6	101.6	102.1
农业生产服务	106.1	107.4	105.3	106.3	106.5	106.5
排灌费	109.2	113.6	107.0	111.9	112.9	112.9
机械作业费	104.8	104.8	104.8	104.8	104.8	104.8
农业用电	100.0	100.0	100.0	100.0	100.0	100.0
农业用工	111.5	116.5	108.4	108.4	108.4	108.4

价格分月指数(2013年)

6月	7月	8月	9月	10月	11月	12月
101.9	**101.6**	**100.9**	**100.0**	**99.3**	**99.1**	**98.7**
105.4	105.0	106.4	106.4	106.0	105.1	105.1
105.4	105.0	106.4	106.4	106.0	105.1	105.1
107.9	107.9	106.3	104.4	104.2	105.0	104.6
107.3	107.3	105.7	103.5	103.6	104.4	104.1
110.0	109.7	108.1	107.1	106.2	107.0	106.2
102.1	101.9	99.5	98.7	98.5	94.4	91.4
102.1	101.9	99.5	98.7	98.5	94.4	91.4
100.6	100.6	100.6	102.5	102.3	102.4	102.4
100.6	100.6	100.6	102.5	102.3	102.4	102.4
100.6	100.6	100.2	100.6	100.6	100.6	100.6
100.6	100.6	100.2	100.6	100.6	100.6	100.6
95.7	94.3	93.7	91.8	91.1	90.7	90.3
91.8	89.7	89.5	88.1	87.5	87.7	87.6
100.5	99.5	99.3	99.6	99.3	98.3	97.8
97.1	97.1	96.7	94.8	95.0	94.4	94.6
97.2	96.0	94.9	91.9	91.0	90.3	89.6
103.3	103.4	103.8	102.8	103.0	103.0	103.6
103.7	103.9	104.3	103.2	103.3	103.3	103.9
104.2	103.5	103.5	101.7	101.7	101.7	102.2
103.6	104.7	105.5	105.5	105.8	105.8	105.8
103.0	103.5	104.0	102.7	102.8	102.8	104.3
99.8	99.4	99.0	99.0	99.8	100.6	100.6
99.8	99.4	99.0	99.0	99.8	100.6	100.6
98.8	101.9	101.8	100.5	97.6	97.6	100.5
98.8	101.9	101.8	100.5	97.6	97.6	100.5
104.6	104.7	106.4	106.7	105.1	105.0	105.0
105.0	105.2	106.7	107.4	105.5	105.5	105.5
105.0	105.2	106.7	107.4	105.5	105.5	105.5
102.1	101.8	104.0	102.5	102.6	101.8	101.8
102.0	102.0	105.8	103.5	103.9	102.6	102.7
102.2	101.3	101.1	100.8	100.4	100.4	100.3
105.5	106.1	105.8	107.3	105.4	105.5	105.5
107.5	107.4	107.4	107.4	107.8	107.8	107.8
105.0	105.0	105.0	106.3	104.0	104.0	104.0
100.0	100.0	100.0	100.0	99.4	100.0	100.0
108.4	113.3	111.1	117.6	112.3	112.3	112.2

5-14 26个调查市县居民

(上年＝100)

市县	居民消费价格总指数	食品	粮食	肉禽及其制品	蛋	鲜菜	烟酒
全省平均	**102.9**	**105.6**	**106.6**	**104.8**	**104.4**	**110.3**	**100.4**
城市平均	**102.9**	**105.4**	**106.3**	**104.8**	**104.9**	**109.7**	**99.2**
郑州市	102.8	104.8	104.3	105.5	104.9	108.3	99.6
开封市	103.0	104.7	106.6	106.0	104.0	103.3	98.6
洛阳市	103.1	105.7	107.8	105.0	104.4	110.6	98.6
平顶山市	102.9	105.7	105.4	102.5	106.3	113.4	98.7
安阳市	102.4	104.6	105.8	104.1	101.7	100.2	98.0
鹤壁市	103.0	106.0	112.5	104.3	104.7	116.6	100.7
新乡市	103.1	105.9	111.5	102.6	105.9	113.5	101.0
焦作市	102.5	105.2	107.6	105.4	104.6	112.7	99.4
濮阳市	102.8	106.0	110.8	104.1	103.9	111.9	98.0
许昌市	102.9	105.2	106.9	100.6	106.5	111.7	100.0
漯河市	102.7	105.1	102.7	101.2	104.1	103.9	99.8
三门峡市	103.1	107.7	107.3	109.4	107.7	108.6	101.6
南阳市	102.8	105.4	107.5	105.5	106.6	114.7	97.0
商丘市	102.8	106.5	106.6	106.0	103.7	112.5	100.7
信阳市	102.9	105.7	101.3	105.6	104.3	117.1	98.6
周口市	102.7	104.6	103.8	102.1	110.1	110.1	101.0
驻马店市	102.8	104.9	109.0	104.7	104.0	104.1	97.7
农村平均	**102.8**	**105.8**	**107.4**	**104.7**	**103.8**	**111.8**	**101.5**
滑县	102.2	105.5	106.1	103.5	106.5	116.0	99.1
辉县市	103.0	105.3	106.9	100.6	104.3	108.1	108.4
襄城县	102.5	105.9	107.9	104.7	103.0	106.2	103.2
灵宝市	103.3	106.9	108.5	103.1	105.1	117.7	106.0
镇平县	102.5	104.6	101.3	105.7	99.4	106.4	102.3
永城市	102.9	105.5	108.6	106.4	103.5	111.6	99.7
固始县	102.7	105.8	107.2	107.1	103.9	111.9	99.8
淮阳县	103.2	106.9	111.1	103.6	103.5	114.4	99.6
汝南县	103.2	107.2	106.6	105.8	104.7	110.5	99.1

消费价格指数(2013年)

衣着	家庭设备用品及维修服务	医疗保健和个人用品	交通和通讯	娱乐教育文化用品及服务	居住	水、电、燃料
102.5	**101.5**	**101.5**	**100.2**	**102.9**	**101.9**	**99.6**
102.0	**101.3**	**100.9**	**100.2**	**102.9**	**102.4**	**100.3**
101.9	101.8	100.8	99.7	103.7	102.9	100.8
102.8	100.5	102.3	100.9	104.7	102.0	100.5
101.8	101.6	102.0	100.9	103.4	101.7	99.3
100.8	100.7	100.5	101.1	101.8	103.6	100.9
102.0	101.8	102.7	99.6	102.2	101.3	99.3
101.1	100.0	100.3	98.4	104.3	103.2	99.4
100.7	102.0	102.0	100.4	102.4	102.6	101.4
103.5	100.5	100.6	100.5	100.8	101.6	100.3
102.4	100.8	102.1	99.9	102.7	100.8	100.6
100.6	102.9	100.7	100.9	104.4	101.8	100.2
101.1	100.0	100.8	100.1	103.0	103.3	99.8
99.3	100.2	103.5	100.1	102.2	100.2	100.5
103.4	101.6	98.7	99.9	100.7	104.4	103.2
101.6	100.2	101.9	100.2	101.5	101.0	98.2
100.9	103.3	100.7	101.7	103.2	101.0	101.4
103.4	101.0	100.3	100.7	101.4	102.7	100.6
105.4	101.7	100.2	99.8	102.4	102.3	98.2
103.5	**101.9**	**102.6**	**100.2**	**102.8**	**101.1**	**98.4**
103.7	100.8	104.5	99.2	101.9	99.1	90.4
103.2	101.8	101.3	100.1	104.0	101.1	96.3
101.0	101.1	102.9	100.2	100.4	100.7	97.7
102.5	101.8	102.6	100.5	101.7	101.0	99.8
102.0	102.3	103.7	100.2	102.0	101.2	100.6
104.3	100.9	101.3	100.3	101.9	103.1	99.1
105.7	103.7	102.4	100.1	103.2	99.5	99.9
103.9	102.3	102.8	100.7	103.4	100.6	99.6
104.8	100.3	101.2	99.8	102.6	102.0	100.4

5-15 26个调查市县商品

(上年＝100)

市县	商品零售价格总指数	食品类	饮料、烟酒	服装、鞋帽类	纺织品类	家用电器及音像器材	文化办公用品	日用品
全省平均	**101.9**	**105.6**	**101.4**	**102.7**	**100.8**	**99.8**	**99.2**	**101.3**
城市平均	**101.6**	**105.3**	**100.4**	**101.9**	**100.2**	**99.1**	**99.0**	**101.1**
郑州市	101.4	105.2	100.3	101.9	99.9	98.7	98.9	100.1
开封市	101.0	104.6	100.1	102.3	95.5	97.8	97.7	99.0
洛阳市	101.6	106.0	99.9	101.8	101.0	99.5	99.0	103.8
平顶山市	101.6	105.9	100.6	100.7	101.1	99.1	97.2	100.4
安阳市	101.4	105.2	99.8	102.2	102.3	98.5	99.3	101.7
鹤壁市	101.4	105.9	101.3	101.1	98.5	98.9	98.8	99.9
新乡市	102.2	106.2	101.9	100.8	100.1	98.3	101.5	103.9
焦作市	101.5	104.9	100.9	104.4	103.6	98.2	98.3	100.5
濮阳市	101.7	106.0	98.7	102.3	101.2	99.0	97.7	101.4
许昌市	101.0	104.4	101.5	100.2	107.4	98.6	99.6	101.3
漯河市	100.6	104.2	100.5	100.7	99.8	98.9	96.5	101.3
三门峡市	102.2	107.1	101.3	99.2	97.9	98.3	98.6	101.3
南阳市	101.7	105.3	98.5	103.3	98.9	100.7	99.3	100.0
商丘市	101.6	106.2	101.7	101.6	100.6	99.8	98.3	99.7
信阳市	101.7	105.5	99.2	100.8	102.7	98.6	101.7	102.1
周口市	101.5	104.6	101.8	103.6	101.5	94.6	98.1	101.5
驻马店市	101.2	105.2	99.1	105.5	102.4	99.6	97.8	100.8
农村平均	**102.3**	**105.9**	**102.3**	**103.5**	**101.6**	**100.4**	**99.4**	**101.4**
滑县	101.8	105.8	99.6	104.3	99.7	98.5	97.2	100.3
辉县市	102.7	104.9	107.9	103.2	103.8	100.5	103.4	102.3
襄城县	101.8	105.5	103.7	100.9	99.0	99.1	97.5	102.1
灵宝市	102.9	107.2	105.5	102.5	100.0	99.6	99.4	101.9
镇平县	102.2	103.8	102.2	101.8	104.8	102.9	100.7	103.2
永城市	102.2	105.0	100.1	104.5	100.6	100.6	96.8	100.1
固始县	102.3	106.1	100.2	105.5	101.3	100.5	99.5	100.3
淮阳县	102.7	106.5	100.5	103.7	101.4	100.5	99.2	102.1
汝南县	102.2	106.4	100.1	104.6	103.6	97.1	100.5	100.6

零售价格指数(2013年)

体育娱乐用品	交通、通信用品	家具	化妆品类	金银珠宝类	中西药品及医疗保健用品类	书报杂志及电子出版物类	燃料类	建筑材料及五金电料类
100.3	**97.4**	**101.4**	**102.0**	**91.5**	**102.2**	**102.5**	**98.3**	**100.0**
100.1	**97.4**	**101.2**	**101.4**	**91.4**	**101.7**	**102.7**	**98.6**	**100.4**
100.1	98.0	101.7	101.1	93.0	102.0	105.9	99.4	100.0
101.4	95.3	100.3	104.6	89.6	102.0	106.8	98.5	99.9
99.7	98.1	101.2	101.2	94.4	103.7	101.4	97.0	100.7
100.1	97.9	100.6	104.5	91.6	100.3	100.4	99.0	100.3
100.7	96.6	103.1	100.7	91.6	102.7	99.2	96.9	99.5
99.4	95.6	100.3	99.2	95.8	102.0	100.5	97.9	99.6
100.1	99.0	100.3	101.7	93.0	103.5	100.4	99.0	99.9
98.8	95.7	101.3	99.9	95.9	101.0	100.1	98.9	101.9
101.4	96.8	103.3	102.2	95.5	102.7	100.2	99.1	99.2
100.6	98.7	100.3	100.2	91.7	100.9	101.7	98.4	97.4
98.9	97.1	100.1	100.4	92.3	98.3	104.3	99.4	96.2
100.9	97.9	100.2	98.8	89.8	106.0	101.5	98.6	102.0
100.9	99.4	102.3	101.6	85.8	100.5	101.0	99.0	101.6
100.6	96.9	98.3	100.8	91.5	102.4	101.1	97.2	99.8
99.2	99.1	99.8	101.1	87.4	100.4	101.2	101.0	99.1
99.0	98.7	102.6	100.6	93.3	100.4	99.9	99.5	100.7
100.5	94.5	101.7	101.5	93.8	99.0	100.4	95.2	101.1
100.8	**97.5**	**101.9**	**102.6**	**91.8**	**103.1**	**101.7**	**97.8**	**99.6**
100.1	95.3	102.1	103.5	97.1	107.8	101.0	91.3	99.3
104.0	97.3	102.2	102.1	90.7	101.4	100.9	95.9	99.7
100.2	94.8	100.3	101.7	92.0	101.6	98.4	96.9	99.5
101.6	98.2	101.6	100.2	92.4	102.2	104.0	97.9	98.1
99.7	96.4	100.8	102.0	96.7	105.8	102.1	100.2	100.0
99.9	99.9	100.7	102.4	92.4	100.9	102.0	97.9	101.9
100.3	97.3	105.4	105.5	86.7	102.6	101.5	98.1	97.3
101.3	98.3	101.7	103.1	94.0	104.0	101.9	99.5	99.2
100.4	97.7	100.0	102.3	91.0	101.1	102.0	99.3	98.7

主要统计指标解释

居民消费价格指数 是反映一定时期内城乡居民购买并用于日常生活消费的商品和服务项目价格水平变动趋势和程度的相对数。居民消费价格水平的变动率在一定程度上反映了通货膨胀（或紧缩）的程度。编制居民消费价格指数（CPI）的目的，是为了了解市场价格变动的基本情况，分析研究价格变动对社会经济和居民生活支出的影响，满足各级政府制定政策和计划、进行宏观调控的需要；同时居民消费价格指数也是国民经济核算和社会担保实际支付调整的重要指标。

城市居民消费价格指数 是反映城市居民家庭所购买用于日常生活消费的商品和服务项目价格变动趋势和程度的相对数。城市居民消费价格指数可以用以观察分析消费商品和服务项目价格变动对职工货币工资的影响，作为研究职工生活和确定工资政策以及相关社会保障政策的依据。

农村居民消费价格指数 是反映农村居民家庭所购买用于日常生活消费的商品和服务项目价格变动趋势和程度的相对数。农村居民消费价格指数可以用以观察分析农村消费商品和服务项目价格变动对农村居民生活消费支出的影响，直接反映农民生活水平的实际变化情况，为分析和研究农村居民生活问题和制定相关惠农政策提供依据。

商品零售价格指数 商品零售价格是工业、商业、餐饮和其他零售企业向城乡居民、机关团体出售生活消费品和办公用品的价格，不包括服务项目价格。商品零售价格的变动直接影响到城乡居民的生活支出和国家的财政收入，影响居民购买力和市场供需平衡，影响消费与积累的比例。编制商品零售价格指数(RPI)，以此反映市场商品零售价格变动趋势和变动程度，从另一个侧面对上述经济活动进行观察和分析。

农业生产资料价格指数 是反映工业、商业及其他单位和个人向农民出售农业生产资料（包括主要生产性服务）价格变动趋势和变动程度的相对数。编制农业生产资料价格指数（AMPI），目的在于掌握农业生产资料的平均价格水平和变动情况，为国家制定经济政策提供依据；同时，为研究城乡市场流通和国民经济核算提供参考依据。

生产价格

资料整理：芦松林　王晓燕

6-1 历年工业生产者出厂及购进价格指数

(上年=100)

年 份	工业生产者出厂价格总指数	按轻、重工业分		按部类分		工业生产者购进价格总指数
		轻工业	重工业	生产资料	生活资料	
1989	119.7	116.6	122.6	121.4	117.5	130.0
1990	105.5	105.3	105.5	105.4	105.4	105.5
1991	104.3	102.0	106.2	105.7	102.1	104.4
1992	106.2	104.1	108.0	107.3	104.6	110.0
1993	118.1	108.8	125.9	124.4	108.4	133.0
1994	124.1	129.5	119.4	119.4	131.1	122.0
1995	115.0	119.9	110.9	114.3	116.2	114.1
1996	104.1	102.8	105.1	104.8	103.0	106.0
1997	100.6	98.5	102.1	101.2	99.5	100.6
1998	95.3	94.2	96.0	95.8	94.2	94.8
1999	95.4	93.9	96.5	96.0	94.4	94.3
2000	104.0	99.6	106.5	106.0	98.0	105.1
2001	100.5	98.7	101.5	101.1	98.6	101.9
2002	98.6	96.8	99.7	98.8	98.2	97.6
2003	105.0	103.2	106.9	105.7	102.7	107.8
2004	110.2	106.4	113.9	111.4	106.4	115.7
2005	106.1	102.6	109.2	107.3	101.9	108.3
2006	104.3	101.3	106.7	105.3	100.7	105.3
2007	105.2	105.7	104.9	104.5	107.7	106.4
2008	112.1	107.9	115.4	113.3	108.1	111.9
2009	94.9	98.4	92.2	93.3	101.1	97.1
2010	107.8	104.3	110.7	108.8	103.9	110.2
2011	107.2	106.9	107.3	107.7	105.5	110.1
2012	99.4	100.1	99.2	98.6	102.5	99.2
2013	98.5	101.8	97.3	97.5	102.2	99.3

6-2 主要年份分类工业生产者出厂价格指数

(上年=100)

项目名称	1990年	1995年	2000年	2005年	2009年	2010年	2011年	2012年	2013年
总指数	**105.5**	**115.0**	**104.0**	**106.1**	**94.9**	**107.8**	**107.2**	**99.4**	**98.5**
核心指数							107.3	98.2	98.5
高技术							107.5	102.7	99.6
能源							108.6	101.1	94.5
按轻重工业分									
轻工业	105.3	119.9	99.6	102.6	98.4	104.3	106.9	100.1	101.8
以农产品为原料	106.5	120.8	99.6	101.1	99.4	106.0	107.5	100.0	102.1
以非农产品为原料	101.8	116.0	99.5	104.4	97.2	102.4	104.3	100.5	100.0
重工业	105.5	110.9	106.5	109.2	92.2	110.7	107.3	99.2	97.3
采掘	108.5	108.8	116.3	125.6	92.3	116.7	112.6	96.8	91.8
原料	107.1	106.5	108.8	107.1	91.6	112.9	108.4	100.2	96.8
加工	102.8	117.2	99.6	104.2	92.7	105.0	105.2	99.2	99.1
按两大部类分									
生产资料	105.4	114.3	106.0	107.3	93.3	108.8	107.7	98.6	97.5
采掘	108.5	108.8	115.3	123.6	92.6	116.8	112.6	96.8	91.8
原料	106.8	112.0	108.2	106.3	91.7	112.0	108.3	100.1	96.9
加工	103.1	119.2	100.2	103.3	94.4	104.6	106.1	98.1	99.2
生活资料	105.4	116.2	98.0	101.9	101.1	103.9	105.5	102.5	102.2
食品	102.7	115.4	94.3	102.1	101.1	103.7	104.9	102.9	103.5
衣着	112.1	118.0	104.0	102.8	101.8	105.6	111.4	104.9	100.4
一般日用品	100.0	116.8	101.0	101.7	100.4	103.7	105.0	101.0	100.0
耐用消费品	96.2	107.1	97.9	99.7	101.8	103.9	105.6	101.5	100.5
按初级中间最终产品分									
初级产品							112.6	96.8	91.8
矿产品							112.6	96.8	91.8
中间产品							107.0	99.3	98.9
最终产品							104.8	102.0	100.9
最终投资品							104.5	100.5	100.0
最终消费品							105.2	103.9	101.9
按工业部门分									
冶金工业	116.4	103.9	109.6	104.8	82.9	116.4	108.7	95.2	95.9
电力工业	102.3	105.9	105.4	105.0	103.7	103.6	104.3	108.0	100.8
煤炭及炼焦工业	103.5	108.9	96.9	124.5	99.8	113.1	107.8	95.9	89.1
石油工业	114.8	104.3	146.8	125.8	75.1	127.9	121.7	101.5	96.4
化学工业	106.8	124.8	100.6	106.4	91.0	107.3	111.0	98.8	97.0

6-2 续表

(上年=100)

项目名称	1990年	1995年	2000年	2005年	2009年	2010年	2011年	2012年	2013年
机械工业	100.8	112.2	99.0	101.5	99.8	101.4	103.5	100.4	100.1
建筑材料工业	96.8	110.8	100.4	108.4	99.5	101.1	104.5	101.3	100.5
森林工业	95.7	108.9	101.4	99.5	97.2	99.9	106.0	102.2	100.8
食品工业	102.4	115.4	94.3	101.9	100.9	103.7	104.8	102.4	103.6
纺织工业	109.1	119.3	107.7	95.4	96.2	116.4	120.4	88.8	99.5
缝纫工业	130.9	129.1	105.7	103.3	103.9	105.3	111.4	105.5	99.5
皮革工业	99.9	126.8	100.9	104.0	99.7	102.7	106.3	103.0	104.1
造纸工业	98.4	140.5	101.2	102.3	94.4	103.4	102.9	99.9	99.1
文教艺术用品工业	97.7	100.4	97.6	101.7	99.9	101.8	100.5	102.1	102.5
其它工业	100.9	144.7	100.5	101.9	94.4	103.5	106.3	100.0	99.1
基本分类汇总项									
(1)原煤							108.2	96.1	87.9
(2)铁矿石成品矿							118.7	86.6	96.3
(3)水泥							116.7	96.5	91.6
(4)轧制、锻造钢坯							110.9	83.1	90.8
(5)钢材							104.2	90.7	96.7
(6)常用有色金属合金							99.8	97.1	97.8
(7)稀有稀土金属合金									
(8)贵金属合金									
(9)铝材							105.8	96.8	97.6
(10)船舶用发动机							97.3	97.1	99.6
(11)汽轮机									
(12)数控金属切削机床							106.4	105.8	92.9
(13)风机							99.5	100.0	98.6
(14)乘用车							102.0	103.6	102.6
(15)客车							99.1	102.6	112.3
(16)载货汽车							97.4	97.8	101.5
(17)发电机							101.5	105.8	111.9
(18)发电机组							92.3	106.2	108.0
(19)高压电路开关保护电器装置							103.4	100.3	100.8
(20)电力控制或电力分配装置							106.2	97.7	99.6
(21)光缆							88.7	104.8	107.6
(22)蓄电池							110.5	98.2	94.3
(23)移动通信设备									
(24)彩色电视机									
(25)燃气供应量							105.7	106.4	101.1

6-3 主要年份分类工业生产者购进价格指数

(上年=100)

项目名称	1990年	1995年	2000年	2005年	2009年	2010年	2011年	2012年	2013年
总 指 数	**105.5**	**114.1**	**105.1**	**108.3**	**97.1**	**110.2**	**110.1**	**99.2**	**99.3**
按初级中间最终产品分									
初级产品							111.6	98.9	98.8
农产品							114.1	97.1	101.3
矿产品							109.0	100.9	96.4
废料							110.1	97.4	96.3
中间产品							109.5	99.3	99.5
九大类原材料购进价格指数									
燃料、动力类	105.1	109.2	107.9	115.2	102.5	108.9	106.6	101.6	96.7
黑色金属材料类	107.7	95.0	102.2	106.0	86.4	108.4	108.1	94.1	96.4
钢材		95.7	104.2	106.7	86.7	105.9	106.1	95.5	95.9
其它		94.2	99.3	105.1	86.1	113.1	111.8	91.6	97.4
有色金属材料和电线类	98.6	126.7	111.6	115.4	83.8	123.2	109.2	98.2	96.4
化工原料类	89.9	123.8	111.2	107.5	90.9	116.8	115.0	91.5	94.6
木材及纸浆类	111.5	108.3	100.6	103.1	98.7	104.7	107.4	102.2	100.8
建筑材料类及非金属矿类	104.3		99.6	114.9	96.6	103.9	106.3	101.4	98.8
建筑材料类		100.4							
非金属矿类		109.3							
其它工业原材料及半成品类			99.9	112.5	99.6	107.4	111.5	104.6	104.4
农副产品类	106.2	135.1	98.2	102.5	101.0	108.3	114.2	97.0	101.3
纺织原料类	123.6	116.3	107.4	100.6	93.4	118.1	111.7	91.6	99.7

6-4 各月分类工业生产者

(上年同期=100)

项目名称	全年	1月	2月	3月	4月	5月
总指数	**98.5**	**99.3**	**99.3**	**98.9**	**98.1**	**97.7**
核心指数	98.5	99.2	99.2	98.9	98.2	98.1
高技术	99.6	101.6	99.6	99.3	99.0	99.8
能源	94.5	96.2	96.0	95.2	93.7	91.6
按轻重工业分						
轻工业	101.8	101.2	101.6	101.5	101.1	101.7
以农产品为原料	102.1	101.5	102.0	101.9	101.5	102.0
以非农产品为原料	100.0	99.8	99.7	99.7	99.8	100.2
重工业	97.3	98.5	98.4	97.9	96.9	96.2
采掘	91.8	93.0	93.5	93.6	91.9	88.7
原料	96.8	99.0	98.6	97.4	96.0	95.8
加工	99.1	99.9	99.6	99.4	98.8	98.5
按两大部类分						
生产资料	97.5	98.4	98.4	98.0	97.0	96.4
采掘	91.8	93.0	93.5	93.6	91.9	88.7
原料	96.9	98.9	98.5	97.4	96.1	95.9
加工	99.2	99.5	99.5	99.3	98.9	98.6
生活资料	102.2	102.3	102.4	102.1	101.7	102.2
食品	103.5	103.2	103.7	103.4	102.9	103.6
衣着	100.4	99.8	100.7	100.5	99.7	100.3
一般日用品	100.0	101.4	100.2	99.7	99.2	99.5
耐用消费品	100.5	100.8	100.7	100.8	100.6	100.6
按初级中间最终产品分						
初级产品	91.8	93.0	93.5	93.6	91.9	88.7
矿产品	91.8	93.0	93.5	93.6	91.9	88.7
中间产品	98.9	99.7	99.6	99.1	98.3	98.2
最终产品	100.9	101.5	101.3	101.0	100.4	100.7
最终投资品	100.0	100.4	100.2	100.2	99.6	99.8
最终消费品	101.9	102.8	102.7	101.9	101.4	101.9
按工业部门分						
冶金工业	95.9	97.7	98.1	97.2	95.7	95.0
电力工业	100.8	104.1	103.4	101.2	100.7	100.7
煤炭及炼焦工业	89.1	89.0	90.0	90.2	88.9	85.2
石油工业	96.4	100.1	97.1	96.4	91.7	89.5

出厂价格同比指数(2013年)

6月	7月	8月	9月	10月	11月	12月
97.6	**97.9**	**98.7**	**98.9**	**98.7**	**98.8**	**98.6**
98.0	98.0	98.5	98.6	98.5	98.5	98.5
99.6	99.1	98.9	99.2	99.5	99.6	99.7
91.5	92.7	95.0	96.2	95.9	95.5	94.9
101.8	101.9	102.2	101.9	102.1	102.2	102.0
102.2	102.4	102.6	102.3	102.4	102.6	102.4
100.0	100.0	100.2	100.0	100.4	100.3	100.3
96.0	96.3	97.3	97.7	97.4	97.4	97.2
88.4	89.5	92.7	93.9	93.0	92.6	91.5
95.7	95.7	96.7	96.7	96.4	96.7	96.5
98.4	98.5	98.9	99.3	99.2	99.2	99.2
96.3	96.6	97.6	97.9	97.7	97.8	97.6
88.4	89.5	92.7	93.9	93.0	92.6	91.5
95.8	95.8	96.8	96.9	96.7	97.0	96.9
98.6	98.7	99.1	99.5	99.4	99.4	99.4
102.3	102.5	102.6	102.3	102.1	102.3	102.0
103.7	103.9	104.1	103.5	103.2	103.6	103.0
100.0	100.3	100.2	100.5	100.6	100.4	101.4
99.7	99.8	100.0	100.0	100.3	100.0	99.7
100.3	100.6	100.8	100.6	100.3	100.1	100.0
88.4	89.5	92.7	93.9	93.1	92.6	91.5
88.4	89.5	92.7	93.9	93.1	92.6	91.5
98.3	98.4	99.0	99.1	99.0	99.1	99.0
100.7	100.9	101.0	100.8	100.7	100.8	100.7
99.8	100.0	100.1	99.9	99.9	100.1	100.1
101.7	101.8	102.0	101.8	101.7	101.7	101.4
94.8	94.4	95.8	96.1	95.4	95.3	95.0
100.0	99.9	100.1	100.2	100.0	99.6	99.6
84.8	85.5	88.9	92.1	92.6	92.2	90.5
92.3	98.4	102.5	99.6	96.3	96.2	97.7

6-4 续表

(上年同期=100)

项目名称	全年	1月	2月	3月	4月	5月
化学工业	97.0	98.2	97.5	96.9	96.4	96.2
机械工业	100.1	100.3	100.2	100.3	100.0	100.1
建筑材料工业	100.5	102.1	101.3	101.3	100.4	100.8
森林工业	100.8	100.5	100.2	100.1	101.0	100.9
食品工业	103.6	103.3	103.9	103.6	103.1	103.7
纺织工业	99.5	97.4	97.8	98.2	98.2	98.4
缝纫工业	99.5	98.9	99.8	99.3	99.4	100.1
皮革工业	104.1	100.8	102.1	102.4	102.1	102.9
造纸工业	99.1	99.0	98.8	98.6	98.4	98.7
文教艺术用品工业	102.5	101.2	101.8	102.7	102.7	102.5
其它工业	99.1	99.3	99.2	99.2	99.1	99.0
基本分类汇总项						
(1)原煤	87.9	87.9	89.1	89.6	88.5	84.0
(2)铁矿石成品矿	96.3	90.4	91.2	92.1	93.0	94.2
(3)水泥	91.6	95.2	94.0	93.4	92.3	90.8
(4)轧制、锻造钢坯	90.8	87.0	89.4	88.6	86.6	85.5
(5)钢材	96.7	95.2	97.3	96.4	95.2	92.9
(6)常用有色金属合金	97.8	98.7	98.7	98.7	98.4	97.4
(7)稀有稀土金属合金						
(8)贵金属合金						
(9)铝材	97.6	97.5	97.8	97.0	96.9	96.3
(10)船舶用发动机	99.6	107.1	110.2	96.6	96.6	95.2
(11)汽轮机						
(12)数控金属切削机床	92.9	92.0	88.6	103.8	103.0	100.3
(13)风机	98.6	98.6	98.6	98.6	98.6	98.6
(14)乘用车	102.6	105.4	102.3	104.0	102.6	103.2
(15)客车	112.3	108.8	111.2	111.8	114.6	114.6
(16)载货汽车	101.5	100.6	100.2	105.9	101.6	103.1
(17)发电机	111.9	117.4	117.4	109.8	109.8	109.8
(18)发电机组	108.0	109.4	112.5	112.9	112.9	112.9
(19)高压电路开关、保护电器装置	100.8	101.1	99.6	101.1	99.9	99.1
(20)电力控制或电力分配装置	99.6	98.8	98.9	98.9	98.2	99.1
(21)光缆	107.6	104.6	105.4	105.6	105.5	108.2
(22)蓄电池	94.3	90.3	90.6	90.3	90.6	91.4
(23)移动通信设备						
(24)彩色电视机						
(25)燃气供应量	101.1	100.5	100.3	99.8	99.6	99.4

6月	7月	8月	9月	10月	11月	12月
96.4	96.7	96.8	96.8	96.9	97.5	97.9
99.8	99.9	100.0	100.2	100.2	100.4	100.1
100.4	100.1	100.3	99.9	99.4	99.7	99.9
100.9	101.0	101.1	100.8	100.9	101.0	101.0
103.9	104.0	104.0	103.3	103.2	103.6	103.0
99.1	99.8	100.7	101.0	101.5	100.9	101.0
100.0	99.7	99.3	99.5	99.5	99.4	99.5
103.0	103.8	104.7	105.1	107.2	106.6	108.1
99.0	98.7	99.1	99.2	99.9	100.2	100.1
102.4	102.2	102.5	102.8	103.2	103.2	103.2
99.1	99.3	99.0	99.1	99.1	99.0	99.3
83.5	84.7	88.4	90.6	90.6	90.0	88.3
94.2	92.9	99.4	102.0	103.7	103.4	102.2
89.3	89.1	89.9	90.3	89.9	91.3	94.1
84.8	87.8	94.8	99.7	100.4	95.3	93.4
93.8	95.6	98.4	101.4	99.1	97.5	98.2
97.0	96.6	97.0	97.1	97.2	97.3	99.6
96.7	97.3	97.2	98.2	98.3	98.5	99.4
96.6	92.1	92.1	98.2	104.5	104.5	104.5
100.7	89.5	77.8	80.2	87.2	73.4	117.6
98.6	98.6	98.6	98.6	98.6	98.6	98.6
100.9	103.5	103.8	103.1	100.6	101.0	100.8
115.8	111.8	111.8	110.3	110.1	114.3	112.2
100.8	101.8	101.0	104.8	99.0	102.2	96.9
109.8	109.8	109.8	109.8	109.8	115.2	115.2
112.9	112.9	104.9	104.9	104.9	98.6	98.6
99.5	99.9	102.5	102.1	99.6	102.3	103.4
99.2	99.0	99.7	100.7	100.7	101.2	101.2
109.1	106.7	107.8	110.2	108.6	110.3	109.6
89.9	92.6	100.3	100.8	98.6	99.8	98.9
99.3	99.3	100.3	102.7	103.7	103.8	104.1

6-5 各月分大类(新行业)工业生

(上年同期=100)

大类行业代码及名称	全年	1月	2月	3月	4月
(06)煤炭开采和洗选业	88.0	87.9	88.9	89.4	88.5
(07)石油和天然气开采业	94.3	97.4	94.1	93.1	90.3
(08)黑色金属矿采选业	95.5	88.6	90.6	94.6	92.2
(09)有色金属矿采选业	95.9	100.8	101.1	100.0	97.0
(10)非金属矿采选业	103.8	105.9	105.8	105.1	104.5
(13)农副食品加工业	103.6	102.7	103.6	103.1	102.4
(14)食品制造业	105.5	105.9	106.3	106.9	106.3
(15)酒、饮料和精制茶制造业	99.3	99.9	99.9	99.8	99.2
(16)烟草制品业	100.5	101.6	101.6	100.0	100.0
(17)纺织业	99.5	97.7	98.1	98.3	98.3
(18)纺织服装、服饰业	98.2	97.1	97.4	97.3	97.3
(19)皮革、毛皮、羽毛及其制品和制鞋业	104.9	101.7	103.6	103.7	103.4
(20)木材加工和木、竹、藤、棕、草制品业	100.8	100.4	100.1	100.0	101.0
(21)家具制造业	100.3	100.1	100.0	100.0	100.1
(22)造纸和纸制品业	99.1	99.0	98.8	98.6	98.4
(23)印刷和记录媒介复制业	100.3	100.2	100.0	100.0	100.1
(24)文教、工美、体育和娱乐用品制造业	103.0	103.4	103.0	103.3	103.4
(25)石油加工、炼焦和核燃料加工业	95.6	98.1	97.0	96.1	91.0
(26)化学原料和化学制品制造业	93.5	96.0	94.5	93.5	93.0
(27)医药制造业	103.0	104.5	103.6	102.9	102.8
(28)化学纤维制造业	90.5	89.8	91.3	91.3	91.1
(29)橡胶和塑料制品业	99.2	98.2	98.5	98.4	97.9
(30)非金属矿物制品业	99.7	100.9	100.2	100.3	99.6
(31)黑色金属冶炼和压延加工业	96.8	96.0	97.4	96.8	95.7
(32)有色金属冶炼和压延加工业	94.6	98.6	97.7	96.3	94.8
(33)金属制品业	97.2	96.9	96.7	96.5	97.2
(34)通用设备制造业	100.2	99.6	99.7	99.5	99.4
(35)专用设备制造业	101.0	101.3	101.4	101.6	101.1
(36)汽车制造业	102.2	103.2	103.3	103.3	102.7
(37)铁路、船舶、航空航天和其他运输设备制造业	101.0	100.9	101.2	101.3	101.1
(38)电气机械和器材制造业	99.4	98.9	98.6	99.5	99.0
(39)计算机、通信和其他电子设备制造业	96.1	94.5	95.6	95.9	96.1
(40)仪器仪表制造业	99.7	100.6	100.4	100.3	100.0
(41)其他制造业	98.1	98.0	98.0	97.8	97.3
(43)金属制品、机械和设备修理业	109.2	120.5	120.0	118.5	109.8
(44)电力、热力生产和供应业	100.8	104.1	103.4	101.2	100.7
(45)燃气生产和供应业	101.0	102.6	101.0	99.2	99.0
(46)水的生产和供应业	100.5	100.9	100.9	100.9	100.9

产者出厂价格同比指数(2013年)

5月	6月	7月	8月	9月	10月	11月	12月
84.5	84.1	84.7	87.9	90.7	91.0	90.4	88.9
86.1	88.5	96.1	102.3	99.7	96.0	95.2	95.7
93.6	94.1	92.9	97.9	99.9	101.0	101.9	101.1
96.3	94.8	93.0	94.3	94.7	93.0	92.7	92.3
103.4	103.1	103.3	103.8	103.7	102.9	102.3	101.6
103.7	104.4	104.6	104.4	103.4	103.3	104.1	103.2
105.8	105.0	104.9	105.5	105.4	105.0	105.0	104.4
99.2	99.3	99.1	99.5	99.1	98.6	98.8	99.3
100.0	100.0	100.5	100.5	100.5	100.5	100.5	100.5
98.6	99.3	99.9	100.6	100.9	101.2	100.6	100.8
97.9	97.9	97.9	98.4	98.8	99.1	99.3	99.8
104.2	104.4	104.8	105.3	105.7	107.4	106.8	107.9
100.8	100.8	100.9	101.0	100.8	101.0	101.2	101.2
100.3	100.6	100.6	100.6	100.4	100.2	100.1	100.1
98.7	99.0	98.7	99.1	99.2	99.9	100.2	100.1
100.3	100.3	100.3	100.4	100.5	100.4	100.3	100.3
103.3	103.1	103.1	102.5	102.6	102.8	102.5	102.4
89.8	91.0	94.1	98.0	99.0	97.9	98.2	98.2
92.1	92.5	92.8	93.1	93.0	93.1	93.8	94.5
103.5	103.5	102.6	102.2	102.3	102.3	102.6	102.6
89.7	89.6	87.4	89.2	88.6	91.3	94.2	93.4
98.5	98.3	100.0	99.9	99.8	100.1	100.3	100.4
99.9	99.7	99.5	99.6	99.3	98.9	99.1	99.4
94.0	94.3	95.3	97.6	99.8	98.8	97.7	98.0
94.7	94.2	93.1	93.9	92.7	92.6	93.4	92.7
96.6	96.7	96.8	97.3	98.0	97.9	98.2	98.1
99.3	99.9	99.8	99.8	100.6	101.2	101.3	101.7
101.6	100.7	101.0	100.7	100.8	101.0	101.0	100.2
102.7	102.1	101.8	101.8	101.9	101.2	101.5	100.9
101.0	100.1	100.5	101.4	101.5	101.1	100.9	101.0
99.4	100.0	100.2	100.0	99.6	99.3	99.5	98.9
96.2	94.8	95.0	95.5	96.9	97.0	97.3	98.0
99.5	99.6	99.6	99.8	100.1	98.8	98.6	98.6
96.4	97.1	96.0	97.0	97.2	100.7	100.8	101.2
108.3	111.7	111.9	112.2	102.8	100.5	100.4	99.4
100.7	99.9	99.9	100.1	100.2	100.0	99.6	99.5
98.8	98.8	99.4	100.3	102.4	103.2	103.3	103.6
100.9	100.6	100.4	100.4	100.4	100.4	100.0	100.0

6-6 各月分大中类(新行业)工业生

(上年同期=100)

大中类行业代码及名称	全年	1月	2月	3月	4月
(06)煤炭开采和洗选业	88.0	87.9	88.9	89.4	88.5
(061)烟煤和无烟煤开采洗选	88.0	87.9	88.9	89.4	88.5
(069)其他煤炭采选	94.6	85.7	87.8	89.2	91.4
(07)石油和天然气开采业	94.3	97.4	94.1	93.1	90.3
(071)石油开采	94.1	97.3	93.9	92.9	90.0
(072)天然气开采	102.0	100.8	101.7	101.7	101.7
(08)黑色金属矿采选业	95.5	88.6	90.6	94.6	92.2
(081)铁矿采选	95.5	88.6	90.6	94.6	92.2
(09)有色金属矿采选业	95.9	100.8	101.1	100.0	97.0
(091)常用有色金属矿采选	105.9	107.8	113.0	112.3	107.5
(092)贵金属矿采选	92.3	99.2	97.2	96.4	94.2
(093)稀有稀土金属矿采选	92.4	93.1	95.6	91.8	88.3
(10)非金属矿采选业	103.8	105.9	105.8	105.1	104.5
(101)土砂石开采	104.6	106.8	106.6	106.0	105.2
(102)化学矿开采	92.2	92.1	93.3	93.3	95.0
(103) 采盐	96.5	93.6	95.5	96.2	93.6
(109)石棉及其他非金属矿采选	101.1	103.7	103.7	102.2	102.2
(13)农副食品加工业	103.6	102.7	103.6	103.1	102.4
(131)谷物磨制	106.8	106.8	107.5	107.0	106.2
(132)饲料加工	104.9	107.4	108.1	107.4	106.1
(133)植物油加工	99.4	104.2	105.2	99.5	96.3
(134)制糖业	97.8	95.8	99.7	101.4	102.8
(135)屠宰及肉类加工	101.9	96.7	98.5	99.3	99.6
(136)水产品加工	108.2	109.4	109.4	109.4	115.5
(137)蔬菜、水果和坚果加工	98.7	102.4	97.9	97.5	97.6
(139)其他农副食品加工	99.4	95.5	96.0	97.5	98.2
(14)食品制造业	105.5	105.9	106.3	106.9	106.3
(141)焙烤食品制造	103.3	103.9	103.9	104.2	104.3
(142)糖果、巧克力及蜜饯制造	98.7	100.1	99.9	99.1	99.7
(143)方便食品制造	104.6	106.1	106.5	107.2	106.3
(144)乳制品制造	111.0	108.4	107.8	107.9	105.0
(145)罐头食品制造	112.4	103.6	104.8	107.7	108.3
(146)调味品、发酵制品制造	114.0	113.5	114.7	115.7	115.2
(149)其他食品制造	99.3	98.4	98.3	99.1	98.8
(15)酒、饮料和精制茶制造业	99.3	99.9	99.9	99.8	99.2

产者出厂价格同比指数(2013年)

5月	6月	7月	8月	9月	10月	11月	12月
84.5	84.1	84.7	87.9	90.7	91.0	90.4	88.9
84.4	84.0	84.7	87.9	90.7	91.0	90.4	88.9
99.1	96.9	95.5	95.5	94.9	100.2	99.7	101.3
86.1	88.5	96.1	102.3	99.7	96.0	95.2	95.7
85.7	88.1	95.9	102.3	99.7	95.8	94.9	95.5
101.7	101.7	101.3	102.1	101.7	102.5	103.3	103.7
93.6	94.1	92.9	97.9	99.9	101.0	101.9	101.1
93.6	94.1	92.9	97.9	99.9	101.0	101.9	101.1
96.3	94.8	93.0	94.3	94.7	93.0	92.7	92.3
107.4	106.4	102.5	102.1	103.9	101.9	101.5	105.1
93.2	91.6	90.0	91.1	90.7	88.7	88.4	86.8
87.3	86.0	87.4	94.1	97.3	98.1	97.6	94.8
103.4	103.1	103.3	103.8	103.7	102.9	102.3	101.6
104.0	103.8	104.2	104.7	104.6	103.9	103.1	102.4
94.2	93.7	92.4	93.2	91.2	88.8	89.7	89.6
100.0	102.9	101.9	95.7	103.6	95.3	91.3	90.5
101.4	100.0	100.0	100.0	100.0	100.0	100.0	100.0
103.7	104.4	104.6	104.4	103.4	103.3	104.1	103.2
106.1	106.4	106.9	106.6	106.7	107.2	107.5	106.3
106.0	106.7	104.3	101.8	100.9	103.0	104.7	103.7
98.3	102.3	100.4	100.2	95.7	96.7	97.6	97.2
97.3	96.8	95.5	99.7	94.6	95.0	98.9	96.6
103.6	103.5	105.3	106.0	104.1	101.9	102.9	102.2
112.8	111.5	109.0	105.4	104.3	104.3	104.3	104.3
97.6	97.0	97.5	97.8	99.2	99.7	99.7	100.2
97.5	99.1	99.8	100.1	102.5	102.0	102.7	101.9
105.8	105.0	104.9	105.5	105.4	105.0	105.0	104.4
104.1	103.7	103.6	103.3	102.9	102.3	101.8	101.4
98.3	98.7	98.8	97.7	97.7	97.9	98.3	98.3
105.2	103.6	103.2	104.6	104.1	103.2	103.4	102.5
106.9	109.9	114.6	114.7	114.5	114.2	113.9	113.8
111.8	112.4	113.6	116.5	117.1	117.1	117.7	117.7
115.1	114.5	113.6	112.6	113.5	113.7	113.5	112.7
98.3	97.9	97.6	98.8	100.2	101.0	101.0	101.9
99.2	99.3	99.1	99.5	99.1	98.6	98.8	99.3

6-6 续表 1

(上年同期=100)

大中类行业代码及名称	全年	1月	2月	3月	4月
(151)酒的制造	99.3	99.5	99.6	99.8	99.2
(152)饮料制造	99.2	100.4	100.4	99.4	99.2
(153)精制茶加工	101.0	101.7	101.7	103.6	100.2
(16)烟草制品业	100.5	101.6	101.6	100.0	100.0
(161)烟叶复烤	100.0	100.0	100.0	100.0	100.0
(162)卷烟制造	100.6	101.7	101.7	100.0	100.0
(169)其他烟草制品制造	98.7	99.7	99.9	98.4	98.4
(17)纺织业	99.5	97.7	98.1	98.3	98.3
(171)棉纺织及印染精加工	99.6	97.5	97.9	98.4	98.4
(172)毛纺织及染整精加工	98.6	98.5	98.7	98.7	98.7
(173)麻纺织及染整精加工	96.4	93.4	97.2	97.3	97.7
(174)丝绢纺织及印染精加工	103.4	105.6	104.6	104.4	105.3
(176)针织或钩针编织物及其制品制造	99.5	101.0	101.0	100.2	100.2
(177)家用纺织制成品制造	102.4	100.1	100.1	100.1	100.0
(178)非家用纺织制成品制造	92.6	91.3	91.3	89.5	89.5
(18)纺织服装、服饰业	98.2	97.1	97.4	97.3	97.3
(181)机织服装制造	98.1	97.0	97.4	97.2	97.2
(183)服饰制造	100.0	100.0	100.0	100.0	100.0
(19)皮革、毛皮、羽毛及其制品和制鞋业	104.9	101.7	103.6	103.7	103.4
(191)皮革鞣制加工	109.8	102.0	104.2	104.6	106.6
(192)皮革制品制造	106.0	100.4	100.4	106.9	106.9
(193)毛皮鞣制及制品加工	95.7	96.8	97.2	96.9	93.7
(194)羽毛(绒)加工及制品制造	105.8	104.1	109.1	107.6	107.6
(195)制鞋业	107.8	107.1	110.1	108.2	108.0
(20)木材加工和木、竹、藤、棕、草制品业	100.8	100.4	100.1	100.0	101.0
(201)木材加工	101.8	102.9	102.5	102.3	101.8
(202)人造板制造	100.4	99.4	99.3	99.0	100.7
(203)木制品制造	100.8	101.5	100.5	101.0	101.2
(204)竹、藤、棕、草等制品制造	100.0	99.9	99.9	99.9	100.0
(21)家具制造业	100.3	100.1	100.0	100.0	100.1
(211)木质家具制造	100.8	101.0	100.7	100.7	100.9
(213)金属家具制造	99.7	99.3	99.3	99.3	99.3
(219)其他家具制造	100.7	100.0	100.0	100.0	100.0
(22)造纸和纸制品业	99.1	99.0	98.8	98.6	98.4
(221)纸浆制造	97.4	97.1	94.2	94.3	89.1

5月	6月	7月	8月	9月	10月	11月	12月
99.4	99.7	99.3	99.7	99.4	98.5	98.6	99.1
98.8	98.6	98.8	99.1	98.4	98.7	99.2	99.3
100.4	100.5	100.5	100.8	100.5	100.6	100.6	100.7
100.0	100.0	100.5	100.5	100.5	100.5	100.5	100.5
100.0	100.0	100.0	100.0	100.0	100.0	100.0	100.0
100.0	100.0	100.6	100.6	100.6	100.6	100.6	100.6
98.5	98.5	98.5	98.5	98.5	98.5	98.5	98.5
98.6	99.3	99.9	100.6	100.9	101.2	100.6	100.8
98.7	99.8	100.1	100.9	101.0	101.4	100.6	100.9
98.7	98.7	98.7	98.7	98.7	98.7	98.7	98.7
97.6	97.0	96.9	97.1	98.6	95.4	95.3	93.6
106.3	106.4	106.4	104.7	102.4	100.3	97.6	97.1
101.3	101.3	101.3	98.1	98.1	97.1	96.9	96.9
100.0	99.4	101.7	103.3	105.2	106.5	106.5	106.5
88.2	87.5	91.1	94.3	96.4	97.8	99.3	97.8
97.9	97.9	97.9	98.4	98.8	99.1	99.3	99.8
97.8	97.8	97.8	98.4	98.8	99.1	99.3	99.8
100.0	100.0	100.0	100.0	100.0	100.0	100.0	100.0
104.2	104.4	104.8	105.3	105.7	107.4	106.8	107.9
107.6	109.6	110.2	111.5	112.2	116.6	115.9	116.8
106.9	107.0	106.8	106.6	107.1	107.7	107.7	107.5
94.7	93.2	94.4	95.3	95.4	97.0	95.8	98.7
109.5	108.1	105.1	104.8	104.5	104.9	103.3	101.3
108.2	108.3	108.5	107.5	107.9	106.6	106.8	107.1
100.8	100.8	100.9	101.0	100.8	101.0	101.2	101.2
101.7	101.8	101.8	101.9	101.2	101.2	101.2	101.4
100.5	100.4	100.7	100.8	100.7	101.0	101.2	101.4
100.5	100.9	100.3	101.2	100.8	100.5	101.9	99.8
100.0	100.0	100.0	100.0	100.0	100.1	100.1	100.7
100.3	100.6	100.6	100.6	100.4	100.2	100.1	100.1
101.4	101.3	101.2	101.2	100.9	100.4	100.1	100.2
99.3	100.0	100.0	100.0	100.0	100.0	100.0	100.0
101.2	101.2	101.2	101.2	101.0	100.9	100.9	101.0
98.7	99.0	98.7	99.1	99.2	99.9	100.2	100.1
97.0	98.8	95.8	100.3	101.1	99.9	102.2	99.9

6-6 续表 2

(上年同期=100)

大中类行业代码及名称	全年	1月	2月	3月	4月
(222)造纸	98.8	98.3	98.4	98.3	98.3
(223)纸制品制造	100.3	101.4	100.6	100.2	100.3
(23)印刷和记录媒介复制业	100.3	100.2	100.0	100.0	100.1
(231)印刷	100.2	100.3	100.0	100.0	100.1
(232)装订及印刷相关服务	102.6	99.5	100.8	101.4	101.4
(233)记录媒介复制	98.2	98.0	96.2	96.7	98.0
(24)文教、工美、体育和娱乐用品制造业	103.0	103.4	103.0	103.3	103.4
(241)文教办公用品制造	100.0	100.0	100.0	100.0	100.0
(242)乐器制造	104.3	102.2	103.0	103.0	105.5
(243)工艺美术品制造	101.7	102.8	102.1	102.0	101.9
(244)体育用品制造	100.0	100.0	100.0	100.0	100.0
(245)玩具制造	123.1	112.9	117.3	123.2	126.6
(246)游艺器材及娱乐用品制造	105.6	107.4	107.4	109.2	109.2
(25)石油加工、炼焦和核燃料加工业	95.6	98.1	97.0	96.1	91.0
(251)精炼石油产品制造	97.5	102.6	99.4	98.9	91.8
(252)炼焦	93.8	94.0	94.7	93.4	90.2
(26)化学原料和化学制品制造业	93.5	96.0	94.5	93.5	93.0
(261)基础化学原料制造	92.0	91.9	90.3	89.3	89.5
(262)肥料制造	88.6	96.6	97.0	92.9	92.1
(263)农药制造	100.0	100.6	99.3	100.1	99.5
(264)涂料、油墨、颜料及类似产品制造	95.2	95.4	94.6	94.8	95.4
(265)合成材料制造	98.8	99.0	98.2	95.4	96.7
(266)专用化学产品制造	94.3	96.8	93.0	95.0	92.9
(267)炸药、火工及焰火产品制造	99.6	99.9	99.9	99.9	99.9
(268)日用化学产品制造	102.6	102.5	102.0	102.3	103.5
(27)医药制造业	103.0	104.5	103.6	102.9	102.8
(271)化学药品原料药制造	100.0	99.9	99.6	99.8	99.7
(272)化学药品制剂制造	103.8	104.2	104.5	103.8	103.1
(273)中药饮片加工	105.8	114.4	105.9	107.4	107.4
(274)中成药生产	102.5	103.8	103.4	103.3	102.4
(275)兽用药品制造	103.0	104.0	101.2	101.9	103.1
(276)生物药品制造	106.3	108.0	107.9	105.2	105.8
(277)卫生材料及医药用品制造	97.3	101.1	99.1	98.1	97.4
(28)化学纤维制造业	90.5	89.8	91.3	91.3	91.1
(281)纤维素纤维原料及纤维制造	88.5	88.0	89.6	89.9	89.5

5月	6月	7月	8月	9月	10月	11月	12月
98.4	98.5	98.3	98.7	98.8	99.9	100.2	100.1
100.2	100.3	100.3	100.2	100.0	99.9	100.0	100.0
100.3	100.3	100.3	100.4	100.5	100.4	100.3	100.3
100.2	100.2	100.2	100.3	100.3	100.3	100.3	100.4
101.8	104.0	106.0	104.9	104.7	102.5	102.2	101.9
98.8	98.8	101.2	101.2	103.9	103.9	95.0	86.9
103.3	103.1	103.1	102.5	102.6	102.8	102.5	102.4
100.0	100.0	100.0	100.0	100.0	100.0	100.0	100.0
106.2	106.4	104.8	104.8	104.0	104.0	104.0	104.0
102.0	101.9	101.7	101.4	101.3	101.3	100.9	100.9
100.0	100.0	100.0	100.0	100.0	100.0	100.0	100.0
122.5	121.9	124.4	119.1	123.7	128.7	128.8	127.3
109.2	107.6	107.6	103.9	101.7	101.7	101.7	101.7
89.8	91.0	94.1	98.0	99.0	97.9	98.2	98.2
91.2	94.9	100.5	103.2	99.2	95.6	96.0	98.5
88.4	87.5	88.4	93.2	99.1	100.5	100.7	97.9
92.1	92.5	92.8	93.1	93.0	93.1	93.8	94.5
91.5	91.0	91.9	93.1	92.5	93.1	94.4	96.3
85.1	84.2	83.3	83.1	85.4	86.9	88.1	89.2
99.3	100.0	100.0	100.0	99.8	101.1	99.9	99.9
95.1	94.3	94.2	94.8	95.1	96.0	95.8	96.7
97.2	101.7	101.8	103.0	101.4	97.4	97.8	97.1
94.1	95.4	96.1	95.8	93.5	92.9	92.9	92.7
99.9	99.4	99.0	99.5	99.7	99.5	99.4	99.7
103.5	103.1	103.1	102.8	102.0	101.5	101.7	102.7
103.5	103.5	102.6	102.2	102.3	102.3	102.6	102.6
100.3	100.3	100.2	100.5	100.7	100.2	99.1	99.0
103.6	103.9	104.2	104.1	103.8	103.3	103.2	103.5
105.9	105.9	105.9	104.4	104.4	105.9	101.4	101.4
103.9	103.5	102.0	100.3	101.7	101.7	102.0	102.2
102.7	103.9	104.3	102.9	103.3	103.0	103.1	102.5
107.9	107.5	104.3	104.1	103.7	104.6	108.7	108.5
97.0	96.9	96.9	96.9	96.9	96.8	95.5	95.5
89.7	89.6	87.4	89.2	88.6	91.3	94.2	93.4
87.5	87.3	84.6	86.5	85.8	89.1	92.7	91.7

6-6 续表 3

(上年同期=100)

大中类行业代码及名称	全年	1月	2月	3月	4月
(282)合成纤维制造	98.2	96.4	97.7	96.3	97.2
(29)橡胶和塑料制品业	99.2	98.2	98.5	98.4	97.9
(291)橡胶制品业	96.0	93.2	93.5	94.0	93.3
(292)塑料制品业	101.2	101.6	101.8	101.2	100.9
(30)非金属矿物制品业	99.7	100.9	100.2	100.3	99.6
(301)水泥、石灰和石膏制造	93.4	94.6	92.6	95.3	93.5
(302)石膏、水泥制品及类似制品制造	100.8	100.6	100.7	100.7	100.3
(303)砖瓦、石材等建筑材料制造	101.8	106.7	104.8	102.8	101.1
(304)玻璃制造	102.1	106.1	94.7	103.4	105.2
(305)玻璃制品制造	96.6	100.4	100.5	95.8	95.9
(306)玻璃纤维和玻璃纤维增强塑料制品制造	98.7	97.1	97.2	97.5	97.5
(307)陶瓷制品制造	102.9	104.8	104.4	104.9	104.1
(308)耐火材料制品制造	101.8	102.7	102.8	102.5	102.0
(309)石墨及其他非金属矿物制品制造	98.7	98.0	98.1	98.9	98.7
(31)黑色金属冶炼和压延加工业	96.8	96.0	97.4	96.8	95.7
(311)炼铁	89.9	89.3	89.1	90.2	88.9
(312)炼钢	100.7	99.8	103.5	102.2	100.4
(313)黑色金属铸造	95.7	97.3	95.4	95.3	95.0
(314)钢压延加工	96.5	95.0	97.1	96.2	95.0
(315)铁合金冶炼	99.0	99.3	99.8	98.4	98.6
(32)有色金属冶炼和压延加工业	94.6	98.6	97.7	96.3	94.8
(321)常用有色金属冶炼	96.0	97.5	98.2	96.2	95.4
(322)有色金属冶炼和压延加工业	84.6	99.8	95.1	94.6	88.3
(323)稀有稀土金属冶炼	92.5	95.5	95.4	95.2	93.7
(324)有色金属合金制造	97.8	98.7	98.7	98.7	98.4
(326)有色金属压延加工	97.8	100.6	99.0	97.6	97.2
(33)金属制品业	97.2	96.9	96.7	96.5	97.2
(331)结构性金属制品制造	97.4	97.8	98.0	97.6	97.6
(332)金属工具制造	99.9	100.0	100.0	100.0	100.0
(333)集装箱及金属包装容器制造	97.4	98.0	98.4	98.4	98.6
(334)金属丝绳及其制品制造	92.6	88.4	87.4	87.6	91.7
(335)建筑、安全用金属制品制造	100.9	100.1	100.6	100.8	100.8
(337)搪瓷制品制造	98.0	97.5	97.5	97.9	97.9
(338)金属制日用品制造	97.0	97.7	97.6	95.6	96.7
(339)其他金属制品制造	98.3	99.3	98.1	98.4	97.9

5月	6月	7月	8月	9月	10月	11月	12月
97.7	98.2	97.9	99.6	99.1	99.1	99.8	99.7
98.5	98.3	100.0	99.9	99.8	100.1	100.3	100.4
94.5	93.8	98.2	98.1	98.2	98.6	98.8	98.5
101.1	101.2	101.2	101.0	100.9	101.1	101.2	101.6
99.9	99.7	99.5	99.6	99.3	98.9	99.1	99.4
92.3	91.3	91.3	92.3	92.8	92.6	94.8	97.4
100.4	100.3	100.5	100.9	101.0	100.8	101.9	101.4
103.6	103.3	102.5	101.8	100.1	99.3	98.0	98.0
103.3	100.8	100.0	101.9	100.9	99.2	104.0	105.5
95.9	95.9	95.9	96.0	96.0	96.1	95.6	95.7
97.7	97.8	100.0	100.0	100.0	99.9	99.7	99.6
104.0	102.1	102.7	102.7	101.4	101.4	101.1	101.2
102.5	102.5	101.2	101.6	101.5	100.9	101.0	100.8
98.6	98.7	99.1	98.8	98.9	98.7	98.7	99.2
94.0	94.3	95.3	97.6	99.8	98.8	97.7	98.0
88.1	88.3	85.1	88.8	94.4	94.4	91.9	91.5
100.2	100.3	100.8	100.3	100.2	100.2	100.1	100.0
93.6	92.4	92.9	95.6	96.9	97.8	97.9	98.2
92.7	93.6	95.4	98.3	101.4	99.2	97.4	98.1
97.5	98.2	99.1	99.2	99.7	99.7	99.5	98.6
94.7	94.2	93.1	93.9	92.7	92.6	93.4	92.7
95.3	95.1	95.2	96.4	95.0	94.9	96.6	96.4
87.5	83.9	80.1	80.9	78.3	76.3	76.6	73.5
93.2	92.0	89.7	89.6	90.2	91.3	92.4	91.9
97.4	97.0	96.6	97.0	97.1	97.2	97.3	99.6
97.5	98.4	96.9	97.5	97.2	97.8	97.2	96.7
96.6	96.7	96.8	97.3	98.0	97.9	98.2	98.1
96.6	96.9	96.8	97.6	97.8	97.3	97.8	97.4
100.0	100.0	100.0	100.0	99.7	99.7	99.7	99.7
98.2	96.9	96.9	96.3	96.7	96.7	96.9	96.8
91.6	91.3	92.3	93.3	96.7	98.0	97.5	97.7
100.9	101.1	100.9	100.7	100.9	101.0	101.5	101.3
97.9	97.9	97.9	97.9	98.0	98.0	98.0	100.3
97.2	97.5	97.4	96.5	97.3	96.2	96.9	97.7
97.7	97.7	97.5	98.1	98.7	98.7	98.9	99.2

6-6 续表 4

(上年同期=100)

大中类行业代码及名称	全年	1月	2月	3月	4月
(34)通用设备制造业	100.2	99.6	99.7	99.5	99.4
(341)锅炉及原动设备制造	99.8	102.0	102.6	99.4	99.5
(342)金属加工机械制造	94.8	95.0	93.6	96.0	94.9
(343)物料搬运设备制造	100.0	98.2	98.1	98.9	98.8
(344)泵、阀门、压缩机及类似机械制造	104.6	104.4	104.4	105.1	104.9
(345)轴承、齿轮和传动部件制造	98.1	98.4	98.3	95.4	96.1
(346)烘炉、风机、衡器、包装等设备制造	100.4	100.4	100.5	100.2	100.1
(347)文化、办公用机械制造	101.0	97.0	100.0	103.1	100.0
(348)通用零部件制造	100.9	98.5	99.5	99.5	100.1
(349)其他通用设备制造业	97.0	99.1	99.1	96.6	96.4
(35)专用设备制造业	101.0	101.3	101.4	101.6	101.1
(351)采矿、冶金、建筑专用设备制造	100.6	101.5	101.8	102.1	100.8
(352)化工、木材、非金属加工专用设备制造	99.1	99.4	99.1	99.0	99.2
(353)食品、饮料、烟草及饲料生产专用设备制造	101.1	100.1	100.7	101.2	100.7
(354)印刷、制药、日化及日用品生产专用设备制造	100.3	100.6	100.5	100.6	100.4
(355)纺织、服装和皮革加工专用设备制造	100.5	101.3	101.2	101.2	100.8
(356)电子和电工机械专用设备制造	99.4	98.3	98.4	98.5	100.4
(357)农、林、牧、渔专用机械制造	101.4	101.7	101.6	101.7	101.6
(358)医疗仪器设备及器械制造	107.6	98.9	98.9	99.0	99.8
(359)环保、社会公共服务及其他专用设备制造	103.1	102.7	102.6	102.6	104.4
(36)汽车制造业	102.2	103.2	103.3	103.3	102.7
(361)汽车整车制造	108.3	106.4	107.2	109.3	109.7
(362)改装汽车制造	96.2	92.3	97.6	96.4	95.3
(363)低速载货汽车制造	106.1	109.4	106.0	106.6	106.6
(365)汽车车身、挂车制造	100.5	100.5	100.9	101.4	101.4
(366)汽车零部件及配件制造	100.8	103.7	102.8	102.2	101.3
(37)铁路、船舶、航空航天和其他运输设备制造业	101.0	100.9	101.2	101.3	101.1
(371)铁路运输设备制造	100.6	99.2	100.4	100.5	101.2
(373)船舶及相关装置制造	100.1	100.1	100.1	100.1	100.2
(375)摩托车制造	101.1	101.0	101.1	101.2	101.0
(376)自行车制造	101.3	104.1	104.1	104.1	102.0
(38)电气机械和器材制造业	99.4	98.9	98.6	99.5	99.0
(381)电机制造	102.4	103.5	103.4	103.2	104.2
(382)输配电及控制设备制造	99.8	100.0	99.8	99.8	99.0
(383)电线、电缆、光缆及电工器材制造	98.4	97.8	97.4	99.1	98.3

5月	6月	7月	8月	9月	10月	11月	12月
99.3	99.9	99.8	99.8	100.6	101.2	101.3	101.7
99.1	99.0	98.0	97.9	99.2	100.6	100.6	100.3
94.8	95.6	94.2	92.9	93.4	94.4	95.6	97.8
98.8	100.9	100.6	100.6	100.9	100.9	100.9	102.0
105.0	105.0	105.2	105.0	105.0	104.2	103.7	103.1
95.2	94.5	95.7	96.2	98.9	102.7	103.6	103.1
100.1	100.1	100.1	100.1	100.1	100.8	100.7	101.4
100.0	100.0	97.0	103.1	103.1	103.1	103.1	103.1
100.5	101.8	101.6	101.9	102.8	101.6	101.6	102.1
96.1	96.1	96.1	96.1	96.0	97.4	97.3	97.4
101.6	100.7	101.0	100.7	100.8	101.0	101.0	100.2
101.6	100.3	100.5	100.0	99.9	100.4	100.0	98.3
99.1	99.3	99.0	99.1	99.0	99.3	98.7	99.2
101.2	100.8	99.5	99.5	100.7	102.3	103.3	103.3
100.4	100.1	100.1	100.1	100.2	100.4	100.3	100.3
100.7	100.5	100.1	100.1	100.1	100.1	100.1	99.5
101.0	99.8	99.6	100.4	99.0	98.9	99.4	98.7
101.4	100.4	101.8	101.2	101.6	101.3	101.3	101.4
111.1	110.0	111.1	113.1	113.0	112.4	112.2	112.3
103.0	103.3	103.3	103.2	102.3	102.1	103.9	104.1
102.7	102.1	101.8	101.8	101.9	101.2	101.5	100.9
110.2	109.9	108.2	108.1	108.0	106.2	109.5	107.0
96.4	97.6	97.2	96.9	97.4	97.5	93.9	96.2
105.8	107.2	106.5	106.5	107.2	105.6	103.4	103.4
101.1	101.0	101.1	101.0	101.6	99.2	99.3	98.1
100.9	99.9	100.1	100.1	100.2	99.9	99.8	99.4
101.0	100.1	100.5	101.4	101.5	101.1	100.9	101.0
101.3	100.2	100.1	100.7	101.0	100.4	101.0	100.9
100.3	100.2	100.2	100.2	100.2	100.1	99.9	99.8
100.7	100.0	100.8	101.9	102.0	101.6	101.1	101.2
102.0	100.0	100.0	100.0	100.0	100.0	100.0	100.0
99.4	100.0	100.2	100.0	99.6	99.3	99.5	98.9
103.4	102.7	105.3	102.8	100.9	99.2	100.5	100.5
99.8	99.7	99.5	99.9	100.2	100.0	100.3	100.0
97.7	99.4	99.4	99.3	98.7	97.7	98.2	98.0

6-6 续表 5

(上年同期=100)

大中类行业代码及名称	全年	1月	2月	3月	4月
(384)电池制造	91.6	83.3	82.3	86.9	89.0
(385)家用电力器具制造	99.1	100.2	100.2	100.2	100.1
(386)非电力家用器具制造	107.0	111.9	112.3	108.3	106.0
(387)照明器具制造	101.0	100.7	100.4	101.0	100.6
(389)其他电气机械及器材制造	100.7	101.5	101.7	101.7	101.6
(39)计算机、通信和其他电子设备制造业	96.1	94.5	95.6	95.9	96.1
(391)计算机制造	100.0	100.0	100.0	100.0	100.0
(392)通信设备制造	100.0	100.0	100.0	100.0	100.0
(393)广播电视设备制造	97.6	99.0	99.0	99.0	99.0
(394)雷达及配套设备制造	100.0	100.0	100.0	100.0	100.0
(396)电子器件制造	94.8	90.6	93.7	93.7	94.9
(397)电子元件制造	96.2	96.6	96.2	96.9	96.2
(399)其他电子设备制造	100.0	100.0	100.0	100.0	100.0
(40)仪器仪表制造业	99.7	100.6	100.4	100.3	100.0
(401)通用仪器仪表制造	99.6	100.6	100.8	101.0	100.1
(402)专用仪器仪表制造	101.9	103.8	102.4	101.6	103.0
(404)光学仪器及眼镜制造	99.1	101.4	100.4	100.0	99.8
(409)其他仪器仪表制造业	91.3	87.4	87.4	87.4	87.4
(41)其他制造业	98.1	98.0	98.0	97.8	97.3
(411)日用杂品制造	102.0	103.3	103.3	103.3	102.3
(412)煤制品制造	98.4	98.8	98.8	98.1	99.4
(419)其他未列明制造业	85.1	80.9	80.9	80.9	78.8
(43)金属制品、机械和设备修理业	109.2	120.5	120.0	118.5	109.8
(431)金属制品修理	104.5	100.7	102.1	106.9	109.2
(435)电气设备修理	109.6	122.6	121.9	119.6	109.7
(44)电力、热力生产和供应业	100.8	104.1	103.4	101.2	100.7
(441)电力生产	101.2	106.5	105.7	101.6	101.8
(442)电力供应	100.4	102.5	101.9	100.9	99.9
(443)热力生产和供应	100.1	97.0	96.6	100.7	100.7
(45)燃气生产和供应业	101.0	102.6	101.0	99.2	99.0
(450)燃气生产和供应业	101.0	102.6	101.0	99.2	99.0
(46)水的生产和供应业	100.5	100.9	100.9	100.9	100.9
(461)自来水生产和供应	100.5	100.9	100.9	100.9	100.9
(462)污水处理及其再生利用	100.0	100.0	100.0	100.0	100.0

5月	6月	7月	8月	9月	10月	11月	12月
94.8	94.5	96.9	95.5	93.5	96.0	96.0	94.5
100.0	99.8	99.8	98.4	98.0	98.2	97.6	97.1
105.4	106.0	106.0	106.0	108.3	107.1	106.0	101.7
100.8	101.3	101.6	102.3	100.5	100.9	100.9	100.9
101.4	101.4	100.0	100.0	99.8	100.0	100.0	99.8
96.2	94.8	95.0	95.5	96.9	97.0	97.3	98.0
100.0	100.0	100.0	100.0	100.0	100.0	100.0	100.0
100.0	100.0	100.0	100.0	100.0	100.0	100.0	100.0
99.0	99.0	99.0	95.6	95.6	95.6	95.6	95.6
100.0	100.0	100.0	100.0	100.0	100.0	100.0	100.0
95.2	94.5	94.7	96.5	95.6	95.2	96.0	97.6
96.2	93.9	94.1	93.7	97.5	97.8	97.8	98.0
100.0	100.0	100.0	100.0	100.0	100.0	100.0	100.0
99.5	99.6	99.6	99.8	100.1	98.8	98.6	98.6
99.5	99.5	99.3	99.9	100.4	98.3	97.9	98.0
102.5	103.4	103.3	101.9	100.3	100.2	100.2	100.5
98.7	98.4	98.4	98.2	98.8	102.1	97.4	95.7
87.4	87.4	87.4	91.3	95.4	100.0	100.0	100.0
96.4	97.1	96.0	97.0	97.2	100.7	100.8	101.2
102.2	101.4	101.4	101.4	101.4	101.1	101.6	101.6
97.0	100.5	97.0	98.8	94.1	98.8	100.0	100.1
78.8	78.8	78.8	80.5	89.4	103.2	99.4	102.2
108.3	111.7	111.9	112.2	102.8	100.5	100.4	99.4
106.1	104.7	104.8	104.4	107.2	103.4	102.1	102.4
108.3	112.3	112.5	112.9	102.3	100.1	100.2	99.1
100.7	99.9	99.9	100.1	100.2	100.0	99.6	99.5
101.7	99.9	100.0	100.1	100.2	99.7	99.1	98.9
100.0	99.9	99.8	100.0	100.1	100.2	99.9	99.9
100.2	100.5	100.5	100.5	101.0	101.0	101.0	101.7
98.8	98.8	99.4	100.3	102.4	103.2	103.3	103.6
98.8	98.8	99.4	100.3	102.4	103.2	103.3	103.6
100.9	100.6	100.4	100.4	100.4	100.4	100.0	100.0
100.9	100.6	100.4	100.4	100.4	100.4	100.0	100.0
100.0	100.0	100.0	100.0	100.0	100.0	100.0	100.0

6-7 各月分类工业生产者

(上月=100)

项目名称	全年	1月	2月	3月	4月	5月
总指数	**98.6**	**100.4**	**100.2**	**100.0**	**99.3**	**99.3**
核心指数	98.5	100.3	100.1	100.0	99.4	99.7
高技术	99.7	101.7	97.9	100.0	99.8	100.6
能源	94.9	100.4	100.2	100.2	98.6	96.9
按轻重工业分						
轻工业	102.0	100.6	100.3	100.0	99.9	100.1
以农产品为原料	102.4	100.8	100.4	99.9	99.9	100.0
以非农产品为原料	100.3	99.9	100.0	100.1	100.0	100.3
重工业	97.2	100.4	100.1	100.0	99.1	98.9
采掘	91.5	100.4	100.5	100.3	97.9	95.4
原料	96.5	100.2	100.2	99.6	98.6	99.3
加工	99.2	100.5	100.0	100.1	99.7	99.6
按两大部类分						
生产资料	97.6	100.3	100.2	100.0	99.2	99.0
采掘	91.5	100.4	100.5	100.3	97.9	95.4
原料	96.9	100.2	100.2	99.7	98.7	99.4
加工	99.4	100.4	100.1	100.1	99.7	99.7
生活资料	102.0	100.9	100.0	99.9	99.8	100.2
食品	103.0	101.2	100.3	99.8	99.8	100.2
衣着	101.4	100.4	100.6	100.6	99.8	100.1
一般日用品	99.7	100.5	99.2	99.7	100.0	100.1
耐用消费品	100.0	100.2	99.8	100.2	100.1	100.1
按初级中间最终产品分						
初级产品	91.5	100.4	100.5	100.3	97.9	95.4
矿产品	91.5	100.4	100.5	100.3	97.9	95.4
中间产品	99.0	100.5	100.1	99.9	99.4	99.6
最终产品	100.7	100.4	100.0	100.1	99.8	100.0
最终投资品	100.1	100.2	100.0	100.4	99.7	99.9
最终消费品	101.4	100.7	100.0	99.8	99.9	100.1
按工业部门分						
冶金工业	95.0	100.4	100.7	99.3	98.2	99.0
电力工业	99.6	100.1	100.1	99.6	100.1	100.0
煤炭及炼焦工业	90.5	100.7	100.8	99.9	97.7	94.5
石油工业	97.7	100.8	98.8	102.4	97.7	96.9

出厂价格环比指数(2013年)

6月	7月	8月	9月	10月	11月	12月
99.5	**99.5**	**100.1**	**100.3**	**100.0**	**100.1**	**100.0**
99.5	99.5	100.1	100.2	99.9	99.9	99.9
100.0	100.0	99.9	100.1	99.8	100.0	99.9
98.7	98.9	99.9	100.5	100.3	100.1	100.2
100.1	100.0	100.4	100.3	100.1	100.2	100.0
100.2	100.0	100.5	100.3	100.1	100.3	100.0
99.9	99.9	99.9	100.0	100.2	100.0	100.1
99.2	99.3	100.0	100.3	100.0	100.0	99.9
97.8	98.1	99.8	100.7	100.4	100.2	99.8
99.1	99.2	100.2	100.3	99.9	99.8	100.0
99.7	99.7	100.0	100.1	99.9	100.0	99.9
99.3	99.3	100.1	100.3	100.0	100.0	100.0
97.8	98.1	99.8	100.7	100.4	100.2	99.8
99.1	99.2	100.3	100.4	99.9	99.9	100.0
99.7	99.7	100.0	100.2	99.9	100.0	99.9
100.2	100.1	100.3	100.2	100.1	100.3	100.0
100.2	100.1	100.6	100.3	100.1	100.5	100.0
100.1	100.0	99.3	100.0	100.1	100.0	100.2
100.1	100.0	100.0	100.1	100.1	100.0	100.0
100.0	100.0	100.0	99.9	99.9	99.9	99.9
97.8	98.1	99.8	100.7	100.4	100.2	99.8
97.8	98.1	99.8	100.7	100.4	100.2	99.8
99.6	99.6	100.2	100.2	99.9	100.0	100.0
100.0	99.9	100.2	100.2	100.0	100.1	100.0
99.9	99.7	100.1	100.3	99.9	100.1	99.9
100.1	100.1	100.3	100.2	100.0	100.2	100.0
98.7	99.1	100.3	100.5	99.9	99.3	99.6
100.0	100.0	100.1	100.0	99.9	99.6	100.0
97.7	97.8	99.1	100.2	100.5	100.8	100.4
98.2	99.2	101.9	102.6	100.5	99.4	99.7

6-7 续表

(上月=100)

项目名称	全年	1月	2月	3月	4月	5月
化学工业	97.9	100.8	99.4	100.1	99.7	99.6
机械工业	100.1	100.2	100.0	100.1	100.0	100.1
建筑材料工业	99.9	100.1	99.8	100.7	99.3	100.1
森林工业	101.0	100.2	99.9	100.2	100.2	100.0
食品工业	103.0	100.9	100.4	99.8	99.8	100.2
纺织工业	101.0	100.9	100.4	100.0	99.9	99.4
缝纫工业	99.5	99.7	100.6	99.8	99.8	100.2
皮革工业	108.1	100.2	100.9	101.1	100.8	100.4
造纸工业	100.1	100.5	100.0	99.9	100.2	100.2
文教艺术用品工业	103.2	100.3	100.9	100.8	100.0	100.0
其它工业	99.3	100.0	99.9	99.9	99.9	99.9
基本分类汇总项						
(1)原煤	88.3	100.0	101.0	100.2	98.0	93.1
(2)铁矿石成品矿	102.2	100.7	100.4	101.5	100.5	100.1
(3)水泥	94.1	98.6	99.0	99.1	99.2	99.3
(4)轧制、锻造钢坯	93.4	99.8	101.9	98.4	97.4	98.8
(5)钢材	98.2	101.1	101.6	99.9	99.2	97.2
(6)常用有色金属合金	99.6	100.0	100.0	100.0	99.6	100.0
(7)稀有稀土金属合金						
(8)贵金属合金						
(9)铝材	99.4	100.0	99.7	99.2	99.7	100.2
(10)船舶用发动机	104.5	100.0	102.9	100.0	100.0	100.0
(11)汽轮机						
(12)数控金属切削机床	117.6	89.1	98.4	122.4	100.0	94.1
(13)风机	98.6	98.6	100.0	100.0	100.0	100.0
(14)乘用车	100.8	101.4	99.3	101.3	100.2	100.7
(15)客车	112.2	101.5	101.5	101.5	102.5	100.7
(16)载货汽车	96.9	99.7	100.0	100.0	100.2	100.6
(17)发电机	115.2	109.8	100.0	100.0	100.0	100.0
(18)发电机组	98.6	102.5	102.4	100.0	100.0	100.0
(19)高压电路开关、保护电器装置	103.4	101.8	98.5	101.5	99.4	100.5
(20)电力控制或电力分配装置	101.2	100.0	100.1	100.0	99.3	101.0
(21)光缆	109.6	107.4	100.5	100.0	99.9	103.3
(22)蓄电池	98.9	97.8	101.0	102.2	99.8	98.8
(23)移动通信设备						
(24)彩色电视机						
(25)燃气供应量	104.1	100.0	100.0	100.6	99.8	99.8

6月	7月	8月	9月	10月	11月	12月
99.4	99.2	99.6	100.0	99.7	100.0	100.3
99.8	99.9	100.1	100.1	100.1	100.2	99.7
99.9	99.5	100.1	100.1	99.7	100.5	100.3
100.0	100.1	100.1	100.0	100.0	100.2	100.1
100.3	100.1	100.6	100.4	100.1	100.5	99.9
99.7	100.0	100.9	100.3	99.8	99.6	100.3
99.9	99.8	99.3	100.0	100.1	100.2	100.0
100.9	100.2	100.4	100.8	100.9	100.5	100.6
99.9	99.6	100.1	99.8	100.1	100.0	99.9
100.1	100.2	100.0	100.4	100.4	100.0	99.9
100.1	100.0	99.8	100.0	99.9	100.0	100.0
97.5	97.9	98.7	99.9	100.4	100.9	100.2
98.3	98.8	102.3	100.3	100.0	100.3	99.1
98.1	98.9	99.1	99.8	99.6	101.4	101.8
95.9	102.0	100.9	100.8	99.6	98.3	99.6
98.7	100.6	100.5	100.8	99.3	99.3	100.2
100.0	100.0	100.0	100.0	100.0	100.0	100.0
100.5	99.8	99.4	100.8	100.5	99.5	100.1
100.0	95.4	100.0	100.0	106.5	100.0	100.0
100.2	90.4	86.1	102.7	108.2	83.5	161.2
100.0	100.0	100.0	100.0	100.0	100.0	100.0
99.3	100.0	100.1	99.5	99.7	100.5	98.9
101.3	100.3	100.0	100.8	101.8	100.8	98.9
100.2	99.9	99.9	101.3	95.2	103.0	97.1
100.0	100.0	100.0	100.0	100.0	104.9	100.0
100.0	100.0	100.0	100.0	100.0	94.0	100.0
99.6	101.2	99.9	99.5	100.1	101.1	100.4
100.1	99.8	100.8	100.1	100.0	100.0	100.0
100.1	98.7	101.1	101.4	99.4	98.3	99.5
97.8	102.4	101.6	100.8	97.5	100.9	98.4
99.9	100.1	100.5	102.4	100.9	100.0	100.2

6-8 各月分大类(新行业)工业生

(上月=100)

大类行业代码及名称	全年	1月	2月	3月	4月
(06)煤炭开采和洗选业	88.9	100.2	100.8	100.2	97.9
(07)石油和天然气开采业	95.7	101.5	97.3	102.1	99.1
(08)黑色金属矿采选业	101.1	101.1	100.5	101.4	99.2
(09)有色金属矿采选业	92.3	100.7	100.8	99.6	96.5
(10)非金属矿采选业	101.6	100.0	100.0	100.3	100.1
(13)农副食品加工业	103.2	101.2	100.6	99.4	99.7
(14)食品制造业	104.4	100.9	100.3	100.5	99.9
(15)酒、饮料和精制茶制造业	99.3	99.9	99.9	100.1	99.6
(16)烟草制品业	100.5	100.0	100.0	100.0	100.0
(17)纺织业	100.8	100.8	100.4	100.0	99.9
(18)纺织服装、服饰业	99.8	99.5	100.0	100.0	99.7
(19)皮革、毛皮、羽毛及其制品和制鞋业	107.9	100.9	101.7	100.7	100.6
(20)木材加工和木、竹、藤、棕、草制品业	101.2	100.1	99.9	100.2	100.2
(21)家具制造业	100.1	100.1	100.0	100.0	100.1
(22)造纸和纸制品业	100.1	100.5	100.0	99.9	100.2
(23)印刷和记录媒介复制业	100.3	100.0	100.0	100.0	100.1
(24)文教、工美、体育和娱乐用品制造业	102.4	100.3	100.5	100.6	100.4
(25)石油加工、炼焦和核燃料加工业	98.2	101.7	100.5	100.6	96.4
(26)化学原料和化学制品制造业	94.5	100.4	98.9	100.1	99.7
(27)医药制造业	102.6	103.0	99.1	100.0	99.9
(28)化学纤维制造业	93.4	98.4	100.8	101.0	99.2
(29)橡胶和塑料制品业	100.4	99.5	100.3	100.1	99.7
(30)非金属矿物制品业	99.4	100.1	99.7	100.6	99.3
(31)黑色金属冶炼和压延加工业	98.0	100.8	101.3	99.6	99.1
(32)有色金属冶炼和压延加工业	92.7	99.8	99.9	98.7	97.9
(33)金属制品业	98.1	100.1	99.9	99.7	99.8
(34)通用设备制造业	101.7	100.2	100.1	99.8	100.1
(35)专用设备制造业	100.2	100.3	100.1	100.2	99.9
(36)汽车制造业	100.9	100.1	100.2	100.4	100.5
(37)铁路、船舶、航空航天和其他运输设备制造业	101.0	100.3	99.7	100.3	100.3
(38)电气机械和器材制造业	98.9	100.2	100.0	100.3	99.7
(39)计算机、通信和其他电子设备制造业	98.0	99.3	99.5	100.1	99.9
(40)仪器仪表制造业	98.6	99.9	100.1	100.1	99.8
(41)其他制造业	101.2	100.6	100.0	100.0	100.0
(43)金属制品、机械和设备修理业	99.4	100.6	102.5	98.8	97.0
(44)电力、热力生产和供应业	99.5	100.0	100.1	99.6	100.1
(45)燃气生产和供应业	103.6	100.0	100.0	100.5	99.9
(46)水的生产和供应业	100.0	100.0	100.0	100.0	100.0

产者出厂价格环比指数(2013年)

5月	6月	7月	8月	9月	10月	11月	12月
93.8	97.7	97.6	98.9	100.1	100.5	100.7	100.2
95.8	97.0	98.4	100.9	102.6	102.9	100.1	98.2
99.5	98.4	98.7	102.1	100.3	99.9	100.4	99.5
98.4	97.9	97.6	100.9	101.9	99.3	98.7	99.9
100.0	100.1	99.9	100.6	100.2	99.9	100.4	100.1
100.4	100.3	100.0	100.6	100.6	100.1	100.6	99.8
99.8	100.4	100.2	101.0	100.4	100.2	100.5	100.1
99.7	99.9	100.0	100.0	99.9	100.0	100.0	100.2
100.0	100.0	100.5	100.0	100.0	100.0	100.0	100.0
99.4	99.7	100.0	100.6	100.3	99.8	99.6	100.2
100.1	100.0	99.9	99.8	100.0	100.2	100.4	100.3
100.5	100.7	100.1	100.2	100.6	100.7	100.5	100.3
99.9	100.0	100.2	100.1	100.1	100.1	100.3	100.1
100.2	100.0	100.0	100.0	99.9	99.8	99.9	100.1
100.2	99.9	99.6	100.1	99.8	100.1	100.0	99.9
100.2	100.0	100.0	100.1	100.1	100.0	99.9	100.0
100.0	100.1	100.1	99.7	100.4	100.3	100.1	99.9
97.7	98.4	99.2	101.4	101.7	99.4	100.3	101.1
99.1	99.0	98.5	99.2	99.8	99.3	100.0	100.4
100.5	100.0	100.1	100.0	100.0	100.0	100.0	100.0
97.7	98.3	97.2	99.1	100.3	100.4	100.6	100.5
100.1	99.7	99.9	100.1	100.2	100.3	100.1	100.4
100.0	99.9	99.6	99.9	100.1	99.7	100.4	100.3
98.2	98.9	100.1	100.2	100.6	99.6	99.6	100.1
99.8	98.7	98.6	100.3	100.0	100.4	99.3	99.1
99.7	99.8	99.7	99.8	100.3	99.6	99.9	99.8
100.0	99.8	99.9	100.1	100.3	100.8	100.3	100.2
100.4	99.8	99.8	100.1	100.1	100.1	100.4	99.0
100.0	100.1	99.8	100.0	100.0	100.0	100.1	99.7
100.0	99.8	100.0	100.4	100.1	99.9	100.1	100.1
100.1	100.0	100.0	99.9	99.6	99.7	99.8	99.7
100.0	99.2	99.8	99.8	100.4	100.0	100.1	100.2
99.9	99.9	100.0	100.0	100.4	98.5	100.0	100.0
100.0	100.0	100.0	100.0	100.0	100.4	100.2	100.0
99.0	102.2	99.8	101.0	98.9	100.6	100.2	98.9
100.0	100.0	100.0	100.1	100.0	99.9	99.6	100.0
99.9	99.9	100.0	100.4	102.1	100.8	100.0	100.1
100.0	100.0	100.0	100.0	100.0	100.0	100.0	100.0

6-9 各月分大中类(新行业)工业生

(上月=100)

大中类行业代码及名称	全年	1月	2月	3月	4月
(06)煤炭开采和洗选业	88.9	100.2	100.8	100.2	97.9
(061)烟煤和无烟煤开采洗选	88.9	100.2	100.8	100.2	97.9
(069)其他煤炭采选	101.3	99.7	99.7	96.3	101.9
(07)石油和天然气开采业	95.7	101.5	97.3	102.1	99.1
(071)石油开采	95.5	101.6	97.2	102.2	99.0
(072)天然气开采	103.7	100.4	98.7	100.0	100.4
(08)黑色金属矿采选业	101.1	101.1	100.5	101.4	99.2
(081)铁矿采选	101.1	101.1	100.5	101.4	99.2
(09)有色金属矿采选业	92.3	100.7	100.8	99.6	96.5
(091)常用有色金属矿采选	105.1	102.2	104.7	101.1	95.6
(092)贵金属矿采选	86.8	99.0	98.9	99.4	96.9
(093)稀有稀土金属矿采选	94.8	107.7	102.7	97.8	95.9
(10)非金属矿采选业	101.6	100.0	100.0	100.3	100.1
(101)土砂石开采	102.4	100.0	100.0	100.5	100.1
(102)化学矿开采	89.6	100.0	98.8	97.7	99.6
(103) 采盐	90.5	100.0	99.7	99.8	97.3
(109)石棉及其他非金属矿采选	100.0	100.0	100.0	100.0	100.0
(13)农副食品加工业	103.2	101.2	100.6	99.4	99.7
(131)谷物磨制	106.3	102.1	100.6	99.9	99.7
(132)饲料加工	103.7	100.1	100.6	100.5	100.1
(133)植物油加工	97.2	102.0	100.3	95.0	99.1
(134)制糖业	96.6	100.1	101.5	100.5	101.4
(135)屠宰及肉类加工	102.2	100.6	101.0	99.7	99.5
(136)水产品加工	104.3	100.0	100.0	100.0	104.3
(137)蔬菜、水果和坚果加工	100.2	100.0	99.5	99.6	100.0
(139)其他农副食品加工	101.9	100.1	100.1	100.9	99.7
(14)食品制造业	104.4	100.9	100.3	100.5	99.9
(141)焙烤食品制造	101.4	100.6	100.0	100.2	100.3
(142)糖果、巧克力及蜜饯制造	98.3	99.5	100.0	100.0	100.0
(143)方便食品制造	102.5	100.7	100.4	100.5	99.3
(144)乳制品制造	113.8	102.8	100.1	100.3	100.2
(145)罐头食品制造	117.7	103.4	101.2	102.7	100.6
(146)调味品、发酵制品制造	112.7	102.4	101.1	100.9	100.9
(149)其他食品制造	101.9	99.7	98.9	100.7	100.3
(15)酒、饮料和精制茶制造业	99.3	99.9	99.9	100.1	99.6

产者出厂价格环比指数(2013年)

5月	6月	7月	8月	9月	10月	11月	12月
93.8	97.7	97.6	98.9	100.1	100.5	100.7	100.2
93.8	97.7	97.6	98.9	100.1	100.5	100.7	100.2
108.4	97.7	98.6	100.0	99.3	100.0	100.0	100.0
95.8	97.0	98.4	100.9	102.6	102.9	100.1	98.2
95.6	96.9	98.3	100.9	102.7	103.0	100.1	98.2
100.4	100.4	100.0	100.8	100.0	101.2	100.8	100.4
99.5	98.4	98.7	102.1	100.3	99.9	100.4	99.5
99.5	98.4	98.7	102.1	100.3	99.9	100.4	99.5
98.4	97.9	97.6	100.9	101.9	99.3	98.7	99.9
101.1	99.4	96.9	100.0	101.4	99.0	99.8	104.2
97.1	97.7	98.3	101.2	101.9	99.4	98.1	98.2
98.8	95.4	95.6	101.4	103.2	99.4	99.2	98.5
100.0	100.1	99.9	100.6	100.2	99.9	100.4	100.1
100.1	100.1	100.0	100.7	100.3	100.1	100.5	100.0
99.9	99.0	97.6	100.0	97.9	96.5	100.3	102.0
99.5	101.6	98.1	102.3	100.0	92.0	100.0	100.0
100.0	100.0	100.0	100.0	100.0	100.0	100.0	100.0
100.4	100.3	100.0	100.6	100.6	100.1	100.6	99.8
99.9	99.9	100.3	100.0	101.5	101.1	100.9	100.2
100.3	100.7	99.6	100.3	101.4	100.8	99.9	99.5
99.8	104.0	99.3	99.9	98.7	100.2	100.1	98.9
96.5	100.6	97.3	103.6	97.2	98.4	101.7	97.9
101.5	99.4	99.9	101.8	99.5	98.5	101.0	99.9
100.0	100.0	100.0	100.0	100.0	100.0	100.0	100.0
99.9	100.4	100.4	100.0	100.4	100.1	99.8	100.2
99.7	99.9	100.1	99.9	102.1	99.7	100.1	99.7
99.8	100.4	100.2	101.0	100.4	100.2	100.5	100.1
100.0	100.1	100.2	100.0	99.9	100.0	100.0	100.2
99.0	100.0	100.0	99.7	100.0	100.2	100.0	100.0
99.3	100.5	99.6	101.5	100.2	100.0	100.7	99.9
101.9	101.9	105.5	100.2	100.0	100.1	100.0	100.2
103.2	100.6	101.1	102.5	100.5	100.0	100.5	100.1
100.6	100.8	100.7	100.9	101.4	100.8	100.7	100.7
99.6	99.3	99.8	101.7	101.1	100.5	100.3	100.1
99.7	99.9	100.0	100.0	99.9	100.0	100.0	100.2

6-9 续表 1

(上月=100)

大中类行业代码及名称	全年	1月	2月	3月	4月
(151)酒的制造	99.1	99.9	99.8	100.3	99.4
(152)饮料制造	99.3	99.9	100.1	99.6	99.8
(153)精制茶加工	100.7	100.1	100.1	100.0	100.0
(16)烟草制品业	100.5	100.0	100.0	100.0	100.0
(161)烟叶复烤	100.0	100.0	100.0	100.0	100.0
(162)卷烟制造	100.6	100.0	100.0	100.0	100.0
(169)其他烟草制品制造	98.5	100.0	100.0	98.5	100.0
(17)纺织业	100.8	100.8	100.4	100.0	99.9
(171)棉纺织及印染精加工	100.9	101.1	100.4	100.0	99.8
(172)毛纺织及染整精加工	98.7	98.6	100.0	100.0	100.0
(173)麻纺织及染整精加工	93.6	99.8	99.9	100.0	99.5
(174)丝绢纺织及印染精加工	97.1	97.1	100.3	100.7	101.3
(176)针织或钩针编织物及其制品制造	96.9	100.0	100.0	100.0	100.0
(177)家用纺织制成品制造	106.5	100.0	100.0	100.0	100.0
(178)非家用纺织制成品制造	97.8	100.7	100.0	99.3	100.0
(18)纺织服装、服饰业	99.8	99.5	100.0	100.0	99.7
(181)机织服装制造	99.8	99.4	100.0	100.0	99.7
(183)服饰制造	100.0	100.0	100.0	100.0	100.0
(19)皮革、毛皮、羽毛及其制品和制鞋业	107.9	100.9	101.7	100.7	100.6
(191)皮革鞣制加工	116.8	100.8	102.1	100.5	102.0
(192)皮革制品制造	107.5	100.0	100.1	106.4	100.0
(193)毛皮鞣制及制品加工	98.7	99.6	99.4	100.7	99.6
(194)羽毛(绒)加工及制品制造	101.3	100.2	104.8	98.7	100.0
(195)制鞋业	107.1	103.3	103.2	99.8	100.0
(20)木材加工和木、竹、藤、棕、草制品业	101.2	100.1	99.9	100.2	100.2
(201)木材加工	101.4	100.2	100.0	100.7	100.0
(202)人造板制造	101.4	100.1	99.8	100.0	100.3
(203)木制品制造	99.8	100.5	99.6	100.2	100.4
(204)竹、藤、棕、草等制品制造	100.7	100.0	100.0	100.0	100.0
(21)家具制造业	100.1	100.1	100.0	100.0	100.1
(211)木质家具制造	100.2	100.2	100.0	100.0	100.2
(213)金属家具制造	100.0	100.0	100.0	100.0	100.0
(219)其他家具制造	101.0	100.0	100.0	100.0	100.0
(22)造纸和纸制品业	100.1	100.5	100.0	99.9	100.2
(221)纸浆制造	99.9	100.0	97.8	100.2	100.5

5月	6月	7月	8月	9月	10月	11月	12月
99.8	100.1	100.0	99.7	100.1	99.9	99.8	100.4
99.6	99.7	100.1	100.5	99.5	100.2	100.4	99.9
100.0	100.1	100.0	100.3	100.1	100.0	100.0	100.1
100.0	100.0	100.5	100.0	100.0	100.0	100.0	100.0
100.0	100.0	100.0	100.0	100.0	100.0	100.0	100.0
100.0	100.0	100.6	100.0	100.0	100.0	100.0	100.0
100.0	100.0	100.0	100.0	100.0	100.0	100.0	100.0
99.4	99.7	100.0	100.6	100.3	99.8	99.6	100.2
99.4	99.7	99.8	100.9	100.2	99.7	99.5	100.3
100.0	100.0	100.0	100.0	100.0	100.0	100.0	100.0
99.4	98.4	100.0	100.0	100.0	96.5	100.0	100.0
101.1	100.2	100.3	99.4	98.8	99.2	98.9	100.0
100.0	100.0	100.0	96.9	100.0	100.0	100.0	100.0
100.0	100.0	101.7	101.6	101.9	101.2	100.0	100.0
98.5	99.3	100.0	100.0	100.0	100.0	100.0	100.0
100.1	100.0	99.9	99.8	100.0	100.2	100.4	100.3
100.1	100.0	99.9	99.8	100.0	100.2	100.4	100.3
100.0	100.0	100.0	100.0	100.0	100.0	100.0	100.0
100.5	100.7	100.1	100.2	100.6	100.7	100.5	100.3
100.9	101.9	100.5	101.2	101.7	101.7	101.6	100.8
100.0	100.1	100.1	99.9	100.4	100.6	100.0	99.9
99.8	100.0	99.9	99.5	99.7	100.3	99.3	100.9
101.5	98.7	98.7	100.5	99.8	100.4	99.8	98.4
100.5	100.3	100.2	99.4	100.3	99.9	100.4	99.8
99.9	100.0	100.2	100.1	100.1	100.1	100.3	100.1
100.0	100.1	100.0	100.1	100.0	100.0	100.0	100.1
99.9	100.0	100.3	100.1	100.2	100.2	100.3	100.1
99.9	100.4	99.5	100.5	99.2	99.5	101.1	99.1
100.0	100.0	100.0	100.0	100.0	100.1	100.0	100.6
100.2	100.0	100.0	100.0	99.9	99.8	99.9	100.1
100.4	100.0	100.0	100.0	99.7	99.6	99.8	100.1
100.0	100.0	100.0	100.0	100.0	100.0	100.0	100.0
101.2	100.0	100.0	100.0	99.9	99.9	100.0	100.1
100.2	99.9	99.6	100.1	99.8	100.1	100.0	99.9
101.7	100.6	98.4	101.4	99.9	99.9	100.6	98.9

6-9 续表 2

(上月=100)

大中类行业代码及名称	全年	1月	2月	3月	4月
(222)造纸	100.1	100.6	100.1	99.9	100.2
(223)纸制品制造	100.0	99.9	99.8	100.0	100.4
(23)印刷和记录媒介复制业	100.3	100.0	100.0	100.0	100.1
(231)印刷	100.4	100.0	100.0	100.0	100.1
(232)装订及印刷相关服务	101.9	100.1	101.3	100.0	100.0
(233)记录媒介复制	86.9	99.6	97.6	99.2	101.7
(24)文教、工美、体育和娱乐用品制造业	102.4	100.3	100.5	100.6	100.4
(241)文教办公用品制造	100.0	100.0	100.0	100.0	100.0
(242)乐器制造	104.0	100.0	100.7	100.0	102.4
(243)工艺美术品制造	100.9	100.1	100.2	100.0	100.2
(244)体育用品制造	100.0	100.0	100.0	100.0	100.0
(245)玩具制造	127.3	103.5	105.8	108.8	102.7
(246)游艺器材及娱乐用品制造	101.7	100.0	100.0	101.7	100.0
(25)石油加工、炼焦和核燃料加工业	98.2	101.7	100.5	100.6	96.4
(251)精炼石油产品制造	98.5	100.2	99.9	102.8	96.2
(252)炼焦	97.9	103.0	101.0	98.6	96.6
(26)化学原料和化学制品制造业	94.5	100.4	98.9	100.1	99.7
(261)基础化学原料制造	96.3	99.0	99.0	99.1	99.6
(262)肥料制造	89.2	102.7	101.4	99.7	100.4
(263)农药制造	99.9	100.1	100.0	100.0	100.0
(264)涂料、油墨、颜料及类似产品制造	96.7	98.9	99.6	99.9	99.9
(265)合成材料制造	97.1	101.1	100.5	97.8	99.8
(266)专用化学产品制造	92.7	100.2	95.4	102.6	98.9
(267)炸药、火工及焰火产品制造	99.7	99.9	100.0	100.0	100.0
(268)日用化学产品制造	102.7	100.5	100.1	100.6	101.0
(27)医药制造业	102.6	103.0	99.1	100.0	99.9
(271)化学药品原料药制造	99.0	99.6	100.4	99.6	100.2
(272)化学药品制剂制造	103.5	103.9	100.3	99.6	99.8
(273)中药饮片加工	101.4	100.0	100.0	101.4	100.0
(274)中成药生产	102.2	101.2	99.6	100.9	99.4
(275)兽用药品制造	102.5	101.8	98.9	99.7	101.1
(276)生物药品制造	108.5	108.9	96.4	100.4	100.1
(277)卫生材料及医药用品制造	95.5	100.0	98.0	99.0	99.3
(28)化学纤维制造业	93.4	98.4	100.8	101.0	99.2
(281)纤维素纤维原料及纤维制造	91.7	98.0	100.4	101.7	98.9

5月	6月	7月	8月	9月	10月	11月	12月
100.1	99.8	99.6	100.1	99.7	100.2	99.9	99.9
100.1	100.1	100.0	99.9	99.8	99.8	100.1	100.0
100.2	100.0	100.0	100.1	100.1	100.0	99.9	100.0
100.1	100.0	100.0	100.1	100.1	100.0	100.0	100.1
100.4	102.2	101.9	98.9	99.8	97.9	99.7	99.8
100.8	100.0	102.4	100.0	102.7	100.0	91.4	91.4
100.0	100.1	100.1	99.7	100.4	100.3	100.1	99.9
100.0	100.0	100.0	100.0	100.0	100.0	100.0	100.0
100.7	100.1	100.0	100.0	100.0	100.0	100.0	100.0
100.1	100.0	99.9	100.0	100.2	100.0	100.1	100.0
100.0	100.0	100.0	100.0	100.0	100.0	100.0	100.0
98.5	101.2	102.0	95.7	103.9	104.0	100.1	98.8
100.0	100.0	100.0	100.0	100.0	100.0	100.0	100.0
97.7	98.4	99.2	101.4	101.7	99.4	100.3	101.1
97.4	98.9	99.7	102.9	102.6	98.3	98.8	100.8
97.9	97.8	98.7	100.0	100.8	100.5	101.7	101.3
99.1	99.0	98.5	99.2	99.8	99.3	100.0	100.4
99.8	97.6	99.2	100.6	101.1	100.0	101.0	100.4
96.7	98.6	95.0	97.7	98.2	98.5	98.9	100.9
100.0	100.7	100.0	100.0	99.8	100.6	98.8	100.0
99.3	99.5	99.7	99.8	100.0	100.3	99.9	99.8
100.1	99.6	99.1	100.9	100.3	98.6	100.1	99.3
99.6	99.8	99.5	98.0	99.4	99.0	99.7	100.5
100.0	100.0	99.6	100.0	100.2	99.8	99.9	100.3
100.0	99.9	100.0	99.6	99.6	100.1	100.5	100.8
100.5	100.0	100.1	100.0	100.0	100.0	100.0	100.0
100.1	100.3	99.8	100.3	100.3	99.6	99.2	99.8
100.2	100.2	100.0	100.0	99.7	99.5	100.1	100.2
98.6	100.0	100.0	100.0	100.0	101.4	100.0	100.0
101.2	99.4	99.5	99.8	100.3	100.0	100.3	100.5
100.3	101.2	100.4	99.4	100.4	99.8	100.3	99.4
101.8	99.6	100.9	100.0	100.0	100.8	100.0	99.8
99.2	100.0	100.0	100.0	100.0	99.9	100.0	100.0
97.7	98.3	97.2	99.1	100.3	100.4	100.6	100.5
97.1	97.9	96.3	98.9	100.3	100.5	100.9	100.5

6-9 续表 3

(上月=100)

大中类行业代码及名称	全年	1月	2月	3月	4月
(282)合成纤维制造	99.7	99.8	102.1	98.3	100.4
(29)橡胶和塑料制品业	100.4	99.5	100.3	100.1	99.7
(291)橡胶制品业	98.5	98.5	100.2	100.2	99.4
(292)塑料制品业	101.6	100.2	100.3	100.1	99.8
(30)非金属矿物制品业	99.4	100.1	99.7	100.6	99.3
(301)水泥、石灰和石膏制造	97.4	98.7	99.1	101.9	98.8
(302)石膏、水泥制品及类似制品制造	101.4	100.4	100.0	100.0	99.6
(303)砖瓦、石材等建筑材料制造	98.0	100.5	99.8	101.2	98.3
(304)玻璃制造	105.5	95.9	89.9	107.2	100.0
(305)玻璃制品制造	95.7	99.9	100.0	95.5	100.0
(306)玻璃纤维和玻璃纤维增强塑料制品制造	99.6	100.0	100.1	100.0	100.1
(307)陶瓷制品制造	101.2	100.4	100.2	100.6	99.8
(308)耐火材料制品制造	100.8	100.7	100.3	100.1	99.4
(309)石墨及其他非金属矿物制品制造	99.2	100.0	99.8	100.6	99.7
(31)黑色金属冶炼和压延加工业	98.0	100.8	101.3	99.6	99.1
(311)炼铁	91.5	100.3	100.1	100.1	98.7
(312)炼钢	100.0	100.0	103.7	98.8	98.2
(313)黑色金属铸造	98.2	100.4	98.6	99.8	100.0
(314)钢压延加工	98.1	101.1	101.6	99.8	99.1
(315)铁合金冶炼	98.6	102.7	100.0	98.7	99.7
(32)有色金属冶炼和压延加工业	92.7	99.8	99.9	98.7	97.9
(321)常用有色金属冶炼	96.4	99.7	100.6	98.7	98.8
(322)有色金属冶炼和压延加工业	73.5	99.2	99.2	97.8	91.4
(323)稀有稀土金属冶炼	91.9	100.0	99.5	99.5	98.8
(324)有色金属合金制造	99.6	100.0	100.0	100.0	99.6
(326)有色金属压延加工	96.7	100.5	99.3	98.9	99.4
(33)金属制品业	98.1	100.1	99.9	99.7	99.8
(331)结构性金属制品制造	97.4	100.2	100.1	99.5	99.8
(332)金属工具制造	99.7	100.0	100.0	100.0	100.0
(333)集装箱及金属包装容器制造	96.8	99.9	100.0	99.8	100.1
(334)金属丝绳及其制品制造	97.7	100.2	98.8	100.2	99.7
(335)建筑、安全用金属制品制造	101.3	99.4	100.0	100.5	100.1
(337)搪瓷制品制造	100.3	100.0	100.0	100.3	100.0
(338)金属制日用品制造	97.7	100.5	100.0	99.1	99.7
(339)其他金属制品制造	99.2	100.0	100.3	99.7	99.2

5月	6月	7月	8月	9月	10月	11月	12月
99.8	99.6	100.3	99.8	100.0	99.9	99.7	100.2
100.1	99.7	99.9	100.1	100.2	100.3	100.1	100.4
100.6	99.3	99.9	100.0	100.0	100.1	100.0	100.3
99.9	99.9	99.9	100.2	100.3	100.4	100.1	100.5
100.0	99.9	99.6	99.9	100.1	99.7	100.4	100.3
99.5	98.4	99.1	99.1	99.2	99.8	102.3	101.5
100.0	100.3	99.9	100.4	100.1	99.9	101.1	99.7
99.6	99.6	99.2	99.9	100.1	99.8	99.9	100.1
99.9	101.9	98.9	100.0	107.1	100.0	105.2	100.7
100.1	100.0	100.0	100.0	100.1	100.0	100.0	100.2
100.1	100.0	99.9	100.0	100.0	99.8	99.8	99.9
100.3	99.7	100.2	99.9	100.4	99.9	99.8	100.1
100.6	100.4	99.3	100.4	100.2	99.2	99.9	100.4
99.8	100.1	100.0	99.7	99.9	99.8	100.0	100.0
98.2	98.9	100.1	100.2	100.6	99.6	99.6	100.1
98.6	97.4	95.4	100.3	100.9	99.7	99.3	100.2
99.8	100.0	100.5	99.4	99.8	100.0	100.0	99.9
99.1	99.0	100.0	100.5	100.7	100.0	100.1	100.1
97.2	98.6	100.7	100.5	100.8	99.3	99.3	100.1
99.1	99.5	99.8	99.0	100.4	99.8	99.9	100.0
99.8	98.7	98.6	100.3	100.0	100.4	99.3	99.1
100.2	98.9	99.5	100.2	99.7	100.7	99.9	99.6
97.3	95.9	94.9	102.2	100.5	98.0	98.1	95.8
99.4	98.4	97.4	99.9	99.9	99.8	99.4	99.5
100.0	100.0	100.0	100.0	100.0	100.0	100.0	100.0
100.3	99.9	98.9	99.9	100.3	101.4	98.5	99.4
99.7	99.8	99.7	99.8	100.3	99.6	99.9	99.8
99.3	99.7	99.6	99.8	100.5	99.3	99.9	99.7
100.0	100.0	100.0	100.0	99.7	100.0	100.0	100.0
99.5	98.5	99.6	99.2	100.4	100.0	100.0	99.9
100.1	100.0	99.7	99.9	100.2	99.7	99.6	99.7
100.1	100.2	99.9	100.0	100.3	100.2	100.6	100.1
100.0	100.0	100.0	100.0	100.0	100.0	100.0	100.0
100.3	100.0	99.4	98.7	100.8	99.7	99.5	100.0
100.1	100.0	100.0	99.9	99.9	100.1	100.0	100.1

6-9 续表 4

(上月=100)

大中类行业代码及名称	全年	1月	2月	3月	4月
(34)通用设备制造业	101.7	100.2	100.1	99.8	100.1
(341)锅炉及原动设备制造	100.3	100.1	100.5	99.9	100.2
(342)金属加工机械制造	97.8	95.4	99.4	103.0	99.2
(343)物料搬运设备制造	102.0	101.4	99.9	100.2	99.9
(344)泵、阀门、压缩机及类似机械制造	103.1	100.8	100.7	100.6	100.2
(345)轴承、齿轮和传动部件制造	103.1	101.3	99.7	96.7	100.9
(346)烘炉、风机、衡器、包装等设备制造	101.4	100.5	100.0	99.6	100.1
(347)文化、办公用机械制造	103.1	100.0	103.1	100.0	97.0
(348)通用零部件制造	102.1	99.7	100.1	100.1	100.2
(349)其他通用设备制造业	97.4	100.1	100.0	97.4	99.9
(35)专用设备制造业	100.2	100.3	100.1	100.2	99.9
(351)采矿、冶金、建筑专用设备制造	98.3	100.1	100.2	100.3	99.5
(352)化工、木材、非金属加工专用设备制造	99.2	99.3	99.8	100.0	100.3
(353)食品、饮料、烟草及饲料生产专用设备制造	103.3	100.7	100.8	100.2	100.0
(354)印刷、制药、日化及日用品生产专用设备制造	100.3	100.0	100.0	100.1	100.0
(355)纺织、服装和皮革加工专用设备制造	99.5	99.5	100.0	100.0	100.0
(356)电子和电工机械专用设备制造	98.7	98.6	100.2	99.6	100.9
(357)农、林、牧、渔专用机械制造	101.4	100.9	100.0	100.2	100.0
(358)医疗仪器设备及器械制造	112.3	100.2	100.1	100.0	100.2
(359)环保、社会公共服务及其他专用设备制造	104.1	101.5	99.8	100.1	101.6
(36)汽车制造业	100.9	100.1	100.2	100.4	100.5
(361)汽车整车制造	107.0	101.1	100.8	101.1	101.7
(362)改装汽车制造	96.2	98.5	100.0	100.0	100.3
(363)低速载货汽车制造	103.4	100.0	100.0	101.4	100.0
(365)汽车车身、挂车制造	98.1	100.0	100.0	100.0	100.0
(366)汽车零部件及配件制造	99.4	99.9	100.0	100.2	100.0
(37)铁路、船舶、航空航天和其他运输设备制造业	101.0	100.3	99.7	100.3	100.3
(371)铁路运输设备制造	100.9	100.5	100.0	100.0	101.4
(373)船舶及相关装置制造	99.8	100.0	100.0	100.1	100.1
(375)摩托车制造	101.2	100.3	99.6	100.4	100.0
(376)自行车制造	100.0	100.0	100.0	100.0	100.0
(38)电气机械和器材制造业	98.9	100.2	100.0	100.3	99.7
(381)电机制造	100.5	100.0	100.5	99.7	99.1
(382)输配电及控制设备制造	100.0	100.6	100.1	100.0	99.4
(383)电线、电缆、光缆及电工器材制造	98.0	100.3	100.3	100.1	99.9

5月	6月	7月	8月	9月	10月	11月	12月
100.0	99.8	99.9	100.1	100.3	100.8	100.3	100.2
100.0	99.4	98.9	100.0	99.9	101.4	100.1	99.9
99.1	100.1	98.6	98.6	100.3	100.8	101.1	102.3
100.1	100.4	100.0	100.0	100.0	99.9	100.0	100.1
100.1	100.1	100.1	100.2	100.0	100.1	100.2	100.0
99.7	98.2	100.8	100.6	101.4	103.6	100.9	99.4
100.0	100.0	100.0	100.0	100.0	100.7	99.9	100.7
100.0	100.0	100.0	103.1	100.0	100.0	100.0	100.0
100.5	100.1	100.2	100.3	100.5	100.0	100.0	100.3
100.0	100.0	100.0	100.0	100.0	100.0	100.0	100.0
100.4	99.8	99.8	100.1	100.1	100.1	100.4	99.0
100.2	99.4	99.7	100.4	100.1	100.3	100.3	97.9
100.0	99.9	99.6	100.2	100.0	100.1	100.0	100.0
100.8	99.6	99.1	99.9	100.4	100.8	100.4	100.5
100.0	100.1	100.1	100.1	100.0	100.0	100.0	100.0
100.0	100.0	100.0	100.0	100.0	100.0	100.0	100.0
100.9	99.4	99.3	100.0	99.7	99.9	100.8	99.4
99.9	100.2	100.1	99.6	100.5	99.7	100.1	100.0
111.5	99.9	100.0	100.2	100.1	100.0	100.0	99.9
100.1	100.3	100.0	100.0	99.1	99.9	101.8	100.0
100.0	100.1	99.8	100.0	100.0	100.0	100.1	99.7
100.7	100.8	100.2	100.0	100.7	100.1	101.2	98.5
100.7	100.0	98.2	100.0	99.8	100.1	98.0	100.5
100.0	101.4	100.0	100.0	100.7	100.0	100.0	100.0
100.0	99.9	100.0	100.0	101.1	98.2	100.0	98.8
99.7	99.9	100.0	100.0	99.7	99.9	100.0	100.0
100.0	99.8	100.0	100.4	100.1	99.9	100.1	100.1
100.0	99.0	99.8	100.0	100.3	99.6	100.5	99.8
100.0	100.0	100.0	100.0	100.1	99.9	99.9	99.9
100.0	100.0	100.0	100.7	100.1	100.0	100.0	100.1
100.0	100.0	100.0	100.0	100.0	100.0	100.0	100.0
100.1	100.0	100.0	99.9	99.6	99.7	99.8	99.7
100.7	100.3	101.4	98.3	99.6	100.1	100.7	100.2
100.4	100.0	99.7	100.4	99.8	99.8	100.0	99.8
99.3	100.3	99.7	99.9	99.7	99.1	99.6	99.6

6-9 续表 5

(上月=100)

大中类行业代码及名称	全年	1月	2月	3月	4月
(384)电池制造	94.5	97.9	98.2	102.6	99.3
(385)家用电力器具制造	97.1	100.0	100.0	100.0	100.0
(386)非电力家用器具制造	101.7	100.4	100.4	100.8	100.0
(387)照明器具制造	100.9	100.0	100.0	100.0	100.0
(389)其他电气机械及器材制造	99.8	99.8	100.2	100.0	99.8
(39)计算机、通信和其他电子设备制造业	98.0	99.3	99.5	100.1	99.9
(391)计算机制造	100.0	100.0	100.0	100.0	100.0
(392)通信设备制造	100.0	100.0	100.0	100.0	100.0
(393)广播电视设备制造	95.6	95.6	100.0	100.0	100.0
(394)雷达及配套设备制造	100.0	100.0	100.0	100.0	100.0
(396)电子器件制造	97.6	98.6	99.1	99.5	100.3
(397)电子元件制造	98.0	99.8	99.6	100.7	99.4
(399)其他电子设备制造	100.0	100.0	100.0	100.0	100.0
(40)仪器仪表制造业	98.6	99.9	100.1	100.1	99.8
(401)通用仪器仪表制造	98.0	99.9	100.1	100.1	99.6
(402)专用仪器仪表制造	100.5	99.8	100.0	100.4	100.3
(404)光学仪器及眼镜制造	95.7	99.8	99.8	100.0	99.7
(409)其他仪器仪表制造业	100.0	100.0	100.0	100.0	100.0
(41)其他制造业	101.2	100.6	100.0	100.0	100.0
(411)日用杂品制造	101.6	100.4	100.0	100.0	100.0
(412)煤制品制造	100.1	100.1	100.0	100.0	100.0
(419)其他未列明制造业	102.2	102.2	100.0	100.0	100.0
(43)金属制品、机械和设备修理业	99.4	100.6	102.5	98.8	97.0
(431)金属制品修理	102.4	101.0	101.4	102.3	103.9
(435)电气设备修理	99.1	100.6	102.7	98.4	96.3
(44)电力、热力生产和供应业	99.5	100.0	100.1	99.6	100.1
(441)电力生产	98.9	99.9	100.2	99.8	100.2
(442)电力供应	99.9	100.1	100.0	99.5	100.0
(443)热力生产和供应	101.7	100.3	100.0	104.0	100.0
(45)燃气生产和供应业	103.6	100.0	100.0	100.5	99.9
(450)燃气生产和供应业	103.6	100.0	100.0	100.5	99.9
(46)水的生产和供应业	100.0	100.0	100.0	100.0	100.0
(461)自来水生产和供应	100.0	100.0	100.0	100.0	100.0
(462)污水处理及其再生利用	100.0	100.0	100.0	100.0	100.0

5月	6月	7月	8月	9月	10月	11月	12月
102.0	98.8	100.4	98.5	97.9	99.8	99.5	99.5
100.0	100.0	100.0	98.6	99.5	100.0	99.4	99.5
100.0	100.0	100.0	100.0	100.0	100.0	100.0	100.0
99.9	100.3	100.3	101.1	99.4	100.0	100.0	100.0
99.8	100.4	99.6	100.4	99.8	100.2	100.0	99.8
100.0	99.2	99.8	99.8	100.4	100.0	100.1	100.2
100.0	100.0	100.0	100.0	100.0	100.0	100.0	100.0
100.0	100.0	100.0	100.0	100.0	100.0	100.0	100.0
100.0	100.0	100.0	100.0	100.0	100.0	100.0	100.0
100.0	100.0	100.0	100.0	100.0	100.0	100.0	100.0
100.4	98.9	99.5	100.0	100.8	100.0	100.4	100.1
99.6	99.2	100.0	99.5	100.0	100.0	99.9	100.3
100.0	100.0	100.0	100.0	100.0	100.0	100.0	100.0
99.9	99.9	100.0	100.0	100.4	98.5	100.0	100.0
100.0	99.9	99.8	100.1	100.5	97.8	100.0	100.1
99.7	99.7	100.5	99.9	100.1	100.0	100.1	100.0
99.0	100.0	100.0	99.3	100.0	103.6	95.8	98.8
100.0	100.0	100.0	100.0	100.0	100.0	100.0	100.0
100.0	100.0	100.0	100.0	100.0	100.4	100.2	100.0
100.0	100.0	100.0	100.0	100.0	100.7	100.4	100.0
100.0	100.0	100.0	100.0	100.0	100.0	100.0	100.0
100.0	100.0	100.0	100.0	100.0	100.0	100.0	100.0
99.0	102.2	99.8	101.0	98.9	100.6	100.2	98.9
97.2	99.4	99.4	100.0	102.2	96.9	99.0	100.0
99.2	102.5	99.9	101.1	98.6	101.0	100.4	98.8
100.0	100.0	100.0	100.1	100.0	99.9	99.6	100.0
99.9	100.1	100.0	100.0	99.9	99.5	99.4	100.1
100.1	100.0	100.0	100.2	100.1	100.1	99.8	100.1
100.0	100.0	100.0	100.0	100.0	100.0	100.0	97.5
99.9	99.9	100.0	100.4	102.1	100.8	100.0	100.1
99.9	99.9	100.0	100.4	102.1	100.8	100.0	100.1
100.0	100.0	100.0	100.0	100.0	100.0	100.0	100.0
100.0	100.0	100.0	100.0	100.0	100.0	100.0	100.0
100.0	100.0	100.0	100.0	100.0	100.0	100.0	100.0

6-10 各月分类工业生产者

(2010年=100)

项目名称	全年	1月	2月	3月	4月	5月
总指数	**105.0**	**106.3**	**106.5**	**106.5**	**105.8**	**105.0**
核心指数	103.8	104.9	105.0	105.0	104.4	104.0
高技术	109.9	111.9	109.5	109.6	109.3	110.0
能源	103.8	107.8	108.1	108.3	106.8	103.5
按轻重工业分						
轻工业	108.9	108.2	108.5	108.5	108.4	108.5
以农产品为原料	109.8	109.0	109.5	109.4	109.2	109.3
以非农产品为原料	104.8	104.5	104.6	104.7	104.7	105.0
重工业	103.5	105.6	105.7	105.7	104.8	103.6
采掘	100.1	106.2	106.7	107.1	104.9	100.0
原料	105.1	107.7	107.9	107.5	106.0	105.3
加工	103.4	104.2	104.1	104.2	103.9	103.5
按两大部类分						
生产资料	103.4	105.2	105.5	105.5	104.6	103.6
采掘	100.1	106.2	106.7	107.1	104.9	100.0
原料	105.1	107.4	107.7	107.3	105.9	105.2
加工	103.3	103.8	103.9	104.0	103.7	103.4
生活资料	110.6	110.3	110.3	110.1	110.0	110.1
食品	111.6	110.9	111.2	110.9	110.7	110.9
衣着	117.3	116.4	117.0	117.7	117.5	117.6
一般日用品	106.2	107.1	106.2	105.9	105.9	105.9
耐用消费品	107.7	107.7	107.5	107.7	107.8	107.9
按初级中间最终产品分						
初级产品	100.1	106.2	106.7	107.1	104.8	100.0
矿产品	100.1	106.2	106.7	107.1	104.8	100.0
中间产品	105.1	106.1	106.3	106.1	105.5	105.1
最终产品	107.8	107.8	107.8	107.9	107.7	107.7
最终投资品	105.1	105.1	105.1	105.5	105.2	105.1
最终消费品	111.4	111.1	111.2	111.0	110.9	111.0
按工业部门分						
冶金工业	99.2	102.3	103.0	102.2	100.4	99.4
电力工业	113.5	113.7	113.8	113.4	113.5	113.6
煤炭及炼焦工业	92.2	99.0	99.8	99.7	97.4	92.1
石油工业	119.0	122.5	121.0	123.8	121.0	117.2

出厂价格定基指数(2013年)

6月	7月	8月	9月	10月	11月	12月
104.5	**103.9**	**104.1**	**104.3**	**104.4**	**104.4**	**104.4**
103.5	103.0	103.1	103.3	103.2	103.2	103.1
110.0	110.0	109.9	109.9	109.8	109.7	109.7
102.1	101.0	100.9	101.4	101.6	101.8	101.9
108.6	108.6	109.0	109.3	109.4	109.6	109.7
109.4	109.4	110.0	110.3	110.4	110.7	110.8
104.9	104.8	104.7	104.7	104.9	104.9	104.9
102.9	102.1	102.2	102.5	102.4	102.4	102.3
97.8	95.9	95.7	96.4	96.7	97.0	96.8
104.4	103.5	103.8	104.1	104.0	103.8	103.8
103.2	102.9	102.8	103.0	102.9	102.9	102.8
102.8	102.1	102.2	102.5	102.5	102.5	102.4
97.8	95.9	95.7	96.4	96.7	97.0	96.8
104.3	103.5	103.7	104.1	104.1	103.9	104.0
103.1	102.8	102.8	103.0	102.9	102.9	102.8
110.3	110.4	110.7	111.0	111.0	111.4	111.4
111.1	111.3	111.9	112.2	112.3	112.9	112.9
117.7	117.7	116.9	116.9	117.1	117.2	117.4
106.1	106.1	106.0	106.2	106.2	106.3	106.3
107.9	107.9	107.9	107.7	107.6	107.5	107.5
97.8	95.9	95.7	96.4	96.7	96.9	96.8
97.8	95.9	95.7	96.4	96.7	96.9	96.8
104.7	104.3	104.4	104.7	104.6	104.6	104.6
107.7	107.6	107.8	108.0	108.0	108.1	108.1
105.0	104.7	104.8	105.1	105.0	105.1	105.0
111.2	111.2	111.5	111.7	111.7	111.9	111.9
98.1	97.2	97.6	98.0	97.9	97.3	96.9
113.6	113.6	113.7	113.7	113.6	113.1	113.2
90.0	88.0	87.2	87.4	87.9	88.6	89.0
115.1	114.1	116.2	119.3	119.9	119.2	118.8

6-10 续表

(2010年=100)

项目名称	全年	1月	2月	3月	4月	5月
化学工业	106.4	108.4	107.8	107.9	107.5	107.1
机械工业	104.1	104.0	104.0	104.1	104.1	104.2
建筑材料工业	106.4	106.8	106.5	107.3	106.5	106.6
森林工业	109.2	108.7	108.6	108.8	109.0	109.0
食品工业	111.0	110.1	110.6	110.3	110.1	110.3
纺织工业	106.4	106.3	106.7	106.7	106.6	106.0
缝纫工业	117.0	117.0	117.7	117.5	117.3	117.6
皮革工业	114.0	109.4	110.4	111.7	112.6	113.0
造纸工业	101.9	102.0	101.9	101.8	102.1	102.2
文教艺术用品工业	105.3	103.2	104.2	105.1	105.1	105.0
其它工业	105.4	105.9	105.7	105.7	105.5	105.4
基本分类汇总项						
(1)原煤	91.4	98.8	99.9	100.1	98.0	91.3
(2)铁矿石成品矿	99.1	97.7	98.1	99.6	100.1	100.1
(3)水泥	103.2	108.0	106.9	106.0	105.1	104.3
(4)轧制、锻造钢坯	83.7	86.8	88.4	87.0	84.8	83.8
(5)钢材	91.4	92.7	94.2	94.1	93.3	90.7
(6)常用有色金属合金	94.8	95.1	95.1	95.1	94.7	94.7
(7)稀有稀土金属合金						
(8)贵金属合金						
(9)铝材	100.0	100.8	100.5	99.7	99.4	99.6
(10)船舶用发动机	94.1	92.4	95.1	95.1	95.1	95.1
(11)汽轮机						
(12)数控金属切削机床	104.6	99.7	98.1	120.0	120.0	112.9
(13)风机	98.1	98.1	98.1	98.1	98.1	98.1
(14)乘用车	108.4	107.9	107.2	108.6	108.8	109.6
(15)客车	114.1	106.8	108.4	110.0	112.8	113.6
(16)载货汽车	96.6	96.5	96.5	96.5	96.7	97.3
(17)发电机	120.2	119.2	119.2	119.2	119.2	119.2
(18)发电机组	105.9	104.7	107.2	107.2	107.2	107.2
(19)高压电路开关、保护电器装置	104.6	104.5	103.0	104.5	103.8	104.3
(20)电力控制或电力分配装置	103.3	102.7	102.8	102.8	102.1	103.1
(21)光缆	100.0	97.7	98.2	98.2	98.1	101.3
(22)蓄电池	102.3	100.3	101.3	103.6	103.3	102.1
(23)移动通信设备						
(24)彩色电视机						
(25)燃气供应量	113.7	112.1	112.1	112.7	112.5	112.4

6月	7月	8月	9月	10月	11月	12月
106.4	105.6	105.2	105.2	104.9	105.0	105.3
104.0	103.9	104.0	104.1	104.1	104.3	104.0
106.4	105.9	105.9	106.1	105.7	106.2	106.6
109.1	109.2	109.3	109.4	109.4	109.6	109.7
110.6	110.7	111.4	111.8	111.9	112.4	112.4
105.7	105.7	106.6	106.9	106.7	106.2	106.5
117.4	117.2	116.4	116.3	116.5	116.8	116.8
114.0	114.2	114.7	115.5	116.6	117.2	118.0
102.1	101.8	101.8	101.6	101.7	101.7	101.6
105.2	105.4	105.4	105.8	106.2	106.3	106.2
105.5	105.5	105.3	105.2	105.1	105.1	105.1
89.0	87.1	86.0	85.9	86.3	87.1	87.2
98.4	97.2	99.4	99.7	99.7	100.1	99.2
102.3	101.2	100.3	100.1	99.7	101.1	103.0
80.3	82.0	82.7	83.3	82.9	81.5	81.2
89.5	90.0	90.5	91.2	90.5	89.9	90.0
94.7	94.7	94.7	94.7	94.7	94.7	94.7
100.1	99.9	99.3	100.1	100.6	100.1	100.2
95.1	90.7	90.7	90.7	96.5	96.5	96.5
113.0	102.2	88.0	90.4	97.7	81.6	131.6
98.1	98.1	98.1	98.1	98.1	98.1	98.1
108.7	108.8	108.9	108.3	108.0	108.5	107.3
115.0	115.4	115.4	116.3	118.4	119.3	118.0
97.5	97.5	97.3	98.5	93.9	96.6	93.9
119.2	119.2	119.2	119.2	119.2	125.0	125.0
107.2	107.2	107.2	107.2	107.2	100.7	100.7
103.9	105.2	105.0	104.5	104.6	105.8	106.1
103.3	103.0	103.8	103.9	103.9	104.0	103.9
101.3	100.0	101.1	102.5	101.9	100.2	99.7
99.8	102.2	103.9	104.8	102.1	103.0	101.4
112.2	112.3	112.8	115.5	116.6	116.6	116.7

6-11 各月分大类(新行业)工业生

(2010年=100)

大类行业代码及名称	全年	1月	2月	3月	4月
(06)煤炭开采和洗选业	91.6	98.8	99.6	99.8	97.7
(07)石油和天然气开采业	122.7	129.0	125.5	128.2	127.0
(08)黑色金属矿采选业	94.1	94.0	94.5	95.8	95.0
(09)有色金属矿采选业	108.3	114.0	115.0	114.6	110.5
(10)非金属矿采选业	114.0	113.2	113.2	113.5	113.6
(13)农副食品加工业	110.2	109.4	110.0	109.4	109.0
(14)食品制造业	116.9	115.1	115.4	116.0	115.9
(15)酒、饮料和精制茶制造业	106.6	107.2	107.1	107.2	106.7
(16)烟草制品业	102.3	102.0	102.0	102.0	102.0
(17)纺织业	107.7	107.7	108.1	108.1	108.0
(18)纺织服装、服饰业	111.7	112.0	111.9	111.9	111.6
(19)皮革、毛皮、羽毛及其制品和制鞋业	116.1	111.6	113.5	114.3	115.0
(20)木材加工和木、竹、藤、棕、草制品业	110.1	109.7	109.5	109.8	110.0
(21)家具制造业	105.3	105.1	105.1	105.1	105.3
(22)造纸和纸制品业	101.9	102.0	101.9	101.8	102.1
(23)印刷和记录媒介复制业	97.1	96.8	96.8	96.8	96.9
(24)文教、工美、体育和娱乐用品制造业	112.2	110.6	111.2	111.8	112.2
(25)石油加工、炼焦和核燃料加工业	103.8	107.5	108.1	108.7	104.8
(26)化学原料和化学制品制造业	102.9	106.7	105.6	105.7	105.4
(27)医药制造业	120.5	121.1	120.0	120.0	119.9
(28)化学纤维制造业	88.1	90.8	91.5	92.4	91.7
(29)橡胶和塑料制品业	102.7	102.5	102.8	102.9	102.6
(30)非金属矿物制品业	105.4	106.0	105.7	106.3	105.6
(31)黑色金属冶炼和压延加工业	94.3	95.8	97.0	96.6	95.7
(32)有色金属冶炼和压延加工业	100.4	104.8	104.7	103.4	101.2
(33)金属制品业	101.3	102.5	102.4	102.1	101.8
(34)通用设备制造业	102.9	102.5	102.7	102.5	102.6
(35)专用设备制造业	103.3	102.9	103.1	103.3	103.2
(36)汽车制造业	105.6	104.6	104.8	105.3	105.7
(37)铁路、船舶、航空航天和其他运输设备制造业	112.2	111.9	111.6	111.9	112.2
(38)电气机械和器材制造业	105.4	105.7	105.7	106.0	105.7
(39)计算机、通信和其他电子设备制造业	89.9	90.9	90.4	90.5	90.4
(40)仪器仪表制造业	112.0	112.4	112.5	112.6	112.4
(41)其他制造业	102.3	102.1	102.1	102.1	102.1
(43)金属制品、机械和设备修理业	127.9	128.4	131.7	130.1	126.2
(44)电力、热力生产和供应业	113.6	113.8	113.9	113.5	113.6
(45)燃气生产和供应业	115.2	113.8	113.8	114.3	114.2
(46)水的生产和供应业	104.3	104.3	104.3	104.3	104.3

产者出厂价格定基指数(2013年)

5月	6月	7月	8月	9月	10月	11月	12月
91.6	89.5	87.3	86.3	86.4	86.9	87.5	87.7
121.6	118.0	116.1	117.1	120.2	123.7	123.8	121.7
94.6	93.1	91.9	93.9	94.1	94.0	94.4	93.9
108.7	106.4	103.9	104.8	106.8	106.1	104.7	104.5
113.7	113.8	113.7	114.4	114.6	114.6	115.0	115.1
109.4	109.8	109.7	110.4	111.0	111.0	111.7	111.5
115.7	116.2	116.5	117.6	118.1	118.3	118.9	119.0
106.4	106.3	106.4	106.3	106.2	106.2	106.3	106.5
102.0	102.0	102.5	102.5	102.5	102.5	102.5	102.5
107.4	107.1	107.1	107.7	108.0	107.8	107.4	107.7
111.7	111.7	111.6	111.3	111.4	111.5	112.0	112.4
115.5	116.3	116.5	116.7	117.5	118.3	118.9	119.3
109.9	109.9	110.1	110.2	110.4	110.5	110.8	110.9
105.5	105.5	105.5	105.5	105.4	105.2	105.1	105.2
102.2	102.1	101.8	101.8	101.6	101.7	101.7	101.6
97.1	97.1	97.1	97.2	97.3	97.2	97.1	97.1
112.2	112.3	112.4	112.1	112.6	112.9	113.1	113.0
102.4	100.7	99.9	101.3	103.0	102.4	102.7	103.8
104.4	103.3	101.7	101.0	100.8	100.1	100.0	100.4
120.5	120.5	120.7	120.6	120.7	120.7	120.7	120.7
89.6	88.0	85.6	84.8	85.0	85.3	85.8	86.2
102.7	102.3	102.3	102.4	102.6	102.9	103.0	103.4
105.6	105.4	105.0	104.9	105.0	104.6	105.0	105.3
94.0	92.9	93.1	93.3	93.8	93.4	93.0	93.1
100.9	99.6	98.2	98.6	98.6	99.0	98.3	97.4
101.5	101.3	100.9	100.7	101.1	100.6	100.6	100.4
102.6	102.4	102.3	102.5	102.8	103.6	103.9	104.1
103.6	103.4	103.1	103.2	103.4	103.5	103.8	102.8
105.8	105.9	105.8	105.8	105.8	105.8	105.9	105.5
112.2	112.0	111.9	112.4	112.5	112.4	112.6	112.6
105.8	105.8	105.8	105.7	105.2	104.9	104.7	104.4
90.4	89.6	89.4	89.2	89.5	89.5	89.6	89.7
112.3	112.2	112.1	112.2	112.6	110.9	110.9	110.9
102.1	102.1	102.1	102.1	102.1	102.5	102.8	102.8
124.9	127.6	127.4	128.6	127.3	128.0	128.3	126.9
113.6	113.7	113.6	113.7	113.8	113.6	113.2	113.2
114.0	113.9	113.9	114.4	116.8	117.8	117.8	117.9
104.3	104.3	104.3	104.3	104.3	104.3	104.3	104.3

6-12 工业生产者出厂价格完整(新行业)同比指数(2013年)

(上年=100)

项目名称	指 数	项目名称	指 数
煤炭开采和洗选业	88.0	其他化学矿	92.2
烟煤和无烟煤开采洗选	88.0	采盐	96.5
无烟煤	89.5	井盐	96.5
烟煤	85.7	石棉及其他非金属矿采选	101.1
洗煤	88.5	石墨、滑石采选	101.1
其他煤炭采选	94.6	滑石	101.1
石油和天然气开采业	94.3	农副食品加工业	103.6
石油开采	94.1	谷物磨制	106.8
原油	94.1	小麦粉	106.8
天然气开采	102.0	小麦专用粉	109.0
黑色金属矿采选业	95.5	大米	98.0
铁矿采选	95.5	其他谷物磨制产品	103.2
炼铁块矿	101.3	饲料加工	104.9
铁精矿	96.3	配合饲料	104.9
铁矿石原矿	96.1	浓缩饲料	106.4
人造富铁矿(已烧结铁矿)	93.4	混合饲料	102.9
有色金属矿采选业	95.9	蛋白质饲料	105.4
常用有色金属矿采选	105.9	其他饲料加工	99.4
铅锌矿采选	94.1	植物油加工	99.4
铅矿	95.1	食用植物油加工	99.1
锌矿	90.9	毛油(初榨植物油)	100.0
铝矿采选	113.0	精制食用植物油	99.1
贵金属矿采选	92.3	其他食用植物油	92.2
金矿采选	92.4	非食用植物油加工	118.1
银矿采选	78.9	制糖业	97.8
稀有稀土金属矿采选	92.4	成品糖	100.0
钨钼矿采选	92.4	其他制糖	97.1
钼矿	92.4	屠宰及肉类加工	101.9
非金属矿采选业	103.8	牲畜屠宰	102.0
土砂石开采	104.6	鲜、冷藏肉	102.0
石灰石、石膏开采	102.7	禽类屠宰	102.4
石灰石	102.7	冻肉	102.4
建筑装饰用石开采	104.9	肉制品及副产品加工	101.8
天然花岗石荒料	104.9	动物肠衣	99.0
粘土及其他土砂石开采	104.9	蒸煮香肠制品	101.9
砂石	104.9	酱卤烧烤肉制品	102.2
化学矿开采	92.2	水产品加工	108.2

6-12 续表 1

(上年=100)

项目名称	指　数	项目名称	指　数
水产饲料制造	108.2	酱油、食醋及类似制品制造	103.4
蔬菜、水果和坚果加工	98.7	酱油	102.7
蔬菜加工	98.4	食醋	102.2
蔬菜加工品	99.0	其他酱油、食醋及类似制品的制造	109.5
其他蔬菜、水果和坚果加工	97.6	其他调味品、发酵制品制造	103.3
水果和坚果加工	101.7	复合调味品	106.4
其他农副食品加工	99.4	发酵类制品	100.7
淀粉及淀粉制品制造	96.0	其他食品制造	99.3
淀粉	93.6	营养食品制造	100.0
淀粉制品	100.1	营养配餐食品	100.0
其他淀粉及淀粉制品	101.1	保健食品制造	96.9
豆制品制造	109.2	冷冻饮品及食用冰制造	100.4
蛋品加工	101.1	盐加工	97.5
其他未列明农副食品加工	114.3	食用盐	97.5
食品制造业	105.5	非食用盐	97.5
焙烤食品制造	103.3	食品及饲料添加剂制造	100.2
糕点、面包制造	100.5	食品添加剂	100.2
糕点制造	100.9	其他未列明食品制造	100.6
面包制造	100.4	酒、饮料和精制茶制造业	99.3
饼干及其他焙烤食品制造	104.6	酒的制造	99.3
饼干	104.9	酒精制造	94.5
膨化食品	100.0	白酒制造	101.0
其他焙烤食品	100.0	啤酒制造	101.6
糖果、巧克力及蜜饯制造	98.7	葡萄酒制造	100.0
糖果、巧克力制造	98.7	其他酒制造	100.9
糖果	97.7	饮料制造	99.2
其他糖果、巧克力	100.4	碳酸饮料制造	100.4
方便食品制造	104.6	瓶(罐)装饮用水制造	100.9
米、面制品制造	107.7	果菜汁及果菜汁饮料制造	93.8
速冻食品制造	103.8	含乳饮料和植物蛋白饮料制造	102.5
方便面及其他方便食品制造	103.1	含乳饮料	102.5
乳制品制造	111.0	植物蛋白饮料	101.4
液体乳	111.0	茶饮料及其他饮料制造	95.5
罐头食品制造	112.4	其他软饮料	95.5
肉、禽类罐头制造	112.4	精制茶加工	101.0
调味品、发酵制品制造	114.0	精制茶	101.0
味精制造	124.7	烟草制品业	100.5

6-12 续表 2

(上年=100)

项目名称	指　数	项目名称	指　数
烟叶复烤	100.0	帘子布	92.6
卷烟制造	100.6	纺织服装、服饰业	98.2
卷烟	100.6	机织服装制造	98.1
其他烟草制品制造	98.7	羽绒服	101.5
纺织业	99.5	西服套装	100.0
棉纺织及印染精加工	99.6	衬衫	100.1
棉纺纱加工	99.9	裤	97.6
纱	99.9	婴儿、儿童服装及衣着附件	100.0
棉织造加工	98.9	职业服装、工作服及类似服装	99.4
线	99.4	其他服装及服务	100.9
布	98.9	服饰制造	100.0
棉印染精加工	97.0	皮革、毛皮、羽毛及其制品和制鞋业	104.9
毛纺织及染整精加工	98.6	皮革鞣制加工	109.8
毛条和毛纱线加工	100.0	半成品革	102.7
毛织造加工	98.1	成品革	109.9
毛纱	98.1	其他皮革	105.5
麻纺织及染整精加工	96.4	皮革制品制造	106.0
麻染整精加工	96.4	皮革服装制造	103.3
丝绢纺织及印染精加工	103.4	皮箱、包(袋)制造	116.2
缫丝加工	105.7	手提包(袋)、背包	116.2
绢纺和丝织加工	102.1	皮手套及皮装饰制品制造	102.7
蚕丝及交织机织物	102.1	其他皮革制品制造	100.4
其他纤维长丝机织物	100.4	毛皮鞣制及制品加工	95.7
针织或钩针编织物及其制品制造	99.5	毛皮鞣制加工	94.6
针织或钩针编织物织造	99.5	其他毛皮制品加工	99.0
棉针织内衣	99.4	羽毛(绒)加工及制品制造	105.8
其他针织或钩编服装	100.0	羽毛(绒)加工	99.2
针织或钩针编织物印染精加工	98.7	羽毛(绒)制品加工	106.2
家用纺织制成品制造	102.4	制鞋业	107.8
毛巾类制品制造	102.5	纺织面料鞋制造	101.2
面巾、浴巾	102.8	纺织面鞋	101.2
毛制品制造	100.0	皮鞋制造	105.6
窗帘、布艺类产品制造	100.4	橡胶鞋制造	114.1
麻制品制造	100.4	木材加工和木、竹、藤、棕、草制品业	100.8
其他家用纺织制成品制造	101.6	木材加工	101.8
非家用纺织制成品制造	92.6	锯材加工	101.8
纺织带和帘子布制造	92.6	人造板制造	100.4

6-12 续表 3

(上年＝100)

项目名称	指　数	项目名称	指　数
胶合板制造	101.3	其他纸制品制造	99.8
纤维板制造	99.2	卫生用纸制品	100.0
刨花板制造	98.9	其他纸制品	99.7
其他人造板制造	100.7	印刷和记录媒介复制业	100.3
木制品制造	100.8	印刷	100.2
建筑用木料及木材组件加工	100.0	书、报刊印刷	100.9
木门窗、楼梯制造	99.1	单色印刷品	101.2
地板制造	100.9	多色印刷品	100.9
实木木地板	100.9	本册印制	101.8
竹、藤、棕、草等制品制造	100.0	用于书写本册	101.8
藤制品制造	100.0	包装装潢及其他印刷	100.0
家具制造业	100.3	塑料印刷品	98.9
木质家具制造	100.8	其他印刷品	100.0
卧室用木质家具	100.8	装订及印刷相关服务	102.6
木质坐具	102.8	记录媒介复制	98.2
办公室用木质家具	100.5	磁介质复制品	98.2
金属家具制造	99.7	文教、工美、体育和娱乐用品制造业	103.0
办公室用金属家具	100.0	文教办公用品制造	100.0
其他金属制家具	99.1	文具制造	100.0
其他家具制造	100.7	粘合类文具	100.0
软体坐具	98.9	教学用模型及教具制造	100.0
床垫、褥垫	100.0	乐器制造	104.3
其他家具	102.6	中乐器制造	104.3
造纸和纸制品业	99.1	工艺美术品制造	101.7
纸浆制造	97.4	雕塑工艺品制造	100.0
木竹浆制造	97.4	雕刻工艺品	100.0
非木竹浆制造	95.4	金属工艺品制造	100.0
化学溶解浆及其他纸浆	95.4	其他金属工艺品	100.0
造纸	98.8	漆器工艺品制造	101.6
机制纸及纸板制造	98.7	地毯、挂毯制造	100.7
未涂布印刷书写用纸	100.1	机制地毯、挂毯	100.7
新闻纸	95.2	珠宝首饰及有关物品制造	98.0
卫生用纸原纸	99.8	贵金属首饰	85.7
其他机制纸及纸板	99.0	其他珠宝首饰及有关物品	100.0
加工纸制造	100.0	其他工艺美术品制造	102.6
纸制品制造	100.3	剧装道具	100.0
纸和纸板容器制造	100.5	发制品	102.9

6-12 续表 4

(上年＝100)

项目名称	指 数
工艺扇子	100.0
体育用品制造	100.0
其他体育用品制造	100.0
其他体育用品	100.0
玩具制造	123.1
其他玩具	123.1
游艺器材及娱乐用品制造	105.6
露天游乐场所游乐设备制造	105.6
石油加工、炼焦和核燃料加工业	95.6
精炼石油产品制造	97.5
原油加工及石油制品制造	97.5
汽油	95.6
煤油	96.0
柴油	98.3
润滑油	100.8
燃料油	94.7
石油液化气	95.1
石油沥青	100.0
焦油	105.2
其它原油加工及石油制品制造	107.6
炼焦	93.8
焦炭	93.8
矿物焦油	95.5
化学原料和化学制品制造业	93.5
基础化学原料制造	92.0
无机酸制造	92.7
硫酸	91.9
盐酸	87.1
其它无机酸产品	94.8
无机碱制造	84.6
烧碱	82.1
纯碱类	85.1
其它无机碱产品	97.7
无机盐制造	87.8
金属硫化物及硫酸盐	94.7
金属硝酸盐、亚硝酸盐	77.2
氟化物及其盐	97.6
氯化物及其盐	74.1
氯氧化物及氢氧基氯化物	77.4
氰化物、氧氰化物及氰络合物	80.7
硅化物及硅酸盐	106.6
碳化物及碳酸盐	100.9
贵金属化合物	82.0
有机化学原料制造	98.0
无环烃	100.0
环烃	97.4
无环烃不饱和氯化衍生物	100.1
无环醇及其衍生物	97.3
环醇	98.5
羧酸及其衍生物	98.9
氨基化合物	100.0
醚	95.9
醛	100.2
其他有机化学原料	96.0
其他基础化学原料制造	92.9
非金属无机氧化物	91.7
过氧化氢(双氧水)	128.9
金属氧化物	96.7
气体及稀有气体	79.7
硫磺	80.8
其他未列明基础化学原料	100.2
肥料制造	88.6
氮肥制造	87.1
氨及氨水	96.4
氮肥(折含N100%)	86.3
磷肥制造	87.8
钾肥制造	101.1
复混肥料制造	90.7
有机肥料及微生物肥料制造	93.0
微生物肥料	92.9
动物、植物肥料	97.2
农药制造	100.0
化学农药制造	100.0
杀虫剂(杀螨剂)原药	100.0

6-12 续表 5

(上年＝100)

项目名称	指　数	项目名称	指　数
其他化学农药	100.0	炸药、火工及焰火产品制造	99.6
生物化学农药及微生物农药制造	100.0	炸药及火工产品制造	99.6
涂料、油墨、颜料及类似产品制造	95.2	炸药	99.6
涂料制造	99.1	火工产品	100.0
水性涂料	100.4	焰火、鞭炮产品制造	100.0
非水性涂料	100.0	焰火制品	100.0
建筑涂料	97.5	日用化学产品制造	102.6
涂料辅助材料	99.4	肥皂及合成洗涤剂制造	98.9
颜料制造	89.1	肥(香)皂	98.6
无机颜料	89.1	合成洗涤剂	98.9
密封用填料及类似品制造	103.8	化妆品制造	100.0
非定型密封材料	103.8	护发用化妆品	100.0
合成材料制造	98.8	香料、香精制造	105.9
初级形态塑料及合成树脂制造	101.1	香精	105.9
合成纤维单(聚合)体制造	95.0	其他日用化学产品制造	100.0
合成纤维单体	95.0	室内散香或除臭制品	100.0
其他合成材料制造	100.5	医药制造业	103.0
油脂类高分子聚合物	100.5	化学药品原料药制造	100.0
专用化学产品制造	94.3	抗菌素(抗感染药)	100.0
化学试剂和助剂制造	97.8	消化系统用药	95.0
化学试剂	100.2	解热镇痛药	100.0
催化剂	95.1	抗肿瘤药	100.7
橡胶助剂	103.5	心血管系统用药	101.4
塑料助剂	97.0	化学药品制剂制造	103.8
造纸工业用整理剂、助剂	102.3	粉针剂	98.2
炭黑	100.5	注射液	100.5
专项化学用品制造	100.3	输液	98.1
油田用化学制剂	99.9	片剂	106.8
建工建材用化学助剂	100.8	胶囊剂	111.1
林产化学产品制造	96.8	其他化学药品制剂	99.7
木材热解、水解产品	93.8	中药饮片加工	105.8
其他林产化学产品	99.7	植物类饮片	105.8
信息化学品制造	75.2	中成药生产	102.5
感光胶片	91.9	中成药丸剂	101.7
电子半导体材料	69.0	中成药冲剂	100.0
其他专用化学产品制造	101.8	中成药糖浆	99.3
其他	101.8	中成药片剂	102.6

6-12 续表 6

(上年=100)

项目名称	指　数	项目名称	指　数
中成药胶囊	103.2	橡胶零件制造	97.5
中成药注射液	103.0	活塞杆密封	96.5
中成药口服液	107.5	橡胶零附件	97.7
中成药散剂	107.8	日用及医用橡胶制品制造	100.2
中成药栓剂	100.0	日用橡胶制品	100.0
药酒	109.7	医疗、卫生用橡胶制品	100.3
膏药	101.0	其他橡胶制品制造	100.0
其他中成药	105.1	橡胶充气、减震制品	100.0
兽用药品制造	103.0	塑料制品业	101.2
生物药品制造	106.3	塑料薄膜制造	103.0
酶类生化制剂	90.1	农用薄膜	103.2
生物制剂	100.9	聚乙烯(PE)塑料薄膜	102.6
球蛋白、白蛋白	93.4	聚丙烯(PP)塑料薄膜	101.9
血液制品制剂	108.3	聚氯乙烯(PVC)塑料薄膜	90.9
其他生物化学药品	100.1	聚酯塑料薄膜	100.0
卫生材料及医药用品制造	97.3	塑料板、管、型材制造	100.7
卫生材料及敷料	97.3	塑料板、片	99.8
化学纤维制造业	90.5	塑料管及附件	100.0
纤维素纤维原料及纤维制造	88.5	塑料条、棒、型材	101.9
化纤浆粕制造	96.9	其他塑料板、管、型材	104.6
人造纤维(纤维素纤维)制造	84.5	塑料丝、绳及编织品制造	100.3
人造纤维长丝	84.5	塑料编织布	99.8
合成纤维制造	98.2	塑料绳	100.8
锦纶纤维制造	94.2	塑料编织袋	102.6
涤纶纤维制造	92.6	塑料袋	100.0
其他合成纤维制造	100.7	其他塑料丝、绳及编织品	95.9
橡胶和塑料制品业	99.2	泡沫塑料制造	103.6
橡胶制品业	96.0	聚乙烯泡沫塑料	102.1
轮胎制造	92.3	聚苯乙烯泡沫塑料	104.6
橡胶轮胎外胎	91.1	塑料人造革、合成革制造	97.9
子午线轮胎外胎	92.5	塑料人造革	97.9
橡胶内胎	100.8	塑料包装箱及容器制造	102.0
轮胎翻新加工	103.4	塑料容器	102.0
橡胶板、管、带制造	100.1	其他塑料制品制造	100.2
橡胶带	98.1	其他未列明塑料制品	100.2
橡胶管	107.1	非金属矿物制品业	99.7
橡胶板、杆、型材	100.0	水泥、石灰和石膏制造	93.4

6-12 续表 7

(上年=100)

项目名称	指　数	项目名称	指　数
水泥制造	91.2	夹层玻璃	101.5
强度等级水泥	91.3	中空玻璃	98.7
通用硅酸盐水泥	90.1	玻璃仪器制造	99.9
专用水泥	100.6	玻璃计、量器	99.9
特性水泥	96.7	日用玻璃制品制造	93.8
硅酸盐水泥熟料	86.1	日用玻璃制品	97.7
石灰和石膏制造	130.9	其他日用玻璃制品及玻璃包装容器	93.8
石灰	130.9	玻璃包装容器制造	101.4
石膏、水泥制品及类似制品制造	100.8	制镜及类似品加工	100.4
水泥制品制造	101.7	玻璃纤维和玻璃纤维增强塑料制品制造	98.7
商品混凝土	101.9	玻璃纤维及制品制造	99.2
水泥混凝土电杆	104.8	玻璃纤维纱	98.8
混凝土轨枕及铁道用混凝土制品	97.2	玻璃纤维布	99.5
水泥混凝土砖	103.1	玻璃纤维增强塑料制品制造	98.6
其他水泥制品	99.4	陶瓷制品制造	102.9
砼结构构件制造	100.0	卫生陶瓷制品制造	100.9
钢筋混凝土预制结构件	100.0	陶瓷制便器	101.2
石棉水泥制品制造	100.1	陶瓷制洗涤器	100.4
轻质建筑材料制造	103.1	特种陶瓷制品制造	102.4
石膏板	103.1	其他特种陶瓷制品	102.4
其他水泥类似制品制造	96.6	日用陶瓷制品制造	106.1
砖瓦、石材等建筑材料制造	101.8	耐火材料制品制造	101.8
粘土砖瓦及建筑砌块制造	101.5	石棉制品制造	102.5
建筑砌块	104.4	耐火陶瓷制品及其他耐火材料制造	101.8
砖	101.4	致密定形耐火制品	98.1
瓦	99.0	隔热耐火制品	102.2
建筑陶瓷制品制造	103.8	其他耐火材料制品	104.8
瓷质砖	103.8	石墨及其他非金属矿物制品制造	98.7
防水建筑材料制造	100.0	石墨及碳素制品制造	97.4
沥青和改性沥青防水卷材	100.0	石墨制品	97.3
玻璃制造	102.1	炭制品	97.8
平板玻璃制造	102.1	炭素新材料	83.6
浮法玻璃	102.2	其他石墨及碳素产品	99.7
平拉玻璃	100.3	其他非金属矿物制品制造	99.6
玻璃制品制造	96.6	磨具	100.8
技术玻璃制品制造	99.9	磨料	98.4
钢化玻璃	99.7	其他非金属矿物制品	103.0

6-12 续表 8

（上年＝100）

项目名称	指 数	项目名称	指 数
黑色金属冶炼和压延加工业	96.8	锌	99.7
炼铁	89.9	铝冶炼	95.1
生铁	89.6	氧化铝	96.8
其他炼铁产品	96.6	化学品氧化铝实物量	99.9
炼钢	100.7	原铝(电解铝)	93.4
非合金钢粗钢	100.8	再生铝	96.9
其他炼钢	93.7	镁冶炼	99.9
黑色金属铸造	95.7	贵金属冶炼	84.6
铸铁件	95.5	金冶炼	84.6
铸钢件	97.6	矿山成品金	86.1
钢压延加工	96.5	冶炼产金	84.2
非合金钢钢坯	90.8	银冶炼	80.4
大型型钢	92.7	矿料产银	80.1
中小型型钢	84.8	再生银	83.9
钢筋	93.9	稀有稀土金属冶炼	92.5
线材(盘条)	96.9	钨钼冶炼	92.5
特厚板	98.4	钼	92.5
厚钢板	99.2	有色金属合金制造	97.8
中板	96.3	镍合金	95.2
热轧薄板	100.0	铝合金	99.6
冷轧薄板	92.8	有色金属压延加工	97.8
中厚宽钢带	105.1	铜压延加工	98.2
热轧薄宽钢带	93.3	铝压延加工	97.6
冷轧薄宽钢带	83.9	铝棒材	95.3
焊接钢管	94.0	铝型材	96.2
其他钢材	97.3	铝板材	97.4
铁合金冶炼	99.0	铝带材	94.0
普通铁合金	100.0	铝箔材	93.9
特种铁合金	100.6	其他铝材及附件	101.4
其他铁合金	96.9	其他有色金属压延加工	102.6
有色金属冶炼和压延加工业	94.6	镁、钛，相关常用有色金属加工材	102.6
常用有色金属冶炼	96.0	金属制品业	97.2
铜冶炼	98.0	结构性金属制品制造	97.4
粗铜	98.0	金属结构制造	96.4
精炼铜(电解铜)	98.0	钢结构	95.5
铅锌冶炼	97.1	钢铁结构体部件及加工钢材	100.2
铅	96.1	金属门窗制造	100.0

6-12 续表 9

(上年＝100)

项目名称	指　数	项目名称	指　数
金属制门及其框架、门槛	100.0	铸币及贵金属制实验室用品制造	100.9
金属制窗及窗框	100.1	其他未列明的金属制品制造	99.5
金属工具制造	99.9	通用设备制造业	100.2
切削工具制造	99.9	锅炉及原动设备制造	99.8
金属切削机床用切削刀具	99.2	锅炉及辅助设备制造	100.0
工具系统	100.0	电站锅炉	97.2
集装箱及金属包装容器制造	97.4	工业锅炉	99.9
金属压力容器制造	99.2	锅炉用辅助设备及装置	105.0
金属压力容器	100.0	内燃机及配件制造	99.1
大型金属容器，容积＞300L	97.2	船舶用柴油发动机	99.6
金属包装容器制造	95.9	内燃机零部件及配件	90.5
钢铁制包装容器	95.9	其他内燃机	97.8
金属丝绳及其制品制造	92.6	金属加工机械制造	94.8
钢丝	100.0	金属切削机床制造	90.9
钢绞线	94.3	车床	88.8
其他金属丝绳及其制品	91.5	数控车床	92.6
建筑、安全用金属制品制造	100.9	数控磨床	96.1
建筑、家具用金属配件制造	106.2	金属成形机床制造	93.8
锁具	106.2	锻造机及冲压机	90.7
建筑装饰及水暖管道零件制造	99.2	金属加工压力机	97.3
供暖用散热器(暖气片)	99.2	铸造机械制造	98.2
其他建筑、安全用金属制品制造	106.9	其他金属加工机械制造	95.1
其他建筑、安全用金属制品制造	106.9	物料搬运设备制造	100.0
搪瓷制品制造	98.0	轻小型起重设备制造	103.5
搪瓷日用品及其他搪瓷制品制造	98.0	手动与电动葫芦	103.5
搪瓷餐具	98.0	起重机制造	99.7
金属制日用品制造	97.0	其他起重机制造	99.7
金属制餐具和器皿制造	100.2	连续搬运设备制造	100.0
铝制厨用器皿及餐具制造	99.9	输送机械(输送机和提升机)	100.0
铸铁及其他金属制厨方器具及餐具	100.5	电梯、自动扶梯及升降机制造	101.3
其他金属制日用品制造	89.4	电梯	101.3
其他金属制品制造	98.3	泵、阀门、压缩机及类似机械制造	104.6
锻件及粉末冶金制品制造	97.6	泵及真空设备制造	100.4
锻件	98.0	动力式泵	100.7
粉末冶金零件	96.6	真空泵	99.4
交通及公共管理用金属标牌制造	100.0	液体提升机	100.0
其他未列明金属制品制造	99.6	泵、液体提升机零件及其他未列明泵及真空设备	100.3

6-12 续表 10

(上年＝100)

项目名称	指 数	项目名称	指 数
气体压缩机械制造	100.0	紧固件制造	104.4
其他气体压缩机械及零件	100.0	钢铁制紧固件	104.4
阀门和旋塞制造	106.0	弹簧制造	100.0
阀门	105.3	其他通用零部件制造	99.4
龙头	113.6	其他通用设备制造业	97.0
液压和气压动力机械及元件制造	99.8	离心机	100.6
液压元件	97.0	其他通用设备	95.2
液压系统及装置	100.0	专用设备制造业	101.0
气动元件	100.0	采矿、冶金、建筑专用设备制造	100.6
轴承、齿轮和传动部件制造	98.1	矿山机械制造	100.0
轴承制造	100.9	采掘、凿岩设备	99.6
滚动轴承	100.9	矿物破碎机械	101.9
齿轮及齿轮减、变速箱制造	94.8	矿物粉磨机械	99.8
齿轮	93.8	矿物筛分、洗选设备	99.0
齿轮传动装置(齿轮箱)	105.9	矿山用牵引车及其矿车	100.1
其他传动部件制造	99.0	矿山设备专用配套件及其他矿山专用设备	100.0
其他齿轮、传动和驱动部件及零件	99.0	石油钻采专用设备制造	109.0
烘炉、风机、衡器、包装等设备制造	100.4	石油钻井设备	110.2
风机、风扇制造	98.6	采油设备	100.0
离心式通风机	98.7	固井压裂设备	101.3
鼓风机	97.6	石油钻井工具	100.1
气体、液体分离及纯净设备制造	100.9	石油钻探、开采专用设备零件	105.8
其他气体、液体分离及纯净设备	100.9	建筑工程用机械制造	100.5
制冷、空调设备制造	99.5	挖掘、铲土运输机械	101.4
制冷、空调设备零部件	99.5	压实机械	99.3
衡器制造	99.2	捣固机(车)	103.8
工业用衡器	100.3	桩工机械	99.2
商业用衡器	100.0	海洋工程专用设备制造	99.3
家用衡器	100.0	建筑工程用机械零件及其他建筑工程用机械	100.0
称重系统	92.8	其他石油钻采专用设备	99.1
包装专用设备制造	108.3	建筑材料生产专用机械制造	100.7
灌装、装填容器用机械	108.3	混凝土机械	101.4
文化、办公用机械制造	101.0	建筑材料专用窑炉	100.3
其他文化、办公用机械制造	101.0	非金属矿物混合搅拌机械	100.3
其他办公用设备或器具	101.0	建筑材料制品成型机械	100.1
通用零部件制造	100.9	其他建筑材料生产专用机械及零件	94.3
金属密封件制造	101.1	冶金专用设备制造	96.0

6-12 续表 11

(上年＝100)

项目名称	指 数	项目名称	指 数
连续铸钢设备及铸锭设备	87.9	缝制机械制造	100.0
金属轧制设备	100.1	缝纫机	100.0
冶金专用设备配套件及其他冶金专用设备	93.4	电子和电工机械专用设备制造	99.4
化工、木材、非金属加工专用设备制造	99.1	电工机械专用设备制造	99.4
炼油、化工生产专用设备制造	97.2	其他电工机械专用设备	99.4
塔类设备	97.1	农、林、牧、渔专用机械制造	101.4
化工专用炉	97.7	拖拉机制造	102.0
橡胶加工专用设备制造	98.4	中型拖拉机	102.3
橡胶制品加工机械	98.4	小型拖拉机	101.2
木材加工机械制造	100.7	农林用自装或自卸式挂车	100.0
木质板材挤压加工机械	100.7	机械化农业及园艺机具制造	100.0
模具制造	100.0	播种机	100.0
金属、硬质合金用型模	100.0	农作物收获机械	100.0
塑料用模具	100.0	场上作业机械	100.0
其他模具	100.0	其他机械化农业及园艺机具制造	100.0
食品、饮料、烟草及饲料生产专用设备制造	101.1	渔业机械制造	100.4
食品、酒、饮料及茶生产专用设备制造	97.7	渔业养殖机械	100.4
食品制造机械	98.4	农林牧渔机械配件制造	103.6
乳品加工机械	93.8	拖拉机零配件	103.6
农副食品加工专用设备制造	102.0	医疗仪器设备及器械制造	107.6
碾米机械	104.3	医疗诊断、监护及治疗设备制造	100.0
油脂加工机械	100.2	X 射线诊断设备	100.0
磨粉机械	100.7	医疗、外科及兽医用器械制造	109.6
其他农副食品加工专用设备制造	99.4	注射器	100.0
烟草生产专用设备制造	100.0	中医治疗器具	116.7
印刷、制药、日化及日用品生产专用设备制造	100.3	手术及急救装置	100.2
制浆和造纸专用设备制造	100.3	环保、社会公共服务及其他专用设备制造	103.1
造纸机	100.6	环境保护专用设备制造	101.3
纸制品生产专用机械	100.0	大气污染防治设备	101.3
其他制浆和造纸专用设备及零件	100.0	地质勘查专用设备制造	97.5
制药专用设备制造	100.5	地质钻探机	97.5
饮片生产机械	100.4	商业、饮食、服务专用设备制造	101.5
制剂生产设备	100.7	其他商业、饮食、服务业专用设备	101.5
照明器具生产专用设备制造	100.0	社会公共安全设备及器材制造	99.5
纺织、服装和皮革加工专用设备制造	100.5	消防自动系统	96.7
纺织专用设备制造	100.5	灭火器及零件	100.3
纺织机械及其辅助机械零件、附件	100.5	水资源专用机械制造	99.6

6-12 续表 12

(上年=100)

项目名称	指数	项目名称	指数
水利专用机械	99.5	其他铁路机车车辆配件	99.1
自来水生产专用设备	100.0	铁路专用设备及器材、配件制造	99.7
其他专用设备制造	105.2	铁路作业及服务车	99.9
具有独立功能专用机械	105.2	平交道、道岔口控制器固定装置及附件	88.1
汽车制造业	102.2	铁路用电动气动操纵设备	99.7
汽车整车制造	108.3	铁路用机械信号、交通管理装置	99.5
多功能乘用车(MPV)	99.0	其他铁路运输设备制造	106.6
运动型多用途乘用车(SUV)	92.8	船舶及相关装置制造	100.1
交叉型乘用车	108.5	金属船舶制造	100.0
大型客车	106.5	其他金属船舶	100.0
中型客车	114.2	非金属船舶制造	101.0
轻型载货车	101.5	娱乐船和运动船制造	106.6
改装汽车制造	96.2	摩托车制造	101.1
低速载货汽车制造	106.1	摩托车整车制造	101.1
汽车车身、挂车制造	100.5	两轮摩托车	100.0
汽车车身	97.0	三轮摩托车	101.6
挂车、半挂车	100.7	自行车制造	101.3
挂车及半挂车零件	100.0	助动自行车制造	101.3
汽车零部件及配件制造	100.8	两轮助动自行车	101.3
机动车(汽车)零配件	101.6	电气机械和器材制造业	99.4
汽车底盘、车架、车身及其零配件	97.8	电机制造	102.4
铁路、船舶、航空航天和其他运输设备制造业	101.0	发电机及发电机组制造	111.9
铁路运输设备制造	100.6	直流发电机	111.9
铁路机车车辆及动车组制造	100.0	汽轮发电机组	108.0
铁路货车	100.0	内燃发电机组	120.3
铁路机车车辆配件制造	98.8	电动机制造	97.8
铁道车辆用制动装置及其零件	98.3	直流电动机	99.2

6-12 续表 13

(上年＝100)

项目名称	指 数	项目名称	指 数
交流电动机	97.1	其他电线、电缆	98.5
交直流两用电动机	100.6	光纤、光缆制造	107.6
其他电机及零件	105.6	普通光缆	107.6
输配电及控制设备制造	99.8	绝缘制品制造	99.8
变压器、整流器和电感器制造	96.6	混合绝缘材料制电气绝缘子	99.8
变压器	96.6	电池制造	91.6
电容器及其配套设备制造	92.5	锂离子电池制造	99.2
电力电容器	92.5	其他电池制造	91.1
配电开关控制设备制造	99.6	铅酸蓄电池	93.6
高压开关设备	100.6	物理电池	73.2
隔离开关及断续开关	102.7	其他电池及类似品	92.5
避雷器、电压限幅器及电涌抑制器	100.3	家用电力器具制造	99.1
高压开关、保护或连接用组合装置	98.8	家用制冷电器具制造	98.7
其他高压电路开关、保护电器装置	101.6	家用电冰箱	98.7
低压电路开关装置	97.6	家用冷柜(家用冷冻箱)	97.0
高压电力控制或电力分配装置	98.7	家用空气调节器制造	100.0
低压电力控制或电力分配装置	101.4	房间空气调节器	100.0
其他配电开关控制设备	100.8	其他家用空气调节器	100.0
电力电子元器件制造	99.8	家用清洁卫生电器具制造	100.1
继电器	98.7	家用洗衣机	103.7
连接器	100.2	家用电热水器	99.4
光伏设备及元器件制造	101.5	其他家用清洁卫生电器具	100.4
电线、电缆、光缆及电工器材制造	98.4	其他家用电力器具制造	100.3
电线、电缆制造	98.1	非电力家用器具制造	107.0
绝缘电线	98.9	燃气、太阳能及类似能源家用器具制造	100.0
电力电缆	98.1	太阳能用具	100.0
通信及电子网络用电缆	96.5	其他非电力家用器具制造	129.8

6-12 续表 14

(上年＝100)

项目名称	指　数	项目名称	指　数
照明器具制造	101.0	其他广播电视接收设备及器材	100.0
电光源制造	100.7	雷达及配套设备制造	100.0
白炽灯泡	106.2	雷达设备	100.0
荧光灯	99.6	电子器件制造	94.8
照明灯具制造	101.9	电子真空器件制造	100.0
装饰用灯	102.3	显像管	100.0
其他特殊用途灯具及照明装置	99.5	其他电子器件及零件	100.0
灯用电器附件及其他照明器具制造	100.0	半导体分立器件制造	96.3
其他灯用电器附件及照明器具	100.0	半导体三极管	100.0
其他电气机械及器材制造	100.7	传感器	91.4
电气信号设备装置制造	100.7	光电子器件及其他电子器件制造	93.0
其他铁路专用设备及器材、配件	100.7	显示器件	100.6
计算机、通信和其他电子设备制造业	96.1	半导体光电器件	100.0
计算机制造	100.0	其他光电子器件及电子器件	87.2
计算机零部件制造	100.0	电子元件制造	96.2
终端显示设备	100.0	电子元件及组件制造	96.2
其他计算机制造	100.0	电容器	91.9
其他电子计算机外部设备	100.0	电阻器及电阻网络	78.9
通信设备制造	100.0	敏感元件	100.0
通信系统设备制造	100.0	其他电子设备制造	100.0
其他通信交换设备	100.0	仪器仪表制造业	99.7
通信终端设备制造	100.0	通用仪器仪表制造	99.6
收发合一中小型电台	100.0	工业自动控制系统装置制造	100.0
广播电视设备制造	97.6	工业电动调节仪表	100.0
广播电视节目制作及发射设备制造	97.3	工业自动控制系统	100.0
视听节目制作及播控设备	97.3	其他工业自动控制系统装置	100.0
广播电视接收设备及器材制造	100.0	电工仪器仪表制造	98.7

6-12 续表 15

（上年＝100）

项目名称	指数
电能表	97.1
电磁参数测量仪器仪表	102.9
其他电工仪器仪表	100.0
绘图、计算及测量仪器制造	98.0
绘图台及绘图机、绘图工具	104.5
量仪	86.7
其他绘图、计算及测量仪器	99.6
实验分析仪器制造	100.5
显示仪表、记录仪	100.5
供应用仪表及其他通用仪器制造	100.0
执行器	100.0
专用仪器仪表制造	101.9
环境监测专用仪器仪表制造	100.3
气体或烟雾分析、检测仪器	100.3
教学专用仪器制造	100.7
电子测量仪器制造	104.0
通用电子测量仪器	104.0
其他专用仪器制造	100.0
其他专用仪器	100.0
光学仪器及眼镜制造	99.1
光学仪器制造	99.1
光学望远镜	100.0
其他光学仪器零件、附件	98.3
其他仪器仪表制造业	91.3
其他制造业	98.1
日用杂品制造	102.0
鬃毛加工、制刷及清扫工具制造	100.0
刷子类制品	100.0
其他鬃毛加工、制刷及清扫工具	100.0
其他日用杂品制造	105.0
打火机及其零件	105.0
煤制品制造	98.4
其他未列明制造业	85.1
金属制品、机械和设备修理业	109.2
金属制品修理	104.5
其他金属制品修理	104.5
电气设备修理	109.6
电力、热力生产和供应业	100.8
电力生产	101.2
火力发电	101.2
水力发电	102.0
其他电力生产	100.2
电力供应	100.4
热力生产和供应	100.1
热力	100.1
供热总量	100.0
燃气生产和供应业	101.0
煤气生产量	100.2
人工煤气供应量	102.2
天然气供应量	100.9
液化石油气供应量	103.2
水的生产和供应业	100.5
自来水生产和供应	100.5
自来水供应量	100.5
污水处理及其再生利用	100.0
其他污水处理及其再生利用	100.0

6-13 各月分类工业生产者

(上年同期=100)

项目名称	全年	1月	2月	3月	4月
总 指 数	**99.3**	**99.6**	**99.5**	**99.3**	**98.7**
按初级中间最终产品分					
初级产品	98.8	99.4	99.5	99.3	97.8
农产品	101.3	100.9	101.6	101.9	100.0
矿产品	96.4	98.1	97.6	96.9	95.7
废料	96.3	95.0	95.7	96.1	95.6
中间产品	99.5	99.6	99.4	99.3	99.1
九大类原材料购进价格指数					
燃料、动力类	96.7	97.6	97.3	97.4	96.3
黑色金属材料类	96.4	93.5	94.7	95.9	94.7
钢材	95.9	93.4	94.0	95.0	94.6
其它	97.4	93.5	96.0	97.7	94.9
有色金属材料和电线类	96.4	100.5	97.8	97.8	97.1
化工原料类	94.6	95.0	94.6	93.7	93.1
木材及纸浆类	100.8	100.8	101.1	101.2	101.5
建筑材料类及非金属矿类	98.8	100.2	100.1	98.7	98.4
其它工业原材料及半成品类	104.4	103.9	103.9	103.6	103.9
农副产品类	101.3	100.9	101.6	101.9	100.0
纺织原料类	99.7	96.9	97.8	97.8	99.4

6-14 各月分类工业生产者

(上月=100)

项目名称	全年	1月	2月	3月	4月
总 指 数	**99.8**	**100.7**	**100.3**	**99.8**	**99.2**
按初级中间最终产品分					
初级产品	99.0	100.9	100.3	99.8	98.3
农产品	101.1	101.5	99.9	99.4	98.1
矿产品	96.7	100.3	100.6	100.1	98.5
废料	96.8	99.8	100.2	99.3	99.4
中间产品	100.1	100.6	100.4	99.9	99.6
九大类原材料购进价格指数					
燃料、动力类	97.1	100.1	100.1	100.3	99.1
黑色金属材料类	100.0	100.9	101.1	101.1	98.6
钢材	99.6	100.3	100.5	100.8	99.8
其它	100.8	102.0	102.1	101.5	96.4
有色金属材料和电线类	94.6	100.9	100.3	98.9	98.2
化工原料类	97.0	100.2	100.7	99.5	99.0
木材及纸浆类	100.5	100.8	100.3	99.8	99.7
建筑材料类及非金属矿类	98.7	99.9	100.0	99.7	99.7
其它工业原材料及半成品类	105.1	100.9	100.4	100.0	100.3
农副产品类	101.1	101.5	99.9	99.4	98.1
纺织原料类	100.2	100.3	101.3	100.0	99.5

购进价格同比指数(2013年)

5月	6月	7月	8月	9月	10月	11月	12月
98.5	**98.8**	**98.9**	**99.6**	**99.3**	**99.4**	**99.8**	**99.8**
97.6	98.0	98.5	99.8	99.2	98.6	99.2	99.0
99.9	101.4	102.1	102.6	101.6	100.6	101.7	101.1
95.3	94.8	95.0	97.0	96.7	96.4	96.6	96.7
95.9	96.0	96.0	96.9	97.5	97.4	97.0	96.8
98.9	99.2	99.1	99.6	99.3	99.8	100.1	100.1
95.4	95.4	96.1	96.8	96.6	97.2	96.8	97.1
95.9	94.2	93.9	97.1	99.3	99.3	99.3	100.0
94.7	94.4	94.4	95.4	97.9	98.6	99.4	99.6
98.3	93.7	93.2	100.5	102.0	100.5	99.1	100.8
96.3	96.1	94.8	96.7	94.9	94.5	95.4	94.6
92.3	94.1	94.4	95.1	94.2	95.4	96.3	97.0
101.1	100.7	100.9	101.5	100.6	100.0	100.4	100.5
98.5	98.6	98.4	98.2	98.4	98.5	98.6	98.7
103.8	104.5	104.4	104.5	104.2	105.0	105.5	105.1
99.9	101.4	102.1	102.6	101.6	100.6	101.7	101.1
100.5	101.2	100.7	100.8	100.8	100.9	100.3	100.2

购进价格环比指数(2013年)

5月	6月	7月	8月	9月	10月	11月	12月
99.4	**99.8**	**99.7**	**100.5**	**100.2**	**100.2**	**100.1**	**100.0**
98.9	99.6	99.9	101.2	100.2	99.6	100.2	100.1
99.0	100.6	100.5	101.4	100.6	99.3	100.4	100.5
98.7	98.6	99.3	100.9	99.8	100.0	99.9	99.8
99.6	99.4	99.6	99.8	100.3	99.8	99.9	99.7
99.6	99.9	99.6	100.1	100.1	100.4	100.1	99.9
98.8	99.4	99.6	99.9	99.7	100.4	99.7	100.0
100.3	98.0	99.4	101.0	99.8	100.0	99.9	100.0
100.2	99.1	99.2	99.8	99.9	100.4	100.0	99.7
100.7	95.9	99.8	103.2	99.7	99.4	99.6	100.6
98.5	99.0	98.5	100.8	100.2	99.8	100.1	99.3
98.0	99.9	99.1	99.8	100.3	100.9	100.0	99.7
100.4	99.6	100.4	100.4	100.0	99.1	100.0	100.0
99.8	99.7	99.8	99.9	99.9	100.0	100.1	100.0
100.3	100.6	99.9	100.5	100.4	101.0	100.4	99.9
99.0	100.6	100.5	101.4	100.6	99.3	100.4	100.5
100.0	100.0	100.0	99.8	99.9	100.0	99.7	99.8

6-15 各月分类工业生产者

(2010年=100)

项目名称	全年	1月	2月	3月	4月
总 指 数	**108.4**	**109.3**	**109.6**	**109.5**	**108.6**
按初级中间最终产品分					
初级产品	109.0	110.9	111.2	111.0	109.1
农产品	112.2	113.7	113.6	113.0	110.8
矿产品	106.0	108.3	109.0	109.2	107.5
废料	103.2	105.1	105.2	104.5	103.9
中间产品	108.1	108.6	108.9	108.8	108.3
九大类原材料购进价格指数					
燃料、动力类	104.7	106.5	106.6	106.9	106.0
黑色金属材料类	98.1	98.2	99.3	100.3	98.9
钢材	97.2	97.0	97.6	98.3	98.1
其它	99.7	100.3	102.4	104.0	100.3
有色金属材料和电线类	103.3	107.6	107.9	106.7	104.8
化工原料类	99.5	101.7	102.4	101.9	100.8
木材及纸浆类	110.7	110.7	111.0	110.8	110.4
建筑材料类及非金属矿类	106.5	107.5	107.5	107.2	106.9
其它工业原材料及半成品类	121.7	119.4	119.9	119.9	120.3
农副产品类	112.2	113.7	113.6	113.0	110.9
纺织原料类	102.1	101.5	102.8	102.9	102.3

购进价格定基指数(2013年)

5月	6月	7月	8月	9月	10月	11月	12月
107.9	**107.7**	**107.4**	**107.9**	**108.1**	**108.2**	**108.4**	**108.3**
107.9	107.5	107.4	108.7	108.9	108.5	108.7	108.8
109.8	110.4	110.9	112.5	113.2	112.4	112.8	113.3
106.1	104.7	104.0	105.0	104.7	104.7	104.7	104.5
103.5	102.9	102.4	102.2	102.5	102.3	102.2	101.9
107.9	107.8	107.4	107.5	107.7	108.1	108.2	108.1
104.8	104.1	103.7	103.5	103.3	103.7	103.4	103.4
99.2	97.2	96.6	97.6	97.4	97.4	97.3	97.3
98.3	97.4	96.6	96.5	96.3	96.7	96.7	96.4
101.0	96.8	96.6	99.7	99.4	98.9	98.4	99.1
103.3	102.2	100.7	101.5	101.7	101.5	101.6	100.9
98.8	98.7	97.8	97.6	97.9	98.8	98.7	98.4
110.9	110.4	110.8	111.2	111.3	110.3	110.3	110.2
106.7	106.4	106.2	106.1	106.0	106.0	106.1	106.1
120.7	121.4	121.4	122.0	122.5	123.8	124.4	124.3
109.8	110.4	111.0	112.5	113.2	112.4	112.8	113.3
102.3	102.3	102.2	102.1	101.9	101.9	101.6	101.4

6-16 工业生产者购进价格完整(新行业)同比指数(2013年)

(上年＝100)

项目名称	指 数	项目名称	指 数
农业	103.3	坚果、含油果、香料和饮料作物种植	105.6
谷物种植	106.7	坚果种植	106.5
稻谷种植	97.0	香料作物种植	103.8
小麦种植	109.4	调味香料	94.0
玉米种植	103.2	香味料	107.3
其他谷物种植	106.1	茶及其他饮料作物种植	105.5
谷子	124.1	中药材种植	101.9
高粱	105.1	林业	90.8
大麦	101.5	木材和竹材采运	100.9
燕麦	99.0	木材采运	100.9
谷物茎、秆、根	103.4	针叶原木	100.5
其他谷物	109.2	非针叶原木	101.3
豆类、油料和薯类种植	103.2	其他木材	100.6
豆类种植	105.8	林产品采集	88.9
大豆	105.6	木竹材林产品采集	88.8
其他杂豆及豆秸	114.9	天然橡胶	87.8
油料种植	99.7	天然树脂、树胶、栲胶原料	97.4
花生	95.5	编结用原料	100.0
油菜籽	105.1	非木竹材林产品采集	107.8
芝麻	124.4	其他林产品	107.8
其他油料	95.3	畜牧业	99.9
薯类种植	98.1	牲畜饲养	99.5
甘薯	98.1	牛的饲养	111.0
棉、麻、糖、烟草种植	96.5	牛	102.6
棉花种植	96.4	生奶	115.3
麻类种植	93.5	马的饲养	115.7
烟草种植	100.0	猪的饲养	99.3
蔬菜、食用菌及园艺作物种植	95.3	其他牲畜饲养	108.4
蔬菜种植	94.3	动物毛	93.0
食用菌种植	100.0	动物毛皮	108.5
水果种植	92.4	家禽饲养	102.9
仁果类和核果类水果种植	92.4	鸡的饲养	103.7

6-16 续表 1

(上年=100)

项目名称	指　数	项目名称	指　数
鸭的饲养	101.1	镍钴矿采选	100.0
其他家禽饲养	100.5	镍矿	100.0
禽蛋	100.5	铝矿采选	104.8
其他畜牧业	96.8	镁矿采选	104.5
蚕茧	96.8	其他常用有色金属矿采选	86.9
其他未列明畜牧业产品	102.2	钛矿	78.0
农、林、牧、渔服务业	100.5	其他常用有色金属矿	100.4
农业服务业	100.5	贵金属矿采选	82.7
农产品初加工服务	100.5	金矿采选	82.7
煤炭开采和洗选业	91.7	稀有稀土金属矿采选	103.2
烟煤和无烟煤开采洗选	91.5	钨钼矿采选	103.3
无烟煤	92.0	钼矿	103.3
烟煤	92.1	其他稀有金属矿采选	100.1
洗煤	88.8	非金属矿采选业	100.6
筛选煤	85.0	土砂石开采	101.8
褐煤开采洗选	108.6	石灰石、石膏开采	105.9
其他煤炭采选	102.6	石灰石	106.6
石油和天然气开采业	95.7	石膏类	100.3
石油开采	95.4	建筑装饰用石开采	105.2
原油	95.3	天然大理石荒料	100.1
其他天然原油和天然气	101.4	天然花岗石荒料	103.9
天然气开采	103.9	其他建筑用石料	113.2
黑色金属矿采选业	98.6	耐火土石开采	101.8
铁矿采选	98.6	耐火粘土	101.9
炼钢块矿	96.7	萤石	100.7
炼铁块矿	101.8	其他耐火土石类	103.1
铁精矿	97.0	粘土及其他土砂石开采	98.5
有色金属矿采选业	97.6	粘土	95.8
常用有色金属矿采选	99.2	砂石	99.7
铅锌矿采选	97.3	其他粘土及其他土砂石	100.0
铅矿	96.8	化学矿开采	98.5
锌矿	99.8	硫铁矿石	100.0

6-16 续表 2

（上年＝100）

项目名称	指　数	项目名称	指　数
磷矿石	95.3	制糖业	90.1
其他化学矿	104.1	原糖	88.4
采盐	93.0	成品糖	92.3
海盐	92.4	加工糖	100.0
井盐	94.1	其他制糖	96.5
石棉及其他非金属矿采选	101.4	屠宰及肉类加工	102.8
石棉、云母矿采选	100.0	牲畜屠宰	102.8
石棉	100.1	鲜、冷藏肉	102.8
云母	99.5	可食用动物杂碎	99.0
石墨、滑石采选	100.6	禽类屠宰	102.6
石墨	96.5	其他禽畜屠宰	102.6
滑石	100.6	肉制品及副产品加工	99.8
宝石、玉石采选	100.0	动物肠衣	97.7
天然玉石类矿	100.0	其他未列明熟肉制品	101.8
其他未列明非金属矿采选	101.8	水产品加工	113.9
其他采矿业	111.1	水产饲料制造	113.9
农副食品加工业	105.5	蔬菜、水果和坚果加工	101.7
谷物磨制	104.8	蔬菜加工	100.0
小麦粉	104.6	其他蔬菜、水果和坚果加工	100.0
小麦专用粉	109.2	水果和坚果加工	101.8
大米	101.1	其他农副食品加工	103.3
其他谷物磨制产品	103.0	淀粉及淀粉制品制造	98.0
饲料加工	128.4	淀粉	98.8
配合饲料	118.4	其他淀粉及淀粉制品	91.0
蛋白质饲料	133.7	豆制品制造	107.2
其他饲料加工	110.5	其他未列明农副食品加工	116.2
植物油加工	104.9	食品制造业	103.6
食用植物油加工	108.4	乳制品制造	103.6
毛油(初榨植物油)	92.2	液体乳	102.3
精制食用植物油	91.9	固体乳制品	106.6
其他食用植物油	111.9	调味品、发酵制品制造	103.2
非食用植物油加工	97.1	味精制造	101.8

6-16 续表 3

(上年＝100)

项目名称	指　数	项目名称	指　数
其他调味品、发酵制品制造	103.2	毛机织物(呢绒)	99.3
复合调味品	143.6	麻纺织及染整精加工	100.7
发酵类制品	96.8	麻纤维纺前加工和纺纱	100.7
其他食品制造	100.6	丝绢纺织及印染精加工	100.0
盐加工	100.3	缫丝加工	100.0
食用盐	100.0	绢纺和丝织加工	100.8
非食用盐	100.9	其他纤维长丝机织物	100.8
食品及饲料添加剂制造	103.7	家用纺织制成品制造	100.0
食品添加剂	103.7	毛制品制造	100.0
酒、饮料和精制茶制造业	98.0	非家用纺织制成品制造	96.1
酒的制造	98.1	纺织带和帘子布制造	96.1
酒精制造	99.0	帘子布	95.4
其他酒制造	96.1	其他纺织带和帘子布	100.0
饮料制造	97.9	皮革、毛皮、羽毛及其制品和制鞋业	103.8
果菜汁及果菜汁饮料制造	97.9	皮革鞣制加工	109.3
精制茶加工	100.9	半成品革	112.5
精制茶	100.9	成品革	96.0
烟草制品业	105.7	其他皮革	101.8
烟叶复烤	105.7	毛皮鞣制及制品加工	101.2
纺织业	99.7	毛皮鞣制加工	101.2
棉纺织及印染精加工	99.9	羽毛(绒)加工及制品制造	107.7
棉纺纱加工	99.8	羽毛(绒)加工	107.7
已梳皮棉	99.8	制鞋业	101.7
纱	99.7	橡胶鞋制造	101.7
棉织造加工	100.7	木材加工和木、竹、藤、棕、草制品业	100.9
线	97.5	木材加工	100.9
布	100.8	锯材加工	99.2
其他棉、化纤纺织及印染精加工	100.0	木片加工	102.8
棉印染精加工	96.9	木片	100.1
毛纺织及染整精加工	99.2	其他木材加工	104.3
毛条和毛纱线加工	98.5	人造板制造	101.7
毛织造加工	99.3	纤维板制造	101.2

6-16 续表 4

(上年＝100)

项目名称	指　数	项目名称	指　数
刨花板制造	100.0	石油沥青	99.2
其他人造板制造	102.1	其它原油加工及石油制品制造	91.9
木制品制造	101.9	炼焦	92.6
软木制品及其他木制品制造	101.9	焦炭	92.0
造纸和纸制品业	100.7	矿物焦油	110.6
纸浆制造	101.3	化学原料和化学制品制造业	92.0
木竹浆制造	98.4	基础化学原料制造	97.0
非木竹浆制造	102.2	无机酸制造	99.0
非木材纤维纸浆	100.4	硫酸	98.6
废纸纸浆	102.8	盐酸	101.6
化学溶解浆及其他纸浆	100.0	其它无机酸产品	94.5
造纸	99.1	无机碱制造	98.7
机制纸及纸板制造	99.1	烧碱	90.9
未涂布印刷书写用纸	100.0	纯碱类	96.5
新闻纸	97.5	其它无机碱产品	111.8
其他机制纸及纸板	99.1	无机盐制造	93.1
加工纸制造	98.5	非金属卤化物及硫化物	96.7
纸制品制造	100.2	金属硫化物及硫酸盐	96.3
纸和纸板容器制造	100.2	金属硝酸盐、亚硝酸盐	97.1
其他纸制品制造	100.2	金属氧化物酸盐、金属过氧化物酸盐	89.3
其他纸制品	100.2	磷化物、金属磷酸盐	95.3
石油加工、炼焦和核燃料加工业	95.2	氟化物及其盐	92.5
精炼石油产品制造	98.1	氯化物及其盐	100.2
原油加工及石油制品制造	98.1	氯氧化物及氢氧基氯化物	92.3
汽油	96.6	氰化物、氧氰化物及氰络合物	96.0
柴油	100.2	硅化物及硅酸盐	90.4
润滑油	100.3	硼化物、硼酸盐和过硼酸盐	99.7
燃料油	100.6	碳化物及碳酸盐	93.2
石脑油	101.0	贵金属化合物	77.8
溶剂油	97.3	有机化学原料制造	96.6
石油液化气	101.0	环烃	102.0
石油焦	97.8	无环烃不饱和氯化衍生物	96.5

6-16 续表 5

(上年＝100)

项目名称	指　数	项目名称	指　数
烃磺化、硝化或亚硝化衍生物	97.7	非水性涂料	100.0
无环醇及其衍生物	94.4	建筑涂料	100.0
酚	101.4	涂料辅助材料	107.7
羧酸及其衍生物	99.2	油墨及类似产品制造	101.2
氨基化合物	87.9	印刷油墨	99.6
含氮基化合物	103.5	其它油墨及类似产品制造	130.0
醚	97.9	颜料制造	98.6
醛	98.5	无机颜料	98.6
酮	106.9	染料制造	101.2
其他有机化学原料	92.1	合成材料制造	87.0
其他基础化学原料制造	98.0	初级形态塑料及合成树脂制造	99.7
非金属无机氧化物	95.3	合成橡胶制造	74.1
过氧化氢(双氧水)	99.6	顺丁橡胶	63.6
金属氧化物	94.0	丁苯橡胶	81.4
气体及稀有气体	99.9	丁腈橡胶	85.0
磷	105.2	氯丁橡胶	99.9
其他未列明基础化学原料	100.9	其他合成橡胶	99.4
肥料制造	92.4	合成纤维单(聚合)体制造	99.2
氮肥制造	94.2	合成纤维单体	99.2
氨及氨水	95.3	合成纤维聚合物	98.5
氮肥(折含N100%)	93.6	其他合成材料制造	96.9
磷肥制造	82.7	油脂类高分子聚合物	96.9
钾肥制造	94.1	专用化学产品制造	88.8
复混肥料制造	104.5	化学试剂和助剂制造	91.3
农药制造	100.2	化学试剂	96.6
化学农药制造	100.2	催化剂	99.3
杀菌剂原药	101.1	橡胶助剂	83.5
除草剂原药	98.4	润滑剂及类似制品	101.2
其他化学农药	100.7	炭黑	90.4
涂料、油墨、颜料及类似产品制造	100.7	其他化学试剂和助剂	91.4
涂料制造	100.4	专项化学用品制造	102.0
水性涂料	100.5	酶及酶制品	102.0

6-16 续表 6

(上年＝100)

项目名称	指　数	项目名称	指　数
林产化学产品制造	97.9	血液制品制剂	113.7
松香类产品	90.4	化学纤维制造业	99.8
其他林产化学产品	103.9	纤维素纤维原料及纤维制造	90.3
信息化学品制造	85.9	人造纤维(纤维素纤维)制造	90.3
电子半导体材料	85.9	人造纤维短纤维	90.4
动物胶制造	100.0	人造纤维长丝	87.1
其他专用化学产品制造	97.9	合成纤维制造	100.3
其他	97.9	锦纶纤维制造	97.6
炸药、火工及焰火产品制造	98.6	涤纶纤维制造	100.1
炸药及火工产品制造	98.6	其他合成纤维制造	101.8
炸药	98.2	橡胶和塑料制品业	99.7
火工产品	99.4	橡胶制品业	100.1
焰火、鞭炮产品制造	90.7	轮胎制造	100.3
其它炸药及火工产品制造	90.7	橡胶轮胎外胎	90.1
日用化学产品制造	99.0	橡胶内胎	101.4
香料、香精制造	99.0	橡胶板、管、带制造	98.1
香料	77.4	橡胶管	98.1
香精	101.4	其他橡胶制品制造	99.6
医药制造业	98.6	硬质橡胶及其制品	99.6
化学药品原料药制造	101.0	塑料制品业	99.5
抗菌素(抗感染药)	101.8	塑料薄膜制造	96.5
消化系统用药	100.6	聚乙烯(PE)塑料薄膜	96.1
解热镇痛药	102.5	聚丙烯(PP)塑料薄膜	96.9
维生素类	96.6	聚酯塑料薄膜	92.3
中枢神经系统用药	99.7	塑料板、管、型材制造	102.8
激素类药	100.2	塑料板、片	102.7
调解水、电解质、酸碱平衡药	98.8	塑料管及附件	103.4
抗组织胺类药及解毒药	100.0	塑料丝、绳及编织品制造	99.4
消毒防腐及创伤外科用药	102.9	塑料单丝	99.8
制剂用辅料及附加剂	99.6	塑料编织袋	98.0
生物药品制造	93.0	塑料袋	105.5
生物制剂	92.7	泡沫塑料制造	100.1

6-16 续表 7

(上年=100)

项目名称	指 数	项目名称	指 数
聚乙烯泡沫塑料	99.5	其他平板玻璃	87.8
聚苯乙烯泡沫塑料	114.7	其他技术玻璃制品制造	84.5
聚氨酯泡沫塑料	100.1	玻璃制品制造	100.3
其他泡沫塑料	99.8	技术玻璃制品制造	94.4
塑料人造革、合成革制造	102.9	钢化玻璃	94.4
塑料人造革	102.9	光学玻璃制造	99.5
塑料包装箱及容器制造	100.0	光学仪器用玻璃	100.0
塑料容器	100.0	信号玻璃器及其他玻璃制光学元件	93.6
其他塑料包装物附件	100.0	日用玻璃制品制造	100.0
塑料零件制造	101.2	其他日用玻璃制品及玻璃包装容器	100.0
塑料绝缘零件	101.2	玻璃包装容器制造	101.1
汽车或类似品塑料配件	99.4	玻璃纤维和玻璃纤维增强塑料制品制造	99.3
其他塑料零件	100.0	玻璃纤维及制品制造	99.3
其他塑料制品制造	100.3	玻璃纤维工业用玻璃球	101.9
塑料粒料	100.3	玻璃纤维布	100.0
非金属矿物制品业	97.9	其他玻璃纤维制品	96.9
水泥、石灰和石膏制造	94.7	陶瓷制品制造	93.1
水泥制造	94.0	特种陶瓷制品制造	92.4
强度等级水泥	95.6	功能陶瓷制品	92.4
通用硅酸盐水泥	96.4	日用陶瓷制品制造	101.3
硅酸盐水泥熟料	87.5	耐火材料制品制造	100.6
石灰和石膏制造	99.4	石棉制品制造	114.2
石灰	99.3	耐火陶瓷制品及其他耐火材料制造	99.5
熟石膏	99.5	致密定形耐火制品	96.9
砖瓦、石材等建筑材料制造	108.2	隔热耐火制品	99.8
其他建筑材料制造	108.2	其他耐火材料制品	102.8
玻璃制造	95.1	石墨及其他非金属矿物制品制造	99.5
平板玻璃制造	96.5	石墨及碳素制品制造	96.0
浮法玻璃	96.5	石墨制品	97.4
压延玻璃	100.0	炭制品	93.6
平拉玻璃	94.3	炭素新材料	100.0
其他玻璃制造	87.6	其他石墨及碳素产品	97.5

6-16 续表 8

(上年=100)

项目名称	指数	项目名称	指数
其他非金属矿物制品制造	101.5	热轧薄宽钢带	100.0
磨具	98.0	冷轧薄宽钢带	94.6
磨料	97.2	热轧窄钢带	91.8
其他非金属矿物制品	105.3	冷轧窄钢带	98.3
黑色金属冶炼和压延加工业	95.9	镀层板带	99.8
炼铁	92.3	无缝钢管	93.0
生铁	92.2	焊接钢管	94.5
铸铁管及其附件	97.6	其他钢材	99.8
其他炼铁产品	101.0	铁合金冶炼	93.9
炼钢	93.9	特种铁合金	93.8
非合金钢粗钢	93.4	其他铁合金	95.6
合金钢粗钢	94.0	有色金属冶炼和压延加工业	95.6
其他炼钢	96.8	常用有色金属冶炼	97.8
黑色金属铸造	99.0	铜冶炼	95.8
铸铁件	99.7	粗铜	94.8
铸钢件	98.7	阳极铜	93.0
钢压延加工	95.9	精炼铜(电解铜)	97.9
非合金钢钢坯	94.8	直接利用再生铜	93.7
低合金钢钢坯	99.4	铅锌冶炼	98.9
合金钢钢坯	98.7	粗铅	92.5
不锈钢钢坯	100.0	铅	96.0
大型型钢	96.3	锌	100.3
中小型型钢	94.0	镍钴冶炼	86.8
钢筋	90.3	镍	86.8
棒材	92.0	锡冶炼	100.6
线材(盘条)	97.1	锑冶炼	100.0
特厚板	94.7	锑品(矿产)	100.0
厚钢板	94.8	铝冶炼	98.5
中板	93.4	氧化铝	102.1
热轧薄板	92.4	化学品氧化铝实物量	96.2
冷轧薄板	97.3	原铝(电解铝)	95.2
中厚宽钢带	96.5	再生铝	94.1

6-16 续表 9

（上年＝100）

项目名称	指　数	项目名称	指　数
镁冶炼	96.1	其他铝材及附件	93.0
其他常用有色金属冶炼	88.6	其他有色金属压延加工	99.2
碱金属及碱土金属	88.6	铅压延加工材	99.3
贵金属冶炼	85.1	锌压延加工材	100.0
金冶炼	85.2	锡压延加工材	100.0
矿山成品金	85.1	镁、钛，相关常用有色金属加工材	95.8
冶炼产金	85.7	金属制品业	96.2
银冶炼	75.0	集装箱及金属包装容器制造	108.9
矿料产银	76.8	金属包装容器制造	108.9
再生银	75.0	钢铁制包装容器	95.1
稀有稀土金属冶炼	105.9	铝制包装容器	109.4
钨钼冶炼	93.5	金属丝绳及其制品制造	96.8
钼	93.5	铁丝	90.4
稀土金属冶炼	106.0	钢丝	96.2
单一稀土金属	106.0	铜丝	94.1
有色金属合金制造	99.2	钢丝绳	101.6
铅合金	101.3	钢绞线	97.2
锌合金	100.0	其他金属丝绳及其制品	97.4
铝合金	99.7	其他金属制品制造	95.4
钛、铋、镉、钴及其他常用有色金属合金	86.3	其他未列明金属制品制造	95.4
稀土金属合金	100.0	其他未列明的金属制品制造	95.4
铑、铱、锇及其他贵金属合金	90.7	通用设备制造业	99.3
有色金属铸造	100.0	锅炉及原动设备制造	99.9
其他稀有金属	100.0	内燃机及配件制造	99.9
有色金属压延加工	97.1	内燃机零部件及配件	101.9
铜压延加工	95.1	其他内燃机	97.8
铝压延加工	97.5	泵、阀门、压缩机及类似机械制造	98.4
铝棒材	97.9	阀门和旋塞制造	98.4
铝型材	100.0	阀门	98.3
铝板材	96.5	阀门、 龙头零件	99.9
铝箔材	98.0	轴承、齿轮和传动部件制造	99.9

6-16 续表 10

(上年=100)

项目名称	指 数	项目名称	指 数
轴承制造	99.6	变压器、整流器和电感器制造	100.8
轴承零配件	99.6	变压器	99.9
齿轮及齿轮减、变速箱制造	104.0	互感器	100.0
齿轮	104.0	静止式变流器	102.0
通用零部件制造	106.4	电容器及其配套设备制造	98.5
金属密封件制造	98.1	电力电容器	100.0
紧固件制造	107.7	电力电容器零件	97.0
钢铁制紧固件	107.7	配电开关控制设备制造	135.7
汽车制造业	101.3	高压开关设备	100.0
汽车零部件及配件制造	101.3	隔离开关及断续开关	136.5
机动车(汽车)零配件	100.5	避雷器、电压限幅器及电涌抑制器	98.5
汽车底盘、车架、车身及其零配件	102.4	高压开关、保护或连接用组合装置	100.0
铁路、船舶、航空航天和其他运输设备制造业	100.2	电线、电缆、光缆及电工器材制造	93.7
铁路运输设备制造	102.1	电线、电缆制造	93.5
铁路机车车辆配件制造	102.1	绝缘电线	99.1
铁路车辆车身及其零件	102.1	电力电缆	81.5
摩托车制造	100.2	其他电线、电缆	100.0
摩托车零部件及配件制造	100.2	光纤、光缆制造	99.8
自行车制造	100.0	光纤	99.8
助动自行车制造	100.0	电池制造	97.8
助动自行车零件	100.0	镍氢电池制造	100.0
电气机械和器材制造业	134.8	其他电池制造	97.5
电机制造	100.9	原电池及原电池组(非扣式)	100.3
电动机制造	100.9	铅酸蓄电池	100.0
直流电动机	100.7	物理电池	73.6
交流电动机	100.0	照明器具制造	100.0
交直流两用电动机	104.1	灯用电器附件及其他照明器具制造	100.0
其他电机及零件	98.5	插头、插座及类似电路连接装置	100.0
微电机及其他电机制造	100.8	计算机、通信和其他电子设备制造业	99.7
驱动微电机	100.8	计算机制造	100.0
输配电及控制设备制造	135.6	计算机整机制造	100.0

6-16 续表 11

(上年＝100)

项目名称	指　数	项目名称	指　数
系统形式自动数据处理设备	100.0	燃气表、水表	100.0
计算机外围设备制造	100.0	专用仪器仪表制造	100.0
外存储设备及部件	100.0	电子测量仪器制造	100.0
通信设备制造	100.0	其他电子测量仪器	100.0
通信系统设备制造	100.0	光学仪器及眼镜制造	99.5
通信传输设备零件	100.0	光学仪器制造	99.5
电子器件制造	99.5	其他光学仪器零件、附件	99.5
半导体分立器件制造	98.1	废弃资源综合利用业	96.3
半导体二极管	97.2	金属废料和碎屑加工处理	96.3
传感器	100.0	熔炼用废钢	96.0
集成电路制造	100.2	熔炼用废铁	92.8
集成电路成品	100.2	有色金属废料与碎屑	98.8
其他集成电路微电子组件	100.0	非金属废料和碎屑加工处理	96.2
光电子器件及其他电子器件制造	100.7	纺织品废料	100.0
显示器件	100.8	造纸废料、废纸	94.5
半导体光电器件	102.8	塑料废料	95.3
其他光电子器件及电子器件	100.1	其他非金属废料和碎屑	103.8
电子元件制造	100.3	电力、热力生产和供应业	101.0
电子元件及组件制造	100.0	电力供应	101.1
电阻器及电阻网络	100.0	热力生产和供应	96.1
电子元件、组件零件	100.0	热力	102.1
印制电路板制造	100.6	供热总量	90.4
刚性印制电路板	100.0	燃气生产和供应业	102.6
挠性印制电路板	100.0	煤气生产量	100.0
其他印制电路板	102.5	人工煤气供应量	94.5
仪器仪表制造业	99.6	天然气供应量	103.2
通用仪器仪表制造	100.0	水的生产和供应业	99.8
电工仪器仪表制造	100.0	自来水生产和供应	99.8
电能表	100.0	自来水生产量	99.6
供应用仪表及其他通用仪器制造	100.0	自来水供应量	101.0
执行器	100.0		

6-17 历年固定资产投资价格指数

(上年=100)

年份	总指数	建筑安装工程	人工费	材料费	机械使用费	设备、工器具	其它费用
1989		113.4	105.5	120.0			
1990		113.9	156.4	114.3			
1991	109.4	109.7				108.6	109.6
1992	119.8	122.5	111.7	123.8		115.0	112.0
1993	126.7	128.8	202.4	125.7		121.4	125.0
1994	106.0	103.2	117.4	100.3		113.1	105.4
1995	105.9	103.8	112.8	100.9		111.3	104.0
1996	103.9	103.9	102.3	103.8	110.3	103.8	104.6
1997	102.9	103.9	115.5	100.7	113.1	101.2	102.2
1998	98.7	98.1	101.8	96.2	103.4	100.0	98.5
1999	98.0	98.1	100.8	97.3	101.3	97.5	98.9
2000	102.9	105.0	111.5	104.2	104.5	99.0	100.4
2001	100.4	101.5	101.3	101.9	100.5	97.3	101.2
2002	98.7	99.5	100.7	99.0	100.5	95.9	100.2
2003	103.8	105.8	103.5	107.5	100.6	99.2	102.1
2004	110.1	113.6	104.1	118.8	101.3	103.9	102.5
2005	101.4	101.3	104.4	100.4	101.6	101.5	101.9
2006	101.6	101.5	110.0	99.7	100.8	101.5	101.7
2007	104.6	106.3	109.8	106.3	100.8	101.4	101.9
2008	109.0	112.1	114.1	117.1	102.6	102.5	103.3
2009	96.4	94.6	110.2	88.2	105.0	98.8	102.5
2010	103.5	104.9	109.9	103.8	102.4	100.5	101.3
2011	107.4	110.1	111.0	111.0	103.6	102.3	103.0
2012	101.0	101.4	111.0	98.6	102.4	99.7	101.9
2013	99.9	99.8	107.5	97.1	101.9	99.7	101.2

6-18 分季度固定资产投资价格指数(2013年)

(上年同期=100)

项　目	年平均	一季度	二季度	三季度	四季度
总 指 数	**99.9**	**99.8**	**99.6**	**100.0**	**100.2**
建安、装饰工程	99.8	99.7	99.2	100.0	100.1
人工费	107.5	107.1	107.4	108.0	107.7
材料费	97.1	97.1	96.5	97.3	97.8
钢材	93.3	94.2	92.6	92.7	93.6
木材	101.4	101.4	101.3	101.5	101.3
水泥	97.0	96.1	95.3	97.5	98.9
地方建筑材料	101.4	101.7	100.6	101.2	102.0
化工材料	99.9	100.2	100.4	100.3	98.9
电料	101.3	100.2	101.3	102.1	101.6
其它材料	102.5	102.7	102.8	102.1	102.3
机械使用费	101.9	102.5	101.6	102.3	101.3
设备、工器具购置	99.7	99.7	99.6	99.4	99.9
其他费用	101.2	101.0	101.3	101.2	101.3

6-19 郑州市分月住宅

(上年同期=100)

项　　目	年平均	1月	2月	3月	4月	5月
新建住宅	**109.4**	**102.5**	**104.2**	**106.3**	**108.0**	**109.1**
新建商品住宅	109.6	102.5	104.3	106.5	108.2	109.3
90平方米及以下	110.3	102.4	104.5	106.9	108.5	109.9
90－144平方米	108.8	102.7	104.2	106.2	107.8	108.7
144平方米以上	109.6	102.4	104.1	106.3	108.5	109.2
二手住宅	**104.6**	**101.0**	**102.1**	**103.0**	**103.8**	**104.4**
90平方米及以下	105.3	102.3	103.4	104.0	104.6	105.1
90-144平方米	104.2	100.4	101.5	102.6	103.1	103.8
144平方米以上	104.1	100.2	101.2	102.3	103.7	104.5

6-19　续表

(上月=100)

项　　目	1月	2月	3月	4月	5月
新建住宅	**101.3**	**101.6**	**101.8**	**101.5**	**100.9**
新建商品住宅	101.4	101.6	101.9	101.6	100.9
90平方米及以下	101.4	101.8	102.0	101.3	101.2
90－144平方米	101.2	101.4	101.8	101.4	100.9
144平方米以上	101.5	101.5	101.8	102.1	100.6
二手住宅	**100.3**	**100.6**	**100.6**	**100.8**	**100.4**
90平方米及以下	100.5	100.6	100.6	100.7	100.5
90-144平方米	100.4	100.5	100.7	100.8	100.4
144平方米以上	99.9	100.7	100.5	101.0	100.5

销售价格指数(2013年)

6月	7月	8月	9月	10月	11月	12月
110.1	**111.7**	**112.3**	**112.4**	**112.2**	**112.1**	**111.7**
110.4	112.0	112.6	112.7	112.5	112.4	112.0
111.3	113.2	113.8	114.2	113.6	113.1	112.6
109.7	111.0	111.3	111.2	110.9	111.0	110.5
110.0	111.5	112.4	112.4	112.8	113.0	112.9
104.8	**104.9**	**105.1**	**105.5**	**106.1**	**106.8**	**107.3**
105.3	105.4	105.6	105.8	106.6	107.2	107.7
104.4	104.7	105.0	105.5	105.9	106.7	107.2
104.9	104.7	104.5	104.9	105.6	106.2	106.8

6月	7月	8月	9月	10月	11月	12月
101.0	**101.7**	**100.8**	**100.2**	**100.0**	**100.1**	**100.1**
101.1	101.7	100.8	100.2	100.0	100.1	100.1
101.4	101.9	100.9	100.4	99.8	99.8	100.0
101.0	101.5	100.4	100.2	99.9	100.2	100.2
100.7	101.7	101.1	100.1	100.5	100.3	100.3
100.7	**100.3**	**100.5**	**100.7**	**100.7**	**100.7**	**100.7**
100.8	100.2	100.7	100.7	100.7	100.7	100.8
100.7	100.4	100.5	100.7	100.6	100.8	100.6
100.7	100.3	100.4	100.6	100.8	100.6	100.6

6-20 洛阳市分月住宅

(上年同期=100)

项　　目	年平均	1月	2月	3月	4月	5月
新建住宅	**104.9**	**100.0**	**101.3**	**101.9**	**103.0**	**103.8**
新建商品住宅	105.0	100.0	101.4	102.0	103.0	103.8
90平方米及以下	105.9	101.0	102.6	103.1	104.0	104.3
90－144平方米	104.4	99.6	100.8	101.3	102.5	103.6
144平方米以上	105.2	99.8	101.1	102.0	102.9	103.8
二手住宅	**103.1**	**98.9**	**100.0**	**101.0**	**102.1**	**103.0**
90平方米及以下	103.6	98.1	99.3	100.6	101.9	103.2
90-144平方米	103.2	99.4	100.6	101.5	102.5	103.4
144平方米以上	102.0	99.2	99.9	100.5	101.5	102.0

6-20 续表

(上月=100)

项　　目	1月	2月	3月	4月	5月
新建住宅	**100.2**	**101.3**	**100.4**	**100.9**	**100.7**
新建商品住宅	100.2	101.4	100.4	100.9	100.7
90平方米及以下	100.3	101.7	100.5	100.9	100.2
90－144平方米	100.2	101.2	100.3	100.9	100.9
144平方米以上	100.3	101.3	100.5	100.9	100.9
二手住宅	**100.2**	**100.7**	**100.7**	**100.8**	**100.7**
90平方米及以下	100.1	100.7	100.9	100.9	100.9
90-144平方米	100.3	100.8	100.6	100.7	100.7
144平方米以上	100.2	100.4	100.4	100.8	100.5

销售价格指数(2013年)

6月	7月	8月	9月	10月	11月	12月
104.5	**105.5**	**106.4**	**107.6**	**108.0**	**108.6**	**108.7**
104.6	105.6	106.5	107.7	108.2	108.7	108.9
105.3	106.1	106.7	108.3	109.2	109.6	110.0
104.4	105.4	106.1	106.9	107.1	107.5	107.6
104.3	105.6	106.7	108.2	108.7	109.6	109.6
103.3	**104.2**	**104.3**	**104.6**	**105.0**	**105.0**	**105.7**
104.0	105.0	105.2	105.9	106.5	106.5	107.5
103.6	104.4	104.3	104.4	104.8	104.9	105.0
101.9	102.6	102.8	102.9	103.2	103.1	104.5

6月	7月	8月	9月	10月	11月	12月
100.6	**101.1**	**100.6**	**101.0**	**100.5**	**100.7**	**100.3**
100.6	101.2	100.6	101.0	100.5	100.7	100.3
100.9	101.0	100.4	101.3	100.9	100.7	100.8
100.5	101.2	100.6	100.6	100.2	100.5	100.2
100.5	101.2	100.8	101.4	100.6	100.9	100.1
100.2	**100.8**	**100.0**	**100.3**	**100.4**	**100.2**	**100.7**
100.6	100.9	100.2	100.6	100.5	100.2	100.9
100.0	100.8	100.0	100.1	100.4	100.2	100.2
99.9	100.7	99.9	100.1	100.1	100.1	101.2

6-21 平顶山市分月住宅

(上年同期=100)

项　　目	年平均	1月	2月	3月	4月	5月
新建住宅	**105.3**	**99.8**	**101.0**	**102.4**	**103.2**	**104.2**
新建商品住宅	105.4	99.8	101.0	102.5	103.3	104.3
90平方米及以下	105.7	100.2	101.2	102.9	103.9	104.3
90－144平方米	105.9	99.4	100.7	102.4	103.1	104.8
144平方米以上	104.0	99.8	101.2	101.9	102.7	103.7
二手住宅	**102.8**	**99.4**	**100.3**	**101.0**	**102.0**	**102.8**
90平方米及以下	104.0	100.7	101.3	102.1	103.2	104.2
90-144平方米	101.9	98.5	99.5	100.2	101.0	101.8
144平方米以上	101.4	97.4	99.0	99.4	100.3	101.2

6-21 续表

(上月=100)

项　　目	1月	2月	3月	4月	5月
新建住宅	**99.9**	**101.1**	**101.4**	**100.7**	**100.7**
新建商品住宅	99.9	101.1	101.4	100.7	100.8
90平方米及以下	100.0	100.8	101.6	100.9	100.1
90－144平方米	99.8	101.1	101.6	100.5	101.4
144平方米以上	100.0	101.3	100.7	100.8	100.7
二手住宅	**100.0**	**100.4**	**100.5**	**100.9**	**100.7**
90平方米及以下	99.9	100.3	100.6	100.7	100.8
90-144平方米	100.1	100.3	100.4	101.0	100.7
144平方米以上	99.4	100.8	100.3	101.0	100.7

销售价格指数(2013年)

6月	7月	8月	9月	10月	11月	12月
105.1	**105.8**	**106.9**	**108.3**	**108.5**	**109.2**	**109.1**
105.2	105.9	107.0	108.5	108.6	109.3	109.3
105.6	106.4	107.6	108.7	108.6	109.8	109.6
105.6	106.2	107.7	109.8	110.5	110.4	110.7
104.1	104.5	105.0	105.9	105.8	106.8	106.6
103.4	**103.7**	**103.7**	**103.9**	**104.2**	**104.4**	**104.8**
105.1	105.4	104.8	104.9	104.9	105.3	105.5
101.8	102.1	102.6	103.1	103.6	103.7	104.4
101.6	102.1	102.9	102.8	103.3	103.5	103.6

6月	7月	8月	9月	10月	11月	12月
100.8	**100.7**	**101.2**	**101.3**	**100.4**	**100.4**	**100.3**
100.8	100.7	101.2	101.4	100.4	100.4	100.3
101.2	100.8	101.3	101.1	100.3	101.0	100.0
100.7	100.6	101.5	102.0	100.6	99.9	100.6
100.4	100.5	100.7	100.8	100.1	100.5	100.0
100.4	**100.3**	**100.3**	**100.3**	**100.3**	**100.2**	**100.4**
100.9	100.5	100.3	100.4	100.2	100.4	100.4
100.0	100.1	100.3	100.2	100.5	100.0	100.5
100.0	100.5	100.4	100.3	100.2	100.0	100.1

6-22 郑州、洛阳、平顶山市

郑州市(以2010年价格为100)

项　　目	1月	2月	3月	4月	5月
新建住宅	**108.8**	**110.5**	**112.5**	**114.3**	**115.3**
新建商品住宅	109.0	110.8	112.9	114.6	115.7
90平方米及以下	109.4	111.4	113.6	115.2	116.6
90－144平方米	109.4	111.0	113.0	114.6	115.6
144平方米以上	108.0	109.7	111.7	114.0	114.7
二手住宅	**103.5**	**104.1**	**104.7**	**105.6**	**106.1**
90平方米及以下	104.2	104.9	105.5	106.3	106.7
90-144平方米	102.9	103.4	104.0	104.8	105.3
144平方米以上	103.5	104.2	104.8	105.9	106.3

6-22 续表 1

洛阳市(以2010年价格为100)

项　　目	1月	2月	3月	4月	5月
新建住宅	**106.9**	**108.3**	**108.8**	**109.7**	**110.4**
新建商品住宅	107.0	108.4	108.9	109.9	110.6
90平方米及以下	110.0	111.9	112.4	113.4	113.6
90－144平方米	106.4	107.7	108.1	109.0	110.0
144平方米以上	105.5	106.9	107.4	108.3	109.3
二手住宅	**105.3**	**106.0**	**106.7**	**107.5**	**108.3**
90平方米及以下	104.7	105.4	106.4	107.3	108.2
90-144平方米	105.4	106.3	106.9	107.7	108.4
144平方米以上	105.9	106.4	106.8	107.6	108.2

6-22 续表 2

平顶山市(以2010年价格为100)

项　　目	1月	2月	3月	4月	5月
新建住宅	**104.6**	**105.7**	**107.1**	**107.9**	**108.7**
新建商品住宅	104.6	105.7	107.2	108.0	108.8
90平方米及以下	105.9	106.8	108.5	109.5	109.6
90－144平方米	105.2	106.4	108.1	108.7	110.2
144平方米以上	101.9	103.2	103.9	104.8	105.5
二手住宅	**105.4**	**105.7**	**106.3**	**107.2**	**108.0**
90平方米及以下	109.0	109.2	109.9	110.7	111.5
90-144平方米	103.7	104.1	104.5	105.5	106.3
144平方米以上	96.3	97.1	97.3	98.3	98.9

住宅销售价格定基指数(2013年)

6月	7月	8月	9月	10月	11月	12月
116.5	**118.5**	**119.4**	**119.7**	**119.7**	**119.8**	**120.0**
117.0	119.0	119.9	120.2	120.2	120.3	120.5
118.2	120.4	121.5	121.9	121.7	121.5	121.5
116.8	118.5	119.0	119.2	119.1	119.3	119.5
115.6	117.6	118.8	119.0	119.5	119.9	120.2
106.8	**107.1**	**107.7**	**108.4**	**109.2**	**110.0**	**110.7**
107.6	107.8	108.5	109.3	110.1	110.9	111.8
106.0	106.4	106.9	107.7	108.3	109.2	109.9
107.1	107.4	107.8	108.5	109.3	109.9	110.6

6月	7月	8月	9月	10月	11月	12月
111.1	**112.4**	**113.1**	**114.2**	**114.8**	**115.5**	**115.9**
111.3	112.6	113.3	114.5	115.0	115.8	116.2
114.6	115.8	116.3	117.8	118.8	119.7	120.7
110.6	111.9	112.6	113.3	113.4	114.0	114.3
109.8	111.1	112.0	113.5	114.2	115.1	115.2
108.5	**109.4**	**109.4**	**109.7**	**110.1**	**110.3**	**111.1**
108.9	109.9	110.0	110.7	111.3	111.4	112.4
108.5	109.3	109.3	109.4	109.8	110.1	110.3
108.1	108.8	108.7	108.9	109.0	109.1	110.4

6月	7月	8月	9月	10月	11月	12月
109.5	**110.2**	**111.5**	**113.0**	**113.4**	**113.9**	**114.2**
109.7	110.4	111.7	113.2	113.6	114.1	114.4
110.9	111.8	113.3	114.5	114.9	116.0	116.1
111.0	111.7	113.3	115.5	116.2	116.0	116.8
105.9	106.4	107.1	108.0	108.1	108.6	108.6
108.4	**108.8**	**109.1**	**109.4**	**109.8**	**110.0**	**110.5**
112.5	113.0	113.4	113.8	114.1	114.5	115.1
106.3	106.4	106.7	107.0	107.5	107.5	108.1
98.9	99.5	99.8	100.1	100.3	100.3	100.3

主要统计指标解释

工业生产者出厂价格指数 是反映工业产品出厂价格水平变动趋势及变动程度的相对数。工业生产者出厂价格是指工业企业向商业（物资）部门或商业企业、其他生产单位、个人出售产品的价格，它是工业产品进入流通领域的最初价格，是制定工业产品批发价格和零售价格的基础。工业生产者出厂价格指数按轻重工业分类，可以分为轻工业出厂价格指数和重工业价格指数；按两大部类分类，可以分为生产资料出厂价格指数和生活资料价格指数。

工业生产者购进价格指数 是反映工业企业作为生产投入，而从物资交易市场或能源、原材料生产企业购买原材料、燃料及动力产品时，所支付的价格水平变动趋势和程度的统计指标，它是扣除工业企业物质消耗成本中的价格变动影响的重要依据。目前，编制的工业生产者购进价格指数所调查的产品包括燃料、动力类，黑色金属材料类，有色金属材料和电线类，化工原料类，木材及纸浆类，建筑材料及非金属矿类，其它工业原材料及半成品类，农副食品类，纺织原料类共九大类的产品。

国家统计局从 2011 年 1 月开始实施新的工业生产者价格统计调查制度方法。“工业品价格统计”改称为“工业生产者价格统计”，相应地将“工业品出厂价格指数”和“原材料、燃料、动力购进价格指数”分别改称为“工业生产者出厂价格指数”和“工业生产者购进价格指数”。

2012 年，按国家统计局的要求，新的国家标准《国民经济行业分类》（GB/T4754-2011）从 2012 年定报统一开始使用。2012 年工业生产者出厂和购进价格指数行业分类标准均按新的国民经济行业分类标准执行。

为适应分析的需要，在工业生产者出厂价格指数分类中增加了核心指数、高技术指数、能源类指数、初级产品、中间产品、最终产品等新的分类指数。

核心指数是指扣除农副食品加工产品、煤炭、石油、发电等能源类相关产品的其他产品价格变动总体情况的度量指标。

高技术指数是指核电、生物制品、部分药品及医疗器械、飞机制造、大部分通讯电子产品、部分仪表、机床等科技含量比较高的产品价格变动总体情况的度量指标。

能源指数是指煤炭开采、石油天然气开采及加工、核能发电、火力发电、风能发电等能源类产品价格变动总体情况的度量指标。

初级产品指数是指直接开采的产品及废旧物资回收直接粗加工的产品价格波动指数。

中间产品指数是指工业加工处理后可能重新投入生产环节的产品价格变动总体情况的度量指标。

最终产品指数是指工业加工处理后可能投入最终消费或者投资的产品价格变动总体情况的度量指标。

部分产品可以既是中间产品，又是最终产品。

固定资产投资价格指数 是反映全社会、国民经济各行业及各类工程固定资产投资中涉及的各类投资品和取费项目价格变动趋势和变动幅度的相对数。固定资产投资价格指数按构成分为：建筑安装工程投资价格指数，设备、工器具投资价格指数，其它费用投资价格指数。建筑安装工程投资价格指数主要有，人工费价格指数，材料费价格指数，机械使用费价格指数。材料费按使用材料的种类分为：钢材、木材、水泥、地方材料、化工材料、电料、其它材料共七大类。

住宅销售价格指数 住宅销售价格指数是综合反映住宅商品价格水平总体变化趋势和变化幅度的相对数。中国住宅销售价格指数由 70 个大中城市的新建住宅销售价格指数和二手住宅销售价格指数组成，河南只有郑州、洛阳、平顶山三市作为国家调查城市，开展住宅销售价格指数调查编制工作。

2011 年国家统计局对房地产价格统计调查方案进行了较大改革，调整了调查指标和数据采集方式，将房屋销售价格指数调整为新建住宅销售价格指数和二手住宅销售价格指数，新建住宅销售价格统计的数据来源由过去开发商填报改成了直接使用网签数据；采用国际通行的链式拉氏公式，编制定基住宅销售价格指数序列，对比基期 5 年调整一次，现行对比基期为 2010 年。

农产品价格

资料整理：贾世云

7-1 历年农产品生产者价格指数

(上年=100)

农产品名称	2001年	2005年	2009年	2010年	2011年	2012年	2013年
总 指 数		**100.7**	**99.1**	**112.5**	**111.5**	**102.9**	**102.6**
农业产品	**105.2**	**99.8**	**106.0**	**120.5**	**103.8**	**103.2**	**102.7**
粮食	121.0	96.5	107.2	111.3	105.9	103.3	106.2
小麦	124.3	97.4	112.6	110.5	102.9	101.9	108.0
稻谷	10.6	97.5	105.8	105.4	109.9	101.9	103.5
玉米	117.9	94.4	96.8	115.0	110.6	103.5	103.4
薯类	94.4	111.5	101.9	115.9	126.4	96.4	103.2
豆类	93.9	88.8	91.7	112.0	102.7	101.2	102.8
油料	94.8	97.0	89.0	118.1	108.6	106.5	99.8
花生	92.4	97.1	85.1	118.1	119.4	107.9	98.1
油菜籽	103.2	87.3	89.1	105.4	103.7	102.9	104.5
芝麻	101.6	105.0	93.8	103.0	101.0	95.3	102.4
棉花(籽棉)	85.0	100.4	93.3	141.8	107.2	92.6	102.9
烟草	114.9	104.3	105.1	103.9	117.1	112.3	105.6
蔬菜	101.6	111.3	145.3	138.4	80.3	106.9	94.5
水果	85.2	118.0	103.85	120.5	117.3	107.7	101.3
林业产品		**104.9**	**93.5**	**92.3**	**104.9**	**105.3**	**103.1**
牧业(畜产品)		**102.0**	**87.4**	**99.5**	**124.2**	**100.9**	**102.0**
牛	126.8	112.6	102.5	105.9	111.2	115.3	118.7
羊	112.8	116.7	98.7	110.2	113.6	115.9	110.9
猪	95.8	96.4	84.4	97.7	129.9	92.7	99.3
家禽		102.5	102.2	113.3	116.7	94.8	102.1
肉禽	109.5	98.8	102.4	102.4	116.7	94.5	103.5
禽蛋	118.7	104.9	101.9	105.9	110.7	95.9	103.0
渔业	**89.2**	**103.0**	**103.2**	**102.0**	**105.7**	**106.2**	**110.8**

7-2 分季度农产品生产者价格指数(2013年)

(以上年同期价格为100)

农产品名称	全年	一季度	二季度	三季度	四季度
总 指 数	**102.6**	**102.4**	**99.8**	**106.7**	**102.6**
农业产品	**102.7**	**106.4**	**101.0**	**106.4**	**101.8**
粮食	106.2	104.0	106.5	107.3	104.0
小麦	108.0	109.3	109.7	107.6	107.6
稻谷	103.5	104.0	99.7	104.9	101.7
玉米	103.4	102.4	102.4	105.2	101.5
薯类	103.2	103.6	100.0	125.0	106.0
豆类	102.8	106.6	101.2	99.4	102.8
油料	99.8	103.0	107.9	100.3	91.2
花生	98.1	103.7	97.9	99.7	89.1
油菜籽	104.5	100.0	115.6		108.7
芝麻	102.4	100.0	102.9	102.9	103.1
棉花(籽棉)	102.9	103.7	100.0		102.3
烟草	105.6	86.0	100.0	109.7	103.5
蔬菜	94.5	114.2	85.2	110.3	114.4
水果	101.3	118.8	119.9	96.6	102.6
林业产品	**103.1**	**113.2**	**102.5**	**105.3**	**101.2**
牧业(畜产品)	**102.0**	**97.9**	**97.5**	**106.8**	**103.8**
牛	118.7	127.5	123.6	112.7	112.5
羊	110.9	111.0	109.6	117.6	109.2
猪	99.3	90.6	92.1	105.7	103.8
家禽	102.1	105.9	99.7	103.6	100.0
肉禽	103.5	106.9	99.0	103.6	105.1
禽蛋	103.0	112.9	104.7	98.5	96.5
渔业	**110.8**	**110.6**	**109.9**	**116.9**	**108.8**

7-3 各月农产品集贸

农产品名称	1月	2月	3月	4月	5月
粮食类					
籼稻(中等)	2.52	2.52	2.52	2.40	2.36
粳稻(中等)	2.12	2.12	2.10	2.20	2.20
小麦(中等)	2.33	2.39	2.37	2.39	2.38
玉米(中等)	2.18	2.21	2.25	2.25	2.24
大豆(中等)	5.63	5.64	5.71	5.73	5.78
籼米(中等)	4.71	4.80	4.70	4.65	4.66
粳米(中等)	5.12	5.18	5.13	4.96	5.09
经济类					
棉花[籽棉](中准级)	7.80	7.90	7.80	7.75	7.90
花生仁(中等)	12.88	12.77	12.77	12.50	12.17
油菜籽(普通)	5.20	5.20	5.20	5.60	5.50
畜产品类					
活猪(中等)	17.35	15.06	12.97	11.85	12.98
仔猪(普通)	31.01	29.4	27.23	25.93	26.79
猪肉(去骨统肉)	25.90	24.64	22.61	20.29	21.25
活牛(中等)	24.91	25.88	25.24	24.85	24.73
牛肉(去骨统肉)	53.05	55.79	54.92	54.83	54.63
活羊(中等)	28.55	28.64	29.31	30.35	30.87
羊肉(去骨统肉)	59.95	60.66	61.63	61.56	62.05
活鸡(普通肉鸡)	13.98	14.59	14.40	11.46	11.42
鸡蛋(普通鲜蛋)	9.52	8.99	8.20	7.67	7.71
水产品类					
草鱼(1-2公斤)	13.55	14.34	14.41	14.67	14.61
鲤鱼(1-2公斤)	11.97	11.93	11.39	11.35	11.37
鲢鱼(1-2公斤)	8.07	8.64	8.36	9.19	8.8
带鱼(0.5-1公斤)	15.63	16.13	16.50	16.25	17.25
蔬菜类					
大白菜(中等)	1.54	1.75	1.84	3.18	2.13
黄瓜(中等)	6.11	7.16	6.25	3.85	2.25
西红柿(中等)	5.68	5.17	4.91	6.11	3.24
菜椒(中等)	6.00	5.50	6.45	7.95	3.81
四季豆(中等)	8.73	9.09	7.72	9.23	5.67
水果类					
红富士苹果(中等)	6.28	6.34	6.42	6.50	6.73
香蕉(中等)	4.05	4.73	5.03	5.63	6.42
橙子(中等)	6.20	7.04	6.70	6.58	6.67

市场平均价格(2013年)

单位：元/公斤

6月	7月	8月	9月	10月	11月	12月
2.16	2.10	2.30	2.40		2.54	2.52
2.22	2.22	2.20	2.30	2.48	2.67	2.80
2.27	2.31	2.32	2.37	2.40	2.44	2.42
2.26	2.28	2.3	2.18	2.17	2.19	2.18
5.78	5.78	5.84	5.78	5.72	5.77	5.77
4.71	4.78	4.81	4.81	4.77	4.75	4.75
5.14	5.14	5.18	5.18	5.17	5.11	5.16
7.80	7.90	7.85	7.95	7.95	8.10	8.10
11.78	11.69	11.54	11.51	10.99	10.52	10.53
5.07	5.27	5.07	5.07	5.2	5.27	5.33
14.15	14.64	15.47	15.5	15.19	15.46	15.43
28.93	29.37	30.06	29.44	27.19	26.92	26.22
22.66	23.27	24.57	24.45	24.07	24.4	24.69
24.48	24.74	24.79	25.65	26.18	26.01	25.76
54.67	55.08	55.88	56.42	56.42	56.96	57.13
30.65	30.78	31.35	31.35	31.80	32.00	32.02
62.84	63.04	63.43	64.26	64.28	65.43	66.5
14.1	14.05	14.18	14.48	14.42	14.57	14.51
7.62	8.02	8.91	9.08	8.17	8.08	8.59
14.68	15.05	14.91	15.14	14.76	14.5	14.55
11.4	11.27	11.71	11.88	11.78	11.72	11.67
8.63	8.54	8.59	8.74	8.50	8.47	8.51
17.25	17.25	16.75	16.75	16.75	16.85	17.15
2.96	2.95	3.18	2.61	1.95	1.20	1.06
2.18	2.52	3.69	3.96	4.60	4.82	4.68
2.60	3.16	3.18	4.05	5.03	5.34	5.46
3.09	3.20	4.65	5.34	4.56	5.10	5.86
3.99	5.66	5.28	6.45	6.58	6.90	7.77
7.21	7.52	6.67	7.19	6.92	6.63	6.82
5.70	5.03	4.82	4.89	4.09	4.13	4.64
7.00	7.00	7.00	7.00	6.83	6.38	5.90

主要统计指标解释

农产品生产者价格指数 是指农产品生产者第一手（直接）出售其产品时实际获得的单位产品价格，采取抽样调查和重点调查相结合的方法。农产品生产者价格指数是反映一定时期内，农产品生产者出售的农产品价格水平变动趋势及幅度的相对数。该指数可以客观反映农产品生产价格水平和结构变动情况，满足农业与国民经济核算需要。其中某代表品生产价格指数是通过对全部有出售该产品行为的调查单位的个体指数进行几何平均求得的，类价格指数是通过对其所属的类（或代表品）的价格指数进行加权平均求得的。季度累计价格指数的计算方法与分季指数的计算方法相同。

农产品集贸市场价格 是指农产品主产区集贸市场主要农产品的成交价格。

农村居民生活和贫困监测

资料整理：孙晓亮　马　超　吴　婕

8-1 历年农村居民收支

(指数以上年为100，按可比口径计算)　　单位：元

年　份	农民家庭人均纯收入	纯收入指　数	农民家庭人均生活消费支出	#食品	恩格尔系数(%)
1978	104.71		81.70		
1979	133.56		110.83	67.32	60.7
1980	160.78		135.51	78.49	57.9
1981	215.57		165.57	89.08	53.8
1982	216.74		177.90	101.18	56.9
1983	272.00		196.35	113.71	57.9
1984	301.17		219.64	122.46	55.8
1985	328.78		260.19	145.83	56.0
1986	333.64	99.7	292.48	159.88	54.7
1987	377.72	110.1	309.90	164.03	52.9
1988	401.32	98.2	346.73	179.42	51.7
1989	457.06	102.5	390.05	199.99	51.3
1990	526.95	105.5	437.73	240.93	55.0
1991	539.29	102.3	454.68	242.83	53.4
1992	588.48	104.9	472.61	264.02	55.9
1993	695.85	109.0	564.93	334.52	59.2
1994	909.81	103.4	731.78	426.17	58.2
1995	1231.97	109.5	929.39	544.26	58.6
1996	1579.19	113.8	1206.43	670.89	55.6
1997	1733.89	107.4	1270.52	693.09	54.6
1998	1864.05	106.5	1240.30	700.78	56.5
1999	1948.36	106.4	1163.98	617.46	53.0
2000	1985.82	103.9	1315.83	654.13	49.7
2001	2097.86	104.9	1375.60	668.77	48.6
2002	2215.74	105.1	1451.51	697.02	48.0
2003	2235.68	99.6	1508.67	726.57	48.2
2004	2553.15	108.1	1664.09	808.27	48.6
2005	2870.58	107.5	1891.57	858.97	45.4
2006	3261.03	112.1	2229.28	911.48	40.9
2007	3851.60	112.2	2676.41	1017.43	38.0
2008	4454.24	107.2	3044.21	1165.81	38.3
2009	4806.95	107.5	3388.47	1220.36	36.0
2010	5523.73	111.0	3682.21	1371.17	37.2
2011	6604.03	112.7	4319.95	1559.74	36.1
2012	7524.94	111.3	5032.14	1701.75	33.8
2013	8475.34	109.5	5627.73	1938.47	34.4

8-2　农民家庭人口与劳动力状况

项　目	单 位	2005年	2008年	2009年	2010年	2011年	2012年	2013年
调查户数	户	4200	4200	4200	4200	4200	4200	5032
调查户常住人口	人	17591	17270	17139	17007	17180	17154	19744
平均每户常住人口	人	4.19	4.11	4.08	4.05	4.09	4.08	3.91
整半劳动力	人	2.87	2.87	2.89	2.92	2.91	2.89	2.69
劳动力占常住人口比重	%	68.50	70.00	70.90	72.20	71.10	70.70	68.70
平均每个劳动力负担人口	人	1.46	1.43	1.41	1.39	1.41	1.41	1.46
平均每百个常住人口中								
学龄前人数	人	6.44	6.14	6.70	6.21	8.20	9.63	8.19
7-15岁人数	人	14.69	11.08	10.38	10.27	12.30	11.21	11.05
#在校人口	人	14.23	10.90	10.25	10.16	11.80	10.90	10.81
入学率	%	96.90	98.40	98.70	98.90	95.70	97.30	97.82
16-60岁人数	人	72.63	74.52	74.16	73.91	69.90	69.50	67.2
61岁及以上人数	人	6.24	8.26	8.76	9.66	9.60	9.49	13.3
平均每百个家庭中								
单身或夫妇	户	6.21	7.88	8.21	8.57	8.64	8.95	
夫妇与一个孩子	户	16.12	14.88	14.76	15.07	14.38	14.24	
夫妇与两个孩子	户	36.14	34.81	34.86	34.24	33.29	33.67	
夫妇与三个以上孩子	户	14.67	12.57	11.67	11.57	9.86	9.14	
单亲与孩子	户	1.43	2.00	2.43	2.00	1.69	1.76	
三代同堂	户	21.17	24.31	24.21	25.05	28.51	29.05	
其他	户	4.26	3.55	3.86	3.50	3.62	3.19	

8-3　农民家庭劳动力就业情况

项　目	单位	2005年	2008年	2009年	2010年	2011年	2012年	2013年
每百个就业劳动力文化程度								
不识字或识字很少	人	6.65	5.84	5.01	5.26	5.23	5.14	3.21
小学程度	人	18.48	16.12	16.23	16.20	16.88	16.58	18.15
初中程度	人	61.23	61.50	61.76	60.90	60.83	60.93	61.51
高中程度	人	10.52	12.40	12.53	12.91	12.08	12.01	13.50
中专	人	2.11	2.76	2.67	2.78	2.40	2.47	
大专及以上	人	1.01	1.38	1.80	1.95	2.58	2.87	3.63
每百个就业劳动力主要就业地点								
乡内	人	79.91	77.43	73.08	72.16	72.14	72.30	
县内乡外	人	2.47	3.06	4.96	5.24	4.17	4.02	
省内县外	人	4.40	4.97	5.78	5.83	6.69	7.08	
国内省外	人	13.21	14.54	16.11	16.58	16.91	16.50	
国外	人	0.02		0.07	0.19	0.08	0.10	
每百个就业劳动力从事的主要行业								
一产业就业劳动力	人	66.75	60.53	58.10	56.88	50.64	49.72	54.22
二产业就业劳动力	人	17.27	21.37	23.24	24.15	28.48	31.9	25.68
三产业就业劳动力	人	15.98	18.10	18.66	18.97	20.88	18.34	20.10
每个劳动力年内从事行业时间								
从事农业的时间	月	4.70	4.02	3.82	3.74	3.13	3.01	
从事非农产业的时间	月	3.26	3.78	4.17	4.37	4.31	4.34	

8-4 农民家庭居住情况

项　　目	单 位	2005年	2008年	2009年	2010年	2011年	2012年	2013年
期末人均住房情况								
住房面积	平方米	27.21	31.69	33.53	34.69	37.24	38.46	35.18
#租用住房面积	平方米	0.04	0.04	0.03	0.09	0.33	0.50	0.06
住房价值	元	5818.47	8526.36	9848.83	11161.80	18367.15	19610.44	22062.53
住房类型								
楼房面积	平方米	6.65	10.48	12.17	13.13	16.28	17.16	15.40
砖瓦平房面积	平方米	19.16	20.02	20.07	20.17	19.50	20.12	18.68
其他	平方米	1.40	1.19	1.29	1.14	0.77	0.61	0.69
住房结构								
钢筋混泥土结构面积	平方米	10.37	14.44	16.37	17.30	19.29	20.12	28.97
砖木结构面积	平方米	15.72	16.44	16.15	16.32	16.61	17.15	5.45
其他	平方米	1.13	0.81	1.01	0.84	0.57	0.58	0.35
平均每百户居住条件								
住房卫生设备使用情况								
使用水冲式厕所的户数	户	1.00	1.33	2.26	2.26	4.46	3.76	4.79
使用旱厕的户数	户	95.76	94.62	93.10	92.95	92.37	93.45	93.79
无厕所的户数	户	3.24	4.05	4.64	4.79	3.17	2.79	1.42
取暖设备使用情况								
使用空调的户数	户	0.62	1.55	2.14	3.31	8.88	10.45	
使用暖气的户数	户	1.21	0.90	1.00	0.60	0.48	0.86	
使用火炕的户数	户	1.95	0.10	0.48	0.67	1.31	1.17	
使用其他暖设备的户数	户		18.98	21.02	22.40	31.14	30.81	
使用液化气的户数	户	2.14	13.71	15.67	17.05	26.74	27.29	24.26
使用煤炭的户数	户	48.95	41.26	37.83	35.40	18.74	18.48	23.48
使用柴草的户数	户	45.67	34.67	32.90	33.05	35.07	34.40	29.95
使用电的户数	户	0.29	3.07	4.81	6.86	12.57	13.83	17.25
使用沼气的户数	户	1.95	5.17	6.17	5.62	4.36	4.26	1.68
使用其他燃料的户数	户	1.00	2.12	0.50	0.36	0.11	0.09	0.07
饮用水来源情况								
饮用自来水的户数	户	19.26	24.14	26.48	28.76	38.21	38.98	26.75
饮用深井水的户数	户	50.95	51.55	49.40	48.38	38.14	35.60	35.82
饮用浅井水的户数	户	27.12	22.40	22.14	21.38	22.69	24.29	34.25
饮用江河湖泊水的户数	户	1.38	1.43	1.67	1.43	0.48	0.48	0.30
饮用塘水的户数	户	0.50	0.24	0.24				0.04
饮用其他水源的户数	户	0.79	0.24	0.07	0.05	0.45	0.67	2.84
住宅外道路路面状况								
水泥或柏油路面的户数	户	26.07	40.19	43.79	44.88	46.86	52.95	50.23
沙石或石板等硬质路面的户数	户	8.93	9.36	9.36	11.95	14.00	13.57	12.94
其他路面的户数	户	65.00	50.45	46.86	43.17	39.12	33.48	36.83

8-5 农民家庭土地经营情况

项　　目	单 位	2005年	2008年	2009年	2010年	2011年	2012年	2013年
平均每百人土地经营情况								
期初实际经营土地面积	公顷	10.59	11.37	11.40	11.51	10.96	11.34	11.92
耕地	公顷	10.03	10.83	10.96	11.07	10.18	10.55	10.62
有效灌溉面积	公顷	7.35	8.15	8.11	8.20	7.73	7.92	8.52
山地	公顷	0.06	0.22	0.14	0.16	0.58	0.55	0.89
园地	公顷	0.22	0.27	0.26	0.23	0.15	0.19	0.27
牧草地	公顷	0.01	0.01	0.01	0.01	0.00	0.00	0.02
养殖水面	公顷	0.28	0.04	0.04	0.03	0.05	0.05	0.12
期末实际经营的土地面积	公顷	10.71	11.51	11.51	11.64	11.02	11.54	11.96
耕地	公顷	10.11	10.98	11.06	11.20	10.23	10.82	10.67
有效灌溉面积	公顷	7.37	8.17	8.16	8.35	7.72	8.07	8.53
山地	公顷	0.06	0.22	0.14	0.16	0.58	0.52	0.89
园地	公顷	0.22	0.26	0.26	0.23	0.15	0.15	0.29
牧草地	公顷	0.01	0.01	0.01	0.01	0.00	0.00	
养殖水面	公顷	0.32	0.04	0.05	0.05	0.05	0.05	0.12
平均每百人土地种植情况								
粮食播种面积	公顷	15.58	18.50	17.40	17.97	17.81	17.47	17.60
#小麦播种面积	公顷	8.38	9.43	8.87	9.00	8.90	8.70	8.86
水稻播种面积	公顷	0.78	1.78	1.05	1.05	0.98	1.05	1.34
玉米播种面积	公顷	4.77	6.07	6.27	6.89	7.30	7.20	6.80
豆类播种面积	公顷	1.30	1.04	1.02	0.86	0.53	0.46	0.53
薯类播种面积	公顷	0.23	0.11	0.11	0.13	0.07	0.05	0.07
经济作物播种面积	公顷	4.67	3.33	3.23	2.35	2.25	2.06	2.23
#棉花播种面积	公顷	1.27	0.79	0.48	0.35	0.29	0.24	0.05
油料播种面积	公顷	2.01	1.47	1.47	1.07	1.04	1.03	1.60
麻类播种面积	公顷	0.05	0.01	0.00	0.02	0.01	0.00	
烟草播种面积	公顷	0.28	0.18	0.22	0.17	0.25	0.16	
蔬菜播种面积	公顷	0.83	0.73	0.87	0.53	0.52	0.50	0.37
果用瓜播种面积	公顷	0.17	0.15	0.19	0.19	0.15	0.13	0.21

8-6 农民家庭生产经营情况

项　目	单 位	2005年	2008年	2009年	2010年	2011年	2012年	2013年
谷物产量	公斤/人	845.87	1067.59	1112.13	1170.43	1199.27	1249.96	1234.56
#小麦产量	公斤/人	461.33	566.31	581.51	599.19	601.87	595.32	607.57
稻谷产量	公斤/人	67.83	78.66	79.98	80.22	77.60	85.16	102.71
玉米产量	公斤/人	312.21	420.62	448.13	489.62	518.69	568.90	524.19
薯类产量	公斤/人	4.31	4.41	4.23	5.67	3.10	2.13	3.02
豆类产量	公斤/人	26.62	24.70	27.88	21.27	13.33	14.03	13.91
棉花产量	公斤/人	25.68	22.55	16.51	10.94	8.66	8.03	0.93
油料产量	公斤/人	50.23	43.26	45.10	34.45	38.85	43.58	65.56
#花生产量	公斤/人	41.13	35.51	37.80	30.20	35.49	42.14	61.22
芝麻产量	公斤/人	2.56	2.27	2.43	1.63	1.04	0.63	0.88
油菜籽产量	公斤/人	6.39	5.15	4.72	2.44	2.24	0.72	2.99
麻类产量	公斤/人	1.22	0.29	0.13	0.71	0.30	0.02	
糖料产量	公斤/人		0.01	0.02		0.00		
烟草产量	公斤/人	4.35	5.18	6.29	4.99	5.41	7.51	
蔬菜产量	公斤/人	191.28	214.75	217.15	185.29	168.41	182.41	
瓜果类产量	公斤/人	42.16	42.32	70.67	60.37	50.92	54.89	
园林水果产量	公斤/人	56.54	58.87	52.78	51.03	51.67	47.09	
畜禽肉产量(出售、自宰)	公斤/ 人	50.38	44.43	56.10	59.73	58.98	58.62	
#畜肉产量	公斤/人	45.35	36.67	49.23	52.59	49.05	52.59	
肉猪头数	头/人	0.52	0.47	0.55	0.59	0.52	0.58	
猪肉产量	公斤/人	39.72	33.20	45.11	48.21	44.25	49.34	
菜羊只数	只/人	0.09	0.06	0.06	0.07	0.07	0.06	
菜羊肉产量	公斤/人	1.38	0.94	0.92	1.19	1.30	1.12	
肉牛头数	头/人	0.02	0.01	0.01	0.01	0.02	0.01	
肉牛肉产量	公斤/人	3.97	2.48	3.17	3.12	3.43	2.09	
家禽肉产量	公斤/人	5.03	7.76	6.87	7.14	9.93	6.02	
#鸡只数	只/人	2.52	3.63	3.23	3.63	3.06	1.81	
鸡肉产量	公斤/人	4.70	7.42	6.75	6.84	7.54	4.01	
鸭只数	只/人	0.07	0.10	0.03	0.01	0.70	0.70	
鸭肉产量	公斤/人	0.16	0.24	0.08	0.02	2.01	1.72	
蛋类产量	公斤/人	17.85	27.51	25.75	20.73	7.02	9.92	
#鸡蛋产量	公斤百人	17.51	27.05	25.36	20.6	6.96	9.44	
鸭蛋产量	公斤/人	0.32	0.13	0.13	0.08	0.04	0.48	
奶类产量	公斤/人	0.04	1.93	2.24	2.07	1.44	1.83	

8-7 农民家庭出售产品情况

项　　目	单　　位	2005年	2009年	2010年	2011年	2012年	2013年
出售粮食数量	公斤/人	367.21	547.31	540.63	634.06	670.84	709.73
#小麦	公斤/人	177.84	255.77	260.74	311.31	308.12	323.33
稻谷	公斤/人	40.70	47.38	43.55	46.58	41.75	59.72
玉米	公斤/人	133.44	228.34	222.44	264.77	309.77	309.62
薯类	公斤/人	0.31	0.86	2.08	1.37	0.92	0.98
豆类	公斤/人	13.61	13.99	11.49	9.12	9.78	14.34
出售棉花数量	公斤/人	17.96	12.85	4.42	1.66	3.90	0.66
出售油料数量	公斤/人	22.70	23.61	15.12	19.65	26.74	32.16
出售麻类数量	公斤/人	0.60	0.08	0.47	0.28	0.02	1.01
出售烟叶数量	公斤/人	3.11	5.17	4.12	4.84	6.47	4.98
出售蔬菜数量	公斤/人	116.79	153.12	126.29	127.39	146.68	112.71
出售瓜果数量	公斤/人	39.20	51.38	50.47	49.39	53.65	44.41
出售水果数量	公斤/人	49.22	42.32	39.25	23.24	24.37	60.83
出售猪肉数量	公斤/人	39.54	44.69	47.95	44.68	49.23	43.38
出售牛肉数量	公斤/人	3.96	3.16	3.13	3.31	2.09	2.22
出售羊肉数量	公斤/人	1.36	0.92	1.18	1.22	1.12	1.94
出售家禽数量	公斤/人	4.59	6.3	6.84	9.61	5.87	1.87
出售蛋类数量	公斤/人	13.67	21.68	17.46	6.07	9.06	27.7
出售水产品数量	公斤/人	4.24	3.64	4.05	4.55	4.75	4.90

8-8 农民家庭主要食品消费量

项　　目	单　　位	2005年	2009年	2010年	2011年	2012年	2013年
粮食(原粮)	公斤/人	211.62	194.44	188.47	144.32	143.97	151.29
#小麦	公斤/人	170.48	150.72	145.21	109.58	106.98	109.15
稻谷	公斤/人	19.58	20.77	20.84	18.18	20.03	22.83
玉米	公斤/人	16.86	16.42	15.51	11.07	10.90	12.09
薯类	公斤/人	0.86	1.01	0.95	0.74	0.89	1.35
豆类	公斤/人	2.93	1.85	1.87	1.73	1.71	3.81
油脂类	公斤/人	4.36	4.84	4.85	6.59	6.91	6.62
植物油	公斤/人	4.25	4.78	4.79	6.51	6.85	6.53
动物油	公斤/人	0.11	0.07	0.05	0.08	0.06	0.09
蔬菜及菜制品	公斤/人	100.75	93.64	88.03	68.63	70.46	63.65
瓜类	公斤/人	5.93	10.22	10.33	11.64	12.81	16.26
水果类	公斤/人	9.46	11.20	10.63	12.87	15.08	16.37
肉禽及制品	公斤/人	8.68	9.84	12.42	10.84	10.91	12.93
#猪肉	公斤/人	5.46	5.61	8.03	6.21	6.56	7.92
牛肉	公斤/人	0.83	0.40	0.34	0.27	0.26	0.37
羊肉	公斤/人	0.14	0.15	0.15	0.13	0.11	0.20
家禽	公斤/人	1.57	2.40	2.28	2.53	2.27	2.69
蛋类及蛋制品	公斤/人	8.48	10.57	9.10	7.89	9.06	7.86
奶和奶制品	公斤/人	0.85	2.15	2.44	2.72	3.04	3.66
水产品	公斤/人	1.30	1.50	1.50	1.79	1.74	1.91
食糖	公斤/人	1.06	1.03	0.83	0.87	0.79	0.85
酒类	公斤/人	5.97	6.45	6.24	5.72	6.14	6.43

8-9 农民家庭平均每百户主要耐用消费品年末拥有量

项　　目	单位	2005年	2009年	2010年	2011年	2012年	2013年
洗衣机	台	55.67	79.45	84.64	91.14	92.57	91.60
电冰箱	台	13.48	34.43	46.12	63.31	66.86	71.93
空调机	台	5.19	15.05	22.86	33.24	37.24	46.22
抽油烟机	台	0.48	2.29	3.02	4.07	4.05	4.22
吸尘器	台	0.10	0.14	0.17	0.48	0.74	
微波炉	台	0.67	3.43	5.12	5.64	5.29	10.51
热水器	台	3.24	10.02	16.26	27.74	32.48	40.90
自行车	辆	133.38	132.33	132.19	126.17	127.71	74.01
摩托车	辆	39.14	51.95	54.88	53.52	51.31	66.58
汽车(生活用)	辆	0.33	1.33	1.76	4.62	5.07	8.99
电话机	部	51.33	35.52	34.26	25.50	26.33	18.92
移动电话	部	55.38	126.24	151.67	194.50	194.10	215.25
#接入互联网的	部	1.69	6.26	13.45	23.69	26.05	46.30
黑白电视机	台	26.52	6.50	4.31	1.52	0.98	
#接入有线电视网的	部	0.86	0.26	0.26	0.07	0.05	
彩色电视机	台	81.69	103.76	106.26	110.71	111.21	115.12
#接入有线电视网的	台	10.07	21.21	30.83	42.83	46.57	42.08
摄像机	架	0.31	0.90	0.69	0.62	0.79	0.55
影碟机	台	23.07	28.26	26.43	18.52	16.21	
照相机	架	2.14	2.31	2.83	2.33	2.67	3.51
家用计算机	台	0.57	4.05	7.50	16.19	20.21	22.90
#接入互联网的	台	0.24	2.79	5.00	11.93	15.67	17.04
中高档乐器	台	0.07	0.05	0.21	0.38	0.38	0.47

8-10 农民家庭平均每人总收入

单位：元

项　　目	2005年	2009年	2010年	2011年	2012年	2013年
全年总收入	**3945.67**	**6414.43**	**7293.38**	**8724.61**	**9829.40**	**11344.74**
工资性收入	**853.95**	**1621.75**	**1943.86**	**2523.77**	**2989.36**	**3581.56**
在非企业组织中劳动得到的收入	104.06	173.00	194.74	193.70	215.66	
在本乡地域内劳动得到的收入	309.73	639.82	737.75	992.32	1219.37	
#在本地乡镇企业得到的收入	61.01	169.67	188.86	288.35	360.49	
常住人口外出从业得到的收入	440.16	808.94	1011.37	1337.75	1554.32	
家庭经营收入	**2965.64**	**4461.97**	**4968.63**	**5640.06**	**6196.90**	**6804.50**
第一产业	2532.24	3711.18	4099.02	4596.44	4928.92	5303.76
农业收入	1801.64	2639.88	2977.76	3262.22	3550.44	3874.40
林业收入	34.24	45.79	51.45	71.11	79.50	87.25
牧业收入	672.68	999.63	1041.67	1230.37	1256.72	1297.41
渔业收入	23.68	25.89	28.14	32.74	42.26	44.71
第二产业	129.81	211.00	241.37	272.61	302.02	355.16
工业收入	99.41	150.12	170.03	193.24	224.25	216.44
建筑业收入	30.40	60.88	71.35	79.36	77.77	138.72
第三产业	303.59	539.79	628.24	771.01	965.96	1145.58
交通运输、邮电业收入	96.11	163.61	190.70	227.10	304.63	259.86
批发和零售贸易、餐饮业收入	123.09	231.39	275.26	356.88	436.13	732.09
社会服务业收入	24.57	50.44	52.08	65.34	76.56	119.26
文教卫生业收入	16.99	42.08	47.80	52.61	57.45	
其他家庭经营收入	42.83	51.62	61.66	68.06	90.77	33.68
财产性收入	**35.85**	**56.01**	**59.29**	**108.14**	**135.49**	**160.30**
转移性收入	**90.24**	**274.71**	**321.59**	**452.65**	**507.66**	**798.37**
#家庭非常住人口寄回和带回	14.24	14.53	22.32	29.67	29.63	

8-11 农民家庭平均每人总收入构成

单位：%

项　目	2005年	2009年	2010年	2011年	2012年	2013年
全年总收入	**100.0**	**100.0**	**100.0**	**100.0**	**100.0**	**100.0**
工资性收入	**21.6**	**25.3**	**26.7**	**28.9**	**30.4**	**31.6**
在非企业组织中劳动得到的收入	2.6	2.7	2.7	2.2	2.2	
在本乡地域内劳动得到的收入	7.8	10.0	10.1	11.4	12.4	
#在本地乡镇企业得到的收入	1.5	2.6	2.6	3.3	3.7	
常住人口外出从业得到的收入	11.2	12.6	13.9	15.3	15.8	
家庭经营收入	**75.2**	**69.6**	**68.1**	**64.6**	**63.0**	**60.0**
第一产业	64.2	57.9	56.2	52.7	50.1	46.8
农业收入	45.7	41.2	40.8	37.4	36.1	34.2
林业收入	0.9	0.7	0.7	0.8	0.8	0.8
牧业收入	17.0	15.6	14.3	14.1	12.8	11.4
渔业收入	0.6	0.4	0.4	0.4	0.4	0.4
第二产业	3.3	3.3	3.3	3.1	3.1	3.1
工业收入	2.5	2.3	2.3	2.2	2.3	1.9
建筑业收入	0.8	0.9	1.0	0.9	0.8	1.2
第三产业	7.7	8.4	8.6	8.8	9.8	10.1
交通运输、邮电业收入	2.4	2.6	2.6	2.6	3.1	2.3
批发和零售贸易、餐饮业收入	3.1	3.6	3.8	4.1	4.4	6.5
社会服务业收入	0.6	0.8	0.7	0.7	0.8	1.1
文教卫生业收入	0.4	0.7	0.7	0.6	0.6	
其他家庭经营收入	1.1	0.8	0.8	0.8	0.9	0.3
财产性收入	**0.9**	**0.9**	**0.8**	**1.2**	**1.4**	**1.4**
转移性收入	**2.3**	**4.3**	**4.4**	**5.2**	**5.2**	**7.0**
#家庭非常住人口寄回和带回	0.4	0.2	0.3	0.3	0.3	

8-12 农民家庭平均每人总支出

单位：元

项　　目	2005年	2009年	2010年	2011年	2012年	2013年
全年总支出	**3106.97**	**5220.05**	**5767.35**	**6858.58**	**7852.11**	**8692.59**
家庭经营费用支出	**944.69**	**1418.70**	**1562.48**	**1838.03**	**2009.50**	**2250.28**
第一产业	841.82	1216.90	1320.02	1568.88	1679.80	1871.50
农业支出	470.37	659.57	723.59	828.19	875.35	1036.24
林业支出	3.89	3.90	2.36	9.56	13.34	17.60
牧业支出	357.09	546.69	586.91	722.91	779.26	797.35
渔业支出	10.49	6.74	7.15	8.22	11.85	10.03
第二产业	40.72	81.24	91.66	98.25	105.28	107.07
工业支出	30.28	58.42	65.93	69.91	75.16	69.19
建筑业支出	10.44	22.81	25.72	28.34	30.12	37.87
第三产业	62.15	120.56	150.80	170.90	224.42	271.72
交通运输、邮电业支出	26.57	54.64	69.96	53.89	75.77	56.87
批发和零售贸易、餐饮业支出	25.81	48.33	64.55	83.49	106.02	171.87
社会服务业支出	3.30	6.28	5.02	13.28	15.24	32.52
文教卫生业支出	3.03	6.85	8.37	11.91	11.58	
其他家庭经营支出	3.44	4.46	2.90	8.33	15.82	10.45
购置生产性固定资产支出	**128.94**	**131.59**	**184.42**	**138.69**	**199.31**	**311.28**
建造生产性固定资产雇工支出	0.09	1.00	4.98	2.57	3.08	3.24
税费支出	3.07	2.75	2.79	1.84	2.08	0.08
生活消费支出	1891.57	3388.47	3682.21	4319.95	5032.14	5627.73
财产性支出	4.95	4.31	7.11	5.93	2.32	0.63
转移性支出	**133.65**	**273.24**	**323.36**	**551.57**	**603.67**	**499.35**
寄给和带给家庭非常住人口	39.20	51.94	55.83	99.49	119.55	95.29

8-13 农民家庭平均每人总支出构成

单位：%

项　　目	2005年	2009年	2010年	2011年	2012年	2013年
全年总支出	**100.0**	**100.0**	**100.0**	**100.0**	**100.0**	**100.0**
家庭经营费用支出	**30.4**	**27.2**	**27.1**	**26.8**	**25.6**	**25.9**
第一产业	27.1	23.3	22.9	22.9	21.4	21.5
农业支出	15.1	12.6	12.5	12.1	11.1	11.9
林业支出	0.1	0.1	0.0	0.1	0.2	0.2
牧业支出	11.5	10.5	10.2	10.5	9.9	9.2
渔业支出	0.3	0.1	0.1	0.1	0.2	0.1
第二产业	1.3	1.6	1.6	1.4	1.3	1.2
工业支出	1.0	1.1	1.1	1.0	1.0	0.8
建筑业支出	0.3	0.4	0.4	0.4	0.4	0.4
第三产业	2.0	2.3	2.6	2.5	2.9	3.1
交通运输、邮电业支出	0.9	1.0	1.2	0.8	1.0	0.7
批发和零售贸易、餐饮业支出	0.8	0.9	1.1	1.2	1.4	2.0
社会服务业支出	0.1	0.1	0.1	0.2	0.2	0.4
文教卫生业支出	0.1	0.1	0.1	0.2	0.1	
其他家庭经营支出	0.1	0.1	0.1	0.1	0.2	0.1
购置生产性固定资产支出	**4.2**	**2.5**	**3.2**	**2.0**	**2.5**	**3.6**
建造生产性固定资产雇工支出		0.0	0.1	0.0	0.0	0.0
税费支出	0.1	0.1	0.0	0.0	0.0	0.0
生活消费支出	60.9	64.9	63.8	63.0	64.1	64.7
财产性支出	0.2	0.1	0.1	0.1	0.0	0.0
转移性支出	**4.3**	**5.2**	**5.6**	**8.0**	**7.7**	**5.7**
寄给和带给家庭非常住人口	1.3	1.0	1.0	1.5	1.5	1.1

8-14 农民家庭平均每人生活消费支出

单位：元

项目	2005年	2009年	2010年	2011年	2012年	2013年
全年生活消费支出	**1891.57**	**3388.47**	**3682.21**	**4319.95**	**5032.14**	**5627.73**
食品	858.97	1220.36	1371.17	1559.74	1701.75	1938.47
衣着	132.36	225.64	261.52	362.82	424.12	481.78
居住	317.97	875.83	765.18	846.86	1060.70	1043.93
家庭设备、用品及服务	82.69	203.81	254.47	328.13	361.63	415.97
交通和通讯	159.73	310.11	401.44	427.86	525.11	632.88
文化、教育、娱乐用品及服务	177.66	234.01	250.47	278.20	343.83	391.27
医疗保健	123.41	242.87	287.83	399.71	468.81	603.73
其他商品和服务	38.76	75.85	90.14	116.62	146.21	119.70

8-15 农民家庭平均每人生活消费支出构成

单位：%

项目	2005年	2009年	2010年	2011年	2012年	2013年
全年生活消费支出	**100.0**	**100.0**	**100.0**	**100.0**	**100.0**	**100.0**
食品	45.4	36.0	37.2	36.1	33.8	34.4
衣着	7.0	6.7	7.1	8.4	8.4	8.6
居住	16.8	25.8	20.8	19.6	21.1	18.5
家庭设备、用品及服务	4.4	6.0	6.9	7.6	7.2	7.4
交通和通讯	8.4	9.2	10.9	9.9	10.4	11.2
文化、教育、娱乐用品及服务	9.4	6.9	6.8	6.4	6.8	7.0
医疗保健	6.5	7.2	7.8	9.3	9.3	10.7
其他商品和服务	2.0	2.2	2.4	2.7	2.9	2.1

8-16 农民家庭平均每人纯收入

单位：元

项目	2005年	2009年	2010年	2011年	2012年	2013年
全年纯收入	**2870.58**	**4806.95**	**5523.73**	**6604.03**	**7524.94**	**8475.34**
工资性收入	**853.95**	**1621.75**	**1943.86**	**2523.77**	**2989.36**	**3581.56**
在非企业组织中劳动得到的收入	104.06	173.00	194.74	193.70	215.66	
在本乡地域内劳动得到的收入	309.73	639.82	737.75	992.32	1219.37	
常住人口外出从业得到的收入	440.16	808.94	1011.37	1337.75	1554.32	
家庭经营收入	**1913.66**	**2890.57**	**3240.43**	**3601.12**	**3973.43**	**4285.38**
第一产业	1610.82	2379.57	2658.12	2890.61	3102.46	3266.60
农业收入	1260.82	1885.20	2154.11	2324.72	2558.07	2696.55
林业收入	30.22	41.79	49.00	61.47	66.12	69.11
牧业收入	306.82	433.66	434.27	480.25	448.27	466.69
渔业收入	12.96	18.93	20.74	24.17	30.00	34.25
第二产业	80.67	119.98	137.21	166.22	187.12	213.81
工业收入	61.88	83.87	93.87	118.36	141.85	120.69
建筑业收入	18.79	36.11	43.35	47.86	45.26	93.13
第三产业	222.17	391.02	445.10	544.29	683.86	804.97
交通运输、邮电业收入	58.27	91.46	101.08	142.12	198.18	177.29
批发和零售贸易、餐饮业收入	92.40	176.74	202.39	256.12	311.13	531.07
社会服务业收入	20.11	41.66	44.82	48.96	58.35	78.04
文教卫生业收入	12.59	34.15	38.37	37.12	42.65	
其他家庭经营收入	38.81	47.01	58.44	59.97	73.55	18.57
财产性纯收入	**35.85**	**56.01**	**59.29**	**108.14**	**135.49**	**160.30**
转移性纯收入	**67.13**	**238.62**	**280.14**	**370.99**	**426.66**	**448.08**

8-17 农民家庭平均每人纯收入构成

单位：%

项目	2005年	2009年	2010年	2011年	2012年	2013年
全年纯收入构成	**100.0**	**100.0**	**100.0**	**100.0**	**100.0**	**100.0**
工资性收入	**29.7**	**33.7**	**35.2**	**38.2**	**39.7**	**42.3**
在非企业组织中劳动得到的收入	3.6	3.6	3.5	2.9	2.9	
在本乡地域内劳动得到的收入	10.8	13.3	13.4	15.0	16.2	
常住人口外出从业得到的收入	15.3	16.8	18.3	20.3	20.7	
家庭经营收入	**66.7**	**60.1**	**58.7**	**54.5**	**52.8**	**50.6**
第一产业	56.1	49.5	48.1	43.8	41.2	38.5
农业收入	43.9	39.2	39.0	35.2	34.0	31.8
林业收入	1.1	0.9	0.9	0.9	0.9	0.8
牧业收入	10.7	9.0	7.9	7.3	6.0	5.5
渔业收入	0.5	0.4	0.4	0.4	0.4	0.4
第二产业	2.8	2.5	2.5	2.5	2.5	2.5
工业收入	2.2	1.7	1.7	1.8	1.9	1.4
建筑业收入	0.7	0.8	0.8	0.7	0.6	1.1
第三产业	7.7	8.1	8.1	8.2	9.1	9.5
交通运输、邮电业收入	2.0	1.9	1.8	2.2	2.6	2.1
批发和零售贸易、餐饮业收入	3.2	3.7	3.7	3.9	4.1	6.3
社会服务业收入	0.7	0.9	0.8	0.7	0.8	0.9
文教卫生业收入	0.4	0.7	0.7	0.6	0.6	
其他家庭经营收入	1.4	1.0	1.1	0.9	1.0	0.2
财产性纯收入	**1.2**	**1.2**	**1.1**	**1.6**	**1.8**	**1.9**
转移性纯收入	**2.3**	**5.0**	**5.1**	**5.6**	**5.7**	**5.3**

8-18 农民家庭平均每人现金收入

单位：元

项 目	2005年	2009年	2010年	2011年	2012年	2013年
全年现金收入	**3015.69**	**5232.49**	**5899.95**	**7318.12**	**8444.61**	**9965.44**
工资性收入	**850.94**	**1621.06**	**1942.05**	**2522.46**	**2987.96**	**3578.33**
在非企业组织中劳动得到的收入	102.75	172.48	194.17	193.35	215.35	
在本乡地域内劳动得到的收入	308.95	639.74	737.25	991.44	1218.54	
常住人口外出从业得到的收入	439.24	808.84	1010.64	1337.67	1554.07	
家庭经营现金收入	**2046.46**	**3291.15**	**3586.81**	**4267.34**	**4829.64**	**5430.25**
第一产业	1614.99	2540.38	2717.20	3223.72	3561.76	3929.42
农业现金收入	918.61	1509.02	1623.14	1895.03	2192.91	2515.38
#出售农业产品的现金	895.21	1470.69	1588.07	1846.43	2117.46	2467.92
林业现金收入	26.25	38.38	49.51	67.88	77.53	87.96
#出售林业产品的现金	24.92	37.59	46.69	66.49	73.13	85.28
牧业现金收入	648.04	967.77	1016.82	1227.34	1249.08	1281.59
#出售牧业产品的现金	644.74	965.71	1013.97	1220.09	1239.76	1280.19
渔业现金收入	22.09	25.21	27.73	33.48	42.24	44.48
#出售渔业产品的现金	21.84	24.99	27.56	32.31	42.18	44.48
第二产业	128.95	211.00	241.37	272.61	301.93	355.16
工业现金收入	99.23	150.12	170.03	193.24	224.25	216.44
建筑业现金收入	29.72	60.88	71.35	79.36	77.68	138.72
第三产业	302.52	539.78	628.24	771.01	965.96	1145.67
出售其他产品的现金	0.61	0.65	0.74	1.04	0.42	
交通运输、邮电业现金收入	96.11	163.61	190.70	227.10	304.63	259.86
批发和零售贸易、餐饮业收入	123.09	231.39	275.26	356.88	436.13	732.09
社会服务业现金收入	24.57	50.44	52.08	65.34	76.56	119.26
文教卫生业现金收入	16.99	42.08	47.80	52.61	57.45	
其他家庭经营现金收入	41.15	51.61	61.66	68.06	90.77	33.68
财产性收入	**31.88**	**49.70**	**54.78**	**82.36**	**125.10**	**160.30**
转移性收入	**86.40**	**270.58**	**316.31**	**445.96**	**501.91**	**796.56**

8-19 农民家庭平均每人现金收入构成

单位：%

项 目	2005年	2009年	2010年	2011年	2012年	2013年
全年现金收入构成	**100.0**	**100.0**	**100.0**	**100.0**	**100.0**	**100.0**
工资性收入	**28.2**	**31.0**	**32.9**	**34.5**	**35.4**	**35.9**
在非企业组织中劳动得到的收入	3.4	3.3	3.3	2.6	2.6	
在本乡地域内劳动得到的收入	10.2	12.2	12.5	13.5	14.4	
常住人口外出从业得到的收入	14.6	15.5	17.1	18.3	18.4	
家庭经营现金收入	**67.9**	**62.9**	**60.8**	**58.3**	**57.2**	**54.5**
第一产业	53.6	48.6	46.1	44.1	42.2	39.4
农业现金收入	30.5	28.8	27.5	25.9	26.0	25.2
#出售农业产品的现金	29.7	28.1	26.9	25.2	25.1	24.8
林业现金收入	0.9	0.7	0.8	0.9	0.9	0.9
#出售林业产品的现金	0.8	0.7	0.8	0.9	0.9	0.9
牧业现金收入	21.5	18.5	17.2	16.8	14.8	12.9
#出售牧业产品的现金	21.4	18.5	17.2	16.7	14.7	12.8
渔业现金收入	0.7	0.5	0.5	0.5	0.5	0.4
#出售渔业产品的现金	0.7	0.5	0.5	0.4	0.5	0.4
第二产业	4.3	4.0	4.1	3.7	3.6	3.6
工业现金收入	3.3	2.9	2.9	2.6	2.7	2.2
建筑业现金收入	1.0	1.2	1.2	1.1	0.9	1.4
第三产业	10.0	10.3	10.6	10.5	11.4	11.5
出售其他产品的现金		0.0	0.0	0.0	0.0	
交通运输、邮电业现金收入	3.2	3.1	3.2	3.1	3.6	2.6
批发和零售贸易、餐饮业收入	4.1	4.4	4.7	4.9	5.2	7.3
社会服务业现金收入	0.8	1.0	0.9	0.9	0.9	1.2
文教卫生业现金收入	0.6	0.8	0.8	0.7	0.7	
其他家庭经营现金收入	1.4	1.0	1.0	0.9	1.1	0.3
财产性收入	**1.1**	**0.9**	**0.9**	**1.1**	**1.5**	**1.6**
转移性收入	**2.9**	**5.2**	**5.4**	**6.1**	**5.9**	**8.0**

8-20 农民家庭平均每人现金支出

单位：元

项目	2005年	2009年	2010年	2011年	2012年	2013年
全年现金支出	**2657.85**	**4773.35**	**5767.35**	**6557.32**	**7585.54**	**8392.55**
家庭经营费用支出	**868.03**	**1364.55**	**1562.48**	**1811.58**	**1996.74**	**2224.97**
第一产业	765.60	1162.76	1320.02	1542.44	1667.06	1846.19
农业支出	451.87	651.21	723.59	818.56	872.97	1025.88
林业支出	3.89	3.90	2.36	9.56	13.34	17.60
牧业支出	299.39	500.94	586.91	706.09	768.90	782.53
渔业支出	10.45	6.70	7.15	8.22	11.85	9.94
第二产业	40.60	81.24	91.66	98.25	105.28	107.07
工业支出	30.20	58.42	65.93	69.91	75.16	69.19
建筑业支出	10.40	22.81	25.72	28.34	30.12	37.87
第三产业	61.84	120.55	150.80	170.89	224.41	271.72
交通运输、邮电业支出	26.49	54.64	69.96	53.89	75.77	56.87
批发和零售贸易、餐饮业支出	25.58	48.33	64.55	83.49	106.02	171.87
社会服务业支出	3.30	6.28	5.02	13.28	15.24	32.52
文教卫生业支出	3.03	6.85	8.37	11.91	11.58	
其他家庭经营支出	3.44	4.46	2.9	8.33	15.80	10.45
购置生产性固定资产支出	**128.94**	**131.59**	**184.42**	**138.69**	**199.31**	**311.28**
建造生产性固定资产雇工支出	**0.09**	**1.00**	**4.98**	**2.57**	**3.08**	**3.24**
税费支出	**3.02**	**2.75**	**2.79**	**1.84**	**2.08**	**0.08**
生活消费支出	**1520.18**	**2996.19**	**3682.21**	**4047.87**	**4779.64**	**5353.04**
财产性支出	**4.95**	**4.31**	**7.11**	**5.93**	**2.32**	**0.63**
转移性支出	**132.64**	**272.98**	**323.36**	**548.85**	**602.35**	**499.31**

8-21 农民家庭平均每人现金支出构成

单位：%

项目	2005年	2009年	2010年	2011年	2012年	2013年
全年现金支出	**100.0**	**100.0**	**100.0**	**100.0**	**100.0**	**100.0**
家庭经营费用支出	**32.7**	**28.6**	**27.1**	**27.6**	**26.3**	**26.5**
第一产业	28.8	24.4	22.9	23.5	22.0	22.0
农业支出	17.0	13.6	12.5	12.5	11.5	12.2
林业支出	0.1	0.1	0.0	0.1	0.2	0.2
牧业支出	11.3	10.5	10.2	10.8	10.1	9.3
渔业支出	0.4	0.1	0.1	0.1	0.2	0.1
第二产业	1.5	1.7	1.6	1.5	1.4	1.3
工业支出	1.1	1.2	1.1	1.1	1.0	0.8
建筑业支出	0.4	0.5	0.4	0.4	0.4	0.5
第三产业	2.3	2.5	2.6	2.6	3.0	3.2
交通运输、邮电业支出	1.0	1.1	1.2	0.8	1.0	0.7
批发和零售贸易、餐饮业支出	1.0	1.0	1.1	1.3	1.4	2.0
社会服务业支出	0.1	0.1	0.1	0.2	0.2	0.4
文教卫生业支出	0.1	0.1	0.1	0.2	0.2	
其他家庭经营支出	0.1	0.1	0.1	0.1	0.2	0.1
购置生产性固定资产支出	**4.9**	**2.8**	**3.2**	**2.1**	**2.6**	**3.7**
建造生产性固定资产雇工支出		**0.0**	**0.1**	**0.0**	**0.0**	**0.0**
税费支出	**0.1**	**0.1**	**0.0**	**0.0**	**0.0**	**0.0**
生活消费支出	**57.2**	**62.8**	**63.8**	**61.7**	**63.0**	**63.8**
财产性支出	**0.2**	**0.1**	**0.1**	**0.1**	**0.0**	**0.0**
转移性支出	**5.0**	**5.7**	**5.6**	**8.4**	**7.9**	**5.9**

8-22 农民家庭平均每人生活消费现金支出

单位：元

项目	2005年	2009年	2010年	2011年	2012年	2013年
全年生活消费现金支出	**1520.20**	**2996.19**	**3292.00**	**4047.87**	**4779.64**	**5353.04**
食品	533.67	879.36	1024.32	1323.43	1474.20	1707.13
衣着	131.94	225.57	261.44	362.78	424.10	481.66
居住	272.55	824.62	722.56	811.35	1035.81	1001.11
家庭设备、用品及服务	82.62	203.80	253.81	327.92	361.58	415.77
交通和通讯	159.73	310.11	401.44	427.86	525.11	632.87
文化、教育、娱乐用品及服务	177.66	234.01	250.47	278.20	343.83	391.22
医疗保健	123.41	242.87	287.83	399.71	468.81	603.73
其他商品和服务	38.59	75.85	90.14	116.62	146.21	119.55

8-23 农民家庭平均每人生活消费现金支出构成

单位：%

项目	2005年	2009年	2010年	2011年	2012年	2013年
全年生活消费现金支出	**100.0**	**100.0**	**100.0**	**100.0**	**100.0**	**100.0**
食品	35.1	29.3	31.1	32.7	30.8	31.9
衣着	8.7	7.5	7.9	9.0	8.9	9.0
居住	17.9	27.5	21.9	20.0	21.7	18.7
家庭设备、用品及服务	5.4	6.8	7.7	8.1	7.6	7.8
交通和通讯	10.5	10.4	12.2	10.6	11.0	11.8
文化、教育、娱乐用品及服务	11.7	7.8	7.6	6.9	7.2	7.3
医疗保健	8.1	8.1	8.7	9.9	9.8	11.3
其他商品和服务	2.5	2.5	2.7	2.9	3.1	2.2

8-24 按收入分组的农民家庭人口与劳动力状况(2013年)

项目	单位	低收入户	中低收入户	中等收入户	中高收入户	高收入户
调查户数	户	1006	1007	1006	1007	1006
调查户常住人口	人	4493	4339	3957	3663	3292
平均每户常住人口	人	4.46	4.30	3.93	3.64	3.27
整半劳动力	人	2.87	2.83	2.68	2.63	2.43
劳动力占常住人口比重	%	64.40	65.83	68.32	72.45	74.61
平均每个劳动力负担人口	人	1.55	1.52	1.46	1.38	1.34
平均每百个常住人口中						
学龄前人数	人	10.94	10.38	7.47	6.44	4.42
7-15岁人数	人	12.32	12.43	11.42	9.02	9.35
#在校人口	人	12.29	11.87	11.19	9.00	8.88
入学率	%	99.76	95.48	97.99	99.83	94.94
16-60岁人数	人	61.42	64.27	67.22	71.06	70.20
61岁及以上人数	人	15.37	13.07	13.85	13.43	16.19
平均每百个家庭中						
单身或夫妇	户					
夫妇与一个孩子	户					
夫妇与两个孩子	户					
夫妇与三个以上孩子	户					
单亲与孩子	户					
三代同堂	户					
其他	户					

8-25 按收入分组的农民家庭劳动力就业情况(2013年)

项目	单位	低收入户	中低收入户	中等收入户	中高收入户	高收入户
每百个就业劳动力文化程度						
不识字或识字很少	人	3.45	2.82	2.99	4.05	2.73
小学程度	人	19.86	19.49	16.85	16.97	17.24
初中程度	人	61.82	63.38	63.60	60.44	57.77
高中程度	人	11.82	11.55	13.13	14.41	17.22
中专	人					
大专及以上	人	3.04	2.75	3.43	4.13	5.04
每百个就业劳动力主要就业地点						
乡内	人					
县内乡外	人					
省内县外	人					
国内省外	人					
国外	人					
每百个就业劳动力从事的主要行业						
一产业就业劳动力	人					
二产业就业劳动力	人					
三产业就业劳动力	人					
每个劳动力年内从事行业时间						
从事农业的时间	月					
从事非农产业的时间	月					

8-26 按收入分组的农民家庭居住情况(2013年)

项　　目	单 位	低收入户	中低收入户	中等收入户	中高收入户	高收入户
期末人均住房情况						
住房面积	平方米	28.93	31.17	35.68	39.31	43.34
租用住房面积	平方米	0.03			0.09	0.20
住房价值	元	17544.69	19115.44	22231.95	25619.30	27639.25
住房类型						
楼房面积	平方米	10.63	12.03	16.80	19.63	19.65
砖瓦平房面积	平方米	17.09	18.50	18.10	18.40	22.03
其他	平方米	1.01	0.56	0.64	0.48	0.73
住房结构						
钢筋混泥土结构面积	平方米	22.95	25.22	30.48	31.94	36.61
砖木结构面积	平方米	4.95	5.70	4.83	6.27	5.67
其他	平方米	0.83	0.17	0.23	0.31	0.13
平均百户居住条件						
住房卫生设备使用情况						
使用水冲式厕所的户数	户	3.40	3.14	3.72	4.80	6.23
使用旱厕的户数	户	94.23	96.29	95.53	93.84	93.09
无厕所的户数	户	2.37	0.57	0.75	1.36	0.68
取暖设备使用情况						
使用空调的户数	户					
使用暖气的户数	户					
使用火炕的户数	户					
使用其他取暖设备的户数	户					
炊事使用的主要能源						
使用沼气的户数	户	2.36	2.01	1.34	1.98	1.79
使用其他燃气的户数	户	22.73	18.93	23.23	28.08	26.62
使用燃油的户数	户					
使用电的户数	户	11.44	16.95	20.25	14.06	18.55
使用太阳能的户数	户					
使用煤炭的户数	户	19.33	24.62	20.32	25.40	20.10
使用柴草的户数	户	42.46	35.87	31.13	26.74	27.77
饮用水来源情况						
饮用自来水的户数	户	22.89	23.36	26.92	30.32	25.92
饮用深井水的户数	户	40.37	36.89	34.05	34.74	32.71
饮用浅井水的户数	户	32.09	36.19	35.68	33.17	38.98
饮用江河湖泊水的户数	户	0.72	0.42	0.33	0.33	0.19
饮用塘水的户数	户			0.34		
饮用其他水源的户数	户	3.94	3.13	2.68	1.45	2.21
住宅外道路路面状况						
水泥或柏油路面的户数	户	45.92	48.41	43.49	48.35	53.43
沙石或石板等硬质路面的户数	户	16.77	14.02	13.02	13.52	10.85
其他路面的户数	户	37.31	37.58	43.49	38.13	35.72

8-27 按收入分组的农民家庭土地经营情况(2013年)

项　　目	单 位	低收入户	中低收入户	中等收入户	中高收入户	高收入户
平均每百人土地经营情况						
期初实际经营土地面积	公顷	9.51	9.51	11.95	13.78	16.07
耕地	公顷	8.05	8.92	11.00	11.72	14.47
有效灌溉面积	公顷	6.27	7.26	8.76	9.38	11.85
山地	公顷	1.07	0.41	0.76	1.27	0.99
园地	公顷	0.18	0.18	0.17	0.30	0.60
牧草地	公顷	0.09				
养殖水面	公顷	0.12	0.00	0.01	0.48	0.01
期末实际经营的土地面积	公顷	9.40	9.58	11.99	14.00	16.06
耕地	公顷	8.08	8.98	10.97	11.90	14.49
有效灌溉面积	公顷	6.39	7.28	8.72	9.35	11.79
山地	公顷	1.10	0.38	0.75	1.27	0.98
园地	公顷	0.19	0.22	0.21	0.32	0.59
牧草地	公顷					
养殖水面	公顷	0.03	0.00	0.06	0.52	0.01
平均每百人土地种植情况						
粮食播种面积	公顷	12.96	15.23	18.03	19.85	23.70
#小麦播种面积	公顷	6.56	7.80	9.37	10.03	11.34
水稻播种面积	公顷	0.68	0.88	1.22	1.64	2.60
玉米播种面积	公顷	5.28	6.21	6.96	7.27	8.84
豆类播种面积	公顷	0.37	0.31	0.45	0.86	0.74
薯类播种面积	公顷	0.06	0.03	0.03	0.05	0.19
经济作物播种面积	公顷	1.27	1.83	2.61	2.55	3.22
#棉花播种面积	公顷	0.03	0.04	0.09	0.07	0.04
油料播种面积	公顷	0.90	1.25	1.93	1.90	2.21
麻类播种面积	公顷					
烟草播种面积	公顷					
蔬菜播种面积	公顷	0.19	0.40	0.38	0.39	0.52
瓜类播种面积	公顷	0.15	0.14	0.19	0.18	0.44

8-28 按收入分组的农民家庭生产经营情况(2013年)

项　　目	单 位	低收入户	中低收入户	中等收入户	中高收入户	高收入户
谷物产量	公斤/人	900.16	1063.17	1279.34	1393.98	1663.68
#小麦产量	公斤/人	438.49	521.37	640.94	699.60	798.71
稻谷产量	公斤/人	50.61	67.36	97.77	131.95	189.82
玉米产量	公斤/人	410.99	474.17	540.56	562.42	675.15
薯类产量	公斤/人	2.37	0.67	1.14	2.39	9.75
豆类产量	公斤/人	10.00	8.10	12.10	23.00	18.56
棉花产量	公斤/人	0.65	0.56	1.01	1.52	1.05
油料产量	公斤/人	33.89	50.59	81.29	77.21	94.72
#花生产量	公斤/人	31.11	47.81	75.99	71.27	89.22
芝麻产量	公斤/人	0.69	0.91	0.91	1.05	0.87
油菜籽产量	公斤/人	2.09	1.87	4.39	4.09	2.75
麻类产量	公斤/人					
烟草产量	公斤/人					
蔬菜产量	公斤/人					
瓜果类产量	公斤/人					
园林水果产量	公斤/人					
畜禽肉产量(出售、自宰)	公斤/人					
#畜肉产量	公斤/人					
肉猪头数	头/人					
猪肉产量	公斤/人					
菜羊只数	只/人					
菜羊肉产量	公斤/人					
肉牛头数	头/人					
肉牛肉产量	公斤/人					
家禽肉产量	公斤/人					
#鸡只数	只/人					
鸡肉产量	公斤/人					
鸭只数	只/人					
鸭肉产量	公斤/人					
蛋类产量	公斤/人					
#鸡蛋产量	公斤/人					
鸭蛋产量	公斤/人					
奶类产量	公斤/人					

8-29 按收入分组的农民家庭出售产品情况(2013年)

项　　目	单　位	低收入户	中低收入户	中等收入户	中高收入户	高收入户
出售粮食数量	公斤/人	530.31	599.91	746.01	810.26	931.49
#小麦	公斤/人	234.59	281.50	350.21	369.76	410.26
稻谷	公斤/人	22.77	36.93	63.31	84.36	105.93
玉米	公斤/人	258.49	273.42	318.91	330.16	389.11
薯类	公斤/人	0.53	0.10	0.37	0.46	4.01
豆类	公斤/人	13.56	7.84	12.75	20.36	18.87
出售棉花数量	公斤/人	0.43	0.40	0.66	1.37	0.52
出售油料数量	公斤/人	22.09	30.16	32.52	34.21	45.31
出售麻类数量	公斤/人	0.37	0.08	3.34	1.10	0.15
出售烟叶数量	公斤/人	4.25	1.69	3.41	3.91	13.11
出售蔬菜数量	公斤/人	38.13	72.83	94.67	160.68	230.27
出售瓜类数量	公斤/人	37.41	7.63	25.76	45.15	121.31
出售水果数量	公斤/人	19.18	39.86	22.08	80.09	167.18
出售木材数量	立方米/人	0.06	0.03	0.06	0.11	0.23
出售猪肉数量	公斤/人	11.53	17.74	19.86	30.46	159.73
出售牛肉数量	公斤/人	0.72	0.29	2.68	2.67	5.60
出售羊肉数量	公斤/人	1.58	0.54	1.74	1.60	4.77
出售家禽总重量	公斤/人	0.78	0.87	1.70	1.59	5.03
出售蛋类数量	公斤/人	0.21	27.02	2.13	6.00	118.94
出售水产品数量	公斤/人	0.34	0.50	2.47	9.12	14.75

8-30 按收入分组的农民家庭主要食品消费量(2013年)

项　　目	单　位	低收入户	中低收入户	中等收入户	中高收入户	高收入户
粮食(原粮)	公斤/人	146.89	137.65	147.62	154.37	175.24
#小麦	公斤/人	108.56	98.14	104.49	111.95	126.29
稻谷	公斤/人	17.21	22.61	24.76	24.75	26.12
玉米	公斤/人	13.91	10.86	11.49	10.28	13.92
薯类	公斤/人	1.43	1.05	1.23	1.42	1.71
豆类	公斤/人	2.99	3.54	3.74	4.20	4.88
油脂类	公斤/人	5.70	6.00	6.35	7.36	8.09
植物油	公斤/人	5.61	5.94	6.24	7.26	8.00
动物油	公斤/人	0.09	0.06	0.11	0.10	0.09
豆制品	公斤/人	2.51	2.95	3.56	3.61	4.23
蔬菜及菜制品	公斤/人	49.12	58.33	64.53	73.97	77.16
瓜类	公斤/人	13.66	14.51	15.11	19.15	20.12
水果类	公斤/人	13.23	14.77	15.39	19.60	20.17
肉禽及制品	公斤/人	10.38	11.97	13.36	14.05	15.77
#猪肉	公斤/人	6.63	7.52	7.96	8.45	9.50
牛肉	公斤/人	0.21	0.36	0.34	0.45	0.53
羊肉	公斤/人	0.09	0.18	0.22	0.21	0.30
家禽	公斤/人	2.04	2.44	3.04	2.87	3.24
蛋类及蛋制品	公斤/人	6.21	7.19	8.23	8.82	9.37
奶和奶制品	公斤/人	2.67	3.39	3.62	4.12	4.84
水产品	公斤/人	1.34	1.81	1.92	2.42	2.20
食糖	公斤/人	0.73	0.84	1.00	0.81	0.90
酒类	公斤/人	4.32	5.90	6.13	7.55	9.03

8-31 按收入分组的农民家庭平均每百户主要耐用消费品年末拥有量(2013年)

项　　目	单 位	低收入户	中低收入户	中等收入户	中高收入户	高收入户
洗衣机	台	89.88	89.58	91.18	94.26	93.08
电冰箱	台	65.81	68.63	71.58	74.54	79.05
空调机	台	38.28	39.44	41.42	50.89	61.01
抽油烟机	台	2.42	2.61	4.53	4.67	6.87
吸尘器	台					
微波炉	台	8.93	7.19	11.41	10.82	14.20
热水器	台	33.56	33.51	39.42	48.46	49.52
自行车	辆	66.37	71.80	73.62	75.23	83.04
摩托车	辆	64.11	64.23	67.26	70.47	66.80
汽车(生活用)	辆	8.17	5.12	7.33	9.36	14.96
电话机	部	14.59	15.47	18.84	22.37	23.32
移动电话	部	212.54	212.52	207.58	216.32	227.28
#接入互联网的	部	46.61	42.54	39.81	49.51	53.04
黑白电视机	台					
#接入有线电视网的	台					
彩色电视机	台	114.68	112.83	110.12	117.42	120.55
#接入有线电视网的	台	40.49	40.95	37.87	41.21	49.88
摄像机	架	0.27	0.28	1.01	0.41	0.79
影碟机	台					
照相机	架	3.38	2.48	3.76	3.29	4.62
家用计算机	台	15.57	18.22	21.72	26.85	32.14
#接入互联网的	台	11.45	13.46	15.84	20.83	23.62
中高档乐器	台	0.40	0.92	0.37	0.37	0.30

8-32 农民家庭平均每户年末生产性固定资产原值

单位：元

指标名称	2005年	2009年	2010年	2011年	2012年	2013年
每户生产性固定资产原值	6547.33	9178.61	9896.66	12213.73	12980.72	17664.24
农业	4353.48	5733.86	5990.78	6671.64	7144.15	8626.47
房屋及建筑物	675.79	1147.03	1192.92	1484.85	1756.55	2053.01
役畜	248.36	240.07	199.46	156.29	144.19	252.79
大中型铁木农具	328.23	478.37	390.32	429.23	449.74	932.73
农业机械	3039.92	3726.58	3999.67	4440.13	4422.53	4903.67
林业	7.80	5.05	5.35	4.36	2.17	35.37
房屋及建筑物	0.24	0.24	0.42	0.71	0.55	1.14
役畜				2.14	0.95	
大中型铁木农具			2.38			
林业机械	7.56	2.41	0.98			14.64
牧业	534.36	1165.09	1221.65	1662.65	1786.03	2193.21
房屋及建筑物	261.52	594.25	618.31	908.97	1005.00	1185.15
产品畜	259.07	531.36	547.07	619.12	634.28	959.20
大中型铁木农具	4.64	8.61	8.68	34.07	43.60	
牧业机械	6.50	19.87	29.33	78.79	38.32	
渔业	15.07	13.46	14.82	21.69	25.01	27.88
房屋及建筑物	7.17	6.07	6.43	1.19	1.43	
大中型铁木农具		3.00	3.28			
渔业机械	4.05	4.39	5.11	20.38	23.58	
采矿业	138.10	119.05	107.14	63.10	96.54	165.91
制造业	301.21	323.56	416.91	224.21	329.44	948.12
房屋及建筑物	73.57	98.40	132.74	67.45	86.69	
生产设备	182.00	187.62	276.79	142.43	216.36	
电力煤气与水的生产及供应			54.76			631.76
建筑业	60.12	118.18	136.05	187.07	145.76	507.07
交通运输业、仓储和邮政业	692.95	1068.68	1193.25	1906.51	1850.72	1689.23
批发和零售贸易业	169.58	193.21	370.48	764.02	863.24	1735.81
住宿和餐饮业	84.48	171.55	121.47	257.05	246.00	179.82
居民服务与其他服务业	70.64	153.12	135.5	189.47	181.97	571.61
教育	21.90	1.90	4.17	45.24	54.29	
卫生、社会保障和福利业	20.36	21.79	25.79	169.68	143.27	
文化、体育和娱乐业	43.10	41.86	34.00			
其他	34.19	48.26	64.55	47.05	112.13	351.98

8-33 农民家庭平均每百户拥有主要生产性固定资产数量

指　　标	单 位	2005年	2009年	2010年	2011年	2012年	2013年
房屋及建筑物	平方米	1208.12	1447.56	1490.96	1778.50	2060.18	1264.98
汽车	辆	1.41	2.43	2.05	3.38	3.40	
大中型拖拉机	台	5.58	11.68	10.11	4.34	4.75	4.47
小型和手扶拖拉机	台	44.18	34.66	31.17	35.27	34.07	47.99
机动脱粒机	台	6.51	4.73	7.15	9.16	10.35	10.02
收割机	台	1.82	1.72	2.20	1.43	1.27	1.20
农用动力机械	台	14.73	13.11	14.51	12.64	14.19	25.95
胶轮大车	辆	10.88	8.10	8.52	2.67	2.71	
水泵	台	31.98	36.00	37.60	41.37	43.35	
役畜	头	12.92	7.55	5.57	6.95	9.08	4.19
产品畜	头	31.69	33.02	26.83	44.83	35.43	29.69

8-34 按收入分组的农民家庭平均每户年末生产性固定资产原值(2013年)

项　　目	单位	低收入户	中低收入户	中等收入户	中高收入户	高收入户
每户生产性固定资产原值	元	14329.15	11464.49	16019.46	14546.85	31949.65
农业	元	7552.01	8071.44	9065.60	8486.92	9954.62
房屋及建筑物	元	1262.57	2310.40	1810.60	2334.26	2546.44
役畜	元	500.65	152.32	244.19	136.29	230.67
大中型铁木农具	元	1112.57	1546.15	1127.03	567.45	311.60
农业机械	元	4537.89	3949.56	4946.65	5123.40	5959.18
林业	元	7.43	4.77		121.79	42.75
房屋及建筑物	元				5.71	
役畜	元					
大中型铁木农具	元					
林业机械	元				30.41	42.75
牧业	元	2211.07	419.88	360.18	1224.31	6747.92
房屋及建筑物	元	1336.01	211.95	102.40	729.44	3544.60
产品畜	元	763.48	207.93	255.91	438.38	3129.00
大中型铁木农具	元					
牧业机械	元					
渔业	元			39.53	99.79	
房屋及建筑物	元					
大中型铁木农具	元					
渔业机械	元					
采矿业	元		461.27			368.44
制造业	元	94.67	181.98	393.05	220.25	3848.65
房屋及建筑物	元					
生产设备	元					
电力煤气与水的生产及供应	元	1.27	24.82	3130.28		2.12
建筑业	元	62.32	538.14	212.68	837.80	883.72
交通运输业、仓储和邮政业	元	1600.94	867.26	735.27	1690.77	3550.38
批发和零售贸易业	元	1354.94	537.03	1027.61	1008.49	4748.96
住宿和餐饮业	元	120.74	47.84	147.71	174.96	407.59
居民服务与其他服务业	元	931.45	195.30	653.00	537.28	540.99
教育	元					
卫生、社会保障和福利业	元					
文化、体育和娱乐业	元					
其他	元	392.31	114.79	254.55	144.49	853.52

8-35 按收入分组的农民家庭平均每百户拥有主要生产性固定资产数量(2013年)

项　　目	单位	低收入户	中低收入户	中等收入户	中高收入户	高收入户
房屋及建筑物	平方米	1962.02	1473.69	1227.44	1647.14	3990.60
汽车	辆	1.79	1.79	2.02	3.45	7.98
大中型拖拉机	台	3.33	5.30	5.00	4.58	5.55
小型和手扶拖拉机	台	33.33	36.23	35.89	33.67	31.25
动力三轮车	辆	27.62	27.86	28.58	29.88	34.52
机动脱粒机	台	7.77	9.76	12.36	11.37	10.50
收割机	台	1.79	0.95	1.25	0.95	1.43
农用动力机械	台	12.18	13.93	13.76	17.02	14.05
胶轮大车	辆	1.67	3.57	3.21	2.98	2.14
水泵	台	42.38	46.27	44.76	43.48	39.85
役畜	头	5.65	12.62	4.52	3.33	19.29
产品畜	头	29.29	28.81	16.90	15.00	87.14

8-36 按收入分组的农民家庭平均每人总收入(2013年)

单位：元

项　　目	低收入户	中低收入户	中等收入户	中高收入户	高收入户
全年总收入	**5197.71**	**7897.16**	**10040.91**	**12863.05**	**23679.46**
工资性收入	**1458.57**	**3001.51**	**3803.57**	**4831.29**	**5480.84**
在非企业组织中劳动得到的收入					
在本乡地域内劳动得到的收入					
#在本地乡镇企业得到的收入					
常住人口外出从业得到的收入					
家庭经营收入	**3218.30**	**4180.85**	**5290.31**	**6901.28**	**16529.70**
第一产业	2901.75	3705.55	4587.23	5516.88	11101.37
农业收入	2472.76	3002.42	3870.39	4521.31	6117.53
林业收入	57.83	41.58	56.24	83.06	224.96
牧业收入	366.85	654.98	636.49	845.33	4612.96
渔业收入	4.31	6.57	24.11	67.17	145.92
第二产业	35.93	114.62	215.84	331.07	1270.77
工业收入	18.64	36.84	105.25	182.94	872.12
建筑业收入	17.29	77.78	110.59	148.14	398.65
第三产业	280.63	360.69	487.24	1053.33	4157.55
交通运输、邮电业收入	73.87	114.53	72.17	178.99	999.57
批发和零售贸易、餐饮业收入	135.19	176.90	308.85	625.83	2837.27
社会服务业收入	64.34	48.77	80.35	197.47	241.18
文教卫生业收入					
其他家庭经营收入	7.22	20.49	25.86	51.04	75.47
财产性收入	**43.69**	**80.67**	**124.70**	**144.62**	**473.76**
转移性收入	**477.15**	**634.13**	**822.33**	**985.85**	**1195.17**
#家庭非常住人口寄回和带回					

8-37 按收入分组的农民家庭平均每人总支出(2013年)

单位：元

项　　目	低收入户	中低收入户	中等收入户	中高收入户	高收入户
全年总支出	**5710.36**	**7110.41**	**7690.97**	**9648.44**	**14762.30**
家庭经营费用支出	**1216.91**	**1506.80**	**1638.60**	**2065.22**	**5478.15**
第一产业	1134.35	1372.70	1460.55	1702.11	4145.00
农业支出	803.71	863.26	1092.46	1174.47	1342.57
林业支出	15.11	6.50	12.91	15.26	43.01
牧业支出	311.66	495.36	346.08	489.42	2691.00
渔业支出	0.26	2.40	1.30	4.91	48.49
第二产业	6.34	34.81	48.78	102.79	404.79
工业支出	3.36	16.47	27.67	43.00	300.33
建筑业支出	2.98	18.33	21.11	59.79	104.45
第三产业	76.21	99.29	129.27	260.32	928.36
交通运输、邮电业支出	16.59	31.66	13.99	39.34	211.85
批发和零售贸易、餐饮业支出	30.94	46.03	76.17	160.15	642.70
社会服务业支出	23.63	14.41	32.94	42.17	56.02
文教卫生业支出					
其他家庭经营支出	5.05	7.19	6.17	18.65	17.79
购置生产性固定资产支出	**267.11**	**413.41**	**277.17**	**267.49**	**329.39**
建造生产性固定资产雇工支出		**2.61**	**6.99**	**1.20**	**6.07**
税费支出			**0.37**		
生活消费支出	**3867.50**	**4771.76**	**5291.68**	**6670.92**	**8285.34**
财产性支出	**0.03**	**1.25**	**0.01**	**0.55**	**1.47**
转移性支出	**358.81**	**414.58**	**476.15**	**643.06**	**661.87**
#寄给和带给家庭非常住人口	46.80	68.59	81.73	157.06	141.42

8-38 按收入分组的农民家庭平均每人纯收入(2013年)

单位：元

项　　目	低收入户	中低收入户	中等收入户	中高收入户	高收入户
全年纯收入	**3595.76**	**5892.38**	**7736.78**	**10118.47**	**17242.15**
工资性收入	**1458.57**	**3001.51**	**3803.57**	**4831.29**	**5480.84**
在非企业组织中劳动得到的收入					
在本乡地域内劳动得到的收入					
常住人口外出从业得到的收入					
家庭经营纯收入	**1807.76**	**2511.75**	**3411.15**	**4598.57**	**10481.61**
第一产业	1635.44	2212.60	2984.15	3652.66	6657.68
农业收入	1563.47	2019.75	2633.59	3190.29	4577.48
林业收入	42.62	35.01	43.33	65.81	181.19
牧业收入	25.31	153.67	285.01	335.93	1801.58
渔业收入	4.04	4.17	22.22	60.63	97.43
第二产业	27.44	62.74	111.04	211.01	774.96
工业收入	13.98	10.91	24.75	136.34	496.52
建筑业收入	13.47	51.83	86.29	74.67	278.44
第三产业	144.88	236.41	315.96	734.91	3048.97
交通运输、邮电业收入	35.64	70.58	47.16	112.04	724.38
批发和零售贸易、餐饮业收入	84.31	122.59	215.06	446.36	2102.59
社会服务业收入	28.13	31.60	37.63	146.53	175.51
文教卫生业收入					
其他家庭经营收入	-3.21	11.63	16.11	29.97	46.49
财产性纯收入	**43.69**	**80.67**	**124.70**	**144.62**	**473.76**
转移性纯收入	**285.74**	**298.45**	**397.36**	**543.99**	**805.95**

8-39 按收入分组的农民家庭平均每人现金收入(2013年)

单位：元

项　目	低收入户	中低收入户	中等收入户	中高收入户	高收入户
全年现金收入	**4281.87**	**6741.61**	**8576.91**	**11282.30**	**21728.45**
工资性收入	**1457.59**	**3000.53**	**3802.07**	**4827.46**	**5470.36**
在非企业组织中劳动得到的收入					
在本乡地域内劳动得到的收入					
常住人口外出从业得到的收入					
家庭经营现金收入	**2305.00**	**3027.71**	**3829.07**	**5325.54**	**14593.08**
第一产业	1988.45	2552.40	3126.00	3941.14	9164.20
农业现金收入	1574.14	1864.04	2427.82	2957.17	4197.39
#出售农业产品的现金	1571.43	1839.49	2401.30	2888.10	4060.80
林业现金收入	58.63	42.14	56.24	84.86	225.42
#出售林业产品的现金	58.63	42.07	56.08	84.86	210.00
牧业现金收入	351.36	639.92	618.41	832.16	4595.52
#出售牧业产品的现金	345.15	639.92	618.40	832.15	4595.52
渔业现金收入	4.31	6.30	23.53	66.95	145.87
#出售渔业产品的现金	4.31	6.30	23.53	66.95	145.87
第二产业	35.93	114.62	215.84	331.07	1270.77
工业现金收入	18.64	36.84	105.25	182.94	872.12
建筑业现金收入	17.29	77.78	110.59	148.14	398.65
第三产业	280.63	360.69	487.24	1053.33	4158.11
出售其他产品的现金					
交通运输、邮电业现金收入	73.87	114.53	72.17	178.99	999.57
批发和零售贸易、餐饮业收入	135.19	176.90	308.85	625.83	2837.27
社会服务业现金收入	64.34	48.77	80.35	197.47	241.18
文教卫生业现金收入					
其他家庭经营现金收入	7.22	20.49	25.86	51.04	75.47
财产性收入	**43.69**	**80.67**	**124.70**	**144.62**	**473.76**
转移性收入	**475.59**	**632.71**	**821.06**	**984.68**	**1191.24**

8-40 按收入分组的农民家庭平均每人现金支出(2013年)

单位：元

项　　目	低收入户	中低收入户	中等收入户	中高收入户	高收入户
全年现金支出	**5413.35**	**6849.14**	**7397.00**	**9340.59**	**14410.79**
家庭经营费用支出	**1190.09**	**1497.04**	**1612.45**	**2043.19**	**5432.66**
第一产业	1107.54	1362.94	1434.40	1680.08	4099.51
农业支出	794.92	858.38	1077.90	1162.45	1330.05
林业支出	15.11	6.50	12.91	15.26	43.01
牧业支出	293.84	490.52	334.67	479.60	2658.10
渔业支出	0.14	2.40	1.17	4.78	48.45
第二产业	6.34	34.81	48.78	102.79	404.79
工业支出	3.36	16.47	27.67	43.00	300.33
建筑业支出	2.98	18.33	21.11	59.79	104.45
第三产业	76.21	99.29	129.27	260.32	928.36
交通运输、邮电业支出	16.59	31.66	13.99	39.34	211.85
批发和零售贸易、餐饮业支出	30.94	46.03	76.17	160.15	642.70
社会服务业支出	23.63	14.41	32.94	42.17	56.02
文教卫生业支出					
其他家庭经营支出	5.05	7.19	6.17	18.65	17.79
购置生产性固定资产支出	**267.11**	**413.41**	**277.17**	**267.49**	**329.39**
建造生产性固定资产雇工支出		**2.61**	**6.99**	**1.20**	**6.07**
税费支出			**0.37**		
生活消费支出	**3597.30**	**4520.25**	**5023.85**	**6385.32**	**7979.32**
财产性支出	**0.03**	**1.25**	**0.01**	**0.55**	**1.47**
转移性支出	**358.81**	**414.58**	**476.15**	**642.84**	**661.86**

8-41 按收入分组的农民家庭平均每人生活消费支出(2013年)

单位：元

项　目	低收入户	中低收入户	中等收入户	中高收入户	高收入户
全年生活消费支出	**3867.50**	**4771.76**	**5291.68**	**6670.92**	**8285.34**
食品	1510.03	1772.36	1896.82	2218.19	2456.24
衣着	334.13	443.89	443.18	557.68	687.06
居住	541.16	666.80	954.61	1348.17	1955.17
家庭设备、用品及服务	249.37	316.89	371.45	537.56	680.40
交通和通讯	405.70	463.83	603.52	725.23	1079.15
文化、教育、娱乐用品及服务	230.16	318.99	362.95	484.01	626.97
医疗保健	527.15	674.63	556.71	650.42	620.36
其他商品和服务	69.79	114.38	102.43	149.68	180.00

8-42 按收入分组的农民家庭平均每人生活消费现金支出(2013年)

单位：元

项　目	低收入户	中低收入户	中等收入户	中高收入户	高收入户
全年生活消费支出	**3597.30**	**4520.25**	**5023.85**	**6385.32**	**7979.32**
食品	1279.04	1552.80	1664.67	1982.27	2215.54
衣着	333.90	443.80	443.14	557.41	687.14
居住	503.07	635.02	919.27	1299.05	1890.19
家庭设备、用品及服务	248.60	316.87	371.36	537.49	680.41
交通和通讯	405.67	463.83	603.52	725.23	1079.15
文化、教育、娱乐用品及服务	230.07	318.93	362.91	483.98	626.97
医疗保健	527.15	674.63	556.71	650.42	620.36
其他商品和服务	69.79	114.36	102.28	149.46	179.56

8-43 贫困地区农民家庭平均每人总收入

单位：元

项　　目	2000年	2005年	2009年	2010年	2011年	2012年	2013年
全年总收入	**2348.31**	**3151.89**	**5162.47**	**5577.39**	**6359.92**	**7317.40**	**9503.68**
工资性收入	**454.22**	**763.18**	**1557.56**	**1709.82**	**2168.13**	**2540.66**	**3412.98**
在非企业组织中劳动得到的收入	88.77	76.43	124.84	135.15	148.12	175.24	
在本乡地域内劳动得到的收入	135.81	195.48	427.11	452.61	606.94	753.98	
常住人口外出从业得到的收入	229.64	491.27	1005.62	1122.07	1413.06	1611.45	
家庭经营收入	**1788.70**	**2260.04**	**3335.36**	**3582.47**	**3834.99**	**4397.29**	**5236.71**
第一产业	**1553.94**	**1986.31**	**2853.06**	**3050.84**	**3267.28**	**3705.98**	**4307.72**
农业收入	1162.36	1457.49	2130.24	2310.89	2477.05	2787.05	3282.85
林业收入	43.22	52.85	102.20	107.30	119.43	132.73	120.55
牧业收入	343.27	467.94	600.59	613.46	654.92	763.36	882.62
渔业收入	5.09	8.03	20.02	19.18	15.89	22.84	21.70
第二产业	**63.84**	**70.83**	**122.55**	**141.75**	**153.42**	**179.21**	**228.30**
工业收入	36.97	48.04	66.47	64.68	66.98	71.20	80.43
建筑业收入	26.87	22.79	56.08	77.08	86.44	108.01	147.87
第三产业	**170.92**	**202.90**	**359.75**	**389.88**	**414.29**	**512.11**	**700.69**
交通运输、邮电业收入	33.65	45.50	91.63	99.06	107.54	152.66	177.73
批发和零售贸易、餐饮业收入	44.84	72.75	140.98	159.60	151.92	190.11	395.79
财产性收入	**12.21**	**28.58**	**41.75**	**28.86**	**64.04**	**56.6**	**87.65**
转移性收入	**93.18**	**100.09**	**227.80**	**256.24**	**292.76**	**322.85**	**766.34**

注：2007年以前为44个扶贫开发重点县数据，2008-2012年为31个国家级扶贫开发重点县数据，2013年以后为53个贫困县数据。

8-44 贫困地区农民家庭平均每人总支出

单位：元

项 目	2000年	2005年	2009年	2010年	2011	2012年	2013年
全年总支出	**1771.76**	**2573.91**	**4248.55**	**4567.50**	**5420.41**	**6111.64**	**7506.79**
家庭经营费用支出	**433.97**	**700.13**	**1130.16**	**1225.27**	**1326.27**	**1519.86**	**1727.40**
第一产业	**381.61**	**630.77**	**985.64**	**1058.27**	**1137.45**	**1281.00**	**1500.70**
农业支出	247.80	406.12	684.82	754.92	805.67	861.75	960.60
林业支出	2.21	7.52	12.49	13.39	19.87	25.2	19.59
牧业支出	130.42	215.07	280.81	282.58	307.55	384.49	503.50
渔业支出	1.18	2.06	7.52	7.38	4.36	9.55	4.05
第二产业	**15.98**	**24.74**	**53.30**	**63.71**	**66.81**	**82.83**	**55.73**
工业支出	8.51	19.11	30.75	33.78	27.3	28.23	20.34
建筑业支出	7.47	5.63	22.55	29.93	39.51	54.61	35.21
第三产业	**36.38**	**44.62**	**91.22**	**103.28**	**122.00**	**156.03**	**170.97**
交通运输、邮电业支出	10.13	13.95	32.43	35.57	26.17	40.19	49.12
批发和零售贸易、餐饮业支出	10.07	16.65	42.28	50.66	68.35	85.05	95.04
购置生产性固定资产支出	**47.70**	**79.96**	**117.62**	**123.03**	**139.92**	**159.83**	**224.53**
税费支出	**77.00**	**3.50**	**1.55**	**1.39**	**1.79**	**1.06**	
生活消费支出	**1128.84**	**1694.82**	**2827.89**	**3088.58**	**3610.86**	**4043.22**	**5164.21**
食品	567.39	823.10	1213.64	1306.01	1543.56	1698.14	1884.19
衣着	76.86	109.15	198.35	224.72	289.99	334.42	429.52
居住	155.79	289.02	629.54	654.85	682.39	786.93	1025.41
家庭设备、用品及服务	49.08	73.14	153.24	178.58	214.80	258.78	397.40
交通和通讯	50.89	127.63	241.96	297.07	342.72	369.82	537.35
文化、教育、娱乐用品及服务	128.04	160.65	181.30	175.69	182.99	202.39	323.94
医疗保健	54.67	84.82	162.47	196.00	273.86	297.76	435.14
其他商品和服务	46.12	27.31	47.39	55.67	80.55	94.97	131.27
财产性支出	**16.56**	**2.38**	**2.64**	**2.92**	**1.12**	**0.23**	**2.39**
转移性支出	**67.69**	**93.12**	**168.68**	**214.77**	**332.80**	**383.41**	**382.68**

注：2007年以前为44个扶贫开发重点县数据，2008-2012年为31个国家级扶贫开发重点县数据，2013年以后为53个贫困县数据。

8-45 贫困地区农民家庭平均每人纯收入

单位：元

项　　目	2000年	2005年	2009年	2010年	2011年	2012年	2013年
全年纯收入(元)	**1749.31**	**2330.90**	**3895.51**	**4208.78**	**4867.38**	**5625.91**	**7165.17**
工资性收入	**454.22**	**763.18**	**1557.56**	**1709.82**	**2168.13**	**2540.66**	**3412.98**
在非企业组织中劳动得到的收入	88.77	76.43	124.84	135.15	148.12	175.24	
在本乡地域内劳动得到的收入	135.81	195.48	427.11	452.61	606.94	753.98	
常住人口外出从业得到的收入	229.64	491.27	1005.62	1122.07	1413.06	1611.45	
家庭经营收入	**1215.22**	**1472.65**	**2098.99**	**2254.07**	**2393.41**	**2751.21**	**3291.11**
第一产业	**1050.51**	**1276.41**	**1776.49**	**1904.26**	**2031.55**	**2317.34**	**2660.26**
农业收入	835.46	994.33	1375.20	1485.23	1589.92	1839.96	2182.92
林业收入	40.30	44.58	88.52	93.01	98.37	106.15	100.52
牧业收入	171.22	231.70	301.03	314.56	331.87	358.34	359.64
渔业收入	3.53	5.80	11.74	11.46	11.38	12.89	17.17
第二产业	**42.10**	**44.04**	**66.11**	**74.82**	**83.19**	**92.25**	**160.04**
工业收入	25.39	27.56	34.33	29.37	38.19	41.62	53.20
建筑业收入	16.71	16.48	31.77	45.45	45.01	50.63	106.84
第三产业	**122.61**	**152.20**	**256.40**	**274.99**	**278.67**	**341.62**	**470.81**
交通运输、邮电业收入	20.20	29.60	54.79	58.97	76.7	106.86	113.95
批发和零售贸易、餐饮业收入	31.46	53.79	94.22	103.98	77.62	99.38	279.46
财产性收入	**12.21**	**29.04**	**41.75**	**28.86**	**64.04**	**56.60**	**87.65**
转移性收入	**67.66**	**66.03**	**197.21**	**216.03**	**241.79**	**277.44**	**373.43**

注：2007年以前为44个扶贫开发重点县数据，2008-2012年为31个国家级扶贫开发重点县数据，2013年以后为53个贫困县数据。

8-46 贫困地区农民家庭平均每人现金收入

单位：元

项　　目	2000年	2005年	2009年	2010年	2011年	2012年	2013年
全年现金收入	**1500.48**	**2237.64**	**3906.37**	**4234.55**	**5120.68**	**5865.65**	**8166.82**
工资性收入	**450.17**	**763.18**	**1556.05**	**1708.34**	**2164.99**	**2529.74**	**3410.97**
在非企业组织中劳动得到的收入	88.71	76.43	124.61	135.03	147.45	175.15	
在本乡地域内劳动得到的收入	132.58	195.48	426.24	452.05	606.36	752.85	
常住人口外出从业得到的收入	228.88	491.27	1005.20	1121.25	1411.19	1601.74	
家庭经营现金收入	**960.63**	**1358.43**	**2092.99**	**2250.75**	**2629.85**	**2966.97**	**3906.42**
第一产业	**739.87**	**1084.70**	**1611.88**	**1719.69**	**2064.93**	**2281.88**	**2977.37**
农业现金收入	452.32	598.97	946.83	1030.96	1262.61	1416.19	1983.22
林业现金收入	23.96	42.77	88.69	96.61	119.44	128.87	120.68
牧业现金收入	260.74	435.95	558.47	576.07	664.57	715.62	852.03
渔业现金收入	2.85	7.01	17.89	16.04	18.31	21.21	21.44
第二产业	**58.11**	**70.83**	**122.16**	**141.18**	**152.14**	**172.98**	**228.30**
工业现金收入	31.24	48.04	66.25	64.68	65.78	65.2	80.43
建筑业现金收入	26.87	22.79	55.91	76.51	86.34	107.78	147.87
第三产业	**162.65**	**202.90**	**358.96**	**389.87**	**412.78**	**512.11**	**700.75**
交通运输、邮电业现金收入	33.65	45.50	91.63	99.06	107.54	152.66	177.73
批发和零售贸易、餐饮业现金收入	44.84	72.75	140.98	159.60	151.92	190.11	395.79
财产性收入	**10.60**	**28.58**	**36.19**	**27.11**	**37.82**	**50.14**	**87.65**
转移性收入	**79.08**	**87.45**	**221.14**	**248.35**	**288.02**	**318.80**	**761.78**

注：2007年以前为44个扶贫开发重点县数据，2008-2012年为31个国家级扶贫开发重点县数据，2013年以后为53个贫困县数据。

8-47 贫困地区农民家庭平均每人现金支出

单位：元

项　目	2000年	2005年	2009年	2010年	2011年	2012年	2013年
全年现金支出	**1317.56**	**2033.84**	**3668.60**	**4056.58**	**4929.06**	**5585.29**	**7093.35**
家庭经营费用现金支出	**339.65**	**562.10**	**968.22**	**1071.24**	**1212.54**	**1396.32**	**1666.02**
第一产业	**290.79**	**501.90**	**830.46**	**909.73**	**1033.78**	**1160.78**	**1439.51**
农业现金支出	210.30	345.09	591.59	655.81	723.03	763.9	925.97
林业现金支出	2.16	6.27	11.65	12.68	19.75	23.54	18.96
牧业现金支出	77.48	149.22	222.03	236.36	288.06	367.58	480.85
渔业现金支出	0.85	1.32	5.19	4.87	2.94	5.76	3.86
第二产业	**15.74**	**23.83**	**49.67**	**60.50**	**62.25**	**80.68**	**55.54**
工业现金支出	8.45	18.60	28.54	32.09	27.3	28.18	20.34
建筑业现金支出	7.29	5.23	21.13	28.41	34.95	52.5	35.21
第三产业	**33.12**	**36.37**	**88.09**	**101.01**	**116.51**	**154.86**	**95.04**
购置生产性固定资产支出	**47.70**	**79.96**	**116.33**	**123.03**	**139.92**	**159.83**	**224.53**
税费支出	**70.24**	**3.40**	**1.49**	**1.39**	**1.79**	**0.95**	
生活消费支出	**786.88**	**1294.62**	**2411.04**	**2643.34**	**3236.66**	**3641.54**	**4812.17**
食品	263.59	473.12	834.71	901.51	1210.76	1342.25	1606.25
衣着	73.87	109.15	198.31	224.72	289.54	334.42	429.17
居住	120.64	238.81	591.67	614.11	641.02	741.15	960.12
家庭设备、用品及服务	49.07	73.14	153.23	178.57	214.80	258.78	397.17
交通和通讯	50.89	127.63	241.96	297.07	342.72	369.82	537.15
文化、教育、娱乐用品及服务	128.04	160.65	181.30	175.69	182.99	202.39	323.04
医疗保健	54.67	84.82	162.47	196.00	273.86	297.76	435.13
其他商品和服务	46.11	27.30	47.39	55.67	80.55	94.97	124.14
财产性支出	**6.67**	**2.38**	**2.64**	**2.92**	**1.12**	**0.23**	**2.39**
转移性支出	**66.42**	**91.38**	**167.58**	**213.13**	**329.38**	**382.39**	**382.67**

注：2007年以前为44个扶贫开发重点县数据，2008-2012年为31个国家级扶贫开发重点县数据，2013年以后为53个贫困县数据。

8-48 主要年份农村农户固定资产投资情况

单位：万元、万平方米

指　　标	2000年	2005年	2009年	2010年	2011年	2012年	2013年
农村投资总额	**2549526**	**4502000**	**7801166**	**7866446**	**8346299**	**8913847**	**8993980**
按投资来源分							
国内贷款	209704	8114	25350	35450	44385	474023	54509
自筹资金	3758	4468528	7639211	7732178	8215482	8790566	8876829
其他资金	2294758	25358	136606	98818	86432	75878	62642
按投资构成分							
建筑工程	1834257	3293919	6863070	6923459	7428206	7933324	7939924
安装工程	10741	5524	7963	7873	8342	8914	8498
设备工器具购置	604245	947275	791420	800540	843500	900298	975146
其他	100283	255283	138714	134574	66251	71311	70412
按投资方向分							
农林牧渔业	495605	916446	870205	850420	798706	791550	888041
采矿业							
制造业	111632	45436	41649	40859	23234	49936	55055
电力煤气及水的生产和供应业		10799	4026	4006	3155	6525	6981
建筑业	19399	118045	27330	26340	25459	53287	52020
交通运输仓储和邮电业	170367	349604	272416	280767	281748	304515	328448
信息传输、计算机服务和软件		5630					
批发和零售	28518	36392	33246	34536	30812	32054	39698
住宿和餐饮		2060	2066	2544	2611	2404	2671
金融业							
房地产业	1678599	2699392	6346803	6412652	6968693	7450197	7341969
租赁和商务服务业		1093					27801
科学研究、技术服务和地质勘探业							
水利、环境和公共设施管理业		1593					5160
居民服务和其他服务业		314408	203426	214322	211881	224379	246139
教育							
卫生、社会保障和社会福利业	36240						
文化、体育和娱乐业	137	1101					
公共管理和社会组织	9029						
本年施工房屋面积	**7596**	**10503**	**16584**	**16653**	**16080**	**15143**	**12405**
#住宅	7159	9943	15772	15805	15576	13870	11150
本年竣工房屋面积	**7332**	**9749**	**14749**	**15077**	**13829**	**12938**	**10155**
#住宅	6949	9312	13819	14002	12693	11262	9573

8-49 农村劳动力外出从业情况构成

单位：%

项　　目	2009年	2010年	2011年	2012年	2013年
一、期末从业劳动力	**100.0**	**100.0**	**100.0**	**100.0**	**100.0**
本地务农	53.4	51.2	51.4	48.1	40.8
本地非农自营	6.0	5.6	5.6	5.6	6.6
本地非农务工	8.1	8.9	10.0	11.5	18.2
外出从业	25.0	28.2	26.9	28.2	26.5
未从业及其他	7.5	6.1	6.1	6.6	7.9
二、外出从业地区(人)	**100.0**	**100.0**	**100.0**	**100.0**	**100.0**
1.本省	41.6	38.9	42.0	43.0	51.4
(1)乡外县内	40.0	49.5	39.3	39.9	43.7
(2)县外省内	60.0	50.5	60.7	60.1	56.3
2.省外	58.4	61.1	58.0	57.0	48.6
(1)东部地区	48.1	49.6	47.6	45.6	39.5
北京	5.7	6.1	4.8	4.5	5.0
上海	3.5	3.2	4.4	4.6	2.5
江苏	5.0	5.8	6.1	6.1	7.3
浙江	7.0	6.8	8.1	7.1	6.6
广东	19.6	20.0	16.3	15.2	11.9
(2)中部地区	5.8	6.3	5.7	5.2	3.9
(3)西部地区	4.4	5.1	4.5	6.0	5.0
(4)其他地区	0.1	0.2	0.3	0.3	0.2
外出从事行业	100	100	100	100	100
1.一产业	1.6	1.2	2.1	2.1	1.7
2.二产业	64.4	64.9	68.9	67.7	65.0
#制造业	35.5	35.5	36.8	35.6	28.7
#建筑业	25.9	26.4	29.3	35.6	33.3
3.三产业	34.0	33.9	29.0	30.2	33.3
#批发和零售业	7.7	7.5	5.3	4.9	6.6
#住宿和餐饮业	5.5	5.6	5.5	6.0	4.9
三、月均收入(元)	**1355**	**1640**	**2108**	**2315**	**2858**
四、社会保障与福利情况					
1.外出从业的劳动关系	100.0	100.0	100.0	100.0	100.0
①无固定期限劳动合同工	14.4	14.3	15.0	14.5	14.4
②一年及以上劳动合同工	11.8	9.6	9.5	9.7	13.3
③一年以下劳动合同工	2.6	2.5	2.5	2.7	2.6
④没有劳动合同	60.7	61.4	68.1	68.3	64.6
⑤自营及其他	10.5	12.2	4.9	4.8	5.1

注：①2012年以前为全省42个县，2012年以后为全省92个县(区)。
②外出从业地区类型里“中部地区”不包含河南。
③外出从业不含本地非农自营和本地非农务工。

8-49 续表

单位：%

项　　目	2009年	2010年	2011年	2012年	2013年
2.单位或雇主提供伙食情况	100.0	100.0	100.0	100.0	100.0
①每天提供三顿	47.1	42.3	39.8	41.1	37.6
②每天提供两顿	6.0	6.6	9.5	10.3	8.4
③每天提供一顿	7.7	9.3	10.9	12.7	13.2
④不提供，但补贴部分伙食费	4.7	3.8	5.5	5.9	5.0
⑤不提供，也没有补贴	34.5	38.0	34.3	30.0	35.8
3.单位或雇主提供住宿情况	100.0	100.0	100.0	100.0	100.0
①提供住宿	63.8	57.8	66.3	64.3	54.8
②不提供住宿，但住房有补贴	4.4	6.8	5.0	7.5	7.8
③不提供住宿，也没有住房补贴	31.8	35.4	28.7	28.2	37.4
4.单位或雇主拖欠工资情况					
①被拖欠工资人数	2.6	2.2	0.8	0.6	0.7
②被拖欠工资的金额(元)			105800	77100	173150
5.五险一金缴纳情况					
①缴纳养老保险	4.7	5.9	4.6	5.1	9.1
②缴纳工伤保险	11.3	15.9	11.6	14.1	15.8
③缴纳医疗保险	6.2	8.0	7.5	7.4	9.5
④缴纳失业保险	2.3	3.3	2.5	2.4	3.9
⑤缴纳生育保险	0.8	1.9	1.3	1.3	2.9
⑥缴纳住房公积金	1.2	1.8	2.4	2.5	3.6
五、子女教育情况					
1.学校类型					100.0
①公立					92.0
②私立					7.7
③农民工子弟学校及其他					0.3
2.子女辍学情况					100.0
1.辍学的主要原因					
①务工地入学难					
②学校距离太远、交通不便					
③家庭经济困难或缺少劳动力					10.0
④孩子个人原因					84.0
⑤其他					6.0
3.辍学前所在年级					100.0
①小学					2.0
②初中					92.0
③高中					6.0

8-50 退耕还林县农民家庭平均每人总收入

单位：元

项　　目	2010年	2011年	2012年	2013年
全年总收入	**6328.61**	**6837.26**	**7683.50**	**8755.03**
工资性收入	**2516.09**	**2897.98**	**3304.67**	**3998.36**
在非企业组织中劳动得到的收入	150.05	233.92	242.57	265.96
在本乡地域内劳动得到的收入	844.69	911.10	1095.54	1233.96
常住人口外出从业得到的收入	1521.36	1752.96	1966.56	2498.44
家庭经营收入	**3171.05**	**3483.56**	**3904.30**	**4258.08**
第一产业	**2339.09**	**2583.87**	**2953.03**	**3206.41**
农业收入	1322.06	1461.49	1707.15	1902.71
林业收入	39.87	98.42	113.93	183.33
牧业收入	973.85	1021.20	1130.97	1118.37
渔业收入	3.31	2.76	0.98	2.00
第二产业	**166.16**	**176.74**	**185.74**	**218.53**
工业收入	127.12	112.00	92.27	116.01
建筑业收入	39.05	64.74	93.47	102.52
第三产业	**665.80**	**722.95**	**765.53**	**833.14**
交通运输、邮电业收入	355.00	420.03	359.38	365.77
批发和零售贸易、餐饮业收入	174.83	187.56	276.81	334.33
财产性收入	**134.82**	**116.91**	**88.48**	**97.41**
转移性收入	**506.64**	**338.81**	**386.04**	**401.19**

8-51 退耕还林县农民家庭平均每人总支出

单位：元

项　　目	2010年	2011年	2012年	2013年
全年总支出	**1446.38**	**1516.28**	**1641.73**	**1778.48**
家庭经营费用支出	**1311.65**	**1393.70**	**1549.63**	**1647.08**
第一产业	**1088.77**	**1149.94**	**1285.04**	**1337.58**
农业支出	550.08	581.23	614.88	697.56
林业支出	57.46	63.62	66.56	66.67
牧业支出	480.97	504.61	603.52	572.93
渔业支出	0.26	0.48	0.08	0.42
第二产业	**56.79**	**54.82**	**56.81**	**70.36**
工业支出	46.77	42.68	33.71	45.14
建筑业支出	10.02	12.15	23.10	25.23
第三产业	**166.09**	**188.94**	**207.78**	**239.14**
交通运输、邮电业支出	87.71	98.06	81.33	99.37
批发和零售贸易、餐饮业支出	34.54	47.90	72.82	88.78
购置生产性固定资产支出	**96.76**	**52.45**	**65.02**	**110.64**
财产性支出	**6.03**	**30.95**	**0.22**	
转移性支出	**27.70**	**18.15**	**23.01**	**20.77**

8-52 退耕还林县农民家庭平均每人纯收入

单位：元

项目	2010年	2011年	2012年	2013年
全年纯收入	**4833.15**	**5264.42**	**5946.29**	**6919.79**
工资性收入	**2516.09**	**2897.98**	**3304.67**	**3998.36**
在非企业组织中劳动得到的收入	150.05	233.92	242.57	265.96
在本乡地域内劳动得到的收入	844.69	911.10	1095.54	1233.96
常住人口外出从业得到的收入	1521.36	1752.96	1966.56	2498.44
家庭经营收入	**1700.16**	**1920.88**	**2179.20**	**2433.45**
第一产业	**1125.93**	**1298.98**	**1517.08**	**1727.04**
农业收入	675.68	781.78	984.32	1103.12
林业收入	-21.79	30.56	40.23	112.97
牧业收入	469.01	484.50	491.63	509.40
渔业收入	3.04	2.15	0.90	1.55
第二产业	**103.40**	**113.33**	**122.87**	**137.12**
工业收入	75.85	62.46	55.35	62.54
建筑业收入	27.55	50.86	67.52	74.58
第三产业	**470.84**	**508.56**	**539.25**	**569.29**
交通运输、邮电业收入	250.09	307.38	267.52	249.79
批发和零售贸易、餐饮业收入	137.23	136.56	199.29	242.41
财产性收入	**134.82**	**116.91**	**88.48**	**97.41**
转移性纯收入	**482.07**	**328.66**	**373.95**	**390.57**

8-53 退耕还林县农民家庭平均每人现金收入

单位：元

项目	2010年	2011年	2012年	2013年
全年现金收入	**5968.50**	**6399.54**	**7177.91**	**8225.64**
工资性收入	**2487.23**	**2897.78**	**3294.65**	**3997.73**
在非企业组织中劳动得到的收入	150.04	233.91	242.57	265.96
在本乡地域内劳动得到的收入	844.28	910.91	1095.10	1233.32
常住人口外出从业得到的收入	1492.91	1752.96	1956.98	2498.44
家庭经营现金收入	**2913.81**	**3147.74**	**3425.16**	**3763.08**
第一产业	**2082.40**	**2248.66**	**2474.89**	**2712.32**
农业现金收入	998.09	1110.75	1208.58	1437.45
林业现金收入	65.60	86.77	91.90	147.09
牧业现金收入	1014.60	1045.66	1172.17	1122.27
渔业现金收入	4.10	5.48	2.24	5.5
第二产业	**165.78**	**176.36**	**184.75**	**218.1**
工业现金收入	127.12	112.00	92.27	116.01
建筑业现金收入	38.66	64.36	92.48	102.09
第三产业	**665.63**	**722.72**	**765.52**	**832.66**
交通运输、邮电业现金收入	355.00	420.03	359.38	365.77
批发和零售贸易、餐饮业现金收入	174.83	187.56	276.81	334.33
财产性收入	**63.93**	**19.93**	**77.44**	**69.64**
转移性收入	**503.53**	**334.09**	**380.66**	**395.19**

8-54 退耕还林县农民家庭平均每人现金支出

单位：元

项 目	2010年	2011年	2012年	2013年
全年现金支出	**1430.92**	**1494.57**	**1631.19**	**1760.08**
家庭经营费用现金支出	**1296.34**	**1371.99**	**1539.18**	**1630.74**
第一产业	**1073.47**	**1128.22**	**1274.59**	**1321.24**
农业现金支出	544.38	571.16	610.00	688.85
林业现金支出	57.46	63.62	66.56	66.67
牧业现金支出	471.37	492.97	590.10	556.35
渔业现金支出	0.26	0.48	0.08	0.42
第二产业	**56.79**	**54.82**	**56.81**	**70.36**
工业现金支出	46.77	42.68	33.71	45.14
建筑业现金支出	10.02	12.15	23.10	25.23
第三产业	**166.07**	**188.94**	**207.78**	**239.14**
交通运输邮电业生产费用支出	87.69	98.06	81.33	99.37
批零贸易餐饮业生产费用支出	34.54	47.90	72.82	88.78
购置生产性固定资产支出	96.76	52.45	65.02	110.64
财产性支出	**6.03**	**30.95**	**0.22**	
转移性支出	**27.56**	**18.15**	**22.92**	**18.70**

主要统计指标解释

总收入 是指调查期内农村住户和住户成员从各种来源渠道得到的收入总和。按收入的性质划分为工资性收入、家庭经营收入、财产性收入和转移性收入。

纯收入 指农民住户当年从各种来源得到的总收入相应的扣除所发生的费用后的收入总和。纯收入主要用于再生产投入和当年的生活消费支出，也可用于储蓄和各种非义务性支出。农民人均纯收入是指按人口平均的纯收入水平，反映的是一个地区农村居民或一个农户的平均收入水平。计算方法：

纯收入=总收入－家庭经营费用支出－税费支出－生产用固定资产折旧-赠送农村外部亲友支出

家庭经营收入 是指农村住户以家庭为生产经营单位进行生产筹划和管理而获得的收入。农村住户家庭经营活动按行业划分为农业、林业、牧业、渔业、工业、建筑业、交通运输业邮电业、批发和零售贸易餐饮业、社会服务业、文教卫生业和其他家庭经营。

家庭经营纯收入 指农户年内通过家庭经营而得到的纯收入。计算公式为：

家庭经营纯收入＝家庭经营收入－家庭经营费用－税费支出－生产性固定资产折旧

总支出 指农村住户用于生产、生活和再分配的全部支出。包括家庭经营费用支出、购置生产性固定资产支出、生产性固定资产折旧、税费支出、生活消费支出、财产性支出和转移性支出。

家庭经营费用支出 指农村住户以家庭为基本生产经营单位从事生产经营活动而消费的商品和服务、自产自用产品。所消费的未计算为住户收入的自产自用产品，不计算为费用支出；库存的化肥、农药也不计算为本期费用支出。

购置生产性固定资产支出 指农村住户用于建造和购置生产性固定资产所支出的费用。

税费支出 指农村住户以现金和实物形式缴纳的从事生产经营活动的各种税费、附加费、村提留、乡统筹、一事一议费和各种集资摊派费用。在已进行税费改革的地区一般表现为农业税、特产税、两税附加和从事非农业生产经营活动所缴纳的各种税费，还包括除按国家规定所收取的税费外，地方额外增加的各种费用；在未进行税费改革的地区一般表现为从事生产经营活动的各种税费、村提留、乡统筹和各种集资摊派费用。

生活消费支出 指农村住户用于物质生活和精神生活方面的支出。生活消费支出包括食品、衣着、居住、家庭设备用品及服务、医疗保健、交通和通讯、文化教育娱乐用品及服务、其他商品和服务等消费支出。

现金收入 指农村住户和住户成员在调查期内得到以现金形态表现的收入。按来源分成工资性收入、家庭经营现金收入、财产性收入、转移性收入。

现金支出 指农村住户在调查期内用于生产、生活和再分配所支付的现金。包括家庭经营费用支出、缴纳的税费、购买生产性固定资产、生活消费、财产性和转移性支出。

农民工统计口径

在年底推算农民工数量时，“农民工”是有着明确口径定义的时期概念。农民工即户口性质为本地农业户口且在本年度的从业状况属于以下几种情况：（1）外出农民工，即外出从业6个月及以上的农村劳动力；（2）本地农民工，即从事本地非农活动（包括本地非农务工和非农自营活动）6个月及以上的农村劳动力。（3）期末举家外出的农村劳动力。

一、期末从业劳动力：指年末这个时点上的就业状况。

本地务农：指在住户所属乡镇地域范围内从事农、林、牧、渔业生产活动。在本地受雇于单位或个人从事农业生产也算做“本地务农”。

本地非农自营：指在本地（本乡镇）不受雇于任何单位或雇主，而是自己单独经营或者与家人或他人联合经营、进行生产或服务性工作的人员。比如开办工厂、小商小贩等。在本地从事与农业相关的自营活动比如办养鸡场，不属于本地非农自营的范畴。

本地非农务工：指在住户所属乡镇地域范围内从事受雇于单位或个人获得工资性收入的工作。不包括受雇于他人从事农业生产活动的情况，但在本地农业企业或农场中从事非农工作应算做“本地非农务工”。

外出从业：指在住户所在乡镇地域范围以外务工或从事自营活动。

其他从业：指从事过有报酬的劳动、但不属于本地务农、本地非农自营、本地非农务工和外出从业四种类型的从业情况，填写“其他从业”。例如由财政拨款的乡村干部、乡村教师，以及在本乡以外行政事业单位工作的公职人员，国有企业单位职工，离退休再就业人员等。

未从业：指在过去一个月内未从事过任何以获取报酬为目的的活动。

二、外出地区：指该住户成员外出从业所在的地区，对于有多次外出从业经历的，填写最近一次外出从业的情况；对于当前正在外出从业的，填写当前的情况，分别为乡外县内和县外省内。

外出从事行业：指该住户成员最近一次外出从业的行业。

三、月均收入：指该住户成员的最近的这份外出工作的平均月收入水平，其中应该得到而未得到的部分也应计算在内。外出务工人员收入包括劳动报酬和各种实物福利；外出自营人员收入是指从事生产经营活动所获得的净收入，是全部经营收入中扣除经营费用、生产性固定资产折旧和生产税净额（生产税减去生产补贴）之后得到的净收入。

四、社会保障与福利情况

1．外出从业劳动关系

指当前这份工作或最近一次工作的劳动关系。

无固定期限劳动合同工：企业或雇主与劳动者签订了劳动合同，但没有约定劳动合同关系中止的固定期限。（一般情况，以下三种情况用人单位都会与劳动者签订无固定期限劳动合同关系：A 劳动者在该用人单位连续工作满十年的；B 用人单位初次实行劳动合同制度或者国有企业改制重新订立劳动合同时，劳动者在该用人单位连续工作满十年且距法定退休年龄不足十年的；C 连续订立二次固定期限劳动合同。）

一年及以上劳动合同工：指企业或雇主与劳动者签订固定期限劳动合同关系，劳动合同关系期限在 1 年及以上的情况。

一年以下劳动合同工：指企业或雇主与劳动者签订固定期限劳动合同关系，劳动合同关系期限在 1 年以下的情况。

没有劳动合同：指企业或雇主与劳动者没有签订固定期限劳动合同关系，劳动者为非正规灵活就业的情况自营：指不受雇于任何单位或雇主，而是自己单独经营或者与他人联合经营，例如当老板、小摊小贩、棒棒军等。

* 劳动合同以具有法律效力的协议或合同文本为准，口头协议视同没有劳动合同。。例如：小餐馆的服务员等。

2．单位或雇主是否提供免费伙食

* 如果单位或雇主以低于市场价提供工作餐，则选择“不免费提供，但补贴部分伙食费”。

3．单位或雇主是否提供免费住宿

* 如果单位或雇主以低于市场价提供住宿，则选择“不提供住宿，但住房有补贴”。

4．单位或雇主是否拖欠工资

指的是最近的一次外出工作的单位或雇主是否拖欠了工资。拖欠工资只针对最近的这一份工作，即使其他的单位或雇主拖欠了工资，只要这一份工作的雇主没有拖欠工资，都选择“否”。同时，拖欠工资针对的是调查时点，如果这份工作的雇主以前拖欠了工资，但是现在已经结清了，则选择“否”。

如有拖欠，被拖欠了多少钱

指的是最近的一次外出从业的工作单位或雇主拖欠工资的总额。过去以往雇主拖欠的工资不计入。

5．五险一金的缴纳情况

是指当前或最近一次外出从业的工作单位或雇主是否给该住户成员参保或交纳“五险一金”。“五险”指的是五种保险，包括养老保险、工伤保险、医疗保险、失业保险和生育保险；“一金”指的是住房公积金。其中养老保险、医疗保险和失业保险，这三种险是由企业和个人共同缴纳保费，工伤保险和生育保险完全是由企业或雇主承担的。个人不需要缴纳。

五、子女受教育情况：调查户籍在本乡镇的16周岁及以下所有住户成员,包括在外学生和随父母外出的儿童在校期间的一些基本情况。

九　城镇居民生活

资料整理：党元生　王安琪

9-1 历年城镇居民家庭基本情况

单位：户、人、元

年份	调查户数	家庭人口	平均每户就业人口	每一就业者负担人数	平均每人全年总收入	#平均每人生活费收入	#平均每人可支配收入	平均每人全年总支出
1978		4.65	2.08	2.24	315.86	291.00	315.00	
1980	948	4.60	2.16	2.13	365.12	341.60	365.00	
1981	1000	4.58	2.36	1.94	395.59	369.73	395.00	
1982	1020	4.51	2.39	1.89	429.50	402.23	429.00	
1983	1020	4.42	2.44	1.81	456.98	422.06	452.50	
1984	1542	4.29	2.37	1.81	501.46	466.82	497.49	
1985	1800	4.11	2.25	1.83	605.15	560.95	600.59	
1986	1781	4.02	2.21	1.82	728.57	667.55	724.21	705.56
1987	1781	3.91	2.18	1.79	818.29	744.25	814.20	775.24
1988	1860	3.80	2.15	1.77	950.99	862.12	946.10	992.56
1989	1862	3.70	2.10	1.76	1116.00	1015.01	1111.46	1078.03
1990	1860	3.60	2.09	1.72	1274.62	1152.95	1267.73	1188.91
1991	2040	3.49	2.01	1.73	1388.93	1249.50	1384.81	1355.56
1992	2200	3.47	2.03	1.71	1609.37	1459.15	1608.03	1532.10
1993	2200	3.43	2.00	1.72	1962.75	1792.88	1962.75	1870.02
1994	2200	3.37	1.90	1.77	2619.44	2398.35	2618.55	2598.42
1995	2200	3.34	1.89	1.77	3302.14	3029.47	3299.46	3161.27
1996	2400	3.33	1.89	1.76	3756.78	3450.11	3755.44	3586.22
1997	2440	3.29	1.92	1.71	4111.54	3713.47	4093.62	3945.82
1998	2440	3.24	1.85	1.75	4238.49	3797.27	4219.42	4073.45
1999	2440	3.21	1.82	1.77	4553.74	4077.48	4532.36	4320.88
2000	2820	3.23	1.66	1.94	4784.04	4303.74	4766.26	4486.47
2001	2920	3.18	1.60	1.98	5292.09	4781.95	5267.42	4894.74
2002	2551	3.07	1.52	2.02	6515.52		6245.40	5745.12
2003	2444	3.03	1.52	1.99	7245.00		6926.12	6465.61
2004	2414	3.00	1.53	1.96	8073.36		7704.90	6734.01
2005	2408	2.97	1.53	1.94	9145.98		8667.97	7830.68
2006	2459	2.94	1.53	1.92	10339.20		9810.26	8722.49
2007	2459	2.90	1.53	1.90	12082.99		11477.05	10039.21
2008	2399	2.88	1.44	2.00	13907.80		13231.11	11135.44
2009	2399	2.85	1.43	1.99	15408.04		14371.56	12902.14
2010	2400	2.84	1.46	1.95	17141.80		15930.26	13802.49
2011	2299	2.87	1.48	1.94	19526.92		18194.80	15477.17
2012	2298	2.85	1.50	1.90	21897.23		20442.62	17300.48
2013	2300	2.99	1.55	1.92	23686.53		22398.03	17837.95

注：本表1978年数据为估算数；1980数据为推算数。1981—1991年城镇居民可支配收入根据当年生活费收入测算。

9-2 历年城镇居民家庭平均每人消费支出

单位：元

年份	平均每人消费支出	食品支出	衣着支出	居住支出	家庭设备用品服务	医疗保健支出	交通通信支出	娱乐教育文化服务	其它商品与服务
1978	274.00	163.00	43.00	12.00	20.00	2.90	5.20	14.00	13.90
1980	335.02	192.66	50.19	15.30	24.30	3.22	8.86	20.84	19.65
1981	363.23	205.18	54.88	16.91	26.74	3.68	10.04	25.31	20.49
1982	382.47	214.17	56.49	19.70	29.03	3.93	12.19	25.27	21.69
1983	405.00	232.07	57.97	19.92	28.55	3.83	13.64	28.31	20.71
1984	431.68	244.37	65.23	22.65	32.56	5.01	11.47	28.63	21.76
1985	556.72	277.74	80.90	33.76	55.15	7.69	12.19	62.50	26.79
1986	653.83	333.59	96.56	39.35	62.66	8.75	15.64	63.97	33.31
1987	711.27	379.57	100.18	41.09	66.80	9.68	16.52	57.22	40.21
1988	896.55	465.99	124.21	42.02	104.28	16.23	17.18	82.66	43.98
1989	963.97	533.19	131.09	44.17	86.31	18.96	16.88	86.84	46.53
1990	1067.67	585.27	156.43	54.19	91.90	23.24	19.33	86.93	50.38
1991	1199.95	644.26	191.31	59.16	92.98	29.61	23.95	101.38	57.30
1992	1342.58	716.99	221.79	67.88	108.89	38.92	27.53	102.65	57.93
1993	1609.24	798.78	260.17	96.38	148.94	50.01	49.29	136.80	68.89
1994	2155.15	1074.18	347.31	131.89	185.55	70.07	92.86	159.78	93.51
1995	2673.95	1338.93	437.45	159.31	220.24	96.67	114.35	200.18	106.82
1996	3009.35	1439.32	488.52	281.61	215.52	125.97	131.74	211.41	115.26
1997	3378.02	1506.25	491.33	352.46	256.77	159.64	171.60	299.00	140.97
1998	3415.65	1454.99	442.34	406.54	280.23	172.84	193.65	320.88	144.19
1999	3497.53	1427.65	431.79	421.31	288.55	208.14	217.00	337.76	165.32
2000	3830.71	1386.76	460.99	547.19	312.97	280.78	246.24	407.26	188.52
2001	4110.17	1424.90	484.16	650.25	333.24	298.74	299.89	427.88	191.10
2002	4504.68	1517.04	570.48	499.44	324.48	389.64	477.60	586.32	139.80
2003	4941.60	1662.30	602.64	566.30	345.68	443.27	533.86	629.91	157.63
2004	5294.19	1855.44	650.30	578.60	332.06	436.53	569.85	694.56	176.84
2005	6038.02	2067.51	806.39	651.98	376.27	472.31	636.57	805.08	221.91
2006	6685.18	2215.32	919.31	737.00	431.02	520.57	762.08	847.12	252.76
2007	7826.72	2707.44	1053.13	795.39	549.14	626.55	858.33	936.55	300.19
2008	8837.46	3079.82	1141.76	963.59	633.32	790.87	915.12	988.95	324.03
2009	9566.99	3272.75	1270.74	1004.37	684.79	875.52	1033.99	1048.14	376.70
2010	10838.49	3575.75	1444.63	1080.10	866.72	941.32	1374.76	1137.16	418.04
2011	12336.47	4212.76	1706.94	1087.08	977.52	919.83	1573.64	1373.94	484.76
2012	13732.96	4607.47	1885.99	1190.81	1145.42	1085.47	1730.35	1525.33	562.13
2013	14821.98	4913.87	1916.99	1315.28	1281.06	1054.54	1768.28	1911.16	660.81

注：本表1978年数据为估算数；1980年数据为推算数。

9-3 主要年份城镇居民家庭居住情况

指　　标	计量单位	2002年	2005年	2006年	2007年	2008年	2009年	2010年	2011年	2012年	2013年
家庭居住人口数	人/户	3.04	2.95	2.92	2.90	2.86	2.84	2.84	2.86	2.84	2.99
现住房总建筑面积	平方米/人	27.78	30.84	31.75	32.29	31.91	32.81	33.27	34.11	34.70	34.41
现住房屋总使用面积	平方米/人	21.23	23.74	24.46							
房屋产权(合计)	%	100.00	100.00	100.00	100.00	100.00	100.00	100.00	100.00	100.00	100.00
租赁公房	%	7.80	3.94	3.50	2.83	3.47	3.36	3.54	1.15	0.98	1.27
租赁私房	%	0.92	1.48	1.68	1.83	3.52	3.27	2.70	4.57	4.26	4.91
原有私房	%	22.65	15.60	16.44	13.70	14.03	13.39	13.24	17.98	18.05	18.86
房改私房	%	52.91	51.86	50.24	49.65	46.49	47.10	45.45	36.52	36.92	31.19
商品房	%	12.14	22.82	24.22	27.54	29.55	30.42	32.41	35.42	36.24	41.15
借用房	%									1.77	1.18
其他	%	3.58	4.29	3.93	4.45	2.95	2.47	2.66	4.35	1.78	1.44
住宅建筑式样(合计)	%	100.00	100.00	100.00	100.00	100.00	100.00	100.00	100.00	100.00	100.00
单栋住宅	%			0.06	0.17	0.66	0.66	0.71	0.13	0.13	15.52
四居室	%	2.48	2.57	2.58	2.98	3.00	2.86	3.10	5.63	5.48	1.69
三居室	%	36.05	42.25	42.35	41.79	38.00	39.70	40.75	39.78	39.96	37.59
二居室	%	34.15	35.92	35.51	34.68	37.78	36.88	35.84	33.55	33.98	36.20
一居室	%	1.67	1.34	1.39	1.53	1.27	1.76	2.10	1.92	1.93	2.66
普通楼房	%	7.54	6.02	5.30	6.19	6.07	5.81	5.48	6.70	6.35	1.59
平房及其他	%	18.10	11.90	12.82	12.65	13.22	12.32	12.02	12.30	12.16	4.75
装修状况(合计)	%	100.00	100.00	100.00	100.00	100.00	100.00	100.00	100.00	100.00	
有装修	%	34.19	45.76	46.12	48.93	42.52	46.07	47.79	51.48	52.02	
未装修	%	65.81	54.24	53.88	51.07	57.48	53.93	52.21	48.52	47.98	
饮水情况(合计)	%	100.00	100.00	100.00	100.00	100.00	100.00	100.00	100.00	100.00	100.00
自来水	%	86.67	80.16	78.52	81.62	89.20	89.53	89.27	91.66	91.80	98.74
矿泉水	%	3.64	5.29	6.82	4.63	3.92	3.65	3.83	2.69	2.80	
纯净水	%	6.67	12.00	12.13	10.83	5.93	5.92	5.99	4.40	4.40	
井、河水	%	2.97	2.54	2.53	2.89	0.95	0.90	0.91	1.25	1.00	0.23
其他	%	0.05			0.02						1.03
用水情况(合计)	%	100.00	100.00	100.00	100.00	100.00	100.00	100.00	100.00	100.00	100.00
独用自来水	%	92.60	93.79	93.75	95.79	97.42	97.62	97.70	97.79	98.27	98.73
公用自来水	%	4.23	3.29	3.33	0.95	1.24	1.10	1.01	0.50	0.48	0.60
井、河水	%	3.03	2.93	2.91	3.25	1.33	1.29	1.29	1.64	1.25	
其他	%	0.14			0.02				0.07		0.67
卫生设备(合计)	%	100.00	100.00	100.00	100.00	100.00	100.00	100.00	100.00	100.00	100.00
无卫生设备	%	12.18	5.22	5.13	3.10	3.72	3.52	3.07	2.51	2.52	5.26
有厕所浴室	%	54.22	63.84	63.24	72.70	63.91	67.88	70.16	78.53	79.84	80.91
有厕所无浴室	%	28.97	27.50	28.38	20.44	28.92	25.73	23.87	16.44	15.22	9.92
公用	%	4.63	3.44	3.26	3.77	3.45	2.87	2.90	2.52	2.42	3.91
取暖设备(合计)	%	100.00	100.00	100.00	100.00	100.00	100.00	100.00	100.00	100.00	100.00
无取暖设备	%				0.58	5.56	4.25	4.28	5.36	5.02	
空调设备	%	6.91	13.79	14.96	18.05	20.83	22.60	23.04	26.69	26.30	
暖气	%	25.77	30.05	29.61	30.36	25.26	26.88	27.36	27.48	28.09	
其他	%	67.32	56.16	55.43	51.01	48.35	46.27	45.32	40.47	40.58	
炊用燃料使用情况(合计)	%	100.00	100.00	100.00	100.00	100.00	100.00	100.00	100.00	100.00	100.00
煤	%	39.90	30.96	29.39	25.09	24.05	20.44	19.13	11.18	10.43	5.91
液化石油气	%	31.69	31.79	32.65	33.78	31.00	30.52	29.35	30.02	29.39	22.80
管道煤气	%	27.96	35.75	36.68	39.43	11.71	12.30	12.57	10.06	9.20	4.15
管道天然气	%					28.93	30.96	33.10	40.42	43.30	49.01
其他	%	0.45	1.50	1.28	1.69	4.30	5.78	5.84	8.31	7.68	18.13
除了现住房，还有几处其他住房	套/户	0.06	0.09	0.10	0.09	0.06	0.09	0.10	0.30	0.31	0.04
出租房	套/户	0.03	0.03	0.04	0.04	0.02	0.04	0.05	0.06	0.07	0.02
偶尔居住房	套/户	0.02	0.04	0.04	0.03	0.03	0.04	0.04	0.03	0.03	0.01
其它用途房	套/户	0.01	0.03	0.03	0.01	0.01	0.01	0.02	0.21	0.21	0.01

9-4 城镇居民家庭人口情况(2013年)

单位：人

指标	城镇平均	按比例分组			
		最低收入户	更低户	低收入户	较低收入户
家庭人口数	2.99	3.56	3.68	3.58	3.29
有收入者人数	2.03	1.86	1.70	2.10	2.11
就业人口数	1.55	1.48	1.32	1.65	1.67
国有经济单位职工人数	0.59	0.32	0.30	0.49	0.60
城镇集体经济单位职工人数					
其他各种经济类型单位职工人数					
城镇个体经营或私营企业主人数	0.20	0.13	0.03	0.17	0.19
城镇个体或私营企业被雇人数					
离退休再就业人数	0.07	0.05	0.04	0.03	0.05
其他就业人数	0.68	0.99	0.95	0.95	0.83
离退休人数	0.39	0.22	0.24	0.32	0.33
其他有收入者人数	0.10	0.15	0.14	0.13	0.11
无收入者人数	0.88	1.63	1.84	1.42	1.12
在外就学人数	0.03	0.00	0.00	0.02	0.01
负担系数	1.93	2.40	2.79	2.17	1.97

9-4 续表

单位：人

指标	按比例分组				
	中间收入户	较高收入户	高收入户	最高收入户	更高收入户
家庭人口数	2.91	2.70	2.65	2.29	2.31
有收入者人数	2.09	2.08	2.06	1.74	1.69
就业人口数	1.57	1.46	1.57	1.38	1.49
国有经济单位职工人数	0.71	0.74	0.54	0.41	0.35
城镇集体经济单位职工人数					
其他各种经济类型单位职工人数					
城镇个体经营或私营企业主人数	0.14	0.18	0.33	0.37	0.52
城镇个体或私营企业被雇人数					
离退休再就业人数	0.07	0.06	0.16	0.14	0.12
其他就业人数	0.64	0.47	0.55	0.46	0.50
离退休人数	0.44	0.51	0.46	0.31	0.18
其他有收入者人数	0.09	0.11	0.03	0.05	0.03
无收入者人数	0.75	0.52	0.55	0.41	0.46
在外就学人数	0.02	0.04	0.03	0.08	0.03
负担系数	1.86	1.85	1.69	1.66	1.56

9-5 主要年份城镇居民家庭平均每人现金收入

单位：元

指　　标	2002年	2005年	2006年	2007年	2008年	2009年	2010年	2011年	2012年	2013年
家庭总收入	**6515.52**	**9145.98**	**10339.20**	**12082.99**	**13907.80**	**15408.04**	**17141.80**	**19526.92**	**21897.23**	**23686.53**
#可支配收入	6245.40	8667.97	9810.26	11477.05	13231.11	14371.56	15930.26	18194.80	20442.62	22398.03
工资性收入	4288.80	6095.49	6861.49	8058.81	9043.52	9910.46	10804.88	12039.24	13666.49	14704.24
工资及补贴收入	4188.12	5904.60	6645.82	7905.54	8805.15	9670.82	10572.73	11760.73	13342.07	14360.74
其他劳动收入	100.56	190.89	215.67	153.26	238.37	239.64	232.15	278.51	324.42	343.50
经营净收入	301.80	660.88	770.40	819.34	1161.96	1202.69	1478.06	2264.36	2545.14	2706.79
财产性收入	74.88	95.77	129.72	159.63	156.46	164.85	222.07	286.02	333.81	491.51
利息收入	24.36	26.59	29.88	26.01	34.99	53.51	60.43	75.12	88.41	91.28
股息与红利收入	13.20	21.95	32.88	49.45	49.68	25.59	39.10	67.08	45.11	48.57
保险收益	0.36	1.56	1.52	3.97	1.95	12.43	5.90	2.25	4.22	5.11
其它投资收入	2.16	11.82	17.40	25.08	8.93	16.45	20.56	31.84	65.24	73.30
出租房屋收入	34.32	33.30	47.04	52.82	55.91	53.94	86.50	92.52	114.55	242.55
知识产权收入										
其他财产性收入	0.60	0.54	0.99	2.31	5.00	2.92	9.58	17.21	16.30	29.23
转移性收入	1850.16	2293.83	2577.60	3045.21	3545.86	4130.05	4636.80	4937.30	5351.78	5783.99
养老金或离退休金	1563.84	1903.47	2118.17	2634.71	2932.09	3436.56	3988.55	4119.00	4620.89	4702.86
社会救济收入	9.12	16.60	11.31	11.48	32.64	37.81	39.80	38.32	42.50	46.65
最低生活保障收入				3.97	18.77	26.51	28.19	29.62	28.18	29.00
辞退金	9.24	6.03	14.99	0.02	0.11	15.28	1.37		7.93	1.31
赔偿收入	15.00	1.16	0.68	0.17	0.90	1.19	0.73	11.23	1.78	2.26
保险收入	11.40	7.66	8.15	16.83	12.34	18.62	13.88	21.70	20.23	10.97
失业保险金	11.04	5.99	7.10	10.23	9.73	11.97	11.88	17.99	16.65	10.97
赡养收入	71.64	95.68	139.80	143.17	173.74	182.84	190.95	203.96	200.07	347.07
捐赠收入	113.16	211.28	216.24	187.37	307.30	301.50	261.90	397.03	271.42	330.55
提取住房公积金	7.92	6.07	11.45	4.93	9.70	19.72	19.12	12.80	19.52	7.97
记帐补贴	25.32	26.19	37.27	37.92	56.90	93.54	108.36	105.39	145.16	141.89
其他转移性收入	14.76	15.10	15.84	8.60	20.13	22.99	12.12	27.86	22.30	192.45
出售财物收入	3.96	15.96	93.09	39.27	12.62	112.79	59.95	92.90	38.39	2.00
出售住房收入	1.92	11.65	86.46	35.06	0.07	97.68	43.48	66.98	33.72	
出售其他物品收入	2.04	4.31	6.63	4.21	12.54	15.11	16.46	25.93	4.67	2.00
借贷收入	1395.12	1615.67	1988.61	2180.65	2112.20	2585.87	3396.95	3092.90	3417.00	1795.68
提取储蓄存款	1143.24	1453.40	1797.53	1951.65	1921.99	2177.37	3189.01	2942.80	3075.09	1497.53
借入款	147.12	107.49	124.06	141.60	130.64	202.80	110.78	94.60	72.03	188.66
收回借出款	21.48	28.41	23.91	18.60	18.58	54.02	39.86	30.02	17.46	45.26
收回储蓄性保险本金	2.28	1.65	0.62	5.04	2.57	4.00			10.60	
兑售有价证券	5.28		1.28	14.02	1.35	1.52	1.16	0.71	4.11	16.95
收回投资本金	37.68	0.96	3.47	1.84	5.03		10.51	0.69	106.45	3.88
住房贷款	29.40	18.32	25.99	41.59	27.86	135.37	40.61		68.74	0.73
汽车贷款						3.87	3.96		61.78	0.48
教育贷款				0.70		0.45				
其他贷款	0.48	0.70	0.30	1.71	1.95	0.04	0.88	2.52	0.53	42.01
其他借贷收入	8.04	4.74	11.46	3.90	2.23	6.42	0.18	21.56	0.20	0.17

9-6 城镇居民家庭平均每人现金收入(2013年)

单位：元

指　　标	城镇平均	按比例分组			
		最低收入户	更低户	低收入户	较低收入户
家庭总收入	**23686.53**	**9351.18**	**8133.25**	**13043.67**	**17227.29**
#可支配收入	22398.03	8430.09	7081.38	12076.30	16253.47
工资性收入	14704.24	6751.75	5395.10	10393.56	12144.91
工资及补贴收入	14360.74	6500.02	5272.78	10054.85	11839.18
其他劳动收入	343.50	251.72	122.32	338.71	305.74
经营净收入	2706.79	447.77	95.32	161.42	1211.86
财产性收入	491.51	205.66	323.91	113.50	255.82
利息收入	91.28	12.90	9.21	24.81	19.77
股息与红利收入	48.57	150.60	263.59	13.57	47.56
保险收益	5.11				0.86
其它投资收入	73.30	8.80	18.04	0.51	19.60
出租房屋收入	242.55	31.55	32.11	59.61	150.41
知识产权收入					
其他财产性收入	29.23	1.34		15.00	16.02
转移性收入	5783.99	1946.00	2318.93	2375.19	3614.70
养老金或离退休金	4702.86	1437.53	1665.41	1943.15	2865.89
社会救济收入	46.65	148.83	169.24	55.83	45.20
最低生活保障收入	29.00	125.07	133.11	44.11	27.68
辞退金	1.31				2.31
赔偿收入	2.26				1.75
保险收入	10.97	36.53	74.90		12.28
失业保险金	10.97	36.53	74.90		12.28
赡养收入	347.07	23.89	11.83	74.95	241.90
捐赠收入	330.55	92.11	111.70	62.97	209.28
提取住房公积金	7.97	0.61		2.33	0.73
记帐补贴	141.89	119.45	127.11	116.66	121.56
其他转移性收入	192.45	87.05	158.73	119.30	113.80
出售财物收入	2.00	3.20	5.75	0.85	0.78
出售住房收入					
出售其他物品收入	2.00	3.20	5.75	0.85	0.78
借贷收入	1795.68	1094.76	1487.01	1052.36	1264.19
提取储蓄存款	1497.53	743.64	925.33	980.00	945.54
借入款	188.66	316.76	492.05	67.52	51.56
收回借出款	45.26	31.15	63.87		29.19
收回储蓄性保险本金					
兑售有价证券	16.95				43.53
收回投资本金	3.88	3.20	5.75	0.85	5.61
住房贷款	0.73				
汽车贷款	0.48			3.99	
教育贷款					
其他贷款	42.01				188.75
其他借贷收入	0.17				

9-6 续表

单位：元

指标	按比例分组				
	中间收入户	较高收入户	高收入户	最高收入户	
					更高收入户
家庭总收入	**22371.79**	**28942.91**	**37687.31**	**57217.72**	**68725.67**
#可支配收入	21008.20	27351.26	35892.97	55412.50	66576.72
工资性收入	15525.60	17949.95	22904.27	22274.34	22035.26
工资及补贴收入	15174.43	17695.79	22565.40	21461.78	21487.74
其他劳动收入	351.17	254.16	338.87	812.56	547.51
经营净收入	1224.42	2574.29	4090.58	17475.80	27336.11
财产性收入	389.22	280.37	589.78	2929.38	4442.19
利息收入	78.59	64.52	236.46	462.43	614.29
股息与红利收入	14.10	40.34	10.08	101.48	189.52
保险收益	7.26	2.68		40.73	41.40
其它投资收入	64.54	8.41	33.63	683.19	837.26
出租房屋收入	220.25	147.86	194.21	1499.11	2594.55
知识产权收入					
其他财产性收入	3.34	13.40	112.55	142.45	165.17
转移性收入	5232.55	8138.30	10102.68	14538.19	14912.11
养老金或离退休金	4488.84	6831.53	8920.23	10272.98	8351.92
社会救济收入	19.98	24.34	2.54	49.12	95.83
最低生活保障收入	9.53	4.26			
辞退金	4.11				
赔偿收入	1.31	0.89		19.60	38.25
保险收入	20.03				
失业保险金	20.03				
赡养收入	215.90	555.34	350.58	1458.24	1805.57
捐赠收入	207.08	365.30	289.08	1799.73	3097.60
提取住房公积金			83.43		
记帐补贴	139.44	156.39	159.61	229.82	234.01
其他转移性收入	135.86	204.51	297.23	708.70	1288.94
出售财物收入	2.98	3.58	0.27	1.26	2.45
出售住房收入					
出售其他物品收入	2.98	3.58	0.27	1.26	2.45
借贷收入	1671.79	2583.03	781.05	5361.52	6703.30
提取储蓄存款	1502.16	1909.57	635.08	5229.49	6445.73
借入款	94.77	606.07	19.79	31.75	61.95
收回借出款	42.75	59.63	112.85	80.19	156.44
收回储蓄性保险本金					
兑售有价证券	22.81	2.89	11.75	16.95	33.06
收回投资本金	5.52	3.91	1.58	3.14	6.12
住房贷款	3.78				
汽车贷款					
教育贷款					
其他贷款					
其他借贷收入		0.96			

9-7 主要年份城镇居民家庭平均每人现金支出

单位：元

指　　标	2002年	2005年	2006年	2007年	2008年	2009年	2010年	2011年	2012年	2013年
家庭总支出	**5745.12**	**7830.68**	**8722.49**	**10039.21**	**11135.44**	**12902.14**	**13802.49**	**15477.17**	**17300.48**	**17837.95**
消费支出	4504.68	6038.02	6685.18	7826.72	8837.46	9566.99	10838.49	12336.47	13732.96	14821.98
#服务性消费支出	1134.48	1564.35	1679.28	1879.27	2149.85	2285.62	2522.04	2924.82	3312.06	
通过互联网购买商品或服务		2.18	1.23	2.34	3.15	5.79	13.52	40.08	47.07	
食品	1517.04	2067.51	2215.32	2707.44	3079.82	3272.75	3575.75	4212.76	4607.47	4913.87
衣着	570.48	806.39	919.31	1053.13	1141.76	1270.74	1444.63	1706.94	1885.99	1916.99
居住	499.44	651.98	737.00	795.39	963.59	1004.37	1080.10	1087.08	1190.81	1315.28
家庭设备用品及服务	324.48	376.27	431.02	549.14	633.32	684.79	866.72	977.52	1145.42	1281.06
医疗保健	389.64	472.31	520.57	626.55	790.87	875.52	941.32	919.83	1085.47	1054.54
交通和通信	477.60	636.57	762.08	858.33	915.12	1033.99	1374.76	1573.64	1730.35	1768.28
教育文化娱乐服务	586.32	805.08	847.12	936.55	988.95	1048.14	1137.16	1373.94	1525.33	1911.16
其它商品和服务	139.80	221.91	252.76	300.19	324.03	376.70	418.04	484.76	562.13	660.81
购房与建房支出	306.84	333.61	413.77	454.64	313.14	906.82	523.59	295.99	522.67	183.93
购房	273.48	303.98	361.53	454.49	305.87	873.40	517.11	171.51	490.82	179.15
建房	33.48	29.63	52.24	0.15	7.26	33.42	6.48	124.49	31.85	4.78
转移性支出	701.76	1040.38	1144.62	1211.07	1375.23	1486.91	1349.53	1639.65	1722.06	1675.07
交纳的个人所得税	16.80	46.04	21.75	29.42	19.80	30.44	45.55	44.15	23.08	16.92
捐赠支出	424.44	539.25	674.67	734.77	801.78	961.80	916.36	1085.07	1192.49	1252.28
购买彩票	8.28	6.45	6.11	5.05	4.87	5.09	3.48	6.18	10.91	14.87
赡养支出	213.72	399.32	394.97	376.52	453.67	421.76	301.20	397.44	396.66	228.83
在外就学子女费用	118.56	253.71	282.14	245.86	311.19	255.57	196.93	256.95	262.85	91.25
各种非储蓄性保险支出	7.92	16.05	12.20	28.81	37.56	35.23	48.85	68.15	65.29	85.16
车辆保险支出	0.72	0.58	1.48	2.85	4.79	6.99	16.20	21.12	28.66	28.00
其他转移性支出	30.60	33.27	34.91	36.50	57.56	32.59	34.08	38.67	33.63	77.01
财产性支出	3.84	12.89	9.01	8.17	9.62	28.92	33.25	22.47	36.43	27.27
非生产性利息支出	3.48	4.38	3.75	4.48	5.76	21.68	17.73	13.00	23.31	16.55
其他	0.36	8.51	5.26	3.69	3.86	7.24	15.52	9.47	13.12	10.72
社会保障支出	228.00	405.77	469.92	538.60	599.99	912.50	1057.63	1182.59	1286.37	1129.70
个人交纳的养老基金	92.64	164.63	193.13	218.83	239.79	391.43	441.87	517.90	552.56	494.41
个人交纳的住房公积金	84.96	160.21	182.14	215.94	242.38	352.12	421.27	460.88	514.40	396.72
个人交纳的医疗基金	39.96	63.78	77.29	83.66	99.98	143.59	160.04	169.70	184.91	172.62
个人交纳的失业基金	8.76	15.67	16.89	18.12	17.14	24.59	25.35	24.86	26.34	34.65
其他社会保障支出	1.68	1.49	0.46	2.04	0.70	0.78	9.10	9.25	8.16	31.30
借贷支出	1879.80	2676.51	3410.50	3855.49	4327.14	4650.50	6135.87	5836.88	6657.90	3332.96
存入储蓄款	1584.24	2321.00	3051.77	3438.59	3940.01	4246.49	5858.66	5520.11	6281.06	2966.20
借出款	63.12	50.27	51.59	52.92	45.89	58.97	51.54	26.35	25.61	20.68
归还借款	68.76	77.21	69.81	81.43	98.07	80.89	48.58	63.13	62.15	47.83
储蓄性保险支出	80.04	100.87	108.90	95.83	93.15	114.12	71.88	69.52	60.87	49.45
购买有价证券	23.28	26.38	12.68	81.42	19.26	38.16	10.94	6.37	8.19	3.46
其它投资支出	8.64	13.08	15.21	6.65	7.27	5.59	8.24	33.95	115.90	1.08
归还住房贷款	25.68	78.62	82.27	87.49	116.49	99.52	72.10	67.79	70.47	222.17
归还汽车贷款	0.24	2.46	1.52	4.16	1.06	0.19	0.04	12.26	25.76	13.81
归还教育贷款	0.36							0.78		
归还其他贷款	1.32	1.32	0.23	0.46	1.19	0.37		13.23	0.05	5.16
其他借贷支出	24.12	5.28	16.51	6.54	4.76	6.19	13.89	23.39	7.83	3.12

9-8 城镇居民家庭平均每人现金支出(2013年)

单位：元

指　　标	城镇平均	按比例分组			
		最低收入户		低收入户	较低收入户
			更低户		
家庭总支出	**17837.95**	**9609.50**	**10203.16**	**10851.04**	**13447.39**
消费支出	14821.98	7799.02	8046.63	8922.30	11432.25
食品	4913.87	3197.26	2958.69	3328.43	4198.77
衣着	1916.99	841.59	814.91	1128.02	1631.50
居住	1315.28	752.67	780.87	720.62	932.03
家庭设备用品及服务	1281.06	495.28	584.43	595.90	1084.11
医疗保健	1054.54	504.52	627.70	795.99	776.50
交通和通信	1768.28	699.63	842.72	823.21	1080.18
教育文化娱乐服务	1911.16	1120.90	1235.77	1312.06	1344.56
其它商品和服务	660.81	187.16	201.53	218.06	384.58
购房与建房支出	183.93	134.66	273.69	6.75	0.51
购房	179.15	134.66	273.69		
建房	4.78			6.75	0.51
转移性支出	1675.07	878.85	956.29	1071.21	1165.41
交纳的个人所得税	16.92	5.60	0.11	1.04	3.10
捐赠支出	1252.28	628.11	629.76	796.04	934.83
购买彩票	14.87	8.73	1.88	11.12	26.56
赡养支出	228.83	149.24	214.53	178.46	102.03
在外就学子女费用	91.25	63.62	97.31	141.89	33.60
各种非储蓄性保险支出	85.16	39.53	41.10	22.47	54.64
车辆保险支出	28.00	11.00	22.56	2.26	13.83
其他转移性支出	77.01	47.63	68.91	62.08	44.25
财产性支出	27.27	0.93	1.90	1.11	0.06
非生产性利息支出	16.55	0.93	1.90	0.21	0.02
其他	10.72			0.90	0.04
社会保障支出	1129.70	796.05	924.65	849.67	849.16
个人交纳的养老基金	494.41	549.47	648.47	396.77	401.95
个人交纳的住房公积金	396.72	111.94	125.92	277.84	271.02
个人交纳的医疗基金	172.62	117.25	135.43	140.05	139.26
个人交纳的失业基金	34.65	17.15	14.33	33.43	24.66
其他社会保障支出	31.30	0.24	0.50	1.58	12.27
借贷支出	3332.96	1003.12	878.45	1441.88	2309.26
存入储蓄款	2966.20	836.46	767.91	1241.25	2034.68
借出款	20.68			35.13	30.16
归还借款	47.83	85.28	89.84	30.96	32.82
储蓄性保险支出	49.45	29.69	4.76	35.56	39.70
购买有价证券	3.46			1.19	
其它投资支出	1.08			4.15	
归还住房贷款	222.17	51.69	15.94	90.36	161.74
归还汽车贷款	13.81				8.94
归还教育贷款					
归还其他贷款	5.16			2.57	
其他借贷支出	3.12			0.71	1.21

9-8 续表

单位：元

指标	按比例分组				
	中间收入户	较高收入户	高收入户	最高收入户	
					更高收入户
家庭总支出	**16767.55**	**22966.48**	**25992.05**	**36144.15**	**39534.92**
消费支出	13867.29	18684.22	21640.37	30792.49	33701.90
食品	4907.60	5960.14	6584.19	7865.91	7865.73
衣着	1891.43	2390.62	2765.30	3681.14	3876.32
居住	1195.92	1704.70	1839.10	3073.57	4229.18
家庭设备用品及服务	1092.94	1554.65	2196.10	2975.34	2963.91
医疗保健	835.02	1490.31	1569.16	2091.69	1916.64
交通和通信	1616.64	2270.90	2673.21	5172.92	5839.44
教育文化娱乐服务	1762.02	2515.52	2720.12	3806.30	4409.68
其它商品和服务	565.71	797.38	1293.18	2125.60	2601.00
购房与建房支出	23.83	730.00	56.45	353.69	690.03
购房	4.01	730.00	56.45	353.69	690.03
建房	19.83				
转移性支出	1631.90	2093.87	2594.85	3454.75	3288.52
交纳的个人所得税	26.68	32.07	18.11	38.69	60.46
捐赠支出	1272.67	1520.69	1742.16	2654.46	2410.24
购买彩票	5.27	9.50	19.56	28.20	49.62
赡养支出	176.19	398.09	373.37	373.16	439.12
在外就学子女费用	96.29	100.38	87.56	194.93	206.14
各种非储蓄性保险支出	83.18	67.80	260.86	187.48	169.26
车辆保险支出	41.93	29.93	23.80	103.46	97.66
其他转移性支出	67.91	65.71	180.80	172.76	159.81
财产性支出	47.05	55.19	83.76	6.51	
非生产性利息支出	9.64	52.10	53.44	5.54	
其他	37.41	3.09	30.31	0.98	
社会保障支出	1197.47	1403.19	1616.62	1536.71	1854.48
个人交纳的养老基金	531.51	549.77	510.21	592.26	722.30
个人交纳的住房公积金	434.63	570.19	623.33	632.12	782.48
个人交纳的医疗基金	180.13	224.33	194.35	243.56	262.21
个人交纳的失业基金	45.36	49.39	31.80	34.46	33.86
其他社会保障支出	5.85	9.52	256.94	34.32	53.62
借贷支出	3014.46	3745.04	5092.80	10928.78	13030.94
存入储蓄款	2641.62	3323.17	4445.00	10182.16	12586.60
借出款	5.36	27.47	18.02	28.70	31.69
归还借款	46.90	39.61	26.88	107.70	49.20
储蓄性保险支出	70.38	53.83	21.98	100.56	167.53
购买有价证券	5.80	12.19			
其它投资支出	2.98				
归还住房贷款	240.86	255.51	579.12	332.07	195.92
归还汽车贷款		10.81		132.91	
归还教育贷款					
归还其他贷款		15.60		27.63	
其他借贷支出	0.55	6.86	1.80	17.06	

9-9 城镇居民家庭平均每人消费支出(2013年)

单位：元

指 标	城镇平均	按比例分组			
		最低收入户	更低户	低收入户	较低收入户
消费支出	**14821.98**	**7799.02**	**8046.63**	**8922.30**	**11432.25**
食品	4913.87	3197.26	2958.69	3328.43	4198.77
粮油类	727.37	625.75	613.69	578.85	685.53
粮食	459.93	419.98	420.28	373.61	430.73
大米	117.10	101.28	105.86	78.95	107.37
面粉	94.54	99.36	107.84	82.28	89.57
其他粮食及制品	248.29	219.33	206.59	212.38	233.80
淀粉及薯类	51.81	39.16	37.73	40.16	49.65
干豆类及豆制品	60.11	44.57	42.66	46.93	59.22
油脂类	155.53	122.05	113.02	118.15	145.93
食用植物油	154.47	122.01	113.02	117.79	144.26
食用动物油	1.06	0.04	0.01	0.36	1.67
肉禽蛋水产品类	1047.75	698.60	635.17	741.17	891.66
肉类	661.69	425.20	370.15	475.70	556.05
猪肉	364.66	250.55	229.37	287.60	313.50
牛肉	104.13	62.69	35.36	57.34	86.45
羊肉	69.71	23.92	17.16	27.21	56.88
其他肉及制品	123.20	88.04	88.26	103.55	99.23
禽类	149.70	108.54	98.33	103.39	137.96
鸡	88.62	57.22	52.57	60.89	76.96
鸭	8.86	2.52	1.91	3.61	10.54
其他禽类及制品	52.23	48.81	43.85	38.89	50.46
蛋类	134.91	118.46	126.04	106.90	123.92
鲜蛋	127.14	112.60	120.95	102.42	115.64
蛋制品	7.76	5.86	5.09	4.48	8.28
水产品类	101.45	46.40	40.65	55.18	73.73
鱼	64.14	27.07	27.55	38.94	52.76
虾	20.06	5.34	5.89	8.05	7.68
其他水产品及制品	17.25	13.99	7.21	8.19	13.29
蔬菜类	444.59	304.06	292.85	343.70	398.05
鲜菜	403.66	282.38	268.54	317.50	366.78
干菜	29.58	15.61	17.23	18.63	21.49
菜制品	11.34	6.07	7.09	7.57	9.78
调味品	66.67	44.65	45.45	50.93	57.38
糖烟酒饮料类	631.40	375.09	299.69	368.62	475.20
糖类	27.45	11.72	10.87	17.25	24.82
烟草类	226.28	149.74	123.44	144.93	162.74
酒类	242.06	138.38	113.09	105.36	149.62
白酒	206.87	123.76	95.67	87.50	128.59
果酒	6.32	0.46	0.48	0.66	2.72
啤酒	21.51	13.49	15.94	13.70	16.32
其他酒	7.35	0.67	1.00	3.50	1.99

9-9 续表 1

单位：元

指标	按比例分组				
	中间收入户	较高收入户	高收入户	最高收入户	更高收入户
消费支出	**13867.29**	**18684.22**	**21640.37**	**30792.49**	**33701.90**
食品	4907.60	5960.14	6584.19	7865.91	7865.73
粮油类	698.86	839.96	841.16	922.99	898.47
粮食	441.05	542.41	502.81	550.38	537.79
大米	119.32	135.48	141.37	154.28	136.22
面粉	90.83	115.39	85.84	91.43	93.52
其他粮食及制品	230.90	291.54	275.60	304.68	308.06
淀粉及薯类	55.16	57.88	56.39	68.53	64.21
干豆类及豆制品	59.75	67.87	74.25	74.30	69.97
油脂类	142.90	171.79	207.71	229.77	226.50
食用植物油	141.58	170.28	206.41	229.76	226.50
食用动物油	1.32	1.52	1.29	0.01	
肉禽蛋水产品类	1093.75	1264.09	1372.92	1539.50	1477.16
肉类	706.14	800.72	884.61	939.41	928.99
猪肉	409.82	441.49	431.92	441.47	447.22
牛肉	103.08	113.44	181.48	186.77	191.62
羊肉	66.88	85.02	128.95	149.86	136.60
其他肉及制品	126.36	160.78	142.25	161.31	153.56
禽类	144.54	186.57	175.75	219.25	188.38
鸡	81.86	105.13	134.47	141.58	116.93
鸭	12.05	9.75	10.40	10.13	8.58
其他禽类及制品	50.62	71.69	30.87	67.54	62.87
蛋类	136.44	151.87	151.12	175.26	178.37
鲜蛋	128.47	142.27	143.84	165.10	168.67
蛋制品	7.97	9.61	7.28	10.15	9.70
水产品类	106.62	124.92	161.44	205.59	181.42
鱼	69.53	80.00	93.19	111.20	100.58
虾	20.52	23.73	47.15	57.63	55.24
其他水产品及制品	16.57	21.18	21.09	36.76	25.61
蔬菜类	467.22	509.32	581.77	592.73	585.39
鲜菜	433.32	465.99	508.93	493.92	478.69
干菜	25.30	30.56	54.36	73.03	78.64
菜制品	8.60	12.77	18.48	25.79	28.06
调味品	65.83	81.74	81.68	103.14	96.64
糖烟酒饮料类	603.67	717.13	1125.98	1208.12	1270.14
糖类	26.96	39.79	30.80	44.55	51.81
烟草类	219.96	242.35	451.34	378.67	478.11
酒类	212.22	289.52	478.79	586.19	597.83
白酒	171.58	246.21	433.99	492.87	548.91
果酒	7.78	11.14	3.82	23.29	23.57
啤酒	25.74	26.72	33.22	24.94	21.43
其他酒	7.12	5.45	7.77	45.09	3.92

9-9 续表 2

单位：元

指　　标	城镇平均	按比例分组			
		最低收入户	更低户	低收入户	较低收入户
饮料	135.61	75.25	52.29	101.08	138.02
碳酸饮料					
瓶装饮用水	5.76	2.28	2.78	4.52	5.36
茶叶	41.71	22.99	5.18	24.51	40.63
其他饮料	88.14	49.97	44.33	72.05	92.03
干鲜瓜果类	390.93	222.03	230.79	271.60	328.80
鲜果	236.56	142.77	146.90	173.36	212.48
鲜瓜	41.75	25.19	25.92	30.59	37.50
其它干鲜瓜果类及制品	112.61	54.07	57.97	67.65	78.83
糕点、奶及奶制品	314.84	184.24	193.37	189.31	254.78
糕点	99.18	66.39	78.03	73.50	89.55
奶及奶制品	215.66	117.85	115.34	115.82	165.23
鲜乳品	102.88	50.46	58.79	62.94	71.41
奶粉	43.78	21.69	17.01	13.11	23.66
酸奶	32.64	16.06	16.33	17.72	28.10
其他奶制品	36.35	29.63	23.21	22.04	42.06
其他食品	122.78	90.45	76.79	120.79	139.86
饮食服务	1030.34	626.47	527.30	581.23	785.05
食品加工服务费	1.61	1.01	0.44	1.65	1.33
在外饮食	1028.73	625.46	526.85	579.58	783.72
非食品类					
衣着	1916.99	841.59	814.91	1128.02	1631.50
服装	1396.65	606.27	573.78	817.27	1205.69
衣着材料	7.90	2.34	4.23	4.66	5.66
鞋类	422.21	202.72	197.15	255.03	332.25
其他衣着用品	51.41	21.13	22.31	34.56	42.27
衣着加工服务费	4.05	1.39	1.72	2.84	2.38
居住	1315.28	752.67	780.87	720.62	932.03
住房	418.41	194.65	227.62	134.99	208.54
租赁房房租	128.85	87.45	166.34	18.83	44.58
住房装潢支出	188.06	41.86		82.91	108.27
维修用建筑材料	95.44	62.28	56.07	26.46	53.40
其他	6.05	3.05	5.21	6.78	2.29

9-9 续表 3

单位：元

指　　标	按比例分组				
	中间收入户	较高收入户	高收入户	最高收入户	
					更高收入户
饮料	144.53	145.47	165.06	198.71	142.39
碳酸饮料					
瓶装饮用水	5.50	8.24	8.38	6.03	5.31
茶叶	40.71	38.80	56.46	94.83	52.14
其他饮料	98.32	98.43	100.22	97.85	84.94
干鲜瓜果类	411.01	491.96	505.62	607.21	592.99
鲜果	252.20	296.82	289.53	311.69	302.04
鲜瓜	44.51	52.38	51.09	55.00	53.30
其它干鲜瓜果类及制品	114.30	142.76	165.00	240.52	237.66
糕点、奶及奶制品	339.12	361.09	447.96	572.87	585.12
糕点	103.99	116.11	123.65	139.44	149.28
奶及奶制品	235.13	244.98	324.32	433.42	435.84
鲜乳品	93.56	145.85	142.63	218.91	208.92
奶粉	63.79	23.77	108.67	107.33	105.42
酸奶	34.03	41.55	43.76	58.61	55.06
其他奶制品	43.76	33.80	29.26	48.57	66.44
其他食品	109.52	119.59	147.72	139.09	86.56
饮食服务	996.66	1455.38	1365.56	1801.15	1891.13
食品加工服务费	1.57	2.32	1.46	1.92	1.13
在外饮食	995.08	1453.06	1364.10	1799.23	1889.99
非食品类					
衣着	1891.43	2390.62	2765.30	3681.14	3876.32
服装	1414.81	1760.65	1971.55	2559.44	2804.82
衣着材料	7.26	13.17	11.97	12.81	6.30
鞋类	408.87	501.58	670.79	859.56	926.40
其他衣着用品	43.64	80.66	78.19	72.18	71.75
衣着加工服务费	4.88	5.68	7.98	4.45	3.91
居住	1195.92	1704.70	1839.10	3073.57	4229.18
住房	327.99	597.30	582.18	1474.01	2598.58
租赁房房租	50.28	187.70	397.60	366.84	601.93
住房装潢支出	131.20	285.70	87.01	866.66	1604.24
维修用建筑材料	137.75	114.33	90.90	235.88	391.49
其他	8.76	9.57	6.68	4.64	0.92

9-9 续表 4

单位：元

指　　标	城镇平均	按比例分组			
		最低收入户	更低户	低收入户	较低收入户
水电燃料及其他	789.53	512.32	502.48	536.73	647.94
水	73.93	48.86	49.89	48.81	57.65
电	367.55	286.64	266.73	280.21	334.68
燃料	197.43	149.76	155.51	158.75	170.87
煤炭	37.09	37.08	35.96	41.04	33.00
液化石油气	50.20	51.60	47.18	42.13	68.37
管道煤气	3.59	0.38	0.39	1.65	4.05
管道天然气	91.02	53.10	59.15	64.51	60.72
其他燃料	15.54	7.60	12.83	9.43	4.72
取暖费	128.05	20.80	24.91	32.16	67.99
其他	22.57	6.26	5.44	16.80	16.75
居住服务费	79.71	37.01	40.05	38.90	48.02
物业管理费	49.79	18.38	20.82	25.51	32.39
维修服务费	23.86	15.57	14.02	6.62	13.35
其它	6.05	3.05	5.21	6.78	2.29
家庭设备用品及服务	1281.06	495.28	584.43	595.90	1084.11
耐用消费品	666.80	193.75	264.52	230.18	556.50
家具	228.02	34.84	68.27	77.40	178.46
家庭设备	438.79	158.91	196.25	152.78	378.04
洗衣机	58.47	12.39	24.07	17.44	48.02
电冰箱	31.82	3.89	2.83	24.37	27.32
微波炉	5.88			0.56	1.49
空调器	162.69	77.76	110.67	34.11	160.72
淋浴热水器	35.60	11.96		31.72	23.18
消毒碗柜	0.35				
洗碗机	1.78			0.62	
其他	142.20	52.92	58.67	43.96	117.32
室内装饰品	31.73	7.72	13.40	16.84	21.96
床上用品	111.83	50.55	43.17	64.95	105.78
家庭日用杂品	385.91	224.69	244.67	260.64	331.06
家具材料	18.30	0.01	0.03	0.98	27.17
家庭服务	50.34	12.63	8.10	19.00	25.78

9-9 续表 5

单位：元

指标	按比例分组				
	中间收入户	较高收入户	高收入户	最高收入户	
					更高收入户
水电燃料及其他	760.62	943.30	1140.53	1351.14	1280.97
水	77.66	91.84	110.02	107.27	101.97
电	358.17	428.88	449.17	516.05	544.25
燃料	211.45	210.82	283.85	243.41	234.06
煤炭	52.05	35.81	34.76	9.75	8.93
液化石油气	51.56	38.72	49.46	31.71	19.54
管道煤气	5.27	4.00	5.44	2.85	4.15
管道天然气	90.71	117.87	124.85	180.87	198.01
其他燃料	11.87	14.42	69.35	18.22	3.43
取暖费	105.42	174.96	278.81	400.30	316.99
其他	7.92	36.80	18.68	84.10	83.69
居住服务费	87.03	112.97	102.26	182.76	251.99
物业管理费	43.83	74.82	72.86	119.15	153.20
维修服务费	34.44	28.58	22.73	58.97	97.87
其它	8.76	9.57	6.68	4.64	0.92
家庭设备用品及服务	1092.94	1554.65	2196.10	2975.34	2963.91
耐用消费品	510.22	795.01	1198.76	1925.56	1952.04
家具	180.37	249.92	336.86	871.77	787.44
家庭设备	329.85	545.09	861.90	1053.79	1164.60
洗衣机	40.20	58.68	147.93	169.98	198.58
电冰箱	15.36	44.35	70.80	68.09	79.40
微波炉	3.33	9.13	10.99	29.79	58.11
空调器	110.03	179.58	328.38	411.59	362.11
淋浴热水器	15.43	54.42	55.18	100.79	128.23
消毒碗柜			0.55	4.01	7.81
洗碗机	2.84	0.63	11.62		
其他	142.66	198.31	236.45	269.55	330.37
室内装饰品	25.15	49.01	56.84	68.94	81.14
床上用品	97.97	129.14	204.17	187.75	164.36
家庭日用杂品	404.43	455.70	499.80	658.34	575.50
家具材料	3.28	35.16	28.88	35.04	67.98
家庭服务	44.15	62.17	180.58	66.30	85.86

9-9 续表 6

单位：元

指　　标	城镇平均	按比例分组			
		最低收入户	更低户	低收入户	较低收入户
家政服务	22.21	2.93	1.27	2.93	7.63
加工维修服务费	28.13	9.71	6.83	16.07	18.15
医疗保健	1054.54	504.52	627.70	795.99	776.50
医疗器具	7.03	2.71	4.59	0.44	1.24
保健器具	27.92	1.34	2.75	4.51	8.81
药品费	370.39	210.47	262.52	365.44	286.20
滋补保健品	96.56	31.18	37.54	25.81	19.90
医疗费	703.74	309.17	354.89	438.61	607.76
其他					
交通和通讯	1768.28	699.63	842.72	823.21	1080.18
交通	1106.57	356.85	497.44	432.27	537.04
家庭交通工具	632.45	169.87	280.69	206.20	242.86
摩托车	9.27			2.65	16.54
助力车	102.19	62.18	68.73	87.27	79.74
家用汽车	453.22	82.80	169.78	97.44	130.06
其他交通工具	67.77	24.88	42.17	18.83	16.52
车辆用燃料及零配件	193.88	72.70	99.53	128.10	106.10
燃料	170.38	61.98	86.97	116.74	89.56
零配件	23.50	10.72	12.56	11.36	16.54
其他					
交通工具服务支出	101.64	36.90	56.96	31.69	62.11
维修费	35.25	16.08	18.84	17.04	24.81
车辆使用税费	49.34	15.07	29.73	3.73	29.97
其它车辆使用费用	17.06	5.75	8.39	10.92	7.34
交通费	162.38	73.30	52.23	64.83	117.73
飞机	32.57	6.00		0.71	7.77
火车	47.76	11.58	19.06	18.33	31.67
长途汽车	30.37	21.66	9.76	18.47	25.82
市内公共交通	21.83	22.98	17.50	13.48	23.50
出租汽车费	19.12	3.67	3.69	9.28	15.63
其他交通费	10.73	7.40	2.22	4.56	13.33

9-9 续表 7

单位：元

指 标	按比例分组				
	中间收入户	较高收入户	高收入户	最高收入户	更高收入户
家政服务	12.93	16.10	130.96	36.37	45.42
加工维修服务费	31.22	46.07	49.61	29.92	40.44
医疗保健	835.02	1490.31	1569.16	2091.69	1916.64
医疗器具	5.82	5.05	40.20	10.17	3.98
保健器具	8.95	13.58	55.78	216.49	269.08
药品费	380.38	462.27	480.43	506.31	558.87
滋补保健品	68.49	177.65	120.11	395.25	395.42
医疗费	428.96	1013.84	957.54	1719.10	1815.80
其他					
交通和通讯	1616.64	2270.90	2673.21	5172.92	5839.44
交通	979.14	1491.55	1602.63	3917.08	4576.57
家庭交通工具	471.33	796.57	943.52	2884.55	3383.22
摩托车		27.47	3.85		
助力车	98.79	130.31	156.61	133.38	112.02
家用汽车	350.15	538.48	743.67	2307.49	2502.49
其他交通工具	22.38	100.32	39.40	443.68	768.70
车辆用燃料及零配件	183.93	285.35	376.89	342.98	364.13
燃料	156.74	253.46	339.02	305.61	308.06
零配件	27.19	31.89	37.87	37.37	56.07
其他					
交通工具服务支出	126.90	127.27	104.81	305.78	293.05
维修费	40.79	47.83	56.81	56.05	84.11
车辆使用税费	68.74	51.88	28.43	204.64	166.67
其它车辆使用费用	17.37	27.55	19.57	45.10	42.28
交通费	193.80	243.78	161.07	320.27	412.27
飞机	49.38	56.10	38.62	93.14	144.40
火车	59.34	81.91	39.62	98.81	140.45
长途汽车	30.41	42.54	45.80	29.22	36.43
市内公共交通	22.68	23.91	12.65	32.37	32.18
出租汽车费	22.04	24.64	16.74	52.19	43.46
其他交通费	9.94	14.68	7.64	14.54	15.35

9-9 续表 8

单位：元

指　　标	城镇平均	按比例分组			
		最低收入户	更低户	低收入户	较低收入户
通信	661.71	342.78	345.28	390.94	543.15
通信工具	214.46	78.11	65.92	68.37	159.78
电话机	3.10	0.60	1.23	1.40	0.23
移动电话	199.35	71.15	57.56	61.16	150.39
其他通信工具	9.05	3.98	2.23	2.78	6.06
通信服务	447.25	264.67	279.36	322.57	383.37
电信费	435.11	260.44	273.41	315.08	368.53
上网费	91.41	56.96	75.18	78.66	65.73
邮费	1.59	0.15	0.26	0.38	1.05
其他	3.29	2.49	2.81	2.87	3.97
教育文化娱乐服务	1911.16	1120.90	1235.77	1312.06	1344.56
文化娱乐用品	405.85	148.43	163.97	135.63	288.33
彩色电视机	93.87	20.13	37.84	26.38	71.99
家用电脑	112.70	18.23	37.38	27.47	56.08
组合音响	2.56				0.34
摄像机	5.25				
照相机	16.67			6.46	3.04
钢琴					
其他中高档乐器	3.58	0.27	0.56	0.53	7.44
健身器材	6.22	0.32		0.16	2.20
电子辞典					
音像制品及软件	3.25	2.26	2.46	2.21	3.02
体育用品	14.15	3.87	2.89	0.59	5.48
书报杂志	29.29	20.33	22.12	19.92	27.18
纸张文具	21.55	19.31	18.20	18.24	22.31
其他文娱用品	96.76	63.71	42.53	33.66	89.24
文化娱乐服务	635.41	223.15	193.99	185.55	352.66
参观游览	27.72	10.37	9.90	8.52	14.01
健身活动	11.76	0.61	0.48	2.26	5.07

9-9 续表 9

单位：元

指标	按比例分组				
	中间收入户	较高收入户	高收入户	最高收入户	更高收入户
通信	637.50	779.34	1070.58	1255.84	1262.88
通信工具	178.24	257.41	423.43	574.14	644.25
电话机	5.13	1.55	3.57	16.39	19.15
移动电话	165.97	241.82	393.37	527.57	596.59
其他通信工具	6.16	11.61	21.37	22.93	17.04
通信服务	459.26	521.94	647.15	681.70	618.63
电信费	449.37	509.02	635.81	652.44	571.98
上网费	97.78	101.14	152.52	130.53	117.83
邮费	2.76	2.15	1.92	2.70	2.96
其他	3.45	3.50	2.86	2.78	1.32
教育文化娱乐服务	1762.02	2515.52	2720.12	3806.30	4409.68
文化娱乐用品	312.18	538.45	728.24	1146.91	1011.95
彩色电视机	54.78	153.03	164.37	261.99	294.86
家用电脑	122.55	138.26	268.37	297.55	209.98
组合音响	0.08	0.19	0.22	32.44	22.04
摄像机		2.73		63.99	26.36
照相机	6.02	35.52	17.74	81.90	110.46
钢琴					
其他中高档乐器		2.53		18.50	
健身器材	2.94	2.78	3.15	58.11	60.99
电子辞典					
音像制品及软件	2.90	3.98	4.18	5.31	4.99
体育用品	6.02	16.31	39.33	64.34	60.42
书报杂志	26.14	35.80	37.58	47.78	44.94
纸张文具	16.89	21.21	37.08	22.63	21.07
其他文娱用品	73.86	126.11	156.21	192.38	155.84
文化娱乐服务	596.97	878.95	1250.73	1647.07	2120.86
参观游览	38.26	30.82	37.10	81.44	84.88
健身活动	9.54	13.48	24.09	51.98	56.39

9-9 续表 10

单位：元

指　　标	城镇平均	按比例分组			
		最低收入户	更低户	低收入户	较低收入户
团体旅游	455.43	133.92	100.99	90.89	228.01
其它文娱活动	118.81	67.17	74.06	70.82	87.67
文娱用品修理服务费	21.69	11.08	8.55	13.06	17.89
教育	850.08	719.46	816.60	979.46	674.51
教材	32.85	38.31	41.24	31.78	30.23
课本及参考书					
教育软件					
其它教材					
教育费用	817.24	681.15	775.36	947.68	644.28
非义务教育学杂费	273.00	282.46	309.62	428.74	187.31
义务教育学杂费	40.24	55.86	38.37	87.22	26.02
托幼费	107.44	120.08	131.56	129.52	125.03
成人教育费	51.39	10.71	14.88	42.23	44.30
家教费					
培训班	160.75	88.85	119.22	69.79	139.61
学校住宿费					
其他	184.42	123.18	161.72	190.18	122.02
其它商品和服务	660.81	187.16	201.53	218.06	384.58
其它商品	469.37	104.09	121.26	116.00	252.20
金银珠宝饰品	255.48	36.93	64.90	34.39	101.76
手表	45.08	6.52	11.45	6.07	17.96
理发美容用具					
化妆品	113.28	21.63	21.91	51.55	87.46
其他杂品	50.70	38.45	21.81	18.92	41.28
服务	191.44	83.06	80.28	102.06	132.38
旅馆住宿费	25.28	5.01	7.47	3.34	6.57
理发洗澡费	54.84	22.74	22.95	32.62	37.98
美容费	36.56	15.16	15.30	21.74	25.32
其他服务	68.71	39.13	32.78	43.22	54.88

9-9 续表 11

单位：元

指　　标	按比例分组				
	中间收入户	较高收入户	高收入户	最高收入户	更高收入户
团体旅游	433.39	664.19	962.32	1188.64	1674.04
其它文娱活动	98.41	141.47	199.11	274.98	274.25
文娱用品修理服务费	17.36	28.99	28.10	50.03	31.29
教育	846.33	1066.20	729.51	1007.30	1267.06
教材	30.12	29.13	52.16	26.54	12.22
课本及参考书					
教育软件					
其它教材					
教育费用	816.21	1037.07	677.35	980.76	1254.84
非义务教育学杂费	235.38	356.96	148.66	306.13	411.39
义务教育学杂费	44.48	16.13	33.73	36.34	30.24
托幼费	111.65	71.85	85.06	100.40	121.12
成人教育费	19.32	102.05	51.46	114.03	176.86
家教费					
培训班	207.40	213.99	211.39	175.81	80.16
学校住宿费					
其他	197.98	276.08	147.05	248.06	435.07
其它商品和服务	565.71	797.38	1293.18	2125.60	2601.00
其它商品	385.45	523.72	1029.08	1694.97	2159.47
金银珠宝饰品	209.68	260.49	649.07	1060.06	1413.53
手表	37.00	45.97	114.54	187.07	249.45
理发美容用具					
化妆品	90.88	137.52	213.56	317.25	360.79
其他杂品	47.89	79.73	43.52	96.17	84.67
服务	180.26	273.66	264.10	430.64	441.53
旅馆住宿费	33.61	42.64	46.52	60.20	81.13
理发洗澡费	52.42	73.95	80.24	122.60	143.56
美容费	34.94	49.30	53.49	81.73	95.70
其他服务	54.20	101.86	75.70	148.43	97.12

9-10 城镇居民家庭平均每人购买食品数量(2013年)

单位：千克

指标	城镇平均	按比例分组								
		最低收入户	更低户	低收入户	较低收入户	中间收入户	较高收入户	高收入户	最高收入户	更高收入户
大米	22.52	20.03	20.91	15.64	21.77	23.01	24.54	27.15	28.27	24.45
面粉	27.77	31.09	33.85	25.19	26.92	26.18	33.02	24.00	25.24	26.11
食用植物油	10.26	8.85	8.39	9.72	9.57	9.20	11.18	11.97	13.98	14.08
猪肉	14.80	10.34	9.46	11.87	12.95	16.50	17.66	17.48	17.70	16.86
牛肉	2.07	1.10	0.66	1.11	1.73	1.99	2.35	3.86	3.56	3.42
羊肉	1.28	0.41	0.31	0.47	1.06	1.21	1.66	2.33	2.67	2.51
鸡	5.29	3.82	3.48	4.14	4.66	4.85	6.22	7.36	7.76	7.00
鸭	0.51	0.15	0.13	0.30	0.61	0.60	0.63	0.59	0.49	0.35
鲜蛋	14.62	13.13	14.18	12.07	13.25	14.80	16.39	16.36	18.37	18.92
鱼	4.08	2.11	2.06	2.65	3.52	4.43	5.04	5.47	6.29	5.56
虾	0.53	0.14	0.15	0.22	0.23	0.55	0.64	1.18	1.41	1.41
鲜菜	106.83	87.54	82.67	92.63	99.16	113.57	117.76	124.13	119.01	115.62
白酒	2.85	2.69	2.55	2.15	2.22	2.35	3.10	4.67	4.61	4.85
果酒	0.12	0.04	0.05	0.07	0.08	0.11	0.22	0.12	0.25	0.29
啤酒	3.65	2.80	3.06	2.50	3.18	4.17	4.38	4.81	3.80	3.76
碳酸饮料										
瓶装饮用水										
茶叶	0.27	0.10	0.04	0.13	0.30	0.27	0.28	0.33	0.58	0.47
鲜果	54.77	40.26	37.77	46.73	50.40	58.51	66.45	56.84	63.70	62.30
鲜瓜	9.67	7.10	6.67	8.25	8.89	10.33	11.73	10.03	11.24	10.99
糕点	5.45	3.64	4.22	4.45	5.01	5.52	6.49	6.77	7.06	7.47
鲜乳品	14.21	6.38	7.46	8.14	9.73	13.34	19.88	21.00	30.49	30.48
奶粉	0.31	0.25	0.25	0.13	0.19	0.33	0.24	0.76	0.70	0.69
酸奶	4.16	2.04	1.89	2.48	3.49	4.08	5.52	5.96	7.05	7.37

9-11 城镇居民家庭购买非食品数量(2013年)

指标	计量单位	城镇平均	按比例分组								
			最低收入户	更低户	低收入户	较低收入户	中间收入户	较高收入户	高收入户	最高收入户	更高收入户
服装	件/人										
鞋类	双/人	3.12	2.43	2.45	2.49	3.02	3.05	3.30	3.75	4.53	4.66
水	吨/人	32.26	21.55	21.37	21.67	25.06	32.91	39.80	50.46	46.48	44.68
电	度/人	642.94	500.73	466.27	490.08	588.03	625.66	752.29	778.00	902.57	951.50
煤炭	千克/人	42.08	46.62	40.26	37.23	38.45	63.28	40.11	30.97	16.27	13.73
液化石油气	千克/人	8.27	7.51	7.05	8.34	9.71	8.87	7.04	8.67	5.98	2.85
管道煤气	立方米/人	4.02	0.10	0.18	2.19	4.94	4.64	4.83	6.89	3.56	5.61
管道天然气	立方米/人	41.64	23.91	26.25	28.68	27.01	40.31	55.52	58.95	84.11	88.39
洗衣机	台/百户	8.27	3.06	5.26	4.11	6.85	5.58	10.17	11.18	19.00	18.68
电冰箱	台/百户	3.71	0.51	0.37	4.94	3.75	1.49	5.42	5.77	4.48	5.83
微波炉	台/百户	2.44			0.57	0.46	1.27	4.73	5.21	5.69	11.12
空调器	台/百户	12.91	9.75	11.29	4.64	13.54	9.13	12.32	25.58	19.12	14.66
淋浴热水器	台/百户	5.68	1.85		6.52	3.50	2.54	8.40	12.04	7.53	10.18
消毒碗柜	台/百户	0.16							0.73	0.86	1.68
洗碗机	台/百户	0.54			0.89		0.37	1.37	1.05		
摩托车	辆/百户	1.11			2.76	0.82		1.79	3.14		
助力车	辆/百户	12.62	9.24	10.55	14.36	10.32	12.34	16.45	13.89	10.47	8.29
家用汽车	辆/百户	1.63	0.36	0.75	0.46	0.70	1.68	1.43	3.62	4.20	4.88
电话机	部/百户	2.27	1.32	2.75	4.34	1.10	2.15	3.25	1.05	2.93	3.42
移动电话	部/百户	47.03	30.85	27.52	31.14	47.06	41.82	51.18	61.34	66.64	77.24
彩色电视机	台/百户	7.41	3.11	5.92	3.91	6.46	5.41	11.78	10.16	9.54	5.90
整机电脑	台/百户										
组合音响	台/百户	0.75				0.75	0.77	0.33	0.73	3.06	2.64
摄像机	架/百户	0.40						0.37		3.25	2.70
照相机	架/百户	1.47			0.83	0.77	0.98	0.85	1.65	6.97	6.94
钢琴	架/百户										
其他中高档乐器	件/百户										
健身器材	件/百户										
电子辞典	部/百户										

9-12 主要年份城镇居民家庭平均每百户主要消费品年末拥有量

指　　标	单位	2000年	2005年	2006年	2007年	2008年	2009年	2010年	2011年	2012年	2013年
成套家具	套	60.34	72.52	73.96							
摩托车	辆	19.47	28.14	27.70	24.88	17.94	18.87	19.97	17.97	18.66	16.14
自行车	辆	195.49	166.79	166.67							
助力车	辆		15.60	21.92	27.59	38.91	45.24	48.96	60.28	63.59	71.61
家用汽车	辆	0.10	1.58	1.61	1.99	4.15	5.03	6.75	14.06	15.60	15.77
洗衣机	台	87.87	98.23	99.14	97.95	94.75	96.01	97.43	98.42	99.73	97.48
电风扇	台	209.52	185.61	184.97							
电冰箱	台	71.78	86.33	87.18	90.70	87.02	88.17	90.70	92.07	93.37	91.94
冰柜	台	6.97	7.29	7.50							
彩色电视机	台	108.02	124.62	127.19	126.90	120.31	124.62	126.51	124.85	126.31	112.43
影碟机	台	30.82	60.77	61.83							
录音机	台	37.96	35.82	34.87							
录放像机	台	9.54	8.39	8.08							
家用电脑	台	5.72	31.82	35.00	40.28	46.64	51.70	56.98	71.41	74.41	79.92
组合音响	套	13.28	17.96	18.02	18.18	16.28	17.33	16.97	15.28	15.68	4.47
摄像机	架	0.68	3.11	3.38	4.20	5.41	5.54	5.59	6.13	6.36	5.12
照相机	架	27.24	38.92	39.08	38.00	28.13	31.55	33.61	35.24	37.09	28.92
钢琴	架	0.92	2.08	1.80	1.60	1.72	1.92	1.87	1.61	1.75	
其他中高档乐器	件	3.30	6.52	6.67	6.02	3.74	4.26	4.74	4.01	4.42	2.67
微波炉	台	6.27	30.36	32.04	33.59	34.63	37.03	38.88	42.08	43.15	42.21
空调器	台	34.46	93.55	100.62	105.66	102.96	112.81	120.28	132.40	137.67	127.14
取暖器	台		37.05	40.22							
电炊具	台	48.47	80.31	84.23							
淋浴热水器	台	24.27	50.61	53.57	59.56	59.05	64.40	66.83	76.17	79.67	78.08
排油烟机	台	31.94	55.60	57.96							
消毒碗柜	台		8.95	8.80	6.57	6.85	7.32	7.68	7.83	8.06	2.89
洗碗机	台		0.59	0.56	0.54	0.27	0.24	0.24	0.57	0.65	0.54
饮水机	台		44.83	46.41							
吸尘器	台	3.16	5.57	5.85							
健身器材	套	1.88	3.11	3.28	3.36	2.74	2.97	3.26	2.39	2.77	2.64
固定电话	部		90.93	89.73	84.74	68.38	67.40	66.71	51.86	51.98	42.21
移动电话	部	12.18	125.51	137.97	150.68	156.15	167.87	175.12	194.65	200.20	206.95
传真机	部		0.42	0.55							
接入有线电视电视机	台		108.64	105.51	105.25	97.84	99.84	101.07	96.89	98.15	99.19
接入互连网计算机	台		19.35	21.24	24.96	30.88	35.21	41.23	56.83	59.38	66.66
接入互连网移动电话	部		2.97	2.92	4.51	6.84	9.50	10.99	28.69	30.77	58.21

注：2007年城镇住户调查指标有所精简，被精简掉的指标从2007年起数据为空。

9-13 城镇居民家庭平均每百户主要消费品年末拥有量(2013年)

指 标	单位	城镇平均	按比例分组								
			最低收入户	更低户	低收入户	较低收入户	中间收入户	较高收入户	高收入户	最高收入户	更高收入户
摩托车	辆	16.14	13.09	9.60	23.02	17.74	15.37	15.14	15.90	12.91	10.21
助力车	辆	71.61	78.73	86.87	64.67	75.62	68.42	75.50	72.97	60.76	49.64
家用汽车	辆	15.77	5.56	9.77	13.33	11.22	16.12	18.95	25.94	20.25	20.99
洗衣机	台	97.48	93.69	97.01	97.29	96.10	98.61	99.10	96.00	100.21	98.25
电冰箱	台	91.94	84.01	86.11	85.18	91.63	93.37	94.89	94.07	96.32	96.88
彩色电视机	台	112.43	104.39	105.97	107.39	110.50	115.87	113.92	118.83	113.13	119.81
家用电脑	台	79.92	60.72	66.89	77.26	77.22	85.11	86.29	81.44	82.51	72.30
组合音响	套	4.47	0.32		5.07	3.99	2.39	6.17	6.02	8.13	12.78
摄像机	架	5.12	0.18	0.37	7.87	2.16	3.54	8.11	4.86	10.62	14.27
照相机	架	28.92	13.03	14.27	20.20	21.98	28.85	38.02	29.62	48.40	42.92
钢琴	架										
其他中高档乐器	件	2.67	0.36	0.75	2.93	1.26	1.56	5.20	0.77	6.57	4.29
微波炉	台	42.21	20.74	18.06	35.37	37.02	43.56	46.77	47.96	63.10	62.03
空调器	台	127.14	89.14	85.32	118.21	111.88	127.31	138.27	151.99	156.85	150.43
淋浴热水器	台	78.08	67.33	69.59	67.44	71.37	81.30	80.82	88.81	90.15	88.86
消毒碗柜	台	2.89	0.32			1.73	4.16	3.31	4.49	5.69	2.96
洗碗机	台	0.54	0.32		1.01	2.05					
健身器材	套	2.64	1.18		1.58	2.53	2.12	4.22	2.74	3.14	2.16
固定电话	部	42.21	24.08	34.80	30.90	32.89	46.66	46.84	57.94	56.28	55.92
移动电话	部	206.95	189.09	198.01	250.99	220.50	198.68	203.14	202.82	181.93	194.99
接入有线电视电视机	台	99.19	80.90	80.57	91.02	97.77	98.34	102.35	113.84	109.06	114.17
接入互连网计算机	台	66.66	48.18	50.07	62.43	62.67	71.98	73.93	65.17	73.53	62.65
接入互连网移动电话	部	58.21	23.90	26.31	65.49	53.96	70.93	66.51	58.85	51.00	49.17

主要统计指标解释

家庭人口 指居住在一起，经济上合在一起共同生活的家庭成员。凡计算家庭人口的成员其全部收支都应包括在一起，它与户籍管理部门的“常住人口”的含义不尽一致。

有收入者人口 指就业者和16岁以上的当月财产性收入、转移性收入、零星劳动收入在200元以上的非就业者。

就业人口 指从事社会劳动并取得劳动报酬或经常收入的人口，不论有固定性职业或临时性职业都是就业人口。

离退休再就业人口 指离退休人员接受原单位和其它单位聘用并单独领取一份离退休金以外报酬的人。包括离退休领取个体执照，从事个体劳动的人以及在所调查的月份内从事社会劳动时间超过半个月，所取得的报酬在当地足以维持本人生活的离退休人员。包括在就业人口中。

离退休人员 指按国家规定退出工作岗位，并领取离退休金的人员。不包括离退休再就业人员。

无收入者人数 指当月收入不足200元的非就业者。

现金收入 现金收入分为家庭总收入、出售财物收入、借贷收入三类。

家庭总收入 指调查户中生活在一起的所有家庭成员在调查期得到的工资性收入、经营净收入、财产性收入、转移性收入的总和，不包括出售财物和借贷收入。

可支配收入 指居民可用于最终消费支出和其它非义务性支出以及储蓄的总和，即居民家庭可以用来自由支配的收入。可支配收入=家庭总收入-个人所得税-个人交纳的社会保障支出-记账补贴。

工资性收入 指就业人员通过各种途径得到的全部劳动报酬，包括所从事的主要职业的工资以及从事第二职业、其他兼职和零星劳动得到的其它劳动收入。

转移性收入 指国家、单位、社会团体对居民家庭的各种转移支付和居民家庭间的收入转移。包括政府对个人收入转移的离退休金、失业救济金、赔偿等；单位对个人收入转移的辞退金、保险索赔、住房公积金；家庭间的赠送和赡养等。

出售财物收入 指调查户出售家庭财物所得到的收入。由于出售财物是家庭财产从实物形态转为货币形态，家庭财产总量不变，因此不计入可支配收入中。

借贷收入 指家庭资产不发生增减的周转性收入。包括提取银行存款、提取储金会款、借入款、收回借出款、兑售有价证券、收回的投资本金、贷款等。

现金支出 分为消费支出、购房建房支出、转移性支出、社会保障支出和借贷支出。

家庭总支出 指家庭除借贷支出以外的全部实际支出。包括消费性支出、购房建房支出、转移性支出、财产性支出、社会保障支出。

消费性支出 指家庭用于日常生活的全部支出。包括食品、衣着、家庭设备用品及服务、医疗保健、交通和通讯、娱乐教育文化服务、居住、其它商品和服务等八大类支出，均按用途划分归类。

服务性消费支出 指用于本家庭支付社会提供的各种文化和生活方面的非商品性服务费用。包括为别人付款的服务。

社会保障支出 指调查户成员参加国家法律、法规规定的社会保障项目中由个人交纳的保障支出。不包括职工所在单位交纳的那部分社会保障金。

借贷支出 包括所有权没有变化的周转性支付，如存入储蓄款、借出款；资金归还，如归还借款、归还各类贷款等。

说明：（1）从 2002 年起，城市住户调查对象由过去的非农业居民家庭改为城市市区和县城关镇区居民委员会行政管理区域内的住户。2007 年，调查对象包括中国城镇区域内的所有住户。也就是由原来的按特征定义改为国际较通用的按地域定义调查对象。按住宅门牌号码抽选调查户，将城市内的常住农业户和暂住户纳入调查范围，弥补了过去城市住户调查对流动人口以及城乡结合地带居民家庭的漏统现象。目前城市住户调查对象包括：①户口在本地区的常住非农业户和农业户。②户口在外地，居住在本地区半年以上的非农业户和农业户。（2）从 2002 年起，城市住户调查方案指标体系有较大的变化，主要是：①增加社会保障收支内容。将住房、医疗、养老、失业等社会保障收支纳入调查内容。②从就业者入手，调查个人所得税执行情况。③将实物收入改为非现金收入，并调整其统计口径。把无偿或低价享受的福利服务等纳入非现金收入范畴，非现金收入与现金收入构成居民家庭的全部收入。④精简吃、穿、用等调查指标，增加医疗、交通通讯、教育文化娱乐、居住方面的调查内容。⑤在消费支出下列出居民服务性消费支出。⑥对总收入、可支配收入、支出等主要指标概念做了进一步的明确。使其尽量规范一致，并与国际接轨。⑦增加住房占有及使用情况内容。请读者在使用城镇住户资料，特别是与以前年份对比时，注意指标口径的可比性。

县域经济

资料整理：王亚钶

10-1 各县(市)人口及从业人员(2013年)

地区	年末总户数(万户)	年末总人口(万人)	年平均总人口(万人)	常住人口(万人)	#城镇	城镇化率(%)	从业人员(万人)	第一产业	第二、三产业	#乡村从业人员
郑州市										
中牟县	17.59	91.55	91.95	91.55	35.16	38.40	38.61	17.89	20.72	27.81
巩义市	21.56	82.81	82.65	81.63	40.05	49.06	48.31	8.51	39.80	32.70
荥阳市	17.74	61.50	61.48	61.50	29.53	48.02	48.24	11.68	36.56	32.07
新密市	21.09	80.00	80.00	80.00	39.53	49.41	49.84	8.61	41.23	33.51
新郑市	19.12	84.02	80.44	84.02	40.72	48.47	47.04	14.55	32.49	39.47
登封市	17.54	68.34	68.05	68.34	32.80	47.99	49.94	14.38	35.56	33.84
开封市										
杞　县	35.60	111.15	110.85	94.79	29.03	30.63	73.00	40.00	33.00	62.00
通许县	17.85	63.55	63.38	56.28	17.25	30.65	40.42	19.94	20.48	33.29
尉氏县	25.58	95.18	94.93	87.19	27.16	31.15	69.04	27.11	41.93	50.85
开封县	21.04	75.34	75.12	69.28	20.75	29.95	53.72	23.93	29.79	43.94
兰考县	26.30	83.68	83.46	66.26	20.86	31.48	57.08	20.31	36.76	46.07
洛阳市										
孟津县	15.73	45.74	45.62	41.84	17.12	40.92	32.50	10.80	21.70	21.80
新安县	15.77	52.64	52.57	47.45	18.46	38.90	38.60	12.50	26.10	30.00
栾川县	10.67	33.62	33.51	34.45	14.27	41.41	23.80	9.80	14.00	18.80
嵩　县	17.22	59.34	59.22	51.09	14.28	27.95	37.70	18.70	19.00	30.40
汝阳县	12.72	47.51	47.45	41.36	11.73	28.37	33.70	18.80	14.90	29.70
宜阳县	19.54	69.02	68.91	60.61	17.66	29.14	41.40	22.10	19.30	36.00
洛宁县	13.70	48.58	48.49	42.25	11.25	26.63	34.30	16.80	17.50	28.00
伊川县	25.45	82.49	82.14	76.31	25.04	32.81	52.20	13.20	39.00	42.90
偃师市	18.29	60.03	59.89	56.37	29.35	52.07	46.70	8.40	38.30	33.50
平顶山市										
宝丰县	16.38	52.54	52.42	49.54	17.68	35.68	33.64	13.20	20.44	27.96
叶　县	23.52	90.02	89.76	78.33	24.61	31.42	54.12	34.33	19.79	49.83
鲁山县	24.46	93.75	93.51	78.69	24.09	30.62	53.26	25.94	27.31	48.03
郏　县	19.24	62.79	62.62	57.59	20.21	35.09	37.85	23.51	14.34	34.28
舞钢市	10.47	33.99	33.90	31.91	16.54	51.84	21.57	9.12	12.45	16.14
汝州市	30.22	106.54	106.28	93.27	35.14	37.68	61.35	27.20	34.14	51.43
安阳市										
安阳县	29.41	99.73	99.48	85.37	33.87	39.68	63.41	25.90	37.51	51.72
汤阴县	14.34	49.79	49.67	43.37	17.41	40.15	30.67	13.98	16.69	25.19
滑　县	38.15	135.21	134.87	111.40	26.07	23.40	80.38	39.02	41.36	68.04
内黄县	19.85	77.06	76.87	67.78	15.64	23.07	53.51	23.81	29.70	46.29
林州市	30.46	106.02	105.83	78.90	36.16	45.83	64.77	21.11	43.66	53.96
鹤壁市										
浚　县	19.72	69.91	69.72	67.04	19.44	29.00	41.79	16.52	25.27	35.22
淇　县	8.66	28.84	28.75	27.96	13.61	48.68	20.10	6.77	13.33	14.31

10-1 续表 1

地区	年末总户数(万户)	年末总人口(万人)	年平均总人口(万人)	常住人口(万人)	#城镇	城镇化率(%)	从业人员(万人)	第一产业	第二、三产业	#乡村从业人员
新乡市										
新乡县	8.77	34.11	34.03	33.97	16.43	48.38	27.97	2.89	25.08	19.16
获嘉县	11.40	43.32	43.21	40.42	15.85	39.21	29.79	10.95	18.84	23.51
原阳县	18.52	73.36	73.17	65.90	18.29	27.76	38.53	16.76	21.77	34.23
延津县	13.96	49.51	49.38	46.95	14.33	30.53	29.10	12.72	16.38	23.17
封丘县	21.25	81.07	80.86	73.00	21.37	29.27	41.53	18.12	23.41	35.78
长垣县	26.27	85.41	85.20	74.34	28.21	37.95	50.39	7.56	42.83	31.78
卫辉市	15.54	51.43	51.30	49.73	19.06	38.32	26.34	16.41	9.93	21.75
辉县市	26.84	84.08	83.85	73.91	29.82	40.34	44.59	18.48	26.11	35.54
焦作市										
修武县	6.94	28.27	28.24	26.15	11.25	43.02	16.09	5.65	10.44	12.20
博爱县	10.46	39.57	39.52	37.02	17.92	48.41	21.82	8.84	12.98	16.59
武陟县	18.84	72.65	72.55	67.54	21.50	31.84	45.24	22.31	22.93	33.89
温　县	13.94	44.77	44.73	41.29	16.88	40.88	32.09	13.57	18.52	23.75
沁阳市	11.74	48.91	48.86	44.20	24.23	54.82	33.22	10.56	22.66	24.81
孟州市	11.22	38.25	38.21	36.51	15.70	43.01	30.79	6.30	24.49	19.85
濮阳市										
清丰县	18.62	70.53	70.36	63.37	14.58	23.00	45.37	23.06	22.31	38.37
南乐县	13.41	53.12	52.99	45.91	11.82	25.75	33.44	13.27	20.17	25.47
范　县	16.31	54.77	54.63	47.14	12.54	26.61	34.07	16.14	17.93	29.35
台前县	10.03	37.45	37.35	31.95	8.33	26.08	23.62	9.76	13.86	19.74
濮阳县	31.32	113.93	113.64	101.50	34.20	33.70	68.41	39.23	29.18	60.08
许昌市										
许昌县	26.31	88.92	88.71	76.76	25.99	33.86	47.41	16.83	30.58	35.69
鄢陵县	18.84	65.71	65.56	55.06	18.58	33.74	37.67	12.85	24.82	26.06
襄城县	27.09	85.81	85.61	67.03	22.19	33.10	51.25	25.31	25.94	44.05
禹州市	38.47	127.10	126.81	112.93	44.46	39.37	83.18	29.80	53.38	61.06
长葛市	20.08	76.87	76.70	67.48	31.45	46.61	53.33	13.57	39.76	34.89
漯河市										
舞阳县	16.76	60.95	60.78	54.59	20.33	37.24	35.56	20.41	15.15	32.20
临颍县	21.79	76.67	76.37	71.83	28.47	39.64	47.62	21.16	21.16	40.28
三门峡市										
渑池县	11.91	35.32	35.27	34.88	14.24	40.84	21.02	9.07	11.95	16.67
陕　县	11.27	34.41	34.36	34.62	13.78	39.80	18.50	10.25	8.25	14.89
卢氏县	12.64	36.35	36.29	35.48	11.00	31.00	20.95	12.91	8.04	18.04
义马市	5.21	16.58	16.56	14.58	13.96	95.76	11.88	1.08	10.80	2.38
灵宝市	21.14	74.14	74.04	72.55	27.50	37.91	46.17	27.14	19.03	36.14
南阳市										
南召县	21.55	64.61	64.48	54.89	18.17	33.11	36.51	24.18	12.32	31.24
方城县	33.72	107.92	107.64	90.40	28.06	31.04	69.83	40.13	31.01	64.02
西峡县	15.98	46.52	46.42	43.96	18.63	42.38	39.06	4.71	34.35	28.48
镇平县	29.28	102.35	102.12	84.70	28.80	34.00	55.26	24.54	30.73	47.71

10-1 续表 2

地　区	年　末 总户数 (万户)	年　末 总人口 (万人)	年平均 总人口 (万人)	常住人口 (万人)	#城镇	城镇化率 (%)	从业人员 (万人)	第一 产业	第二、 三产业	#乡村从业 人　员
内乡县	22.76	71.21	71.09	56.43	19.05	33.76	35.36	15.10	20.26	29.94
淅川县	21.58	70.80	70.64	67.29	24.03	35.71	38.48	19.71	18.77	31.51
社旗县	22.50	72.92	72.76	62.47	20.82	33.33	45.45	26.04	19.41	40.40
唐河县	42.66	143.40	143.06	123.92	42.98	34.68	72.43	38.17	34.26	63.76
新野县	25.70	82.61	82.41	61.47	20.84	33.91	50.55	22.79	27.76	43.53
桐柏县	16.09	47.24	47.12	38.80	14.96	38.55	24.93	10.21	14.71	21.29
邓州市	48.76	175.42	175.10	143.07	47.53	33.22	96.37	50.44	45.93	86.80
商丘市										
民权县	27.83	90.56	90.36	72.06	21.20	29.42	47.05	23.90	23.15	44.59
睢　县	23.94	86.60	86.40	66.77	20.03	30.00	56.53	29.53	27.00	48.51
宁陵县	17.67	64.64	64.48	51.07	14.16	27.73	37.68	19.56	18.12	32.30
柘城县	31.21	101.69	101.46	69.49	20.35	29.29	53.65	26.69	26.96	43.75
虞城县	32.02	117.74	117.47	89.05	27.33	30.69	66.27	19.83	46.44	62.77
夏邑县	38.16	119.92	119.64	88.38	28.42	32.16	67.57	31.83	35.74	59.08
永城市	40.04	153.12	152.72	123.05	48.25	39.21	102.47	29.91	72.55	80.54
信阳市										
罗山县	22.79	75.35	75.13	52.45	18.56	35.39	45.24	20.75	24.49	37.99
光山县	29.77	83.81	83.63	60.36	20.00	33.13	49.19	22.65	26.54	41.62
新　县	14.88	36.19	36.09	29.01	12.02	41.44	22.96	7.24	15.72	17.26
商城县	23.21	77.74	77.55	52.01	17.16	32.99	42.25	16.65	25.60	36.56
固始县	56.68	173.41	173.01	106.52	36.11	33.90	102.16	40.72	61.44	86.92
潢川县	26.51	85.36	85.12	66.04	29.23	44.26	46.24	28.55	17.69	38.14
淮滨县	22.78	75.86	75.54	57.61	19.24	33.40	47.38	18.48	28.90	38.49
息　县	32.78	102.61	102.37	81.34	26.78	32.92	57.80	33.26	24.54	50.35
周口市										
扶沟县	21.71	75.36	75.19	60.06	19.38	32.27	46.56	22.60	23.96	37.24
西华县	28.14	95.73	95.52	75.92	24.39	32.12	58.21	26.34	31.87	51.58
商水县	33.20	122.59	122.28	89.84	26.48	29.47	77.51	38.97	38.54	65.70
沈丘县	35.04	129.31	129.02	95.41	30.31	31.77	77.34	40.54	36.80	70.25
郸城县	41.70	132.89	132.58	95.26	30.63	32.15	84.89	42.45	42.44	74.87
淮阳县	38.18	129.70	129.40	99.02	31.83	32.15	86.38	47.95	38.43	67.63
太康县	41.59	148.65	148.33	106.06	32.46	30.61	88.60	51.86	36.74	73.87
鹿邑县	36.77	120.14	119.87	88.67	30.30	34.17	77.85	28.79	49.06	67.48
项城市	38.15	123.19	122.90	97.16	39.71	40.87	74.16	29.26	44.90	47.24
驻马店市										
西平县	20.79	88.41	88.18	68.84	21.47	31.19	62.03	12.29	49.74	55.74
上蔡县	37.81	150.12	149.74	100.20	31.10	31.04	87.50	53.50	34.00	79.93
平舆县	25.89	99.60	99.35	71.73	24.01	33.47	64.29	31.56	32.73	57.12
正阳县	23.95	81.96	81.74	62.59	16.76	26.77	49.11	25.17	23.94	43.67
确山县	15.64	52.26	52.92	39.01	13.71	35.14	31.53	11.60	19.93	24.77
泌阳县	24.71	91.00	90.79	67.78	22.68	33.46	60.85	28.57	32.28	50.49
汝南县	22.54	84.57	84.36	64.78	20.20	31.18	51.88	27.10	24.78	46.99
遂平县	17.86	55.72	55.60	41.29	14.59	35.33	35.02	17.91	17.11	29.04
新蔡县	29.20	111.75	111.49	83.24	22.38	26.88	70.36	32.67	20.31	65.18

10-2 各县(市)生产总值

地区	生产总值(万元)	第一产业	第二产业	#工业	第三产业
郑州市					
中牟县	5513732	487695	3982701	3718259	1043336
巩义市	5812240	110762	4078071	3881912	1623407
荥阳市	5200436	258010	3638837	3442950	1303590
新密市	5598318	167764	3733249	3533934	1697305
新郑市	6064742	208595	4183561	3979381	1672586
登封市	4509039	130571	3162063	3034834	1216405
开封市					
杞　县	2284721	787434	847701	799894	649586
通许县	1779449	470766	733922	682423	574761
尉氏县	2719844	515137	1595802	1506802	608904
开封县	1872057	511820	755980	711598	604257
兰考县	1928483	350238	927323	880822	650922
洛阳市					
孟津县	2025838	255966	1294217	1159154	475655
新安县	3439188	219283	2613020	2421822	606885
栾川县	1440442	150920	963899	903298	325623
嵩　县	1467493	310418	677440	585142	479635
汝阳县	1155195	156486	695329	611033	303380
宜阳县	1946139	328515	973762	827220	643862
洛宁县	1387703	303017	657347	573646	427339
伊川县	2751328	295255	1810879	1633030	645194
偃师市	3569317	212397	2166245	2024389	1190675
平顶山市					
宝丰县	2329909	185950	1552261	1505283	591698
叶　县	1870677	401701	1116505	1072618	352471
鲁山县	1174530	238522	466393	422768	469615
郏　县	1339405	219548	819795	781546	300063
舞钢市	1019214	116212	519992	475073	383010
汝州市	3316636	389530	1771072	1650878	1156034
安阳市					
安阳县	3460856	336089	2158577	2008210	966190
汤阴县	1358052	230183	802248	773768	325621
滑　县	1830323	647154	738883	654889	444286
内黄县	1449470	473411	629094	575867	346965
林州市	4241275	219275	2788316	2397604	1233684
鹤壁市					
浚　县	1412973	302071	803866	744585	307036
淇　县	1705915	189449	1374359	1306086	142107

和指数(2013年)

人　　均 生产总值(元) (按常住人口计算)	生产总值 指数(%) (上年=100)	第一 产业	第二 产业	#工业	第三 产业	人　　均 生产总值 指数(%)
59964	108.4	101.5	109.7	109.1	109.1	103.9
71338	110.1	103.9	111.0	111.0	107.4	109.7
84594	109.2	104.0	109.6	109.4	108.9	109.1
69979	109.5	104.1	109.7	109.6	109.4	109.5
75399	111.6	103.3	112.5	112.4	110.3	105.2
66261	109.1	103.9	109.3	109.1	109.4	108.3
24062	111.0	104.5	115.3	115.3	113.0	111.4
31570	110.6	104.5	114.6	114.5	110.3	110.9
31143	112.4	104.5	115.8	115.8	109.4	112.8
26979	111.0	104.6	115.6	115.6	110.7	111.3
28974	111.1	104.6	114.2	113.8	110.5	111.8
48506	111.8	104.3	114.6	115.4	109.5	111.5
72580	110.6	104.2	111.5	111.6	106.5	110.3
41831	108.7	104.3	109.0	109.0	108.1	108.6
28777	107.9	103.9	109.1	109.0	108.5	107.6
28001	109.3	104.5	110.5	110.4	109.0	108.7
32162	109.0	104.2	110.7	110.5	108.8	108.6
32791	109.0	103.4	111.2	111.5	108.4	109.0
36126	109.6	103.5	110.4	110.5	108.3	109.2
63415	109.5	104.5	110.8	111.3	108.0	109.1
47105	111.6	104.1	114.4	114.6	105.4	111.1
23917	110.4	104.5	113.5	113.7	105.1	110.0
14936	109.1	105.0	111.5	111.8	107.7	109.3
23296	109.3	104.7	111.2	111.4	106.8	109.0
32045	102.5	104.9	101.1	100.8	105.5	101.9
35568	108.0	104.4	107.0	106.7	111.0	107.9
40562	108.2	104.0	109.5	109.8	105.5	108.2
31383	109.6	104.2	111.1	111.1	108.1	109.5
16233	109.0	104.2	112.2	112.1	110.0	113.3
21333	108.1	103.5	111.2	111.7	107.7	108.5
53764	109.5	104.3	110.3	110.0	108.1	109.7
21109	112.1	104.2	115.2	116.5	111.4	111.4
61826	114.7	104.0	116.9	117.6	106.2	113.0

10-2 续表 1

地　区	生产总值（万元）	第一产业	第二产业	#工业	第三产业
新乡市					
新乡县	1969806	128312	1582987	1474643	258507
获嘉县	801948	154956	491743	445784	155249
原阳县	963890	255849	455753	366583	252287
延津县	1017225	237893	556072	493682	223260
封丘县	1016592	356485	425188	307360	234919
长垣县	2266443	317335	1248746	1051489	700361
卫辉市	1064233	223423	443210	374955	397601
辉县市	2895949	379397	2062109	1936000	454443
焦作市					
修武县	1000798	120323	619336	571080	261139
博爱县	1997972	176833	1448507	1383542	372632
武陟县	2499244	323557	1690718	1607212	484969
温　县	2107155	212965	1506085	1447671	388105
沁阳市	3299309	191499	2357330	2279270	750480
孟州市	2458415	195160	1905380	1827563	357875
濮阳市					
清丰县	1639980	382349	964871	921844	292760
南乐县	1241667	294887	707172	674518	239608
范　县	1303241	158923	862498	833682	281820
台前县	724352	90177	440540	412651	193635
濮阳县	2799020	385799	1976459	1923369	436762
许昌市					
许昌县	2370449	383036	1385314	1257124	602099
鄢陵县	2262093	525605	1168548	1043595	567940
襄城县	2802262	369831	1873645	1774176	558786
禹州市	4522527	318385	3174787	2981951	1029355
长葛市	4108512	242502	3177382	3045557	688628
漯河市					
舞阳县	1182778	248573	744274	698153	189931
临颍县	2351774	331014	1749353	1678066	271407
三门峡市					
渑池县	2107736	185347	1488951	1426750	433438
陕　县	1413691	173637	724672	657366	515382
卢氏县	685294	167764	265710	208197	251820
义马市	1617805	9207	1391193	1325656	217405
灵宝市	4686371	423828	3366505	3273239	896038
南阳市					
南召县	1052411	159085	565464	488842	327862
方城县	1456097	340460	676125	582659	439513
西峡县	1903810	245143	1231303	1110584	427364

人均生产总值(元)(按常住人口计算)	生产总值指数(%)(上年=100)	第一产业	第二产业	#工业	第三产业	人均生产总值指数(%)
58029	110.4	104.5	111.3	111.6	105.0	109.9
19865	107.7	104.4	111.2	110.9	100.6	107.2
14632	107.8	104.3	110.2	108.7	105.2	107.4
21678	107.9	104.4	111.0	111.4	102.4	107.5
13931	106.9	104.5	108.7	110.9	107.0	106.5
30292	112.6	104.6	116.1	116.0	109.2	116.7
21411	107.9	104.4	110.9	111.9	105.5	107.5
39195	108.4	104.6	109.1	109.3	107.3	108.1
38257	105.3	105.1	104.4	103.6	107.9	110.5
54048	111.2	105.1	113.2	113.4	105.2	121.1
36670	111.7	104.8	113.7	113.9	107.5	114.9
50722	111.4	105.5	112.8	113.0	108.1	112.2
74316	111.0	105.4	112.5	112.7	106.6	111.6
67380	112.3	105.1	113.8	114.1	106.6	112.3
25814	114.0	104.7	118.3	118.5	109.0	114.0
26698	113.8	104.5	118.1	118.3	109.3	110.5
27559	116.8	104.6	120.4	120.6	111.0	116.5
22371	115.8	104.4	118.5	118.7	111.7	116.2
27549	115.8	104.7	118.7	118.8	109.5	117.5
30907	110.0	104.0	111.9	111.8	108.7	109.8
41121	110.1	103.9	113.4	113.5	108.6	109.9
41837	111.6	104.2	113.5	113.5	108.9	111.5
40067	110.8	104.1	111.9	111.8	108.8	110.7
60660	111.7	104.1	112.9	113.0	108.3	112.5
21752	108.8	104.4	110.3	110.0	106.3	108.2
32845	109.8	103.7	111.2	111.1	106.1	109.3
60555	110.8	102.7	111.9	112.2	109.7	110.6
40917	109.8	101.8	112.3	111.8	107.8	109.6
19357	109.5	106.7	111.7	111.1	108.5	109.2
111166	106.0	106.4	105.5	105.7	109.7	105.9
64722	110.7	106.0	112.0	111.9	107.5	110.5
19130	108.4	104.3	108.9	108.0	109.2	108.2
16071	111.0	104.4	115.3	114.4	109.2	111.1
43214	111.2	104.3	113.2	114.2	108.3	111.1

10-2 续表 2

地　区	生产总值（万元）	第一产业	第二产业	#工业	第三产业
镇平县	1825619	269339	975586	891865	580694
内乡县	1246758	309697	574231	457258	362830
淅川县	1699667	309541	982802	875574	407324
社旗县	1136878	308472	510803	451429	317604
唐河县	2275398	623374	1056936	927440	595088
新野县	2037018	386752	1118706	1062897	531560
桐柏县	1344482	183725	859466	784748	301291
邓州市	3070589	918136	1311030	1180304	841423
商丘市					
民权县	1498910	392169	583868	513789	522873
睢　县	1258811	399185	508423	432904	351203
宁陵县	817313	222286	356730	322079	238297
柘城县	1397580	415008	488762	424538	493810
虞城县	1808071	439026	776280	696260	592765
夏邑县	1562417	437016	595880	522024	529521
永城市	4024390	600090	2452666	2248100	971634
信阳市					
罗山县	1351773	398918	485537	376577	467318
光山县	1379734	422763	536158	445437	420813
新　县	898238	230935	376578	297468	290725
商城县	1313983	379893	531018	398483	403072
固始县	2362245	765276	815484	667900	781485
潢川县	1805834	553730	632234	524430	619870
淮滨县	1160049	332269	471386	409673	356394
息　县	1527907	455597	625902	544212	446408
周口市					
扶沟县	1355925	357474	709863	648539	288588
西华县	1535715	513890	753935	668057	267890
商水县	1694421	585843	678207	609730	430371
沈丘县	1841599	403792	903479	812763	534328
郸城县	1874847	496583	1023132	957112	355132
淮阳县	1716709	591506	743706	660099	381497
太康县	1788073	530845	806675	724494	450553
鹿邑县	2217901	493052	1155435	1060500	569414
项城市	2213923	403441	1280233	1196589	530249
驻马店市					
西平县	1527319	455361	609958	554477	462000
上蔡县	1676475	388682	660974	589355	626819
平舆县	1476377	368432	677076	564180	430870
正阳县	1241884	478045	393839	339645	370000
确山县	1170558	307489	543069	492145	320000
泌阳县	1566782	483188	688595	610198	395000
汝南县	1360359	434283	539176	484350	386900
遂平县	1374444	288727	685717	604818	400000
新蔡县	1418002	476573	542128	468000	399301

人均 生产总值(元) (按常住人口计算)	生产总值 指数(%) (上年=100)	第一 产业	第二 产业	#工业	第三 产业	人均 生产总值 指数(%)
21505	105.3	104.1	105.1	106.8	106.4	105.4
22045	110.2	104.6	113.5	112.4	109.1	110.3
25204	109.8	104.2	111.3	111.2	110.8	109.8
18158	110.1	104.5	113.4	113.7	110.5	110.0
18320	107.4	104.4	108.7	109.4	108.4	108.3
33064	109.4	104.4	111.3	111.7	108.6	109.6
34577	108.3	104.5	108.8	107.9	109.9	108.3
21313	109.3	104.5	110.9	110.3	111.0	110.1
20678	110.7	104.2	115.5	115.3	110.1	111.5
18849	110.0	104.3	114.7	114.8	109.3	110.7
15753	110.4	104.4	115.8	115.8	107.3	112.8
20067	109.8	104.6	115.9	115.7	108.4	110.8
20196	110.9	104.7	116.0	115.9	109.3	115.2
17508	111.1	104.3	114.6	115.1	113.3	112.7
32778	109.1	104.5	109.8	109.5	109.7	109.2
25560	109.2	104.2	111.4	111.5	109.9	107.1
22785	109.1	104.1	112.1	112.6	108.9	107.4
30884	109.8	103.9	113.6	114.5	108.1	107.1
25138	109.4	103.9	111.8	112.8	110.4	106.8
22231	109.2	104.2	111.3	111.8	112.1	106.9
27250	109.5	104.1	112.3	112.7	110.4	107.0
20156	109.1	104.0	112.1	112.3	108.3	108.5
18633	108.6	103.9	111.9	112.0	107.8	107.4
22550	109.0	104.4	112.8	112.6	107.4	110.4
20178	108.3	104.3	111.6	111.6	108.2	109.6
18844	108.1	104.3	113.1	113.1	107.4	109.2
19283	109.9	104.2	113.5	113.8	107.2	110.9
19605	110.4	104.1	113.9	114.0	108.0	112.6
17313	108.0	104.0	112.2	112.3	107.3	109.0
16832	109.9	104.5	113.8	114.0	110.5	111.0
24982	110.3	104.3	114.2	114.4	107.3	111.0
22758	109.9	104.3	112.4	112.5	107.0	111.0
22149	109.9	104.7	111.8	111.5	112.3	110.7
16552	110.0	104.6	112.4	111.7	110.5	113.6
20547	110.3	104.6	113.3	113.0	110.2	111.1
19806	107.9	104.4	110.9	110.5	108.7	109.4
29431	109.9	104.6	111.7	111.2	111.8	113.5
22959	110.5	104.7	115.1	113.4	109.0	113.1
20869	108.9	104.6	112.6	112.7	108.3	112.9
33153	110.0	104.4	113.0	113.0	109.0	112.6
17010	108.8	104.4	112.1	111.7	108.1	109.3

10-3 各县(市)固定资产投资、建筑业及规模以上工业主要指标(2013年)

地 区	全社会固定资产投资(亿元)	#固定资产投 资	#房地产开发	建筑业总产值(亿元)	工业增加值(亿元)	工业增加值增速(%)	主 营业务收入(亿元)	利税总额(亿元)
郑州市								
中牟县	247.31	230.29	28.11	50.85	350.93	17.7	372.94	56.98
巩义市	364.06	352.54	47.81	16.94	344.91	12.1	1630.54	164.09
荥阳市	357.21	346.47	39.31	47.63	309.61	10.3	1363.84	170.50
新密市	345.20	329.38	16.14	38.09	310.49	10.7	1264.93	229.67
新郑市	344.60	327.56	47.53	31.81	349.12	13.5	1171.43	259.93
登封市	310.13	293.05	13.58	11.22	277.00	10.3	1075.32	203.22
开封市								
杞 县	141.75	133.80	1.11	6.07	65.66	18.8	293.08	37.49
通许县	115.23	107.23	5.85	14.28	52.80	18.8	242.20	19.12
尉氏县	176.61	169.94	16.53	10.86	128.54	18.9	584.80	100.00
开封县	140.74	134.85	7.42	5.80	60.11	18.8	220.77	30.07
兰考县	111.19	103.34	6.35	8.51	66.21	18.1	274.08	47.40
洛阳市								
孟津县	190.91	187.21	2.09	8.23	96.98	19.0	440.21	33.28
新安县	320.33	315.72	9.56	10.58	195.36	14.2	939.21	39.30
栾川县	153.81	150.29	1.73	18.51	85.10	9.6	158.78	28.30
嵩 县	154.30	148.39	2.41	3.64	49.13	11.2	120.10	19.80
汝阳县	112.98	110.94	6.63	11.30	41.18	14.3	84.55	8.47
宜阳县	200.15	194.15	28.75	9.25	63.47	13.2	271.22	19.55
洛宁县	149.47	143.92	5.56	5.29	44.34	14.2	182.61	14.26
伊川县	292.80	286.97	5.66	3.68	122.22	13.5	462.54	-3.17
偃师市	206.82	198.97	6.21	6.23	246.48	13.0	1135.27	122.11
平顶山市								
宝丰县	212.64	209.15	7.77	2.60	125.38	17.2	302.44	58.91
叶 县	207.81	202.53	2.50	5.90	88.85	16.4	259.59	51.08
鲁山县	122.22	116.88	2.84	5.23	33.26	14.2	162.49	13.61
郏 县	148.36	142.27	3.39	4.37	59.25	14.7	225.24	34.42
舞钢市	139.83	136.55	6.98	3.78	39.31	0.3	164.17	5.73
汝州市	207.85	203.46	11.05	2.78	104.79	8.5	255.22	24.34
安阳市								
安阳县	367.24	357.31	4.97	83.32	185.22	11.8	678.70	64.91
汤阴县	77.95	75.35	5.76	10.79	68.24	14.6	302.17	31.43
滑 县	112.35	107.38	6.13	26.18	53.01	14.5	220.49	22.58
内黄县	90.98	77.79	5.34	9.02	47.47	15.8	216.95	26.73
林州市	405.33	399.39	20.56	262.78	211.73	12.4	923.61	123.33
鹤壁市								
浚 县	91.37	84.60	5.71	3.55	68.40	18.1	293.10	25.50
淇 县	104.26	101.44	8.56	0.83	128.37	18.0	488.50	73.59

10-3 续表 1

地　区	全社会固定资产投资(亿元)	#固定资产投资	#房地产开发	建筑业总产值(亿元)	工业增加值(亿元)	工业增加值增速(%)	主营业务收入(亿元)	利税总额(亿元)
新乡市								
新乡县	128.89	125.53	8.82	26.16	138.22	12.5	593.82	32.96
获嘉县	65.52	60.46	1.20	11.02	38.16	13.5	166.39	8.98
原阳县	104.84	98.60	4.60	13.79	29.16	10.0	126.20	9.72
延津县	78.98	72.82	6.90	9.71	44.22	13.0	176.56	15.70
封丘县	109.69	103.41	5.78	43.87	23.42	12.9	105.02	21.56
长垣县	205.38	198.82	16.42	141.61	96.74	17.4	408.44	55.09
卫辉市	89.44	84.66	4.18	12.12	36.53	12.9	151.85	9.05
辉县市	229.63	222.41	20.15	8.22	171.44	10.7	671.64	49.85
焦作市								
修武县	110.13	106.23	10.36	1.91	51.27	5.3	232.82	6.50
博爱县	142.30	137.53	2.43	1.63	127.13	15.1	504.04	67.83
武陟县	217.78	212.10	4.21	5.89	145.47	15.5	611.34	59.34
温　县	144.66	139.15	2.92	1.56	124.44	15.6	479.51	58.49
沁阳市	253.08	247.53	8.52	6.64	204.87	14.9	756.76	120.30
孟州市	216.46	210.99	4.16	3.77	168.33	15.8	668.30	79.36
濮阳市								
清丰县	173.72	169.10	3.64	1.32	83.28	20.6	355.65	55.99
南乐县	123.08	118.02	3.22	1.38	59.53	21.7	272.96	45.72
范　县	120.80	116.70	7.11	1.92	74.29	25.3	355.47	37.51
台前县	55.01	53.55	3.21	5.65	38.39	20.4	143.94	6.07
濮阳县	232.69	226.84	9.41	16.00	179.73	20.6	779.52	131.10
许昌市								
许昌县	140.36	129.94	10.36	9.92	104.52	14.4	367.78	50.31
鄢陵县	177.27	167.29	14.42	29.30	88.31	16.5	411.72	55.18
襄城县	178.30	171.19	6.59	1.93	160.81	16.5	522.32	75.05
禹州市	379.19	367.00	13.29	3.68	256.17	14.7	1013.39	146.30
长葛市	255.11	250.37	15.37	6.25	262.74	16.6	1347.78	166.84
漯河市								
舞阳县	131.58	124.77	6.96	1.29	58.73	12.0	250.52	40.26
临颍县	152.97	146.92	8.34	5.29	154.84	11.8	647.37	116.60
三门峡市								
渑池县	215.46	213.37	10.55	8.14	127.57	14.0	547.30	73.26
陕　县	203.69	202.31	10.41	9.06	56.17	13.8	259.09	9.02
卢氏县	78.78	77.22	2.97	5.17	15.75	14.1	54.57	4.95
义马市	151.68	151.46	9.06	13.66	131.31	5.8	537.94	30.07
灵宝市	252.31	246.48	12.27	11.45	303.90	13.1	1434.42	154.84
南阳市								
南召县	108.00	105.43	1.10	8.36	38.82	14.3	107.84	8.17
方城县	143.30	132.24	11.48	9.14	44.67	18.4	168.12	22.34
西峡县	207.42	204.25	2.83	14.32	96.86	16.1	388.29	31.22
镇平县	173.11	160.46	4.90	3.48	57.79	8.2	210.79	23.19

10-3 续表 2

地 区	全社会固定资产投资(亿元)	#固定资产投资	#房地产开发	建筑业总产值(亿元)	工业增加值(亿元)	工业增加值增速(%)	主营业务收入(亿元)	利税总额(亿元)
内乡县	148.98	140.90	2.39	14.90	29.49	17.9	98.06	6.01
淅川县	191.78	185.07	4.14	16.27	67.26	14.0	298.68	34.46
社旗县	105.30	99.20	2.81	8.66	33.64	17.8	142.76	11.71
唐河县	177.98	163.06	4.81	31.51	74.34	11.4	215.49	25.96
新野县	179.32	171.97	5.00	8.43	88.09	13.7	342.76	33.41
桐柏县	125.96	123.11	1.06	10.40	66.07	8.9	133.38	16.44
邓州市	224.89	211.90	12.13	31.49	81.80	13.9	330.17	29.52
商丘市								
民权县	136.66	129.28	17.06	20.93	39.67	19.5	218.38	16.97
睢 县	131.47	122.51	10.43	8.01	31.05	19.6	128.28	17.40
宁陵县	83.59	78.24	11.33	6.67	26.85	19.2	117.16	14.40
柘城县	128.01	118.49	23.49	16.25	34.63	19.8	138.01	21.05
虞城县	138.63	129.54	9.78	12.47	57.24	19.3	262.85	24.38
夏邑县	142.50	132.97	22.05	16.71	41.52	19.4	182.29	21.80
永城市	217.79	214.05	30.53	49.05	212.81	9.9	955.58	81.56
信阳市								
罗山县	149.86	141.10	34.88	45.51	28.15	15.5	119.11	13.96
光山县	147.92	139.12	26.72	20.55	34.43	16.5	150.15	16.41
新 县	97.12	93.39	9.39	24.07	23.94	18.0	98.03	13.11
商城县	120.69	112.97	7.99	24.36	31.39	16.5	132.06	13.11
固始县	197.83	185.43	19.69	34.50	47.86	16.2	194.06	17.49
潢川县	153.13	144.17	9.05	29.69	41.04	15.9	173.10	10.01
淮滨县	100.67	95.77	15.45	20.46	33.28	15.4	136.24	18.56
息 县	150.67	142.80	20.41	37.51	45.38	14.7	185.14	22.94
周口市								
扶沟县	115.13	110.45	13.83	12.79	50.83	16.3	227.33	43.55
西华县	117.22	107.73	4.86	29.83	60.42	13.2	294.93	32.60
商水县	117.94	106.83	12.38	19.96	51.89	15.2	274.86	38.36
沈丘县	138.18	125.96	9.64	14.74	68.58	17.0	341.13	71.46
郸城县	122.08	108.05	8.29	29.90	83.44	16.3	377.07	28.21
淮阳县	121.29	110.30	19.34	20.48	51.50	16.0	213.55	43.52
太康县	110.73	95.17	4.40	35.73	59.77	16.5	277.78	42.93
鹿邑县	128.09	112.55	2.30	20.82	89.35	17.2	352.69	41.91
项城市	118.14	104.61	8.03	32.37	94.90	16.2	390.72	60.03
驻马店市								
西平县	99.54	84.14	13.53	23.77	40.65	15.7	164.47	12.29
上蔡县	92.54	82.00	9.44	16.49	43.73	16.1	186.56	20.60
平舆县	104.13	96.36	9.99	29.76	47.36	15.9	229.02	28.43
正阳县	86.72	79.18	7.47	11.23	27.31	13.0	91.29	10.14
确山县	89.76	86.12	20.28	56.61	38.78	14.2	151.46	24.98
泌阳县	99.87	91.65	14.11	27.92	50.65	16.7	267.74	33.17
汝南县	94.98	87.02	8.69	9.92	40.27	16.0	175.30	24.44
遂平县	105.37	100.04	16.87	14.44	51.00	15.9	178.13	21.38
新蔡县	95.27	85.80	12.37	17.54	34.72	15.3	153.64	17.30

10-4 各县(市)城镇从业人员和工资(2013年)

地　区	城镇单位年末从业人员(人)	城镇单位年平均从业人员(人)	城镇单位从业人员平均工资(元)	#在岗职工平均工资
郑州市				
中牟县	57373	52403	37163	39885
巩义市	77519	74835	35083	35395
荥阳市	98526	97201	36958	37044
新密市	88357	87178	34116	33807
新郑市	116523	113612	39809	40249
登封市	99854	94546	30933	31081
开封市				
杞　县	56289	55371	32324	32638
通许县	43988	43229	32250	32573
尉氏县	62080	61602	38381	38409
开封县	44287	43576	33851	33993
兰考县	47128	46417	36330	36412
洛阳市				
孟津县	44690	42614	29324	29616
新安县	62628	62089	31376	31841
栾川县	32516	32171	35342	36046
嵩　县	21504	21238	32494	33221
汝阳县	21365	21217	31300	31405
宜阳县	26987	26972	34512	34678
洛宁县	41242	41228	26847	26866
伊川县	26160	26426	31304	32241
偃师市	32035	31940	34409	35232
平顶山市				
宝丰县	31246	29668	38306	39868
叶　县	29391	28255	33893	34351
鲁山县	32937	32593	35912	35979
郏　县	26894	25674	33693	34582
舞钢市	44011	43539	34800	35271
汝州市	62408	62852	41189	41919
安阳市				
安阳县	72778	67719	32130	32095
汤阴县	35942	35380	28624	28680
滑　县	65581	64754	26934	27043
内黄县	38489	37276	26871	26904
林州市	154587	150792	36333	36155
鹤壁市				
浚　县	30213	29472	35980	36148
淇　县	38507	37408	35267	35661

10-4 续表 1

地　区	城镇单位年末从业人员（人）	城镇单位年平均从业人员（人）	城镇单位从业人员平均工资（元）	#在岗职工平均工资
新乡市				
新乡县	73038	71250	34841	35000
获嘉县	45799	43282	26371	26228
原阳县	28010	27638	27226	27308
延津县	41554	41007	29214	29256
封丘县	40254	39913	30197	30349
长垣县	141215	134622	33372	33393
卫辉市	35112	34082	31277	31555
辉县市	70247	68527	32808	33312
焦作市				
修武县	24791	24112	30653	30704
博爱县	20588	20668	29374	29871
武陟县	63549	58472	34293	33920
温　县	38683	38144	31096	31939
沁阳市	37127	36769	34647	34663
孟州市	71585	71164	36150	36318
濮阳市				
清丰县	30957	29999	26719	26877
南乐县	19579	19293	26481	27249
范　县	14734	14711	27442	27190
台前县	19426	19399	27920	28076
濮阳县	64973	64454	27451	33233
许昌市				
许昌县	66171	65696	34508	34544
鄢陵县	48790	48325	28684	28715
襄城县	42555	42406	36622	30015
禹州市	65449	64630	33642	33856
长葛市	82945	81418	33932	34028
漯河市				
舞阳县	23500	21704	30814	30914
临颍县	55809	55505	32496	32675
三门峡市				
渑池县	25551	24749	40646	40635
陕　县	20461	20323	38997	39094
卢氏县	15424	15406	42047	42457
义马市	78185	78412	48797	47669
灵宝市	60971	60059	35955	36410
南阳市				
南召县	42170	41833	31205	31302
方城县	44190	43677	33940	35047
西峡县	67590	67402	35119	35107

10-4 续表 2

地 区	城镇单位年末从业人员（人）	城镇单位年平均从业人员（人）	城镇单位从业人员平均工资（元）	#在岗职工平均工资
镇平县	55370	55164	41041	41472
内乡县	43652	43370	34899	36166
淅川县	56162	54710	33118	33694
社旗县	39719	39256	29999	30104
唐河县	69121	68643	30916	31132
新野县	50908	50363	28533	28732
桐柏县	23302	23196	33941	34117
邓州市	72734	71205	31564	32298
商丘市				
民权县	47423	47601	36349	36512
睢　县	50744	49476	32491	32990
宁陵县	31104	31106	34041	34195
柘城县	43033	41409	36368	36931
虞城县	53372	52408	33994	34365
夏邑县	48391	47919	33002	33052
永城市	103487	97480	45534	46248
信阳市				
罗山县	47842	46480	31621	33098
光山县	43501	42776	32210	32542
新　县	25471	25453	34116	34724
商城县	43731	42452	34170	35911
固始县	77506	75449	34407	34867
潢川县	60900	60561	32654	32685
淮滨县	53848	51348	32703	32863
息　县	48440	47296	38296	38387
周口市				
扶沟县	35031	35010	34414	34537
西华县	59223	58687	33275	33462
商水县	56645	55487	35715	35707
沈丘县	70130	69684	30178	30196
郸城县	71341	69663	30356	30354
淮阳县	42906	42684	44282	44567
太康县	65480	65227	35458	35673
鹿邑县	63637	63654	41497	41554
项城市	70897	70608	28473	28572
驻马店市				
西平县	48147	47069	35160	34969
上蔡县	48904	48579	28454	28558
平舆县	46569	46063	26766	27151
正阳县	35114	34870	32236	32317
确山县	44149	43638	29637	30462
泌阳县	75986	74274	35813	35963
汝南县	32260	31602	32028	32298
遂平县	40163	39683	30951	30950
新蔡县	34758	34542	32093	32163

10-5 各县(市)农业增加值、城乡居民收入和社会消费品零售总额(2013年)

地区	农林牧渔业增加值(万元)	#农业	#牧业	农民人均纯收入(元)	城镇居民人均可支配收入(元)	社会消费品零售总额(亿元)
郑州市						
中牟县	253262	143511	83480	12555	20609	107.66
巩义市	110762	45196	52656	13951	22516	194.30
荥阳市	258010	142041	105767	13323	22582	156.54
新密市	167764	85040	58218	13310	22617	175.83
新郑市	181931	98743	77191	13894	22630	165.56
登封市	130571	78981	32921	11983	21795	136.63
开封市						
杞县	787431	486327	250798	8557	15444	67.94
通许县	470760	348981	106402	8964	16391	52.70
尉氏县	515138	270496	208706	8736	17496	77.59
开封县	511821	305027	184990	8225	16556	53.86
兰考县	350238	207199	113889	6756	16538	64.34
洛阳市						
孟津县	255965	133000	95558	8385	19695	47.67
新安县	219283	146774	47031	9743	22541	72.11
栾川县	150920	87899	14918	7317	21041	46.15
嵩县	310418	161102	68067	7323	19817	56.28
汝阳县	156486	65835	15693	6653	18421	45.85
宜阳县	328515	194610	102775	6869	19566	62.10
洛宁县	303017	155462	88803	6644	18970	44.60
伊川县	295255	149362	127057	8826	20283	124.64
偃师市	212397	95071	102157	12596	22357	156.05
平顶山市						
宝丰县	185950	93663	84979	10260	17989	36.97
叶县	401701	202043	188642	7684	16927	53.01
鲁山县	238522	162342	50831	5714	15512	39.29
郏县	219548	126209	87373	7775	15872	37.45
舞钢市	116212	49350	58658	9376	19525	34.68
汝州市	389530	150507	177705	10062	19208	92.59
安阳市						
安阳县	336089	193085	90137	11040	20307	60.83
汤阴县	230183	169538	49300	9332	18589	26.99
滑县	647154	491441	117075	6839	17588	64.71
内黄县	473411	404443	42158	7485	16385	46.84
林州市	219275	82440	127209	12614	21219	87.45
鹤壁市						
浚县	302072	161852	125829	10839	16915	35.87
淇县	189449	48410	131377	10950	18950	31.69

10-5 续表 1

地 区	农林牧渔业增加值(万元)	#农 业	#牧 业	农民人均纯收入(元)	城镇居民人均可支配收入(元)	社会消费品零售总额(亿元)
新乡市						
新乡县	128312	72227	50218	12304	20886	28.58
获嘉县	154956	89031	57475	9866	15514	29.03
原阳县	255849	149038	87831	8055	15676	28.39
延津县	237893	161251	58982	10256	17028	30.26
封丘县	356485	210625	118626	6601	15810	26.35
长垣县	317262	206160	90469	11381	18289	52.75
卫辉市	223423	106627	103434	9844	17004	46.80
辉县市	379397	196920	172670	10625	21216	85.63
焦作市						
修武县	120323	51461	61004	10868	21096	33.25
博爱县	176833	107414	61853	10877	21183	44.90
武陟县	323557	169174	136601	11409	21178	69.76
温 县	212965	149463	58929	11374	20817	54.70
沁阳市	191499	114863	69091	12163	21992	69.51
孟州市	195160	141685	48381	11852	21806	57.73
濮阳市						
清丰县	382349	263176	103944	9120	17172	53.09
南乐县	294887	157566	114549	8390	17029	40.45
范 县	158923	64059	81191	6081	14891	45.45
台前县	90177	52978	32412	5722	14491	25.26
濮阳县	385799	239679	126948	8248	19088	109.31
许昌市						
许昌县	383036	209940	158564	11024	20320	62.92
鄢陵县	525605	303968	155342	11092	20180	53.26
襄城县	369831	202564	150632	10324	19110	53.97
禹州市	318385	166937	136677	11432	21896	147.36
长葛市	242502	109198	106510	11215	20400	108.19
漯河市						
舞阳县	248573	131054	109120	6010	15994	60.30
临颍县	331014	202200	118284	10367	18168	68.70
三门峡市						
渑池县	185347	103799	74825	9878	22255	38.30
陕 县	173637	130131	35487	8000	19767	32.98
卢氏县	167764	136661	19048	5866	18709	28.73
义马市	9207	4765	3489	11298	20524	27.92
灵宝市	423828	372366	39327	10301	21128	113.05
南阳市						
南召县	159085	95276	32087	6701	18871	65.30
方城县	340460	254530	59494	7943	19362	82.30
西峡县	245143	174667	41380	10390	21351	57.79

10-5 续表 2

地　区	农林牧渔业增加值（万元）	#农　业	#牧　业	农民人均纯收入（元）	城镇居民人均可支配收入（元）	社会消费品零售总额（亿元）
镇平县	269339	200036	52232	9060	19352	109.28
内乡县	309697	176871	121240	8410	19845	65.66
淅川县	309542	193427	91858	7259	20581	72.79
社旗县	308472	213603	83535	6793	17831	48.65
唐河县	623374	419315	187200	9039	19810	107.14
新野县	386752	246859	125600	10495	20508	86.59
桐柏县	183725	114556	38181	6420	19073	60.93
邓州市	918136	611561	264539	9172	19978	110.32
商丘市						
民权县	392169	258035	96346	6689	17745	45.87
睢　县	399185	312002	76101	6635	18077	46.13
宁陵县	222286	164957	47342	6268	16096	31.17
柘城县	415008	296088	91443	6889	17092	50.35
虞城县	439026	315559	100277	7090	18611	51.88
夏邑县	437015	316914	97727	7011	19072	55.91
永城市	600090	402409	161983	8469	21435	115.10
信阳市						
罗山县	398918	272924	72295	7881	18656	48.56
光山县	422763	296848	82608	7940	18518	58.22
新　县	230935	123835	27651	7946	18512	31.02
商城县	379893	219114	84791	7704	18516	46.01
固始县	765276	490611	200845	8121	18442	119.29
潢川县	553730	354952	142574	8702	18730	65.70
淮滨县	332269	210213	83573	6725	17903	44.91
息　县	455597	331086	68692	6987	18400	63.37
周口市						
扶沟县	357474	261484	79258	7072	16856	46.81
西华县	513890	348096	124508	6505	17313	73.04
商水县	585843	419106	134582	6512	17367	55.46
沈丘县	403792	280299	108458	6474	17326	68.73
郸城县	496583	380485	97336	6987	17725	63.75
淮阳县	591506	384962	145272	6352	17412	78.34
太康县	530845	353891	141927	6903	16992	85.95
鹿邑县	493052	321578	131785	7755	18122	85.97
项城市	403441	303056	87319	7854	17997	95.11
驻马店市						
西平县	455361	287388	151287	8136	17679	71.01
上蔡县	388682	221080	140223	7125	17808	60.27
平舆县	368432	216910	126359	7439	18178	57.27
正阳县	478045	273567	174549	7356	16470	46.59
确山县	307489	158856	126743	7310	17914	39.56
泌阳县	483188	292204	167749	7317	18165	53.26
汝南县	434283	222881	165357	7572	16684	52.44
遂平县	288727	142644	128623	7931	18220	47.89
新蔡县	476573	272342	178413	7148	17055	43.87

10-6 各县(市)农业生产条件(2013年)

地 区	农用机械总动力(万千瓦)	农村用电量(万千瓦时)	化肥施用折纯量(吨)	农 药使用量(吨)	农用塑料薄膜使用量(吨)
郑州市					
中牟县	70.17	17209.70	44170	1136	3294
巩义市	58.34	138213.41	36660	430	134
荥阳市	79.93	32759.84	30182	580	886
新密市	98.81	42686.26	27395	259	602
新郑市	99.14	45077.13	37683	708	694
登封市	63.50	45702.76	22121	304	243
开封市					
杞 县	184.82	15559.97	66564	1706	2282
通许县	94.51	4704.28	36291	1790	1943
尉氏县	131.11	20561.40	43861	940	2771
开封县	158.89	14551.86	72045	519	1689
兰考县	96.65	23712.00	73622	831	1015
洛阳市					
孟津县	38.80	21262.18	19596	431	381
新安县	46.05	5926.76	21965	500	514
栾川县	28.41	29021.82	9739	65	92
嵩 县	57.18	10789.51	25110	458	326
汝阳县	40.62	18716.25	20746	348	441
宜阳县	57.70	27760.06	41127	988	750
洛宁县	42.29	8097.00	21515	410	562
伊川县	72.98	35288.81	26139	336	523
偃师市	81.49	30160.62	28208	537	199
平顶山市					
宝丰县	45.68	14417.59	52752	416	362
叶 县	65.92	15345.48	94344	674	981
鲁山县	39.18	24942.62	44110	762	380
郏 县	52.11	10729.54	43897	758	1113
舞钢市	28.20	5072.19	19007	954	451
汝州市	143.55	29767.66	97828	695	759
安阳市					
安阳县	86.44	86665.69	51281	1255	1209
汤阴县	59.90	63324.00	43042	566	516
滑 县	255.14	43194.42	217396	1961	3406
内黄县	112.29	31696.61	78255	1610	15903
林州市	58.97	49454.45	39834	352	39
鹤壁市					
浚 县	158.80	5920.16	49034	912	744
淇 县	33.87	4816.26	7600	315	9

10-6 续表 1

地 区	农用机械总动力(万千瓦)	农村用电量(万千瓦时)	化肥施用折纯量(吨)	农 药使用量(吨)	农用塑料薄膜使用量(吨)
新乡市					
新乡县	48.70	157220.48	28619	493	85
获嘉县	72.95	13719.29	32887	610	196
原阳县	128.91	55589.00	49564	801	687
延津县	89.06	13388.84	102548	1135	620
封丘县	109.80	12413.67	75307	2277	316
长垣县	113.00	54400.47	64091	1133	503
卫辉市	60.35	19273.19	51696	931	601
辉县市	81.62	252418.97	84608	944	440
焦作市					
修武县	38.70	7091.52	14065	365	36
博爱县	30.80	13481.06	29459	392	523
武陟县	117.19	17731.09	54079	1268	237
温 县	55.35	27903.74	23278	461	236
沁阳市	58.19	43777.55	31782	754	284
孟州市	47.44	22068.95	29702	969	686
濮阳市					
清丰县	82.45	12523.00	64215	656	575
南乐县	79.83	27954.00	55602	650	1606
范 县	69.27	16263.34	35036	477	199
台前县	39.18	1058.76	10788	199	312
濮阳县	139.18	6126.30	94814	2023	286
许昌市					
许昌县	81.00	18469.51	49249	1135	645
鄢陵县	76.38	7726.83	37456	960	903
襄城县	77.95	12869.00	51443	770	690
禹州市	80.54	21288.43	107451	503	819
长葛市	55.71	27637.07	45949	730	515
漯河市					
舞阳县	64.42	8585.63	33988	696	399
临颍县	100.70	17346.12	46836	915	2379
三门峡市					
渑池县	37.17	5619.62	20346	324	789
陕 县	35.60	5819.03	19079	767	621
卢氏县	23.08	2781.01	13346	209	868
义马市	3.14	1799.58	1016	42	101
灵宝市	70.54	15137.36	38282	1440	1090
南阳市					
南召县	33.39	4116.88	16910	446	887
方城县	119.27	10462.20	92549	1938	4629
西峡县	15.82	25412.61	29701	680	2596

10-6 续表 2

地　区	农用机械总动力（万千瓦）	农村用电量（万千瓦时）	化肥施用折纯量（吨）	农　药使用量（吨）	农用塑料薄膜使用量（吨）
镇平县	97.87	15172.03	48533	947	963
内乡县	72.78	17919.83	33357	656	980
淅川县	57.87	27075.57	47378	729	1170
社旗县	72.35	6294.35	62957	1369	1229
唐河县	218.39	17997.75	109510	3631	2328
新野县	146.60	24816.51	114409	3292	7709
桐柏县	83.50	7161.72	42036	440	772
邓州市	194.76	19797.94	167794	3821	4170
商丘市					
民权县	122.56	17366.53	56964	2532	2012
睢　县	117.08	7575.35	56355	914	780
宁陵县	97.76	12775.96	49882	1216	1183
柘城县	116.72	12214.22	55215	871	1220
虞城县	175.10	41899.01	126769	4552	2257
夏邑县	172.33	47704.52	126059	1695	998
永城市	178.32	37032.64	112161	2279	2378
信阳市					
罗山县	74.32	11659.04	39044	726	670
光山县	41.23	24525.59	39127	900	297
新　县	20.83	5478.00	9076	370	150
商城县	38.18	12136.00	22800	580	650
固始县	103.57	28711.00	98000	2500	2655
潢川县	44.16	15055.29	85192	737	3623
淮滨县	69.22	12517.00	104285	1008	2033
息　县	122.92	17265.34	62581	1710	1153
周口市					
扶沟县	108.05	14393.27	61209	2242	3708
西华县	125.34	12090.76	85524	3030	1837
商水县	123.57	16009.40	67557	1078	1241
沈丘县	89.16	20017.20	98618	1498	1549
郸城县	159.31	13338.86	74865	2148	1913
淮阳县	119.73	20605.12	115322	3436	3614
太康县	179.70	13671.67	101220	2563	3086
鹿邑县	122.86	14039.00	91153	1196	702
项城市	89.23	23767.00	48539	1588	1180
驻马店市					
西平县	128.44	30850.61	68559	322	1213
上蔡县	156.96	21900.00	84656	719	996
平舆县	164.77	8725.25	58366	529	974
正阳县	211.69	6522.35	119095	353	1080
确山县	110.01	12568.80	68590	927	1350
泌阳县	161.08	7637.11	61573	342	2098
汝南县	137.97	8742.07	80306	762	847
遂平县	98.84	7262.00	59716	510	475
新蔡县	157.95	8756.28	76300	1280	1830

10-7 各县(市)主要农作物播种面积(2013年)

地区	总播种面积(千公顷)	#粮食	#谷物	#小麦	#玉米	#豆类	#棉花	#油料
郑州市								
中牟县	89.76	40.49	36.99	15.86	20.78	1.44	1.08	12.16
巩义市	50.89	45.06	42.61	22.72	19.20	1.34	0.30	3.69
荥阳市	77.89	62.26	58.77	31.32	26.84	1.54	0.19	4.87
新密市	65.97	55.72	51.21	27.46	23.67	2.49	0.03	3.65
新郑市	75.83	56.97	54.41	28.68	25.68	1.04	0.02	10.44
登封市	58.22	50.79	45.08	23.84	21.16	3.04	0.26	3.45
开封市								
杞　县	201.13	110.53	101.43	65.00	36.43	4.36	6.46	17.86
通许县	124.69	61.74	58.89	39.33	19.55	1.37	2.53	8.07
尉氏县	149.47	94.45	87.35	62.91	24.44	3.98	7.26	23.82
开封县	160.42	101.37	93.88	63.23	26.76	3.35	2.86	35.46
兰考县	123.97	93.67	87.47	56.89	29.73	3.66	4.00	17.10
洛阳市								
孟津县	66.65	54.48	52.58	27.39	23.94	0.64	0.24	1.74
新安县	66.55	51.35	44.35	22.63	20.80	3.56	0.14	2.42
栾川县	25.43	14.27	12.53	5.12	7.41	1.37	0.01	0.72
嵩　县	75.36	52.29	43.74	23.24	20.35	3.85	0.25	5.00
汝阳县	56.38	43.46	37.22	19.51	16.60	2.15	0.14	3.80
宜阳县	133.00	86.49	73.02	41.68	27.12	8.83	0.53	18.76
洛宁县	79.35	61.70	49.34	30.27	16.41	9.22	0.07	5.39
伊川县	95.30	79.33	69.47	38.46	24.32	2.97	0.93	4.72
偃师市	56.13	45.76	43.83	22.94	20.42	1.06	0.14	2.09
平顶山市								
宝丰县	65.73	47.37	46.61	24.32	22.28	0.41	0.16	8.05
叶　县	142.12	110.14	103.01	54.27	48.74	4.37	0.20	14.21
鲁山县	74.00	58.41	54.50	29.06	24.74	1.35	0.01	8.64
郏县	84.88	58.52	45.37	29.95	15.42	3.72	0.43	5.68
舞钢市	38.56	30.53	27.52	14.99	12.40	1.73	0.30	3.03
汝州市	119.72	95.90	89.04	45.12	43.77	2.55	0.70	12.03
安阳市								
安阳县	123.23	106.30	105.18	48.50	55.58	0.57	1.03	2.56
汤阴县	84.40	67.46	66.02	34.69	31.20	0.80	0.71	2.88
滑　县	261.04	183.51	181.25	113.82	67.06	0.99	3.08	29.43
内黄县	145.13	81.00	79.92	56.34	23.58	0.21	0.67	20.86
林州市	88.96	81.04	72.77	33.68	34.94	3.29	0.38	3.24
鹤壁市								
浚　县	113.63	98.52	97.58	53.16	44.32	0.58	0.15	8.61
淇　县	44.34	42.37	41.84	20.63	21.14	0.06	0.06	0.63

10-7 续表 1

地 区	总播种面积(千公顷)	#粮食	#谷物	#小麦	#玉米	#豆类	#棉花	#油料
新乡市								
新乡县	43.30	35.72	35.51	18.47	16.60	0.21	0.77	2.63
获嘉县	55.47	47.88	47.53	20.81	17.58	0.22	0.38	0.26
原阳县	133.58	115.23	107.32	62.67	23.79	7.35	0.59	10.05
延津县	105.41	67.41	65.07	45.53	19.43	1.11	2.69	27.10
封丘县	133.17	94.08	85.51	53.16	27.74	4.20	1.41	13.75
长垣县	123.54	94.61	88.62	52.48	33.18	4.30	0.50	17.29
卫辉市	66.60	55.39	54.68	28.99	25.54	0.31	0.64	3.60
辉县市	110.36	89.38	87.47	43.70	43.08	0.37	0.05	7.60
焦作市								
修武县	35.19	32.29	31.10	16.37	14.70	0.95	0.08	0.74
博爱县	34.09	23.64	22.74	11.97	10.72	0.57	0.09	0.67
武陟县	89.53	67.80	65.52	36.11	23.71	1.80	0.16	8.90
温 县	54.15	38.13	37.39	21.51	15.88	0.12	0.79	3.31
沁阳市	56.74	44.93	43.99	21.86	22.12	0.34	0.12	1.17
孟州市	54.74	41.11	40.30	21.41	18.89	0.42	0.67	3.78
濮阳市								
清丰县	114.09	76.27	74.01	48.53	25.44	1.30	0.28	15.16
南乐县	82.64	61.54	59.21	34.05	25.08	0.57	0.83	6.44
范 县	60.20	55.88	53.17	27.32	7.96	2.41	0.09	1.70
台前县	39.18	35.46	31.40	17.34	13.58	3.88	0.09	0.65
濮阳县	170.67	139.36	131.51	78.53	27.90	5.98	2.75	8.74
许昌市								
许昌县	141.98	101.52	89.52	51.39	37.96	7.61	1.91	15.62
鄢陵县	118.42	75.06	74.57	40.85	33.72	0.30	0.12	0.46
襄城县	121.29	85.65	67.61	41.56	26.05	2.94	0.43	4.50
禹州市	135.34	95.74	81.36	44.26	37.10	3.20	1.76	5.76
长葛市	87.81	77.03	75.43	37.37	38.06	1.10	0.34	3.03
漯河市								
舞阳县	97.76	82.94	79.00	40.98	38.00	0.97	0.86	4.29
临颍县	119.12	75.29	68.21	40.75	27.46	3.68	4.10	1.45
三门峡市								
渑池县	72.77	45.38	34.51	22.58	10.11	8.29	0.14	9.64
陕 县	41.10	28.38	24.24	13.26	10.90	2.70	0.13	2.12
卢氏县	45.73	32.14	25.78	14.37	11.34	5.55	0.03	0.33
义马市	3.17	2.17	1.88	0.91	0.97	0.17	0.01	0.25
灵宝市	79.48	55.14	46.86	26.59	20.27	6.50	1.19	3.93
南阳市								
南召县	62.77	37.47	32.50	16.40	8.72	1.60		12.48
方城县	206.98	122.75	103.95	64.35	39.28	12.34	1.24	48.68
西峡县	39.38	24.42	21.00	10.93	7.20	1.25		2.51

10-7 续表 2

地 区	总播种面积(千公顷)	#粮食	#谷物	#小麦	#玉米	#豆类	#棉花	#油料
镇平县	135.48	98.18	93.51	50.97	41.95	2.60	1.96	21.70
内乡县	105.17	62.79	56.30	28.00	27.51	0.37	1.13	18.95
淅川县	133.58	62.92	54.36	33.75	16.91	4.54	0.44	42.23
社旗县	137.30	90.87	74.02	51.03	22.95	10.62	4.11	18.91
唐河县	297.66	221.52	190.51	135.56	42.92	15.64	4.23	26.42
新野县	133.15	77.38	71.98	50.33	21.66	2.84	4.00	24.60
桐柏县	73.77	45.04	39.39	20.37	2.41	4.34	0.11	20.27
邓州市	334.94	205.08	185.88	136.11	48.67	15.32	12.32	65.34
商丘市								
民权县	157.26	98.19	93.47	68.34	24.87	2.42	7.09	22.64
睢 县	158.01	95.51	86.95	57.79	29.16	6.02	6.00	13.86
宁陵县	103.10	67.91	64.07	42.85	21.22	1.99	0.45	19.21
柘城县	138.42	97.65	96.07	61.40	34.40	0.70	1.74	2.69
虞城县	212.10	137.59	123.53	76.97	46.48	8.12	6.83	12.19
夏邑县	182.29	152.02	141.55	79.32	62.03	6.53		6.60
永城市	233.09	189.77	161.51	103.10	58.39	27.09	1.96	5.69
信阳市								
罗山县	142.04	96.04	92.12	27.28	0.10	2.23	0.13	29.17
光山县	126.70	75.12	71.61	19.02		2.20	0.18	32.77
新 县	27.26	14.93	13.65	1.19	0.05	0.25	0.03	9.26
商城县	74.46	46.19	43.41	11.75	0.09	1.94	0.08	19.78
固始县	249.33	156.54	153.55	39.47	5.01	0.88	0.11	60.11
潢川县	131.54	97.73	96.56	36.31	0.12	0.66	0.03	22.60
淮滨县	131.33	99.85	92.06	52.92	5.28	2.90	0.28	17.74
息 县	190.20	161.02	155.28	90.01	17.50	2.73	0.55	13.09
周口市								
扶沟县	143.62	88.13	77.23	58.58	18.07	10.65	13.18	7.03
西华县	170.89	117.05	106.01	67.05	38.93	9.20	2.95	9.27
商水县	206.76	151.51	129.74	72.20	57.48	18.73	2.33	14.36
沈丘县	163.75	125.35	111.81	67.10	44.71	8.48	1.18	10.32
郸城县	203.17	145.62	123.93	79.12	44.81	11.34	3.54	8.16
淮阳县	226.31	133.08	123.46	76.17	47.30	2.27	12.75	27.91
太康县	232.79	171.51	158.91	98.77	60.15	9.53	4.50	6.59
鹿邑县	172.88	131.99	116.19	68.76	47.36	14.28	4.72	6.48
项城市	167.54	121.84	101.81	68.27	33.54	18.50	1.92	16.03
驻马店市								
西平县	168.70	135.05	134.71	66.00	68.72	0.23	0.05	16.31
上蔡县	200.18	162.59	154.46	86.41	67.84	6.47	0.78	18.70
平舆县	164.93	119.90	110.41	69.32	41.01	6.76	0.25	26.29
正阳县	239.10	142.44	138.65	101.61	21.87	2.89	0.44	83.02
确山县	121.93	91.36	90.04	47.01	37.87	0.25	0.01	20.60
泌阳县	166.15	108.98	100.69	58.24	38.78	3.86	2.14	41.71
汝南县	172.89	117.89	113.57	71.55	39.57	3.42	0.38	35.88
遂平县	125.67	98.53	94.76	48.14	46.31	2.19	0.05	15.26
新蔡县	194.89	134.48	128.88	80.30	42.07	2.35	3.91	28.63

10-8 各县(市)主要农作物产量(2013年)

地 区	粮食产量(吨)	#谷物	#小麦	#玉米	#豆类	棉花产量(吨)	油料产量(吨)	园林水果产量(吨)
郑州市								
中牟县	240671	220896	93006	125484	3674	1099	58347	28089
巩义市	153133	147549	77236	69223	1510	269	5427	27816
荥阳市	335708	320877	171110	148207	2079	245	12901	41825
新密市	207300	198051	106086	91867	3072	21	10919	19673
新郑市	288966	278269	142550	135505	2544	20	40246	92542
登封市	174654	144794	73357	70898	6546	216	4474	24267
开封市								
杞 县	637547	600684	393129	207555	12532	8533	93602	30864
通许县	370572	356991	243276	113715	4462	2932	38258	81513
尉氏县	541143	509156	366587	142569	14142	7405	118313	111682
开封县	562180	545237	378340	140532	7031	3460	131821	127692
兰考县	511974	484969	322715	156393	8079	4028	72418	176385
洛阳市								
孟津县	227973	211855	114235	92676	887	153	3231	39351
新安县	202331	178648	83901	92365	3978	159	4782	65960
栾川县	59726	55361	16767	38594	2349	14	1133	8853
嵩 县	193174	170346	78548	91573	3935	217	9477	80333
汝阳县	163510	135738	64683	66213	4051	157	8238	11162
宜阳县	345428	282893	154226	113207	27355	547	84014	103426
洛宁县	221574	205994	102620	92242	6761	75	8148	286991
伊川县	340569	290295	144412	120144	7677	985	10691	13044
偃师市	249239	242756	114684	126287	1449	113	3386	90199
平顶山市								
宝丰县	223530	219812	122770	96986	710	189	21320	9404
叶 县	593379	552571	282122	270449	13728	264	49314	10105
鲁山县	205178	191873	98638	87997	2854	5	21386	26275.7
郏 县	316437	247478	157253	90225	11353	332	18404	11122.7
舞钢市	146325	136873	75962	60177	3968	306	8232	9353
汝州市	452141	426463	219832	206018	4481	650	38809	34310
安阳市								
安阳县	643472	635547	287834	344019	1983	1141	5768	40434
汤阴县	421582	414727	220427	193811	2559	846	10669	36191
滑 县	1399171	1384944	843071	538761	3442	3021	135750	185165
内黄县	481846	474374	328730	145644	732	735	114908	325558
林州市	363496	323786	124637	185238	7721	527	4681	84822
鹤壁市								
浚 县	717196	713084	387037	325741	1574	181	27585	35497
淇 县	297067	293758	144293	149294	94	44	1717	3597

10-8 续表 1

地 区	粮食产量(吨)	#谷物	#小麦	#玉米	#豆类	棉花产量(吨)	油料产量(吨)	园林水果产量(吨)
新乡市								
新乡县	265298	264627	139816	121425	671	1034	14574	7110
获嘉县	321181	317880	148686	103451	539	565	853	15669
原阳县	716140	694660	391574	161177	18947	425	49190	32653
延津县	427162	418425	303660	113980	3179	2290	123548	28394
封丘县	617579	580000	389613	162288	9182	1835	53162	17299
长垣县	610206	588517	373185	187835	9385	650	61379	19318
卫辉市	360136	358219	189648	168173	1003	429	15043	15712
辉县市	561832	556117	277611	276894	922	50.8	19931	24244
焦作市								
修武县	226848	222593	114540	108002	2215	64	2635	5919
博爱县	185066	179060	95898	82961	1884	96	1407	39831
武陟县	534420	522241	290382	186509	6250	164	49088	30702
温 县	304525	299820	173980	125840	229	679	16152	21362
沁阳市	339595	333540	170385	163152	938	120	4650	36950
孟州市	308252	304410	163975	140435	1302	732	16713	174332
濮阳市								
清丰县	551302	540954	352766	188017	2615	270	67566	36467
南乐县	474405	453213	256389	196659	2168	745	32388	154782
范 县	352731	345739	170905	42089	4977	130	8650	1516
台前县	189041	181400	110035	68859	6527	32	3690	7402
濮阳县	915393	882304	529031	175236	17595	2475	36426	32437
许昌市								
许昌县	671217	628515	376613	250734	14521	1147	58249	7495
鄢陵县	539847	537212	307442	229770	1358	118	1843	22168
襄城县	548956	472055	305152	166903	7709	524	13232	25843
禹州市	540167	470734	266622	204112	5763	1718	14466	15218
长葛市	543566	536071	277965	258106	3726	317	9997	3756
漯河市								
舞阳县	520194	505117	270543	234486	1896	938	11048	14317
临颍县	521053	499985	311023	188962	5796	3536	3703	250
三门峡市								
渑池县	167025	131176	77686	48292	14842	93	22107	190094
陕 县	90400	81091	40079	40878	3553	102	1990	464219
卢氏县	106234	85329	47052	38157	13190	23	824	65986
义马市	6757	5947	2661	3275	306	11	386	694
灵宝市	215990	193809	95282	98527	11705	880	8056	1301736
南阳市								
南召县	185067	164563	63380	51882	2701		58682	13969
方城县	585381	535901	319702	214949	21537	1283	239657	42650
西峡县	99457	85427	35460	32842	2470		7319	437641

10-8 续表 2

地区	粮食产量（吨）	#谷物	#小麦	#玉米	#豆类	棉花产量（吨）	油料产量（吨）	园林水果产量（吨）
镇平县	500267	482858	261214	218294	4979	1834	67497	7169
内乡县	307652	273267	139760	128055	607	952	75139	49697
淅川县	249179	224514	123686	81579	10597	452	124263	56471
社旗县	512718	454894	298490	156347	22616	4108	77025	5186
唐河县	1187748	1077521	793536	205596	25716	4348	113315	87743
新野县	510417	492645	369616	123029	6453	3988	107520	14729
桐柏县	226008	215247	83149	10962	4691	100	71612	16900
邓州市	1110175	1049328	763417	279146	36112	11085	250621	29019
商丘市								
民权县	655513	634701	475749	157321	8408	11936	88669	281561
睢　县	613938	585874	402160	183714	13088	6510	65874	71305
宁陵县	450272	437500	299536	137964	6012	512	101107	238252
柘城县	663361	657723	436058	219695	1678	4128	10240	59353
虞城县	905064	860817	544348	315852	25040	9251	52824	486180
夏邑县	1015312	985632	561647	422416	17720		22990	280120
永城市	1194956	1114096	727478	386384	67675	1910	23799	247972
信阳市								
罗山县	726223	720291	113876	298	2459	96	68793	7397
光山县	584907	576760	81475		1756	129	81555	5745
新　县	119703	116717	4065	352	185	28	29472	2954
商城县	331366	327776	47864	355	1433	65	54598	11030
固始县	1214130	1199925	172801	28527	1032	110	153498	47900
潢川县	690696	688880	153798	538	565	28	58523	6398
淮滨县	575022	559215	262655	18505	1429	275	53634	21761
息　县	953963	937820	465134	72186	2656	584	33340	20317
周口市								
扶沟县	563510	532856	439808	87810	29162	13842	31774	27159.5
西华县	721231	693731	503375	190256	16500	2963	38925	172506
商水县	1035850	950726	542151	408278	63739	2496	47496	44100
沈丘县	847324	793832	504118	289714	24934	1490	28115	78983
郸城县	1000838	863304	594253	269051	39315	3709	23405	17335
淮阳县	890947	847289	572249	275040	5092	13246	140949	28497
太康县	1131339	1092665	741795	350870	24894	4923	23782	14756
鹿邑县	920050	852909	521726	330953	52513	5008	16512	10425
项城市	798476	747393	508419	238974	40131	2800	36475	47600
驻马店市								
西平县	898848	898062	466215	431847	436	42	71896	12590
上蔡县	997471	964949	600373	363621	18015	737	45576	11910
平舆县	740573	710865	473638	236737	16380	236	59835	8590
正阳县	807258	796846	597717	109887	5009	383	356664	10652
确山县	526482	518865	293890	193947	881	11	77240	3683
泌阳县	586719	552867	327002	207629	7325	1817	129047	31342
汝南县	723891	706909	478608	213857	8284	548	160217	10523
遂平县	593697	577963	326883	249453	6483	61	48519	20867
新蔡县	790951	769729	514469	214077	6570	4630	106333	31240

10-9 各县(市)牧渔业生产情况(2013年)

地 区	肉类产量(吨)	#猪肉	#牛肉	#羊肉	大牲畜年底头数(头)	猪年底头数(万头)	禽蛋产量(吨)	水产品产量(吨)
郑州市								
中牟县	51044	32746	6614	3014	72204	30.04	23123	74271
巩义市	25161	21100	878	301	7464	19.40	9960	4394
荥阳市	47728	33157	3638	665	25472	27.11	73730	18354
新密市	21686	13602	1100	270	18738	19.97	27846	825
新郑市	52793	34154	985	665	28220	38.34	43408	767
登封市	25758	17503	3687	697	33703	20.66	21480	2457
开封市								
杞 县	103186	68381	17787	6688	133233	77.42	65433	3150
通许县	62317	52745	3009	1716	48271	59.62	24094	1700
尉氏县	88352	64166	10830	5674	97599	72.28	83059	18880
开封县	79649	58007	11596	4549	128732	62.73	41316	12970
兰考县	49725	30716	9506	2980	109328	38.00	33203	7860
洛阳市								
孟津县	22572	16955	3048	427	68909	21.00	13175	16932
新安县	21357	14420	2365	1114	28200	17.05	13649	7330
栾川县	8002	5171	1450	264	11235	6.70	5296	80
嵩 县	31953	17822	9535	1257	104973	21.41	13869	3523
汝阳县	12402	9440	1257	300	16678	10.56	3747	225
宜阳县	48592	32701	9510	1454	111566	33.83	18883	2400
洛宁县	26775	9259	12170	1212	103324	10.99	17960	3005
伊川县	46128	33564	8065	454	108216	36.46	24213	555
偃师市	30773	25319	1182	141	48588	28.15	19491	283
平顶山市								
宝丰县	46715	34134	5315	703	94149	36.22	16072	771
叶 县	110787	68930	21257	5704	191095	67.91	30512	15685
鲁山县	28694	19980	3471	1189	49810	23.01	15912	11464
郏 县	57716	30280	8082	1785	121636	32.25	15264	850
舞钢市	46698	34584	1367	696	28553	34.01	2483	4420
汝州市	94046	62000	14740	1474	253375	62.30	61500	3003
安阳市								
安阳县	32169	21173	2107	422	54835	26.44	62566	4200
汤阴县	32285	8328	700	323	17348	10.91	27094	3896
滑 县	49266	26400	7250	3515	151365	26.90	79500	547
内黄县	41140	29439	311	2771	26844	30.90	45735	565
林州市	75185	69607	339	112	30269	93.02	68627	3198
鹤壁市								
浚 县	111082	55500	1521	3231	16536	44.10	43745	3025
淇 县	132243	41254	508	364	17064	28.52	49700	5300

10-9 续表 1

地 区	肉类产量 (吨)	#猪肉	#牛肉	#羊肉	大牲畜年底头数 (头)	猪年底头数 (万头)	禽蛋产量 (吨)	水产品产量 (吨)
新乡市								
新乡县	18068	9425	2441	338	22169	11.84	30795	3400
获嘉县	30642	19625	2282	642	20774	19.84	25600	5100
原阳县	35574	21880	4478	2289	88732	24.69	38250	5245
延津县	31224	18549	3858	1421	26212	19.51	30899	19060
封丘县	80994	60852	8314	3480	56903	48.43	32822	12400
长垣县	41692	22600	6109	2200	51500	24.09	39200	4500
卫辉市	56190	42824	4911	509	112809	48.11	73800	4900
辉县市	91215	76400	4639	773	56773	76.84	77760	630
焦作市								
修武县	32622	21084	2052	311	15182	23.51	39624	1500
博爱县	19581	9007	6165	354	34499	10.31	35464	220
武陟县	62155	37332	5833	1881	65148	43.25	80115	9460
温 县	26761	19680	3092	354	29299	21.10	43851	1450
沁阳市	26752	15480	5224	483	41742	19.95	39005	400
孟州市	22064	15168	2379	537	30368	19.97	29415	1800
濮阳市								
清丰县	58067	31136	2516	1207	25601	31.50	64837	2150
南乐县	69205	33759	11012	607	160859	40.53	63087	2018
范 县	28775	14237	1738	3096	39551	16.01	32099	19169
台前县	17357	6090	490	1224	7231	6.12	40250	1005
濮阳县	69409	39935	1887	4909	21524	43.50	63022	4148
许昌市								
许昌县	81958	62432	9028	1642	98315	55.83	52112	1250
鄢陵县	85532	60857	14173	1646	155200	55.05	45029	5010
襄城县	79061	57752	8822	2312	135258	53.14	44198	1591
禹州市	79924	57770	4200	5478	59626	52.39	36771	1718
长葛市	68405	57939	1701	377	25305	42.89	47915	1483
漯河市								
舞阳县	66563	57652	1984	1391	40368	51.01	13796	6046
临颍县	77826	62396	4272	752	36305	57.97	39434	1582
三门峡市								
渑池县	39587	26256	9642	913	113134	27.64	23553	4600
陕 县	17442	11450	4082	471	123616	13.29	8845	3700
卢氏县	8424	4003	3500	298	75180	4.32	3113	1900
义马市	3379	2919	50	27	338	4.28	231	100
灵宝市	26268	19085	4060	894	69754	22.02	10261	7000
南阳市								
南召县	24406	16338	3816	1828	59239	17.53	12692	21244
方城县	37592	25050	3822	2735	41250	28.50	16514	6300
西峡县	30217	20598	4718	2597	51673	23.05	13985	4727

10-9 续表 2

地　区	肉类产量（吨）	#猪肉	#牛肉	#羊肉	大牲畜年底头数（头）	猪年底头数（万头）	禽蛋产量（吨）	水产品产量（吨）
镇平县	34203	22077	3739	1750	57323	24.88	25462	6332
内乡县	93116	69440	10960	6598	80482	76.98	24742	6200
淅川县	60527	37358	13782	2921	145919	41.35	28282	28116
社旗县	67094	45601	11796	1948	107247	53.49	20252	5209
唐河县	117789	74018	25204	3976	341277	82.77	53450	13200
新野县	49133	23086	12915	3098	127988	26.21	27908	6000
桐柏县	27853	17157	5399	1478	61905	19.30	13165	11907
邓州市	145361	87700	35300	6414	277198	94.00	73100	12094
商丘市								
民权县	56701	31153	11943	5050	109137	29.75	39038	19659
睢　县	54297	34000	6895	4518	64400	36.05	30130	4700
宁陵县	39972	32120	3267	2115	41126	29.07	12585	3828
柘城县	58238	33923	14059	3501	99250	30.64	16085	5380
虞城县	77578	33857	23895	6550	191902	29.55	30269	13802
夏邑县	81460	66068	6673	3430	123733	73.00	35780	5785
永城市	90693	40560	19350	9465	149422	40.00	50400	15990
信阳市								
罗山县	49663	35384	2794	423	52799	31.67	19970	25483
光山县	48584	19314	3217	253	67085	18.01	30668	24760
新　县	22212	14614	3042	343	57149	12.68	10570	4500
商城县	44913	19014	2523	1398	49488	16.90	26468	29318
固始县	157012	81000	1612	3700	62550	62.50	80300	47922
潢川县	149150	66379	2240	539	73885	52.46	77462	39200
淮滨县	54725	21382	6232	1350	60577	18.90	15332	10958
息　县	66140	45861	5865	1111	50065	44.06	19446	14600
周口市								
扶沟县	52451	35000	11435	826	103700	35.50	12210	4592
西华县	87194	64900	6155	3115	76220	64.42	26800	3207
商水县	91155	64263	8255	4175	65400	66.30	29800	3473
沈丘县	90331	56593	12240	6408	83950	52.80	34310	6617
郸城县	64485	41700	7130	3655	44040	48.50	24500	5495
淮阳县	105369	64909	11340	6008	91800	58.80	27300	24503
太康县	108089	67000	14400	6559	97400	71.80	46000	3099
鹿邑县	74539	52900	8230	2543	93474	55.60	30100	5922
项城市	61461	41885	6170	1768	34242	49.06	23700	5024
驻马店市								
西平县	110578	85868	1058	2030	20948	88.23	58383	6377
上蔡县	80324	61356	6506	2057	46652	67.45	51096	7592
平舆县	79552	60323	7223	3169	100859	56.44	24234	8477
正阳县	97166	90891	875	442	25335	104.47	18393	12054
确山县	71234	47055	15689	2298	188336	56.74	13895	11810
泌阳县	99053	58657	30248	3045	409152	41.16	23802	17892
汝南县	86979	64059	8394	4123	59066	69.62	23164	35554
遂平县	78549	59938	6535	1297	67546	65.36	61650	6330
新蔡县	108757	61370	23850	3253	313880	68.00	43100	12095

10-10 各县(市)财政、金融主要指标(2013年)

单位：万元

地区	公共财政预算收入	公共财政预算支出	#教育	#农林水事务	金融机构存款余额	金融机构贷款余额	居民储蓄存款
郑州市							
中牟县	299143	435218	89182	73558	2316090	1217735	1476458
巩义市	300105	431692	90683	47951	2884246	1566067	1880821
荥阳市	201450	291202	64634	43708	2063108	1138711	1467496
新密市	284149	412209	76683	64835	2871057	1478432	2244292
新郑市	380299	450566	78186	75047	2934218	1677066	1696203
登封市	271024	403321	74905	52604	2364725	990629	1715254
开封市							
杞县	83255	290605	61154	44285	1165190	540152	964183
通许县	52692	184195	32239	30698	821897	348610	701934
尉氏县	107560	291315	66258	53797	1202108	670406	935408
开封县	58804	210766	44081	36642	915166	450512	679718
兰考县	91869	284044	65005	44423	1143406	447690	888835
洛阳市							
孟津县	100136	192298	37588	42892	1010933	486180	770721
新安县	150279	236773	61474	29935	1216665	728015	776341
栾川县	150979	202656	50806	40763	1326111	439737	713653
嵩县	62689	206269	51799	41255	812216	235272	611922
汝阳县	56717	175338	32034	27434	671263	269757	506565
宜阳县	72399	220288	62866	43276	944165	460715	625151
洛宁县	65762	206976	48394	46501	729765	202247	466869
伊川县	131196	284965	60266	44827	1914026	1302838	854046
偃师市	121193	238456	58459	39732	1925585	833002	1546581
平顶山市							
宝丰县	103507	202116	35638	33102	981628	572656	798148
叶县	60376	224143	38712	37090	1196299	479302	891791
鲁山县	63396	256793	62201	38456	1408067	696942	1100797
郏县	74303	194123	41001	37078	918418	504179	711096
舞钢市	95353	161854	26223	18464	1043940	885773	729345
汝州市	168363	325625	78985	49574	1700286	1167472	1256449
安阳市							
安阳县	106666	245436	64968	39348	2130640	790323	1737195
汤阴县	70146	173763	40888	30646	757014	395904	579274
滑县	63440	380121	74997	75806	1736215	797161	1349326
内黄县	40150	204901	54918	38050	873157	326758	647667
林州市	127022	307382	80809	40689	3016114	1074064	2524471
鹤壁市							
浚县	42992	225678	54018	39306	854184	799370	596214
淇县	53325	161570	35892	27535	733683	902701	495982

10-10 续表 1

单位：万元

地 区	公共财政预算收入	公共财政预算支出	#教育	#农林水事务	金融机构存款余额	金融机构贷款余额	居民储蓄存 款
新乡市							
新乡县	70667	141239	27655	21202	1260271	1254927	927322
获嘉县	32366	127944	33848	21147	722906	286073	542742
原阳县	45900	196691	45474	33870	870352	348909	601503
延津县	50100	170511	41770	31768	644204	299530	459771
封丘县	31037	217716	50169	39441	1076048	260213	759091
长垣县	103965	293582	79515	43047	2249637	1390030	1701862
卫辉市	65006	196122	44524	33326	916773	330611	625029
辉县市	219136	334856	76689	53870	1875452	1166180	1387522
焦作市							
修武县	80238	132680	31673	18954	706393	426084	475224
博爱县	63031	126603	30075	23724	767913	530641	642726
武陟县	85038	210677	50135	40675	1070918	680785	871019
温 县	51300	149261	33357	28270	866571	533705	604851
沁阳市	121624	209168	44988	24901	1119122	601118	887282
孟州市	91388	158761	35805	23767	904044	566591	631971
濮阳市							
清丰县	40346	208692	49133	38566	800874	263414	657967
南乐县	26162	169572	40504	34035	631474	208028	507219
范 县	38698	198803	43426	37162	824591	281435	625872
台前县	23760	162426	40407	30171	607065	244930	459260
濮阳县	77006	340168	92121	52549	1379803	565176	1125259
许昌市							
许昌县	82076	238726	62800	43515	1532324	1005769	1097967
鄢陵县	70369	230955	53500	32531	1114724	894894	832787
襄城县	100006	260178	73023	55107	1398766	846783	1128455
禹州市	270369	451038	95056	44043	2183939	1229847	1717749
长葛市	151096	278684	84323	38088	1678134	1253218	1266407
漯河市							
舞阳县	54124	190518	37655	37946	832019	290314	668253
临颍县	65869	228155	52789	41875	1085726	420928	836703
三门峡市							
渑池县	167617	227527	57648	36760	992277	513148	657281
陕 县	109318	178279	45820	32121	1065142	763887	659312
卢氏县	50398	172943	33243	26111	822826	281315	565567
义马市	106818	133985	29692	6953	1227700	747898	533682
灵宝市	152688	296826	73899	46085	2172806	1508356	1561452
南阳市							
南召县	40212	214996	53910	35810	796995	286756	613984
方城县	63933	320833	66865	61610	1193435	615214	834927
西峡县	84766	216353	51479	34558	1143503	837479	760570

10-10 续表 2

单位：万元

地区	公共财政预算收入	公共财政预算支出	#教育	#农林水事务	金融机构存款余额	金融机构贷款余额	居民储蓄存款
镇平县	61036	275168	71744	46581	1641562	659466	1323587
内乡县	50010	219787	56898	43993	1056523	733629	760157
淅川县	159486	390258	86118	56767	1478509	710803	927639
社旗县	38188	215098	49046	34502	860499	452643	560277
唐河县	60169	345555	85280	64513	1687140	542938	1307622
新野县	46569	213369	55825	41096	1243951	732062	953951
桐柏县	54325	190161	40568	30333	821345	406305	615302
邓州市	93017	464646	106569	95053	2189455	958739	1633498
商丘市							
民权县	50005	275369	69543	52004	1172788	671334	859554
睢　县	36660	244566	72587	38911	1143238	413020	913567
宁陵县	26966	206278	60828	30135	774550	287609	562139
柘城县	43826	297736	84474	55523	1165964	402292	939923
虞城县	56444	325362	88390	33629	1345528	663440	1049698
夏邑县	43098	330689	92640	59764	1663371	583002	1298892
永城市	278766	522801	140636	71091	2774347	2048267	1973403
信阳市							
罗山县	36980	240239	56160	41464	1548457	573389	1189265
光山县	39626	264833	79981	39405	1501357	621438	1212579
新　县	22823	160979	40069	31224	825317	369409	605336
商城县	33800	261136	76309	40532	1314082	501443	1035338
固始县	77460	472113	118874	68488	2552693	1011328	2051619
潢川县	42650	241030	48310	46011	1414889	1392474	1089952
淮滨县	27673	245874	79888	46081	1070841	446940	801863
息　县	30785	265788	83083	31989	1622035	487258	1205740
周口市							
扶沟县	44955	252256	64850	47447	1184333	514858	971317
西华县	42578	277889	63923	45691	1247235	411305	1029496
商水县	51589	334868	108165	44544	1467290	436724	1170971
沈丘县	79138	371668	111604	52505	1666353	658432	1390128
郸城县	65437	362608	108965	55553	1495501	625906	1275310
淮阳县	48539	359106	98243	59875	1603051	367453	1311299
太康县	70182	410146	108540	58343	1674470	470398	1447200
鹿邑县	77168	355816	97712	48747	1491624	767121	1237352
项城市	70599	322460	89093	41107	1817627	475326	1508087
驻马店市							
西平县	51263	259299	53014	40902	1399212	522515	1091887
上蔡县	41439	355647	91525	49281	1939980	698169	1592540
平舆县	50601	265565	65980	32141	1554348	372450	1202484
正阳县	33310	280506	59792	62433	1312579	507854	986471
确山县	45500	192199	42728	37821	1101075	364279	838312
泌阳县	51499	314000	72918	53520	1289064	393073	840232
汝南县	39601	258280	60712	44715	1265584	418621	997177
遂平县	47969	188666	39501	29965	1050778	536473	790298
新蔡县	43568	342068	80201	45228	1502381	432486	1099687

10-11 各县(市)教育主要指标(2013年)

地 区	在校学生数(人)		小学适龄人口入学率(%)	小学在校生巩固率(%)	初中适龄人口入学率(%)	初中在校生巩固率(%)	高中阶段毛入学率(%)
	小学	普通中学					
郑州市							
中牟县	80869	36631	100.0	85.8	100.0	92.1	58.0
巩义市	50301	37191	100.0	98.6	100.0	89.8	73.7
荥阳市	40822	30837	100.0	101.3	100.0	95.8	107.6
新密市	69767	43814	100.0	100.3	100.0	93.1	92.9
新郑市	58319	41197	100.0	110.0	100.0	96.4	144.2
登封市	63908	36191	100.0	96.5	100.0	90.3	148.9
开封市							
杞 县	96694	47903	100.0	89.8	100.0	82.5	47.3
通许县	63133	34268	100.0	91.2	99.8	91.7	62.6
尉氏县	79729	42240	100.0	95.4	99.9	96.9	72.8
开封县	68958	34232	100.0	101.2	99.5	92.2	94.8
兰考县	73361	48836	100.0	106.0	99.0	79.4	53.7
洛阳市							
孟津县	30692	26657	100.0	98.4	100.0	88.4	121.4
新安县	43398	34400	100.0	93.4	100.0	94.6	117.2
栾川县	26132	19398	100.0	102.2	99.8	93.8	73.4
嵩 县	58219	31391	100.0	88.4	100.0	69.2	58.7
汝阳县	51861	27532	100.0	101.2	100.0	84.6	47.7
宜阳县	58214	37878	100.0	81.3	100.0	80.1	48.3
洛宁县	43999	23701	100.0	102.9	100.0	92.3	43.2
伊川县	85886	42703	100.0	94.9	100.0	69.6	63.1
偃师市	46384	35168	100.0	74.8	100.0	83.9	53.2
平顶山市							
宝丰县	46913	23161	100.0	85.4	100.0	87.4	78.2
叶 县	65683	33970	100.0	90.9	100.0	84.6	65.3
鲁山县	94105	40437	100.0	144.6	100.0	108.4	97.3
郏 县	57580	24599	100.0	125.1	100.0	110.1	39.5
舞钢市	23242	14369	100.0	144.3	100.0	110.8	105.5
汝州市	105543	42880	100.0	100.0	100.0	76.7	73.8
安阳市							
安阳县	93244	47443	99.7	85.6	99.8	81.2	82.9
汤阴县	46468	22729	100.0	102.7	100.0	86.0	60.6
滑 县	120941	59584	99.1	88.3	94.9	82.9	44.1
内黄县	70257	32548	100.0	91.6	100.0	82.1	50.3
林州市	92171	50981	100.0	100.0	100.0	92.7	75.5
鹤壁市							
浚 县	68161	40498	100.0	101.5	100.0	89.3	67.5
淇 县	29127	14191	100.0	106.6	99.9	81.4	48.9

10-11 续表 1

地区	在校学生数（人）		小学适龄人口入学率(%)	小学在校生巩固率(%)	初中适龄人口入学率(%)	初中在校生巩固率(%)	高中阶段毛入学率(%)
	小学	普通中学					
新乡市							
新乡县	31142	19694	100.0	99.8	100.0	88.7	87.5
获嘉县	40923	22308	100.0	100.2	100.0	89.6	77.3
原阳县	69706	39454	100.0	104.3	100.0	86.4	66.3
延津县	53621	30559	100.0	106.0	100.0	89.4	81.2
封丘县	77945	34629	100.0	90.1	100.0	96.0	73.9
长垣县	94660	56940	100.0	129.6	100.0	119.2	119.2
卫辉市	49633	22279	100.0	72.3	100.0	96.5	96.5
辉县市	83711	39461	100.0	109.1	100.0	90.9	92.2
焦作市							
修武县	22950	18800	100.0	96.8	100.0	90.9	62.8
博爱县	33922	23453	100.0	104.4	100.0	82.4	66.6
武陟县	53440	46909	100.0	104.3	100.0	87.5	68.9
温　县	31815	28224	100.0	105.7	100.0	89.3	87.6
沁阳市	35479	27896	100.0	108.3	100.0	82.8	108.2
孟州市	21139	18055	100.0	103.1	100.0	94.5	60.2
濮阳市							
清丰县	60140	22472	100.0	81.3	100.0	82.1	81.1
南乐县	52087	27433	100.0	103.8	100.0	93.3	56.1
范县	55301	28882	100.0	96.7	100.0	88.8	58.2
台前县	37546	18531	100.0	83.1	96.3	82.5	60.5
濮阳县	104735	40503	100.0	84.8	100.0	88.4	72.1
许昌市							
许昌县	61347	36327	100.0	83.6	100.0	103.0	81.8
鄢陵县	56763	30293	100.0	84.9	100.0	81.3	92.2
襄城县	70462	39847	100.0	96.7	100.0	88.7	111.9
禹州市	103022	56751	100.0	89.8	100.0	94.3	103.5
长葛市	65271	35679	100.0	96.7	100.0	86.2	110.1
漯河市							
舞阳县	36603	22697	98.2	112.6	99.5	94.9	72.1
临颍县	49735	33852	98.7	98.8	90.8	89.3	67.7
三门峡市							
渑池县	31139	20621	100.0	106.8	100.0	96.6	72.7
陕　县	19467	15937	100.0	101.1	100.0	103.9	81.1
卢氏县	18931	22001	100.0	96.1	100.0	95.4	80.6
义马市	10119	6821	100.0	105.9	100.0	92.8	86.4
灵宝市	46739	38084	100.0	97.5	100.0	96.7	142.3
南阳市							
南召县	67873	30178	100.0	90.5	100.0	82.6	54.2
方城县	115707	39058	100.0	85.7	100.0	90.2	54.7
西峡县	49669	30137	100.0	100.2	100.0	77.6	103.4

10-11 续表 2

地 区	在校学生数（人）		小学适龄人口入学率（%）	小学在校生巩固率（%）	初中适龄人口入学率（%）	初中在校生巩固率（%）	高中阶段毛入学率（%）
	小学	普通中学					
镇平县	95521	38928	100.0	95.5	100.0	78.0	55.7
内乡县	68344	34707	99.8	95.3	100.0	92.9	76.4
淅川县	73764	38980	100.0	77.4	100.0	82.8	52.7
社旗县	69142	29048	99.8	101.9	97.0	95.7	59.3
唐河县	111629	45815	100.0	87.0	100.0	88.4	44.6
新野县	75326	30260	100.0	92.8	100.0	92.7	57.4
桐柏县	49200	20234	100.0	92.5	100.0	93.0	58.9
邓州市	166588	72547	100.0	91.9	100.0	99.3	73.8
商丘市							
民权县	75147	54258	100.0	65.0	98.0	64.2	90.2
睢 县	70531	53599	99.7	76.2	97.0	75.4	68.0
宁陵县	54625	30272	100.0	68.3	100.0	61.3	45.2
柘城县	76060	58022	100.0	77.2	98.1	73.1	65.1
虞城县	123075	73657	100.0	86.2	100.0	80.2	68.5
夏邑县	87690	65762	100.0	94.6	100.0	84.4	70.7
永城市	134817	66274	100.0	80.9	92.2	80.7	69.5
信阳市							
罗山县	53612	39396	100.0	85.4	97.9	108.7	106.0
光山县	76462	55657	100.0	103.6	98.5	94.5	89.7
新 县	32362	21968	100.0	105.5	100.0	99.7	90.2
商城县	59775	53954	100.0	90.9	100.0	99.5	89.7
固始县	141241	91208	100.0	132.1	100.0	94.8	108.2
潢川县	59833	42586	100.0	89.4	100.0	103.0	67.3
淮滨县	65541	45396	100.0	100.6	100.0	96.3	69.0
息 县	88244	46797	100.0	95.8	87.9	90.5	54.4
周口市							
扶沟县	60398	46070	100.0	96.2	100.0	98.6	63.9
西华县	73615	44552	100.0	93.3	100.0	85.5	47.7
商水县	124321	74008	100.0	91.0	100.0	78.8	44.2
沈丘县	107457	81988	100.0	96.7	100.0	91.8	72.5
郸城县	137098	91447	100.0	83.8	100.0	75.4	60.4
淮阳县	122893	91287	100.0	89.8	100.0	96.7	63.0
太康县	146906	79424	100.0	93.6	100.0	78.7	52.0
鹿邑县	122357	70580	100.0	85.8	100.0	85.0	73.8
项城市	98017	75900	100.0	88.3	100.0	90.4	78.3
驻马店市							
西平县	53317	44427	100.0	109.4	100.0	99.9	48.5
上蔡县	140157	84551	100.0	92.8	100.0	90.5	49.5
平舆县	89377	59813	100.0	106.1	100.0	104.1	74.3
正阳县	69932	41769	100.0	91.3	100.0	80.5	72.4
确山县	54612	31100	100.0	99.4	100.0	86.9	52.7
泌阳县	83044	49200	100.0	74.1	100.0	90.2	87.5
汝南县	68715	42778	100.0	91.8	100.0	97.8	82.8
遂平县	38660	26488	100.0	89.5	100.0	93.3	100.2
新蔡县	109565	57807	100.0	93.2	100.0	75.7	72.8

10-12　各县(市)卫生主要指标(2013年)

地　区	卫生机构床位数(张)	卫生技术人员(人)	执业医师(人)	执业助理医师(人)	注册护士(人)
郑州市					
中牟县	3180	2460	676	360	848
巩义市	2530	4148	1096	510	1730
荥阳市	2156	2776	594	315	982
新密市	3723	3654	998	359	1443
新郑市	2287	2901	800	281	1111
登封市	3032	3280	873	373	1339
开封市					
杞　县	2674	3269	717	891	843
通许县	2153	2238	438	300	935
尉氏县	2353	2350	555	478	882
开封县	1076	1463	340	318	357
兰考县	4172	3937	731	602	1422
洛阳市					
孟津县	1659	1825	475	345	520
新安县	1906	1464	437	215	510
栾川县	1488	1349	304	194	510
嵩　县	1951	1656	397	293	570
汝阳县	1664	1513	371	180	580
宜阳县	2159	2470	597	456	849
洛宁县	1891	1478	321	274	508
伊川县	2241	2491	584	450	818
偃师市	2367	2570	919	316	859
平顶山市					
宝丰县	1973	2402	649	597	773
叶　县	2042	2753	584	606	647
鲁山县	2557	2458	624	414	738
郏　县	2006	2711	600	479	775
舞钢市	1352	1405	414	150	541
汝州市	4819	3458	696	393	1300
安阳市					
安阳县	2200	2080	521	752	390
汤阴县	1321	1690	359	431	341
滑　县	4513	4327	1038	1030	1529
内黄县	1996	2443	493	477	734
林州市	3686	3708	1104	953	899
鹤壁市					
浚　县	2133	1653	450	409	423
淇　县	1642	1543	403	136	681

10-12 续表 1

地 区	卫生机构床位数(张)	卫生技术人员(人)	执业医师(人)	执业助理医师(人)	注册护士(人)
新乡市					
新乡县	926	1217	343	304	306
获嘉县	1424	1518	338	170	513
原阳县	2200	2643	575	306	964
延津县	1840	1737	448	283	564
封丘县	2650	2352	533	358	772
长垣县	3281	4649	1147	782	1842
卫辉市	3657	3187	841	196	1343
辉县市	2623	2993	830	450	920
焦作市					
修武县	951	1105	372	363	195
博爱县	1854	1352	449	305	291
武陟县	2112	2118	519	446	626
温 县	1837	1892	510	192	684
沁阳市	1405	2078	767	349	524
孟州市	1205	1482	426	185	515
濮阳市					
清丰县	1449	1625	365	286	452
南乐县	1764	1508	301	250	483
范 县	1647	1645	353	196	535
台前县	1184	1290	237	198	419
濮阳县	2978	2928	634	727	718
许昌市					
许昌县	1397	1933	447	379	587
鄢陵县	2052	2668	674	647	805
襄城县	2430	2385	496	337	842
禹州市	3803	4854	1398	995	1332
长葛市	1854	3310	961	583	930
漯河市					
舞阳县	2094	2092	501	314	763
临颍县	2468	2403	463	266	1037
三门峡市					
渑池县	1418	1305	285	142	453
陕 县	1156	1336	332	143	387
卢氏县	1191	1543	399	347	390
义马市	1468	1688	476	102	757
灵宝市	2312	2629	752	444	829
南阳市					
南召县	1715	2411	463	387	787
方城县	2851	2491	575	409	736
西峡县	2404	1974	448	175	812

10-12 续表 2

地　区	卫生机构床位数(张)	卫生技术人员(人)	执业医师(人)	执业助理医师(人)	注册护士(人)
镇平县	2364	2166	506	464	515
内乡县	1679	1601	354	259	441
淅川县	1880	2064	494	237	621
社旗县	1520	1739	331	349	540
唐河县	2525	2967	714	360	1115
新野县	1704	2358	529	364	771
桐柏县	1208	1484	276	222	396
邓州市	4159	3529	725	398	1286
商丘市					
民权县	3248	2387	614	420	789
睢　县	2337	2745	653	374	821
宁陵县	1606	2948	517	438	629
柘城县	4340	3934	882	767	1170
虞城县	2497	3879	773	1196	801
夏邑县	2840	3470	680	549	1053
永城市	4788	4949	1007	615	1675
信阳市					
罗山县	1781	1600	511	180	453
光山县	1650	1858	580	186	550
新　县	590	885	212	130	269
商城县	1654	1467	460	207	394
固始县	3381	3456	764	384	1164
潢川县	1461	1671	394	338	447
淮滨县	1778	1584	302	315	433
息　县	1316	1843	361	340	551
周口市					
扶沟县	1663	2064	466	434	603
西华县	2457	2932	660	328	790
商水县	2748	2477	638	588	592
沈丘县	3122	3181	706	626	644
郸城县	2704	3892	764	540	1342
淮阳县	2846	3669	651	707	1164
太康县	3600	3479	926	690	1038
鹿邑县	3750	3346	687	786	909
项城市	2884	2851	694	406	1078
驻马店市					
西平县	2505	2348	586	380	772
上蔡县	2708	2561	595	367	730
平舆县	2704	3726	770	899	1433
正阳县	1955	2357	596	365	664
确山县	1888	2018	474	277	749
泌阳县	2566	2335	583	413	677
汝南县	1895	2374	571	375	769
遂平县	2463	2429	599	327	897
新蔡县	1894	2901	514	1201	491

10-13 各县(市)社会保险和低保参保人数(2013年)

单位：人

地区	城镇基本养老保险参保人数	城镇基本医疗保险参保人数	城镇居民最低生活保障人数	农村居民最低生活保障人数	新型农村合作医疗参保人数	新型农村社会养老保险参保人数
郑州市						
中牟县	700307	75577	2150	11768	676993	421865
巩义市	105455	112071	3094	21291	658789	390000
荥阳市	63902	104176	1567	18670	531569	318013
新密市	75876	130029	1797	18457	658096	413896
新郑市	51961	202811	3821	16113	503128	364776
登封市	60350	56806	4046	28435	552431	368154
开封市						
杞　县	34641	56312	9172	49392	1010427	522628
通许县	27893	32007	6312	29245	564374	318760
尉氏县	40123	20149	4288	45044	812405	474256
开封县	29824	32085	3153	36355	706777	363225
兰考县	50812	74000	6974	39767	743167	425532
洛阳市						
孟津县	21600	50200	2943	16203	407021	265845
新安县	35700	93900	7004	19986	442323	238784
栾川县	26300	53500	1714	15312	276312	170366
嵩　县	18900	70500	9398	23504	520939	321073
汝阳县	25200	51800	7975	19338	427845	221405
宜阳县	33300	84200	6560	27092	568334	365708
洛宁县	17600	68100	10414	28508	425993	183483
伊川县	34400	89100	8275	30756	689602	316554
偃师市	34100	86500	2385	23107	679338	486118
平顶山市						
宝丰县	28689	63241	8366	20889	437978	280861
叶　县	36839	75248	8645	38850	704492	460819
鲁山县	31549	72138	7359	39418	783961	448906
郏　县	25000	65052	6315	26952	538061	357905
舞钢市	50074	93883	6045	10597	215304	141382
汝州市	41231	116294	7315	41396	856542	506332
安阳市						
安阳县	101117	123674	2089	33187	778798	562660
汤阴县	46193	73310	3010	15938	387387	253534
滑　县	39688	60032	7735	56934	1192841	737450
内黄县	33094	45500	5181	29874	732271	450550
林州市	94105	158276	6879	53967	825924	561308
鹤壁市						
浚　县	33562	65475	13080	33990	611465	285751
淇　县	29705	59248	3687	8608	233188	107552

10-13 续表 1

单位：人

地　区	城镇基本养老保险参保人数	城镇基本医疗保险参保人数	城镇居民最低生活保障人数	农村居民最低生活保障人数	新型农村合作医疗参保人数	新型农村社会养老保险参保人数
新乡市						
新乡县	43878	68020	1240	13051	341419	161485
获嘉县	29006	71027	6205	16893	365841	212551
原阳县	30531	63078	7537	32896	665209	253641
延津县	29346	75150	12241	20216	402145	232174
封丘县	25271	76647	5882	37440	695050	448211
长垣县	39068	88500	17603	29942	749942	458183
卫辉市	45138	109045	8626	9572	371327	196324
辉县市	68550	133255	2074	32017	698974	447573
焦作市						
修武县	22353	48563	3153	11333	216698	125081
博爱县	38706	71505	3590	12915	330029	182699
武陟县	44647	73319	3458	23390	622254	348721
温　县	48151	63816	3330	15420	385670	242696
沁阳市	48958	87682	5779	17439	378964	225809
孟州市	45704	48490	2772	12952	317193	220634
濮阳市						
清丰县	35048	85812	3681	31092	628777	335117
南乐县	30457	56007	2852	26714	484432	277915
范　县	30345	70476	4654	29914	480589	272664
台前县	14572	55269	4360	19980	337219	157886
濮阳县	57646	112411	10309	48018	1028392	615158
许昌市						
许昌县	31176	44567	8198	24979	784072	486676
鄢陵县	22392	36271	18912	36873	556726	193170
襄城县	28496	69864	3079	20404	728040	500570
禹州市	104073	62470	8890	47219	992361	490026
长葛市	50517	90296	1602	8003	608505	404181
漯河市						
舞阳县	26300	108463	4405	35329	523618	311072
临颍县	22200	130175	6651	34816	652738	326492
三门峡市						
渑池县	55714	88190	4555	13122	263269	136783
陕　县	41195	54916	2273	17532	275760	166084
卢氏县	19567	38586	3631	19083	328115	201052
义马市	56447	131472	7779		46770	
灵宝市	54120	120225	3042	30438	615042	422726
南阳市						
南召县	36486	56134	6868	26375	552917	313700
方城县	60921	93353	8020	48963	951305	561741
西峡县	54486	63660	4977	17709	400676	208201

10-13 续表 2

单位：人

地区	城镇基本养老保险参保人数	城镇基本医疗保险参保人数	城镇居民最低生活保障人数	农村居民最低生活保障人数	新型农村合作医疗参保人数	新型农村社会养老保险参保人数
镇平县	57538	99727	12950	40880	901951	562837
内乡县	47119	84588	5530	25238	616435	350236
淅川县	67699	108456	7097	37480	621562	298959
社旗县	51249	91023	8806	30869	630869	332254
唐河县	58337	110173	11667	56760	1193709	671484
新野县	68785	104900	13008	29560	673011	403520
桐柏县	43367	81152	6433	16936	359882	185809
邓州市	40570	162600	21080	60351	1493039	864000
商丘市						
民权县	34768	65000	8218	39346	825894	454503
睢　县	30740	107000	5937	40967	756604	451438
宁陵县	24275	81000	9742	31299	564217	290784
柘城县	29583	223700	9646	54366	870326	435211
虞城县	30555	111300	8432	49375	1048300	443856
夏邑县	36856	127100	10845	52184	1044908	739540
永城市	67000	185500	8417	57879	1268978	851056
信阳市						
罗山县	39878	108847	13623	30758	626436	409500
光山县	41617	118000	10388	34380	692037	386988
新　县	21348	65400	11289	17051	192326	267573
商城县	32236	85208	9731	29410	646298	421749
固始县	124405	145023	17494	82199	1338070	983110
潢川县	52759	130239	10968	69982	668031	418596
淮滨县	32431	114100	10197	29271	596936	358816
息　县	33858	105726	13284	46584	872366	448022
周口市						
扶沟县	30722	81851	10839	33085	639490	421850
西华县	29366	114440	7713	37080	821601	418796
商水县	28042	99670	12744	65088	1062940	573893
沈丘县	36944	160924	9550	52697	1077058	658020
郸城县	40160	112384	11692	63750	1194558	604520
淮阳县	48480	143203	15613	60876	1224961	756783
太康县	45662	137910	14410	62248	1319235	711479
鹿邑县	34493	106650	11928	57035	1098887	560000
项城市	54426	177380	6989	53025	1089411	673564
驻马店市						
西平县	29862	115151	13914	37307	720911	512293
上蔡县	25734	104745	10173	66641	1193556	683795
平舆县	20057	127542	18467	38769	794008	541365
正阳县	23908	109813	11894	34282	670513	416870
确山县	24570	70188	5129	18835	436747	255831
泌阳县	25885	118016	6508	35994	73691	482386
汝南县	29329	105220	17945	53139	682465	496030
遂平县	24597	74388	10382	20296	440228	315095
新蔡县	490759	68100	23791	48522	970853	454593

10-14 各市区主要统计指标(2013年)

单位：亿元

地 区	常住人口(万人)	#城镇	城镇化率(%)	生产总值	第一产业	第二产业	第三产业	人均生产总值(元)
郑州市								
中原区	96.72	86.64	89.58	435.37	1.68	203.76	229.94	45498
二七区	75.24	66.58	88.49	403.25	0.65	84.77	317.82	54091
管城区	72.07	60.66	84.17	517.62	1.39	288.58	227.65	72607
金水区	166.68	150.90	90.53	962.30	1.80	101.80	858.70	58300
上街区	13.53	12.25	90.52	107.62	0.49	80.73	26.39	79779
惠济区	27.84	19.03	68.36	92.76	5.78	45.26	41.72	33554
开封市								
龙亭区	12.95	9.42	72.74	40.39	1.80	10.02	28.57	31348
顺河区	23.49	20.35	86.65	69.25	3.48	30.09	35.69	29601
鼓楼区	14.60	13.88	95.08	55.61	1.72	13.61	40.28	38408
禹王台区	13.24	10.36	78.26	55.29	3.63	23.40	28.26	41980
金明区	26.52	21.95	82.76	85.98	6.23	47.36	32.38	32548
洛阳市								
老城区	18.87	17.06	90.40	61.78	1.84	16.33	43.61	32933
西工区	35.43	32.62	92.08	258.40	0.36	106.55	151.48	73065
瀍河区	18.84	17.53	93.03	82.77	0.74	36.79	45.24	44097
涧西区	62.48	58.18	93.12	373.86	1.56	219.14	153.16	59923
吉利区	6.85	4.60	67.17	112.30	1.71	88.13	22.47	163433
洛龙区	67.32	39.99	59.40	197.82	8.31	67.85	121.65	29520
平顶山市								
新华区	40.05	35.69	89.11	206.22	2.19	131.09	72.94	51902
卫东区	31.20	29.20	93.60	108.25	1.89	55.70	50.66	35034
石龙区	5.64	4.58	81.13	44.00	0.26	39.57	4.18	78849
湛河区	29.50	22.15	75.07	94.37	3.05	55.62	35.71	32275
安阳市								
文峰区	46.39	34.86	75.13	113.90	3.86	39.06	70.98	24828
北关区	26.92	23.32	86.65	81.34	1.13	18.71	61.50	30800
殷都区	26.38	22.72	86.12	131.46	1.28	86.58	43.60	50760
龙安区	22.49	12.89	57.33	127.11	2.28	107.76	17.06	57028
鹤壁市								
鹤山区	13.44	11.35	84.44	84.76	3.11	72.59	9.07	63385
山城区	23.68	20.33	85.86	111.05	2.33	91.76	16.96	47087
淇滨区	28.78	20.28	70.48	114.47	6.45	64.11	43.91	40357

10-14 续表 1

单位：亿元

地　区	常住人口（万人）	#城镇	城镇化率（%）	生产总值	第一产业	第二产业	第三产业	人均生产总值（元）
新乡市								
红旗区	40.99	38.48	93.88	255.41	2.36	144.30	108.74	63235
卫滨区	20.12	20.12	100.00	92.92	1.10	26.41	65.40	46880
凤泉区	15.22	8.26	54.27	79.96	2.82	36.19	40.94	53411
牧野区	32.95	31.23	94.77	140.22	2.88	65.98	71.36	43079
焦作市								
解放区	29.72	29.72	100.00	87.22	0.24	17.76	69.22	29617
中站区	10.41	6.39	61.36	47.28	0.67	34.18	12.44	45414
马村区	14.28	8.63	60.46	45.08	1.35	32.29	11.44	31973
山阳区	44.29	30.58	69.04	191.50	8.68	114.09	68.72	43484
濮阳市								
华龙区	68.53	50.14	73.17	359.66	17.41	252.96	89.30	53067
许昌市								
魏都区	50.46	47.31	93.75	297.71	1.85	206.50	89.35	59086
漯河市								
源汇区	32.95	19.76	59.98	111.19	7.96	51.14	52.09	33888
郾城区	49.96	24.12	48.28	160.74	20.85	98.30	41.59	32276
召陵区	48.17	21.22	44.05	235.84	20.58	185.28	29.97	49075
三门峡市								
湖滨区	32.00	28.45	88.90	153.59	3.88	76.09	73.61	48086
南阳市								
宛城区	89.08	50.00	56.13	297.72	25.25	160.15	112.32	33346
卧龙区	92.52	52.32	56.55	299.32	19.71	120.59	159.01	32278
商丘市								
梁园区	82.95	40.94	49.36	134.37	20.56	60.11	53.70	16223
睢阳区	84.88	34.15	40.23	171.44	33.25	82.81	55.38	20220
信阳市								
浉河区	64.34	39.85	61.93	203.29	28.85	77.98	96.46	31819
平桥区	68.03	34.15	50.20	204.84	35.10	114.61	55.13	30134
周口市								
川汇区	71.00	40.07	56.44	171.36	8.32	89.00	74.04	24204
驻马店市								
驿城区	90.08	56.47	62.69	265.09	25.49	140.94	98.66	29858

10-14 续表 2

单位：亿元

地 区	全社会固定资产投资	规模以上工业增加值	规模以上工业利税	社会消费品零售总额	城镇居民人均可支配收入(元)	农民人均纯收入(元)	公共财政预算收入	公共财政预算支出
郑州市								
中原区	194.08	139.98	30.25	161.37	24686	15129	26.06	23.02
二七区	293.01	47.42	8.82	301.32	25478	15857	24.88	21.72
管城区	216.46	233.04	85.97	245.46	24258	17196	20.87	19.29
金水区	353.04	15.45	4.85	629.24	31573	16954	50.15	40.01
上街区	101.13	69.01	14.56	37.50	30953	14632	10.06	11.30
惠济区	122.61	23.35	3.63	87.03	20766	16464	11.09	12.62
开封市								
龙亭区	32.74	4.34	0.65	31.61	20774	9618	1.82	3.22
顺河区	28.90	20.12	0.77	43.35	19585	9240	1.51	4.73
鼓楼区	36.83	6.19	0.21	91.11	21005	9780	1.71	3.29
禹王台区	36.93	18.21	1.32	36.63	19719	9510	1.67	3.50
金明区	67.31	39.34	6.67	66.52	22201	9845	2.54	5.45
洛阳市								
老城区	49.41	9.06	1.22	57.85	24597	9810	4.55	5.91
西工区	117.59	72.94	16.91	219.76	27770	10740	11.78	11.17
瀍河区	58.85	18.78	1.83	57.28	25223	11128	4.01	6.02
涧西区	141.27	188.58	52.09	165.35	25431	13023	16.46	15.15
吉利区	26.61	79.62	58.77	18.26	29440	10619	3.87	4.98
洛龙区	170.42	36.81	10.82	100.02	25484	9789	12.80	17.82
平顶山市								
新华区	60.19	112.82	37.50	100.33	23534	11680	8.19	9.46
卫东区	51.74	42.26	-4.61	114.95	23966	12375	7.07	8.11
石龙区	12.58	36.50	2.47	4.79	14268	10881	3.84	4.86
湛河区	69.81	41.03	17.70	39.62	24011	12116	7.06	8.42
安阳市								
文峰区	89.32	25.62	4.81	110.05	25223	13161	5.09	7.56
北关区	53.77	3.90	0.45	70.90	22501	13297	4.12	5.14
殷都区	32.53	76.53	10.96	41.20	25534	13380	3.75	4.48
龙安区	56.86	103.08	56.19	31.23	21922	11172	4.95	7.31
鹤壁市								
鹤山区	45.10	66.30	5.03	13.77	20467	9982	1.65	4.18
山城区	81.87	79.32	7.93	25.96	21524	10677	3.93	6.95
淇滨区	72.83	47.94	7.27	36.22	22798	9827	7.40	11.39

10-14 续表 3

单位：亿元

地 区	全社会固定资产投资	规模以上工业增加值	规模以上工业利税	社会消费品零售总额	城镇居民人均可支配收入(元)	农民人均纯收入(元)	公共财政预算收入	公共财政预算支出
新乡市								
红旗区	99.46	122.97	51.24	79.52	23874	11453	6.30	6.99
卫滨区	83.64	17.62	1.30	123.73	23805	11021	3.41	4.59
凤泉区	32.03	30.63	4.36	11.73	21123	10256	2.48	3.91
牧野区	127.29	48.58	14.37	59.96	24327	12274	6.01	7.09
焦作市								
解放区	72.53	10.00	1.35	67.40	22952		5.41	6.78
中站区	41.20	29.04	4.50	6.19	18303	10450	3.06	5.36
马村区	37.50	26.55	5.87	12.54	18535	10462	2.28	3.92
山阳区	74.84	99.75	60.09	68.81	22872	11053	4.35	5.33
濮阳市								
华龙区	123.97	56.45	62.55	91.84	23682	10022	9.52	11.75
许昌市								
魏都区	104.28	187.76	110.36	121.84	22765	12529	7.00	9.10
漯河市								
源汇区	85.26	36.97	25.13	83.30	23111	12116	4.34	10.03
郾城区	129.11	75.96	44.37	70.50	22551	11796	4.32	15.47
召陵区	173.41	161.58	85.94	46.40	21153	11416	2.45	12.29
三门峡市								
湖滨区	77.24	48.92	5.53	74.76	21178	9501	7.44	8.57
南阳市								
宛城区	234.87	117.67	17.83	123.22	23481	10235	6.03	20.00
卧龙区	169.37	85.78	12.43	150.47	23530	10019	5.86	20.86
商丘市								
梁园区	122.76	31.61	2.62	152.30	21462	7590	7.13	24.81
睢阳区	136.62	64.14	15.55	85.98	20762	7620	6.83	26.34
信阳市								
浉河区	167.35	43.52	13.53	109.61	20051	9978	7.94	19.86
平桥区	239.61	91.52	28.24	90.95	19978	8777	5.36	21.62
周口市								
川汇区	172.63	62.15	13.04	106.56	19189	9550	3.05	9.36
驻马店市								
驿城区	130.90	115.49	34.41	114.63	21146	7803	8.76	21.60

城市经济

资料整理：王亚钶

11-1 城市社会经济主要指标(2013年)

本表价值量指标均按当年价格计算。

指 标	全省	省辖市 市区合计	省辖市市区 占全省比重(%)
土地面积(万平方公里)	16.7	1.53	9.1
年末城镇失业人员(登记数)			
(万人)	40.19	21.96	54.6
生产总值(亿元)	32155.86	10067.55	31.3
第一产业	4058.98	398.16	9.8
第二产业	17806.39	5162.81	29.0
第三产业	10290.49	4506.58	43.8
公共财政预算收入(亿元)	2415.45	1279.27	53.0
公共财政预算支出(亿元)	5582.31	1844.27	33.0
规模以上工业企业			
主营业务收入(亿元)	59975.16	17425.32	29.1
利润总额(亿元)	4543.07	744.25	16.4
限额以上批零贸易业商品			
销售总额(亿元)	10532.00	7194.29	68.3
当年实际使用外资金额(万美元)	1745659	667523	38.2
居民人民币储蓄存款余额(亿元)	20232.12	9155.68	45.3
在岗职工工资总额(亿元)	4048.73	2383.62	58.9
在校学生数(万人)			
#普通高等学校	161.83	149.60	92.4
普通中学	574.28	132.76	23.1
小学	939.98	178.03	18.9
医院、卫生院个数(个)	3471	978	28.2
医院、卫生院床位数(万张)	40.03	16.99	42.4
医生(万人)	18.06	7.07	36.8

11-2 省辖市市区社会

本表价值量指标均按当年价格计算。

指标	郑州	开封	洛阳	平顶山	安阳	鹤壁
年底(末)总人口(万人)	517.10	87.29	193.33	97.88	114.43	62.59
从业人员期末人数(万人)	138.15	22.32	41.89	34.64	20.47	14.13
在岗职工平均人数(万人)	117.46	16.91	38.90	33.17	19.99	11.52
行政区域土地面积(平方公里)	1010	362	768	443	534	679
#建成区面积	383	113	192	73	110	64
生产总值(亿元)	3335.73	352.60	1223.67	452.84	453.81	310.28
#第二产业	1513.52	140.19	631.14	281.98	252.12	228.46
第三产业	1785.44	193.86	568.61	163.48	193.14	69.93
公共财政预算收入(公工财政收入)(亿元)	549.99	41.32	142.91	63.21	51.46	30.01
公共财政预算支出(公共财政支出)(亿元)	573.74	70.93	176.97	90.09	85.62	48.20
规模以上工业法人企业						
主营业务收入(亿元)	4416.32	444.15	2401.44	966.69	854.77	756.73
利润总额(亿元)	216.28	12.08	59.42	35.04	19.73	16.12
社会用电量(亿千瓦小时)	361.85	48.08	244.02	79.79	145.83	35.16
#工业用电	242.06	31.15	215.30	65.94	126.92	28.52
城乡居民生活用电	46.49	7.80	12.56	6.66	9.59	2.44
限额以上批零贸易业商品						
销售总额(亿元)	2839.85	174.48	889.68	542.78	355.38	73.77
当年实际使用外资金额(万美元)	247250	24108	111778	14637	22111	40913
居民人民币储蓄存款余额(亿元)	3427.27	346.82	972.66	501.01	372.23	147.92
在岗职工工资总额(亿元)	570.38	60.54	182.12	151.34	77.99	41.91
在校学生数(万人)						
普通高等学校	57.34	8.66	11.85	5.93	6.23	1.07
中等职业学校	18.78	5.32	6.44	3.07	1.88	1.77
普通中学	23.50	6.04	11.81	5.74	6.41	4.71
小学	34.12	6.73	15.86	8.91	10.54	5.53
医院、卫生院个数(个)	175	51	92	68	45	29
医院、卫生院床位数(万张)	4.86	0.83	1.56	0.92	0.90	0.35
医生(万人)	1.55	0.87	0.72	0.38	0.40	0.17

经济主要指标(2013年)

新乡	焦作	濮阳	许昌	漯河	三门峡	南阳	商丘	信阳	周口	驻马店
103.91	98.31	68.38	41.85	139.42	29.94	185.96	183.29	149.50	53.28	80.64
21.85	23.76	24.02	13.58	22.20	6.52	31.57	17.83	20.47	12.67	21.23
18.73	18.91	24.55	12.46	18.86	6.76	27.64	15.26	18.27	11.37	18.63
352	416	263	97	1020	185	2135	1697	3604	338	1365
110	108	50	92	61	30	149	62	84	63	69
568.50	303.77	359.65	297.67	507.78	154.79	594.35	305.81	408.62	172.05	265.64
272.89	129.05	252.96	206.50	334.72	75.15	278.43	142.92	192.59	89.00	141.20
286.44	161.82	89.29	89.35	123.66	75.76	270.95	109.08	152.08	74.73	98.96
62.72	48.08	39.91	41.11	41.99	23.10	48.45	32.26	13.30	17.98	31.45
94.05	84.43	65.90	56.60	84.68	53.11	121.66	94.56	41.47	40.18	62.08
1079.92	1016.84	699.55	579.34	1348.58	414.46	771.41	380.16	570.51	286.26	438.21
46.95	32.51	-11.97	51.28	125.94	11.19	51.01	9.82	20.43	28.28	20.11
75.77	147.20	49.25	30.02	35.17	17.95	75.28	94.49	42.04	15.12	42.25
54.89	134.68	39.44	21.08	22.55	15.68	52.27	76.20	22.78	8.99	31.67
7.92	5.24	4.32	4.48	6.23	2.14	13.95	9.42	7.88	2.88	4.23
321.00	178.54	183.93	201.04	162.68	135.88	388.15	230.07	174.53	166.45	176.10
27570	16990	12453	31038	53386	5573	11292	10313	18057	4860	15194
381.33	311.60	348.51	262.32	288.03	152.19	486.73	338.86	386.86	177.51	253.84
71.79	80.13	100.74	52.23	65.01	31.20	114.82	52.86	63.14	52.39	615.04
14.11	8.29	0.99	3.38	2.96	1.38	6.77	7.17	7.13	3.18	3.18
3.64	3.79	1.94	1.73	2.36	1.52	5.13	1.66	1.76	3.24	2.26
6.67	5.89	8.86	3.22	8.46	2.19	10.74	11.43	7.84	3.55	5.70
8.98	6.86	7.80	4.01	10.57	2.50	20.96	15.27	5.20	5.70	8.49
53	40	40	38	64	17	95	47	65	31	28
0.91	0.67	0.64	0.51	0.70	0.41	1.48	0.66	0.61	0.40	0.57
0.29	0.30	0.31	0.21	0.30	0.13	0.56	0.31	0.19	0.19	0.20

11-3 城市建设基本情况

指　　标	2005年	2008年	2009年	2010年	2012年	2013年
城市个数(个)	38	38	38	38	38	38
城区面积(平方公里)		3332	4026	4101	4628	4658
建成区面积(平方公里)	1572	1857	1913	2014	2219	2289
年底供水综合生产能力(万立方米/日)	1027	1014	1008	1010	1042	1047
全年供水总量(万立方米)	183436	168294	173377	179122	188538	188710
#生活用水量		70814	74181	76986	80097	82258
平均每人每天生活用水量(升)	147.1	115.9	118.5	109.1	104.1	105.3
用水普及率(%)	91.9	85.6	88.3	91.0	91.8	92.2
公共交通标准运营车辆(标台)	12514	15661	18381	18912	21852	22790
出租汽车数(辆)					59523	59966
煤气家庭用量(万立方米)	12735	13468	13507	15420	11036	3374
天然气家庭用量(万立方米)	18649	32092	38969	48243	65289	94825
液化石油气家庭用量(吨)	198629	212604.06	202029	201931	197610	190221
燃气普及率(%)		66.9	72.9	73.4	77.9	82.0
集中供热面积(万平方米)	5361	8625	9283	10737	13006	15151
道路长度(千米)	7090	8704	9018	9413	10798	11235
道路面积(万平方米)	15653	19689	20534	21767	25458	26843
排水管道长度(千米)	10201	13248	13896	14733	17292	18297
建成区绿化覆盖面积(公顷)	50822	65713	69426	73652	81880	86076
建成区绿化覆盖率(%)	32.3	35.4	36.3	36.5	36.9	37.6
公园个数(个)	272	240	248	262	280	290
公园绿地面积(公顷)		16301	17154	18361	21202	22226
人均公园绿地面积(平方米)		8.2	8.7	8.7	9.2	9.6
生活垃圾清运量(万吨)	754	757	679	694	796	805
生活垃圾无害化处理率(%)	58.1	67.3	75.3	82.5	86.4	90.0
城市污水排放量(亿吨)	13.40	14.19	14.74	16.50	16.77	
城市污水处理量(亿吨)		10.39	11.90	12.91	14.49	15.24
城市污水处理厂集中处理率(%)					86.0	89.3

11-4 城市市区市政设施、公共交通情况(2013年)

地 区	建成区面积(平方公里)	市区人口密度(人/平方公里)	年底道路长度(公里)	年底道路面积(万平方米)	人均城市道路面积(平方米)	年底路灯盏数(盏)	年底实有运营车辆(辆)
郑 州	383	13347	1520	3836	6.55	75251	5745
开 封	99	7336	464	1326	14.90	32195	843
洛 阳	192	7637	711	2269	8.96	69507	1709
平顶山	73	3572	279	1048	11.29	43798	668
安 阳	79	4673	440	965	13.49	27663	605
鹤 壁	64	3480	325	722	15.90	19398	341
新 乡	110	5429	461	1084	14.26	29771	817
焦 作	102	7550	433	1201	15.60	22239	689
濮 阳	50	3039	266	648	13.89	21335	565
许 昌	84	5036	286	606	12.40	38020	550
漯 河	61	5224	350	805	14.43	22561	968
三门峡	30	10967	161	316	9.61	21509	238
南 阳	149	2400	1318	1908	12.41	30171	449
商 丘	62	9361	380	888	9.21	33751	1178
信 阳	84	1900	411	859	17.42	28397	274
周 口	63	3096	225	712	22.99	32822	231
驻马店	69	2506	339	1046	22.56	23239	470
济 源	43	5422	217	552	20.36	29236	275
巩 义	28	8906	100	294	9.17	15440	307
荥 阳	23	6059	123	263	17.10	7762	91
新 郑	30	7668	114	369	14.04	8522	134
登 封	22	3145	169	355	19.22	14510	73
新 密	23	1970	96	254	16.46	9163	374
偃 师	18	8405	89	143	8.13	7660	99
汝 州	33	1919	140	301	11.49	7092	90
舞 钢	16	1798	122	239	19.55	2988	66
林 州	22	4742	149	269	14.92	15985	88
卫 辉	20	3087	86	163	11.76	7780	—
辉 县	22	1821	122	268	12.64	7853	—
沁 阳	20	4132	176	379	26.94	8254	19
孟 州	15	1310	84	275	18.55	13838	17
禹 州	43	7673	134	390	9.72	20293	239
长 葛	25	2518	171	370	19.44	9938	104
义 马	18	1579	128	264	14.94	3725	58
灵 宝	21	6479	85	210	11.18	5246	70
永 城	35	4269	220	538	15.50	8798	133
邓 州	32	8888	168	358	10.08	15958	37
项 城	30	5000	171	351	11.69	4472	156

11-5 城市市区供、排水情况(2013年)

地区	年底供水综合生产能力(万立方米/日)	供水管道长度(公里)	全年供水总量(万立方米)	#居民家庭用水	用水人口(万人)	人均日生活用水量(升)	用水普及率(%)	排水管道长度(公里)	排水管道密度(公里/平方公里)
郑州	109.42	2902	35413	12411	586.01	87	100.0	3377	8.82
开封	62.50	1248	8479	2453	86.80	95	97.6	798	8.08
洛阳	85.30	1592	16218	6550	250.14	107	98.8	1538	8.02
平顶山	60.96	1207	10985	3573	90.00	114	96.9	438	6.04
安阳	79.00	788	9922	2608	71.50	144	100.0	817	10.35
鹤壁	38.33	627	5487	1755	42.50	116	93.7	400	6.28
新乡	62.00	712	12598	2946	75.30	107	99.1	820	7.45
焦作	57.30	986	8003	2382	76.88	104	99.8	816	8.01
濮阳	35.60	156	5457	1520	42.70	131	91.5	404	8.04
许昌	39.00	547	4409	1461	47.31	106	96.9	499	5.94
漯河	33.40	473	9918	1664	51.03	144	91.5	466	7.64
三门峡	14.50	240	2140	1465	32.26	132	98.1	193	6.44
南阳	72.81	1325	9254	2901	105.42	109	68.6	1218	8.18
商丘	37.30	506	3847	2105	59.70	102	61.9	391	6.29
信阳	26.80	1296	3848	2041	47.43	135	96.2	331	3.95
周口	19.00	339	3131	1138	29.66	144	95.8	554	8.80
驻马店	22.77	435	5170	1305	37.85	104	81.6	656	9.51
济源	10.27	352	2881	1036	27.09	137	99.9	397	9.26
巩义	12.00	169	1955	699	31.10	91	97.0	188	6.70
荥阳	4.40	211	1215	583	14.10	135	91.8	232	10.04
新郑	6.13	300	1222	487	16.90	116	64.3	207	6.96
登封	3.70	114	1016	257	13.70	94	74.1	216	10.03
新密	10.50	248	1215	503	14.00	152	90.9	119	5.11
偃师	7.55	204	1053	556	16.80	101	95.2	100	5.66
汝州	8.62	237	1009	266	13.08	76	49.9	177	5.43
舞钢	15.70	137	2516	380	11.88	114	97.1	170	10.71
林州	6.00	222	1692	622	16.73	133	92.8	205	9.36
卫辉	6.00	171	1916	601	13.77	165	99.1	130	6.34
辉县	10.00	402	2116	576	20.40	134	96.2	243	11.26
沁阳	7.60	90	606	254	13.12	65	93.4	244	12.45
孟州	7.30	211	924	241	14.30	82	96.3	225	14.81
禹州	7.70	202	2057	1310	36.46	105	90.9	345	8.00
长葛	11.00	73	1276	311	16.41	80	86.3	205	8.31
义马	14.80	85	1544	362	15.85	70	89.7	63	3.60
灵宝	8.20	122	1665	414	17.89	83	95.2	140	6.58
永城	11.00	265	2640	1208	27.80	143	80.1	362	10.50
邓州	14.30	543	1364	450	24.89	71	70.0	270	8.49
项城	8.50	220	2550	854	29.82	90	99.4	343	11.43

11-6 城市市区燃气供应情况(2013年)

地区	煤气			天然气			液化石油气			燃气普及率
	供气总量(万立方米)	#家庭用量	用气人口(万人)	供气总量(万立方米)	#家庭用量	用气人口(万人)	供气总量(吨)	#家庭用量	用气人口(万人)	(%)
郑州				86524	30580	426.89	63024	45513	100.92	90.1
开封				11558	3369	58.89	10248	9382	22.10	91.1
洛阳				21949	3481	150.60	22123	19578	34.43	73.1
平顶山	1028	829	10.00	8666	2038	70.00				86.1
安阳	43000	410	3.36	17397	5612	58.36	7206	3687	8.36	98.0
鹤壁				3313	1930	36.00	1418	1418	3.90	87.9
新乡				13870	8310	70.00	1200	1200	4.37	97.9
焦作				20265	4963	61.75	2117	2117	9.12	92.0
濮阳				5701	3600	41.55				89.0
许昌				4248	1299	26.00	6776	6740	17.30	88.6
漯河				2123	1320	20.00	9512	8925	25.80	82.1
三门峡				12066	339	15.13	2410	2300	14.04	88.7
南阳	9225	300	10.90	3947	1873	28.76	20605	20458	64.77	67.9
商丘				3676	952	25.16	13901	11076	46.80	74.6
信阳				10400	4638	23.45	10160	7920	24.60	97.5
周口				6829	497	10.80	4000	4000	14.86	82.9
驻马店				2600	2410	16.60	3270	3260	11.00	59.5
济源	4267	170	0.87	11286	1519	24.37	790	790	1.33	98.0
巩义				7446	3396	22.32	3303	1700	5.90	88.0
荥阳				1100	573	9.00	2036	1785	5.10	91.8
新郑				3058	900	5.00	2532	1920	9.60	55.5
登封				2316	144	5.51	1124	1030	4.31	53.1
新密				3650	2053	10.05	1018	1010	4.11	91.9
偃师				1235	1228	9.10	1389	1385	5.07	80.3
汝州	2036	1213	10.00				2607	700	2.50	47.7
舞钢				590	237	7.10				58.1
林州				1790	1288	13.86	1291	1268	3.88	98.5
卫辉				969	615	5.80	973	970	3.50	67.0
辉县	58	58	0.19	3130	1048	7.90	3922	3913	11.30	91.4
沁阳				1656	363	4.94	2015	2015	8.17	93.3
孟州				927	925	12.14				81.8
禹州				4560	2140	8.80	5645	5160	19.00	69.3
长葛				8213	334	5.80	4930	4050	9.72	81.6
义马	438	394	7.82				2990	2981	4.96	72.3
灵宝				87	80	2.72	2750	2700	10.44	70.0
永城				508	289	7.50	3712	3260	13.60	60.8
邓州				72			3322	3320	14.75	41.5
项城				900	482	5.60	2890	2690	12.15	59.2

11-7　城市市区园林绿化情况(2013年)

地　区	建成区绿化覆盖面积（公顷）	建成区绿化覆盖率（%）	公园个数（个）	公　园面　积（公顷）	公　园绿地面积（公顷）	人均公园绿地面积（平方米）
郑　州	14540	38.0	68	2082	3895	6.7
开　封	3679	37.2	13	254	799	9.0
洛　阳	7148	37.3	14	767	1869	7.4
平顶山	2900	40.0	13	383	952	10.3
安　阳	3095	39.2	11	156	697	9.8
鹤　壁	2470	38.7	7	380	653	14.4
新　乡	4492	40.8	16	131	775	10.2
焦　作	4057	39.8	13	682	776	10.1
濮　阳	1957	38.9	9	525	624	13.4
许　昌	3289	39.2	5	135	508	10.4
漯　河	2396	39.3	13	191	825	14.8
三门峡	1304	43.5	5	448	482	14.7
南　阳	3753	25.2	9	2139	2660	17.3
商　丘	2573	41.4	9	337	584	6.1
信　阳	3563	42.4	5	118	697	14.1
周　口	2457	39.0	4	188	321	10.4
驻马店	2784	40.4	4	74	466	10.1
济　源	1792	41.8	8	112	326	12.0
巩　义	1192	42.6	2	118	416	13.0
荥　阳	882	38.2	3	100	172	11.2
新　郑	1129	38.0	2	120	209	8.0
登　封	817	38.0	9	66	169	9.1
新　密	815	35.0	2	110	204	13.2
偃　师	672	38.2	4	153	161	9.1
汝　州	1032	31.8	4	179	214	8.2
舞　钢	640	40.2	2	76	146	11.9
林　州	825	37.7	2	99	190	10.5
卫　辉	724	35.4	1	19	111	8.0
辉　县	772	35.7	5	71	148	7.0
沁　阳	484	24.7	3	25	118	8.4
孟　州	580	38.3	2	125	149	10.0
禹　州	1337	31.0	4	238	325	8.1
长　葛	857	34.7	3	137	283	14.9
义　马	578	33.0	4	195	197	11.1
灵　宝	801	37.8	1	74	193	10.3
永　城	1439	41.7	8	305	395	11.4
邓　州	1069	33.6	1	35	203	5.7
项　城	1181	39.4	2	96	316	10.5

注：公园个数、面积含小游园。

11-8 城市环境卫生情况(2013年)

地 区	污水排放量(万立方米)	污水处理量(万立方米)	生活垃圾清运量(万吨)	生活垃圾处理量(万吨)	垃圾无害化处理量(万吨)	公共厕所(座)	环卫车辆(辆)	保洁面积(万平方米)
郑 州	31877	30557	180	161	161	963	900	3838
开 封	8226	6037	26	18	18	519	194	1400
洛 阳	15195	14977	77	64	64	558	429	2339
平顶山	10085	9075	31	28	28	396	136	1048
安 阳	7980	7797	36	36	36	635	181	964
鹤 壁	3890	3229	16	15	15	89	67	692
新 乡	10079	9071	36	36	36	310	104	1065
焦 作	8465	7390	29	28	28	159	118	1469
濮 阳	4350	3875	17	15	15	141	172	640
许 昌	3527	3420	23	22	22	261	94	530
漯 河	7261	6900	22	22	22	323	83	600
三门峡	2036	1887	10	9	9	121	33	240
南 阳	6758	6261	50	34	34	517	244	2054
商 丘	8297	7187	30	25	25	335	91	803
信 阳	3655	3542	20	18	18	366	76	671
周 口	2685	2149	11	10	10	95	23	512
驻马店	4019	3700	19	17	17	273	69	776
济 源	2723	2620	16	16	16	104	64	421
巩 义	1400	693	9	9	9	37	42	318
荥 阳	1130	1088	7	7	7	50	45	345
新 郑	1905	1624	8	8	8	47	42	190
登 封	980	901	7	6	6	40	16	295
新 密	972	826	9	9	9	61	59	302
偃 师	950	874	8	8	8	35	18	180
汝 州	760	739	9	8	8	40	33	203
舞 钢	2060	1736	5	5	5	73	45	142
林 州	1194	843	8	8	8	42	22	366
卫 辉	1530	1530	7	7	7	21	21	235
辉 县	1743	1604	9	9	9	46	28	177
沁 阳	424	340	5	4	4	27	24	245
孟 州	830	809	4	4	4	17	14	253
禹 州	1645	1640	12	9	9	46	91	538
长 葛	1420	1398	7	6	6	29	50	155
义 马	1081	103	6	4	4	28	29	220
灵 宝	1277	1040	8	8	8	45	17	181
永 城	2428	2302	11	10	10	105	34	460
邓 州	995	876	11	10	10	77	37	322
项 城	1910	1733	11	11	11	58	32	351

主要统计指标解释

城区面积

包括：市本级(1)街道办事处所辖地域；(2)城市公共设施、居住设施和市政公用设施等连接到的其他镇（乡）地域；（3）常住人口在3000人以上独立的工矿区、开发区、科研单位、大专院校等特殊区域。

建成区面积

城市行政区内实际已成片开发建设、市政公用设施和公共设施基本具备的区域。对核心城市，它包括集中连片的部分以及分散的若干个已经成片建设起来，市政公用设施和公共设施基本具备的地区；对一城多镇来说，它包括由几个连片开发建设起来的，市政公用设施和公共设施基本具备的地区组成。因此建成区范围，一般是指建成区外轮廓线所能包括的地区，也就是这个城市实际建设用地所达到的范围。

供水总量 指报告期供水企业（单位）供出的全部水量。包括有效供水量和漏损水量。

有效供水量指水厂将水供出厂外后，各类用户实际使用到的水量。包括售水量和免费供水量。

城市燃气 指符合《城镇燃气设计规范》的规定，供城市生产和生活作燃料使用的天然气、人工煤气和液化石油气等气体能源的统称。

供气总量 指报告期燃气企业（单位）向用户供应的燃气数量。包括销售量和损失量

集中供热面积 指从一个或多个热源通过热网向城市的热用户供给生产和生活热能，供热企业（单位）向城市各类房屋建筑物、构筑物及其附属设施供热的全部建筑面积。

道路长度 指道路长度和与道路相通的桥梁、隧道的长度，按车行道中心线计算。

道路面积 指道路实际铺装面积和与道路相通的广场、桥梁、隧道的铺装面积（统计时，将人行道面积单独统计）。

人行道面积按道路两侧面积相加计算，包括步行街和广场，不含人车混行的道路。

排水管道长度 指所有排水总管、干管、支管、检查井及连接井进出口等长度之和。计算时应按单管计算，即在同一条街道上如有两条或两条以上并排的排水管道时，应按每条排水管道的长度相加计算。

污水排放总量 指生活污水、工业废水的排放总量，包括从排水管道和排水沟（渠）排出的污水量。

污水处理量 指污水处理厂（或污水处理装置）实际处理的污水量。包括物理处理量、生物处理量和化学处理量。

其中处理本市（县）外，指污水处理厂作为区域设施，不仅处理本市（县）的污水，还处理本市（县）以外其他市、县或乡镇等的污水。这部分污水处理量单独统计，并在计算本市（县）的污水处理率时扣除。

公园绿地面积 城市中向公众开放的、以游憩为主要功能，有一定的游憩设施和服务设施，同时兼有健全生态、美化景观、防灾减灾等综合作用的绿化用地。它是城市建设用地、城市绿地系统和城市市政公用设施的重要组成部分。

生活垃圾清运量 指报告期内收集和运送到各生活垃圾处理厂(场)和生活垃圾最终消纳点的生活垃圾数量。生活垃圾指城市日常生活或为城市日常生活提供服务的活动中产生的固体废物以及法律行政规定的视为城市生活垃圾的固体废物。包括：居民生活垃圾、商业垃圾、集市贸易市场垃圾、街道清扫垃圾、公共场所垃圾和机关、学校、厂矿等单位的生活垃圾。

生活垃圾处理量 指报告期内简易处理场和各种生活垃圾无害化处理场（厂）处理生活垃圾总量。生活垃圾简易处理量指生活垃圾简易处理场所处理的生活垃圾总量。生活垃圾无害化处理量指生活垃圾无害化处理场（厂）所处理的生活垃圾总量。

中原经济区主要指标

资料整理：别壮丽

12-1　中原经济区

项目名称	2011年			
	全国	中原经济区	河南省	中原经济区占全国%
行政区域土地面积(万平方公里)	960.0	28.9	16.7	3.0
市级区划数(个)	332	29	17	8.7
县级区划数(个)	2853	277	159	9.7
年末总人口(万人)	134735.0	17900.2	10489.0	13.3
常住人口(万人)	134735.0	15977.1	9388.0	11.9
城镇人口(万人)	69079.0	6434.7	3811.5	9.3
乡村人口(万人)	65652.0	9589.8	5576.5	14.6
城镇化率(%)	51.3	40.3	40.6	-11.0
生产总值(亿元)	473104.0	41922.0	26931.0	8.9
第一产业增加值(亿元)	47486.2	5680.1	3512.2	12.0
第二产业增加值 (亿元)	220412.8	23603.9	15427.1	10.7
工业(亿元)	188470.2	21367.0	13949.3	11.3
第三产业增加值(亿元)	205205.0	12638.1	7991.7	6.2
第三产业增加值比重(%)	43.4	30.1	29.7	-13.2
人均生产总值(元)	35198.0	23419.9	28661.0	66.5
公共财政预算收入(亿元)	103874.4	2699.5	1721.8	2.6
公共财政预算支出(亿元)	109247.8	6441.4	4248.8	5.9
金融机构年底存款余额(亿元)	809368.0	42475.7	26646.2	5.2
城乡居民储蓄存款余额(亿元)	353536.0	24532.7	14726.4	6.9
金融机构年底贷款余额(亿元)	547947.0	26197.8	17506.2	4.8
全社会用电量(亿千瓦时)	47000.9	4583.2	2822.6	9.8
全社会固定资产投资(亿元)	311485.1	26714.9	17770.5	8.6
社会消费品零售总额(亿元)	183918.6	14695.8	9453.7	8.0
货物进出口总额(亿美元)	36418.6	525.4	326.4	1.4
年末耕地总资源(千公顷)	121715.9	14017.7	7926.4	11.5

注：城镇化率、第三产业增加值比重两个指标“占全国(%)”计算的是中原经济区与全国的差距。

主要指标

2012年				2013年			
全国	中原经济区	河南省	中原经济区占全国%	全国	中原经济区	河南省	中原经济区占全国%
960.0	28.9	16.7	3.0	960.0	28.9	16.7	3.0
333	29	17	8.7	333	29	17	8.7
2852	277	159	9.7	2852	279	159	9.8
135404.0	17988.6	10543.0	13.3	136072.0	18109.0	10601.0	13.3
135404.0	16019.2	9406.0	11.8	136072.0	16065.9	9413.0	11.8
71182.0	6693.6	3991.0	9.4	73111.0	7040.4	4122.7	9.6
64222.0	9374.4	5415.0	14.6	62961.0	9100.9	5290.3	14.5
52.6	41.8	42.4	-10.8	53.7	43.8	43.8	-9.9
518942.1	46220.0	29599.3	8.9	568845.0	49997.5	32156.0	8.8
52373.6	6119.8	3769.5	11.7	56957.0	6593.1	4059.0	11.6
235162.0	25623.5	16672.2	10.9	249684.0	27180.7	17806.0	10.9
199670.7	23125.3	15017.6	11.6	210689.0	24444.1	15961.0	11.6
231406.5	14476.9	9157.6	6.3	262204.0	16222.7	10290.0	6.2
44.6	31.3	30.9	-13.3	46.1	32.4	32.0	-13.6
38459.0	25694.0	31499.0	66.8	41805.0	27609.2	34174.0	66.0
117253.5	3149.3	2040.3	2.7	129209.6	3665.4	2415.0	2.8
125953.0	7639.7	5006.4	6.1	140212.1	8528.9	5582.0	6.1
917555.0	50135.4	31648.5	5.5	1043847.0	58752.2	37592.0	5.6
411003.0	29222.7	17639.7	7.1	466502.0	33472.2	20232.0	7.2
629910.0	30642.1	20031.4	4.9	718961.0	35836.3	23511.0	5.0
49762.6	4773.8	2926.2	9.6	53223.0	5336.9	3109.0	10.0
374694.7	32834.9	21450.0	8.8	446294.1	40761.4	25188.1	9.1
210307.0	16971.8	10915.6	8.1	237809.9	19321.1	12427.0	8.1
38671.2	734.2	517.5	1.9	41589.9	833.7	599.5	2.0
121715.9	14046.7	7926.4	11.5	121715.9	14012.8	7926.4	11.5

12-1 续表

项目名称	2011年			
	全国	中原经济区	河南省	中原经济区占全国%
粮食播种面积(千公顷)	110573.0	17922.7	9859.9	16.2
小麦(千公顷)	24270.0	9269.1	5323.3	38.2
玉米(千公顷)	33542.0	5777.9	3025.0	17.2
粮食总产量(万吨)	57120.8	10084.0	5542.5	17.7
小麦(万吨)	11740.1	5498.5	3123.0	46.8
玉米(万吨)	19278.1	3407.9	1696.5	17.7
猪当年出栏头数(万头)	66170.3	8678.1	5361.2	13.1
肉类总产量(万吨)	7957.8	1063.2	641.7	13.4
猪肉(万吨)	5053.1	665.2	406.4	13.2
禽蛋产量(万吨)	2811.4	708.0	390.5	25.2
公路客运量(全社会)(万人)	3286220.0	302324.7	184213.0	9.2
公路货运量(全社会)(万吨)	2820100.0	396410.6	220122.0	14.1
民用航空客运量(万人)	29317.0	1223.6	1074.1	4.2
民用航空货(邮)运量(万吨)	557.5	10.9	10.4	2.0
公路里程(万公里)	410.6	39.3	24.8	9.6
等级公路里程(万公里)	345.3	29.0	19.1	8.4
高速公路里程(公里)	84900.0	8372.1	5196.0	9.9
民用汽车拥有量(万辆)	9356.3	970.4	582.1	10.4
邮电业务总量(亿元)	13333.5	904.7	581.4	6.8
移动电话年末用户数(万户)	98625.3	8879.3	5062.0	9.0
互联网宽带接入用户数(万户)	15000.1	1277.7	784.5	8.5
城镇新增就业人员数(万人)	1221.0	231.4	141.1	19.0
中等职业教育在校生人数(万人)	813.9	267.3	184.7	32.8
城镇居民人均可支配收入(元)	21809.8	18107.4	18195.0	83.0
农村居民人均纯收入(元)	6977.3	6586.0	6604.0	94.4

2012年				2013年			
全国	中原经济区	河南省	中原经济区占全国%	全国	中原经济区	河南省	中原经济区占全国%
111204.6	18049.3	9985.2	16.2	111956.0	18113.1	10081.8	16.2
24268.3	9228.6	5340.0	38.0	24117.0	9209.6	5366.7	38.2
35029.8	5965.7	3100.0	17.0	36318.0	6133.3	3203.3	16.9
58958.0	10287.9	5638.6	17.4	60193.8	10312.5	5714.0	17.1
12102.3	5646.7	3177.4	46.7	12192.6	5654.3	3226.5	46.4
20561.4	3491.9	1747.8	17.0	21848.9	3554.3	1796.5	16.3
69789.5	9217.6	5711.3	13.2	71557.3	9625.3	5996.9	13.5
8387.2	1120.3	677.4	13.4	8535.0	1155.0	699.1	13.5
5342.7	705.1	432.5	13.2	5493.0	776.8	454.1	14.1
2861.2	728.1	404.2	25.4	2876.1	739.4	410.2	25.7
3557010.0	327721.1	197785.0	9.2	3706404.4	352863.2	213900.0	9.5
3188475.0	450988.0	251772.0	14.1	3536018.8	511155.8	282970.0	14.5
31936.0	1449.2	1268.9	4.5	35397.0	1615.2	1412.9	4.6
545.0	15.9	15.3	2.9	561.3	26.4	25.8	4.7
423.8	40.1	25.0	9.5	435.6	40.7	25.0	9.4
361.0	29.6	19.4	8.2	375.6	30.4	19.7	8.1
96200.0	9093.7	5830.0	9.5	104438.0	9335.2	5860.0	8.9
10933.1	1139.3	645.9	10.4	12670.1	1304.8	746.9	10.3
15019.2	1027.2	661.4	6.8	18432.2	1117.2	726.0	6.1
111215.5	9825.2	5787.6	8.8	122911.3	11981.6	7200.2	9.7
17518.3	1482.6	927.6	8.5	18890.9	1762.8	1096.4	9.3
1266.0	232.6	142.7	18.4	1310.0	288.4	143.1	22.0
2113.7	251.9	173.5	11.9	1922.9	218.5	147.2	11.4
24564.7	20404.2	20442.6	83.1	26955.1	22367.5	22398.0	83.0
7916.6	7459.3	7524.9	94.2	8895.9	8425.5	8475.3	94.7

全国及分省（市、区）指标

资料整理：各有关处

13-1 全国及各省市区生产总值(2013年)

地 区	生产总值(亿元)	第一产业	第二产业	第三产业	生产总值增速(上年=100)	第一产业	第二产业	第三产业
全 国	**568845.2**	**56957.0**	**249684.4**	**262203.8**	**7.7**	**4.0**	**7.8**	**8.3**
北 京	19500.56	161.83	4352.30	14986.43	7.7	3.0	8.1	7.6
天 津	14370.16	188.45	7276.68	6905.03	12.5	3.7	12.7	12.5
河 北	28301.41	3500.42	14762.10	10038.89	8.2	3.5	9.0	8.4
山 西	12602.24	773.81	6792.68	5035.75	8.9	4.5	10.2	7.5
内蒙古	16832.38	1599.41	9084.19	6148.78	9.0	5.2	10.7	7.1
辽 宁	27077.65	2321.63	14269.46	10486.56	8.7	4.8	8.9	9.2
吉 林	12981.46	1509.34	6858.23	4613.89	8.3	4.0	8.8	8.7
黑龙江	14382.93	2516.79	5918.22	5947.92	8.0	5.1	6.6	10.4
上 海	21602.12	129.28	8027.77	13445.07	7.7	-2.9	6.1	8.8
江 苏	59161.75	3646.08	29094.03	26421.64	9.6	3.1	10.0	9.8
浙 江	37568.49	1784.62	18446.65	17337.22	8.2	0.4	8.4	8.7
安 徽	19038.87	2348.09	10403.96	6286.82	10.4	3.5	12.4	9.5
福 建	21759.64	1936.31	11315.30	8508.03	11.0	4.4	12.9	9.6
江 西	14338.50	1636.49	7671.38	5030.63	10.1	4.6	11.7	9.1
山 东	54684.33	4742.63	27422.47	22519.23	9.6	3.8	10.7	9.2
河 南	**32155.86**	**4058.98**	**17806.39**	**10290.49**	**9.00**	**4.30**	**10.00**	**8.8**
湖 北	24668.49	3098.16	12171.56	9398.77	10.1	4.7	11.3	10.0
湖 南	24501.67	3099.23	11517.35	9885.09	10.1	2.8	10.9	11.4
广 东	62163.97	3047.51	29427.49	29688.97	8.5	2.5	7.7	9.9
广 西	14378.00	2343.57	6863.04	5171.39	10.2	4.3	11.9	10.2
海 南	3146.46	756.47	871.29	1518.70	9.9	6.3	9.2	12.1
重 庆	12656.69	1016.74	6397.92	5242.03	12.3	4.7	13.4	12.0
四 川	26260.77	3425.61	13579.03	9256.13	10.0	3.6	11.5	9.9
贵 州	8006.79	1029.05	3243.70	3734.04	12.5	5.8	14.1	12.6
云 南	11720.91	1895.34	4927.82	4897.75	12.1	6.8	13.3	12.4
西 藏	807.67	86.82	292.92	427.93	12.1	3.8	20.0	8.7
陕 西	16045.21	1526.05	8911.64	5607.52	11.0	4.7	12.6	9.9
甘 肃	6268.01	879.37	2821.04	2567.60	10.8	5.6	11.5	11.5
青 海	2101.05	207.59	1204.31	689.15	10.8	5.3	12.3	9.8
宁 夏	2565.06	222.98	1264.96	1077.12	9.8	4.5	12.5	7.5
新 疆	8360.24	1468.29	3765.97	3125.98	11.0	6.9	13.6	9.3
河南为全国%	**5.7**	**7.1**	**7.1**	**3.9**				
河南居全国位次	**5**	**2**	**5**	**8**	**21**	**17**	**21**	**22**

注：生产总值按当年价格计算。生产总值指数按可比价格计算。

13-2 全国及各省市区主要农产品产量(2013年)

单位：万吨

地区	粮食	棉花	油料	园林水果	肉类	奶类	禽蛋
全国	**60193.84**	**629.90**	**3516.99**	**25093.04**	**8535.02**	**3649.52**	**2876.06**
北京	96.13	0.02	0.98	103.85	41.80	61.46	17.50
天津	174.71	4.85	0.58	54.17	46.48	68.53	18.89
河北	3364.99	45.68	151.13	1863.31	448.78	465.66	346.06
山西	1312.80	3.06	19.47	711.84	83.21	87.21	79.85
内蒙古	2773.00	0.16	158.14	294.77	244.90	778.55	55.09
辽宁	2195.60	0.10	113.64	944.65	420.12	125.74	276.82
吉林	3551.02	0.58	84.02	234.66	262.66	48.34	97.70
黑龙江	6004.07		19.02	274.37	221.28	522.52	102.70
上海	114.15	0.39	1.50	74.73	23.75	26.53	5.66
江苏	3422.99	20.93	150.37	814.19	383.23	59.89	197.87
浙江	733.95	2.80	37.78	715.65	174.27	18.21	43.09
安徽	3279.60	25.11	225.43	905.06	403.83	25.34	124.53
福建	664.36	0.01	28.83	744.31	211.21	15.30	25.04
江西	2116.10	13.09	119.29	637.77	321.93	12.25	46.12
山东	4528.20	62.10	349.61	3028.84	774.77	281.22	396.21
河南	**5713.69**	**18.97**	**589.08**	**2599.66**	**699.05**	**328.77**	**410.23**
湖北	2501.30	45.97	333.17	920.46	430.08	15.78	145.05
湖南	2925.74	19.80	224.44	879.44	519.23	8.90	95.60
广东	1315.90		101.01	1485.40	435.23	14.06	32.31
广西	1521.80	0.24	57.21	1433.42	420.02	9.56	22.71
海南	190.90		10.92	439.48	82.85	0.23	3.81
重庆	1148.13	0.01	53.14	319.26	207.85	6.80	41.09
四川	3387.10	1.31	290.44	840.07	690.39	71.12	145.20
贵州	1029.99	0.10	91.53	167.75	199.74	5.45	15.44
云南	1824.00	0.04	60.68	634.52	359.40	59.30	23.24
西藏	96.15		6.38	1.30	26.82	32.97	0.47
陕西	1215.80	5.79	59.52	1764.41	112.56	188.55	55.40
甘肃	1138.90	7.05	69.72	611.49	91.01	39.15	14.50
青海	102.37		32.57	2.96	31.81	28.74	2.26
宁夏	373.40		16.81	264.31	27.37	104.19	7.44
新疆	1377.00	351.75	60.63	1326.94	139.40	139.19	28.17
河南为全国%	**9.5**	**3.0**	**16.7**	**10.4**	**8.2**	**9.0**	**14.3**
河南居全国位次	**2**	**8**	**1**	**2**	**2**	**4**	**1**

13-3 全国及各省市区分城乡居民消费、商品零售、农资价格指数(2013年)

(上年=100)

地 区	居民消费价格总指数			商品零售价格总指数			农业生产资料价格指数
	全省(市、区)	城市	农村	全省(市、区)	城市	农村	
全 国	**102.6**	**102.6**	**102.8**	**101.4**	**101.3**	**101.8**	**101.4**
北 京	103.3	103.3		99.8			
天 津	103.1	103.1		101.7			
河 北	103.0	102.7	103.5	102.2	102.1	102.5	101.1
山 西	103.1	103.0	103.2	101.8	101.6	102.3	102.5
内蒙古	103.2	103.4	102.8	102.6	102.6	102.7	103.5
辽 宁	102.4	102.4	102.4	101.6	101.6	101.7	99.9
吉 林	102.9	102.9	102.9	101.6	101.6	102.2	100.8
黑龙江	102.2	102.0	103.1	101.1	100.9	101.7	104.1
上 海	102.3	102.3		100.2			
江 苏	102.3	102.3	102.5	101.4	101.4	101.5	102.4
浙 江	102.3	102.3	102.4	101.0	101.2	100.5	102.8
安 徽	102.4	102.4	102.5	101.3	101.2	101.4	100.9
福 建	102.5	102.6	102.3	101.1	101.1	101.3	99.5
江 西	102.5	102.4	102.9	101.5	101.2	101.9	102.4
山 东	102.2	102.1	102.5	101.4	101.2	101.8	101.2
河 南	**102.9**	**102.9**	**102.9**	**101.9**	**101.6**	**102.3**	**101.3**
湖 北	102.8	102.7	103.0	101.8	101.6	102.1	103.1
湖 南	102.5	102.6	102.5	101.7	101.4	102.3	102.3
广 东	102.5	102.4	102.7	101.0	100.8	101.6	99.7
广 西	102.2	102.1	102.4	101.2	101.1	101.3	99.9
海 南	102.8	102.8	102.7	101.5	101.5	101.6	101.0
重 庆	102.7	102.7		101.8			
四 川	102.8	102.8	102.8	101.7	101.7	101.6	101.5
贵 州	102.5	102.9	101.7	101.5	101.7	100.8	99.0
云 南	103.1	103.4	102.7	102.6	102.3	103.0	100.1
西 藏	103.6	103.5	103.6	103.0	103.3	102.5	101.8
陕 西	103.0	102.8	103.6	101.8	101.8	102.0	102.6
甘 肃	103.2	103.0	103.4	102.6	102.3	103.1	102.1
青 海	103.9	104.1	103.7	102.7	102.8	102.6	104.3
宁 夏	103.4	103.3	103.8	102.4	102.4	102.9	101.6
新 疆	103.9	103.8	104.1	103.3	103.3	103.1	102.6
河南居全国位次	**13**	**11**	**11**	**9**	**12**	**9**	**16**

13-3 续表

(上年=100)

地区	居民消费价格总指数	食品	烟酒及用品	衣着	家庭设备及维修服务	医疗保健和个人用品	交通和通讯	娱乐教育文化用品及服务	居住
全国	**102.6**	**104.7**	**100.3**	**102.3**	**101.5**	**101.3**	**99.6**	**101.8**	**102.8**
北京	103.3	104.7	100.1	101.5	101.7	100.2	99.0	103.9	105.6
天津	103.1	105.8	100.9	101.1	102.0	100.6	98.6	102.5	104.4
河北	103.0	105.9	100.6	102.7	101.4	101.9	99.7	101.7	102.0
山西	103.1	106.2	102.1	102.0	101.6	100.8	99.2	102.5	102.5
内蒙古	103.2	106.3	101.5	103.7	100.8	101.4	99.5	101.9	102.3
辽宁	102.4	104.6	100.6	102.1	101.2	101.5	99.7	100.9	102.3
吉林	102.9	105.7	100.7	102.1	100.6	101.3	99.5	102.3	102.4
黑龙江	102.2	104.3	101.6	102.2	100.0	101.4	98.7	100.7	102.4
上海	102.3	104.4	100.1	100.0	101.3	100.0	100.4	100.1	103.9
江苏	102.3	104.1	98.7	103.2	102.2	101.1	99.7	101.3	102.5
浙江	102.3	103.8	99.8	102.9	102.2	100.3	99.4	102.5	102.5
安徽	102.4	104.7	98.7	102.1	100.9	101.2	99.9	102.7	101.4
福建	102.5	104.0	99.7	101.9	100.4	101.4	99.8	101.9	103.3
江西	102.5	104.5	100.6	102.8	101.0	101.3	99.7	101.8	101.9
山东	102.2	104.8	100.3	103.3	100.3	101.0	99.3	101.3	101.4
河南	**102.9**	**105.6**	**100.4**	**102.5**	**101.5**	**101.5**	**100.2**	**102.9**	**101.9**
湖北	102.8	104.9	100.5	102.2	101.9	102.1	99.4	101.5	103.1
湖南	102.5	104.2	103.1	102.3	101.8	101.7	100.0	102.1	101.8
广东	102.5	103.6	100.6	101.6	101.8	101.3	99.5	101.9	103.7
广西	102.2	103.8	99.8	102.3	101.1	100.7	99.9	100.8	102.7
海南	102.8	103.9	100.6	100.5	101.6	102.8	101.3	101.6	103.4
重庆	102.7	104.1	100.6	106.3	101.6	101.0	98.3	101.4	102.8
四川	102.8	104.8	99.4	100.8	101.9	102.2	100.0	101.6	103.7
贵州	102.5	104.1	101.5	102.3	101.1	101.5	99.6	101.8	103.0
云南	103.1	105.5	100.7	101.0	101.7	102.5	100.2	101.2	103.6
西藏	103.6	107.7	100.2	102.2	100.5	100.2	100.4	101.4	102.5
陕西	103.0	105.6	100.6	102.9	103.0	102.7	98.7	100.8	102.8
甘肃	103.2	105.6	101.0	102.7	101.8	102.1	100.0	101.6	102.7
青海	103.9	108.1	99.4	101.7	100.9	101.7	99.0	101.0	104.5
宁夏	103.4	107.2	99.8	103.0	101.3	103.2	98.6	99.7	102.2
新疆	103.9	108.5	101.7	99.8	101.3	101.4	100.1	101.1	103.4
河南居全国位次	**13**	**10**	**19**	**11**	**15**	**9**	**4**	**2**	**27**

13-4　全国及各省市区主要价格指数(2013年)

(上年=100)

地　区	固定资产投资价格指数	工业生产者出厂价格指数	工业生产者购进价格指数
全　国	**100.3**	**98.1**	**98.0**
北　京	99.9	97.4	97.8
天　津	99.5	97.0	97.4
河　北	99.9	96.6	97.6
山　西	100.5	90.7	95.5
内蒙古	99.6	97.0	99.3
辽　宁	100.0	99.0	98.5
吉　林	100.0	98.7	99.4
黑龙江	100.1	98.0	98.7
上　海	100.2	98.2	96.5
江　苏	100.5	98.0	97.1
浙　江	100.0	98.2	97.7
安　徽	100.2	98.2	96.9
福　建	100.1	98.4	98.4
江　西	100.4	98.5	98.4
山　东	100.4	98.4	98.4
河　南	**99.9**	**98.5**	**99.3**
湖　北	100.5	99.2	98.2
湖　南	101.3	98.5	98.4
广　东	101.4	98.8	98.2
广　西	100.1	98.2	98.9
海　南	99.3	99.5	97.0
重　庆	100.5	98.0	97.6
四　川	100.4	98.7	99.2
贵　州	100.9	97.4	96.4
云　南	101.1	97.5	98.8
西　藏		99.8	
陕　西	102.0	97.3	99.3
甘　肃	100.4	96.9	97.8
青　海	101.5	97.0	98.8
宁　夏	99.8	96.0	97.0
新　疆	100.5	96.5	97.8
河南居全国位次	**25**	**8**	**4**

13-5 全国及各省市区分月

(上年同期=100)

地 区	全年	1月	2月	3月	4月	5月
全 国	**98.1**	**98.4**	**98.4**	**98.1**	**97.4**	**97.1**
北 京	97.4	97.2	97.2	97.3	97.2	96.9
天 津	97.0	98.8	99.0	97.7	96.3	95.8
河 北	96.6	95.9	96.8	96.0	94.7	94.3
山 西	90.7	90.5	90.9	90.7	89.2	88.3
内蒙古	97.0	97.0	97.0	96.8	96.3	95.9
辽 宁	99.0	99.8	99.7	99.5	98.4	97.9
吉 林	98.7	98.1	97.8	97.9	97.7	97.9
黑龙江	98.0	99.5	98.9	98.1	95.0	94.5
上 海	98.2	98.4	98.7	98.3	97.7	97.5
江 苏	98.0	97.9	98.0	97.8	97.3	97.2
浙 江	98.2	97.9	97.9	97.7	97.4	97.4
安 徽	98.2	98.1	98.1	98.1	97.4	97.4
福 建	98.4	98.8	98.5	98.5	98.0	97.7
江 西	98.5	98.8	98.8	97.8	97.7	97.7
山 东	98.4	98.5	98.6	98.4	97.9	97.7
河 南	**98.5**	**99.3**	**99.3**	**98.9**	**98.1**	**97.7**
湖 北	99.2	100.4	99.9	99.6	98.8	98.8
湖 南	98.5	98.9	98.9	98.6	98.0	97.8
广 东	98.8	99.4	99.3	99.0	98.5	98.2
广 西	98.2	98.3	98.4	98.0	97.1	96.9
海 南	99.5	100.9	99.8	99.6	97.5	96.9
重 庆	98.0	98.7	98.7	98.5	98.3	98.3
四 川	98.7	98.0	98.2	98.3	97.7	97.8
贵 州	97.4	98.6	97.8	97.7	97.1	96.9
云 南	97.5	97.8	97.7	97.7	97.3	97.0
西 藏	99.8	100.1	100.0	98.9	99.4	99.5
陕 西	97.3	99.5	98.8	98.2	96.3	95.6
甘 肃	96.9	98.9	98.8	97.6	95.3	94.0
青 海	97.0	97.9	98.4	98.8	97.7	96.6
宁 夏	96.0	96.3	95.9	95.7	94.7	93.9
新 疆	96.5	98.3	98.4	97.2	93.4	92.3
河南居全国位次	**8**					

工业生产者出厂价格指数(2013年)

6月	7月	8月	9月	10月	11月	12月
97.3	**97.7**	**98.4**	**98.7**	**98.5**	**98.6**	**98.6**
96.9	97.4	97.5	97.7	97.8	97.8	98.0
95.5	96.4	97.2	97.2	96.6	96.6	96.8
94.2	94.9	97.4	100.0	98.4	98.2	98.4
87.9	88.3	90.3	93.0	93.8	93.2	93.0
96.2	96.2	97.2	97.3	97.4	98.2	98.3
98.0	98.8	99.3	99.6	99.4	99.0	98.8
98.5	99.3	100.0	99.5	99.4	99.4	99.5
96.5	98.8	99.3	98.6	98.6	98.7	99.4
97.8	98.0	98.3	98.6	98.3	98.3	98.6
97.4	97.8	98.3	98.5	98.5	98.7	98.6
97.9	98.2	98.7	98.7	98.6	98.7	98.9
97.6	97.7	98.4	98.9	98.8	98.6	98.8
97.7	98.2	98.7	98.7	98.5	98.5	98.8
98.4	98.2	99.5	99.3	98.6	98.8	98.6
97.6	98.0	98.6	98.8	98.9	99.0	99.1
97.6	**97.9**	**98.7**	**98.9**	**98.7**	**98.8**	**98.6**
98.9	98.8	99.1	99.2	99.1	98.7	98.7
97.8	98.0	98.6	98.8	98.8	98.8	99.0
98.4	98.6	98.8	98.8	98.7	98.8	98.9
97.1	97.5	98.3	99.1	99.1	99.3	99.2
98.4	99.7	100.2	100.6	99.7	99.8	101.0
97.1	97.0	97.3	97.7	97.9	98.0	98.0
98.3	98.6	99.1	99.3	99.5	99.7	99.4
96.5	97.3	97.4	97.6	97.5	97.5	97.2
96.9	96.6	97.4	97.7	97.8	97.9	97.9
99.7	99.5	98.5	100.0	99.9	100.7	101.3
95.7	96.6	97.4	97.5	97.4	97.4	97.8
94.8	97.2	99.1	98.3	96.4	96.3	96.4
97.0	97.0	96.3	96.0	96.2	96.1	96.2
94.9	95.6	96.5	96.7	97.0	97.3	97.7
94.6	97.8	98.6	97.5	96.9	96.4	97.1

13-6 全国及各省市区分月

(上年同期=100)

地　区	全年	1月	2月	3月	4月	5月
全　国	**98.0**	**98.1**	**98.1**	**98.0**	**97.3**	**97.0**
北　京	97.8	97.6	97.6	97.6	96.4	96.0
天　津	97.4	98.4	98.3	97.8	96.8	96.3
河　北	97.6	96.6	97.3	97.3	96.6	95.7
山　西	95.5	95.4	95.5	95.6	94.8	94.5
内蒙古	99.3	99.3	99.1	98.9	98.8	98.6
辽　宁	98.5	99.1	99.1	98.7	98.1	97.8
吉　林	99.4	99.3	99.2	99.1	98.2	98.0
黑龙江	98.7	99.0	98.3	98.3	96.3	96.0
上　海	96.5	97.6	97.5	97.1	96.3	95.2
江　苏	97.1	96.5	96.7	96.9	96.2	96.0
浙　江	97.7	97.6	97.4	97.2	96.8	97.0
安　徽	96.9	98.0	97.9	97.4	96.6	96.0
福　建	98.4	98.4	98.4	98.3	98.1	97.7
江　西	98.4	98.2	98.3	98.1	97.5	97.6
山　东	98.4	98.1	98.2	98.2	97.6	97.4
河　南	**99.3**	**99.6**	**99.5**	**99.3**	**98.7**	**98.5**
湖　北	98.2	98.6	98.4	98.3	97.4	97.1
湖　南	98.4	100.1	99.8	99.4	98.1	97.2
广　东	98.2	98.5	98.3	98.1	97.5	97.5
广　西	98.9	98.2	98.6	98.8	98.6	98.6
海　南	97.0	99.3	99.0	96.1	95.3	95.0
重　庆	97.6	98.3	98.3	98.2	98.0	97.9
四　川	99.2	99.6	100.0	99.2	98.7	98.2
贵　州	96.4	95.3	95.5	95.3	95.5	95.6
云　南	98.8	98.7	98.6	98.8	98.2	97.7
西　藏						
陕　西	99.3	100.3	100.4	99.6	98.8	98.4
甘　肃	97.8	98.7	99.8	98.9	97.1	96.6
青　海	98.8	97.1	98.7	99.6	99.7	99.5
宁　夏	97.0	96.9	97.0	96.9	96.2	96.0
新　疆	97.8	98.1	98.5	98.4	96.2	94.9
河南居全国位次	**4**					

工业生产者购进价格指数(2013年)

6月	7月	8月	9月	10月	11月	12月
97.4	**97.8**	**98.4**	**98.4**	**98.4**	**98.5**	**98.6**
96.4	98.0	98.5	98.5	98.8	99.2	99.1
96.3	96.9	97.5	97.5	97.4	97.5	97.7
96.6	96.8	97.9	99.1	99.1	98.9	99.1
94.1	94.3	95.5	96.3	96.6	96.6	96.5
98.8	99.0	99.4	99.9	99.9	100.1	100.0
97.9	98.5	98.8	98.5	98.5	98.7	98.7
98.8	100.2	100.5	100.0	99.8	99.6	99.8
97.8	99.8	100.5	99.8	99.8	99.3	99.4
95.0	95.4	97.0	96.9	96.4	96.7	96.7
96.6	97.0	97.8	97.8	97.7	97.7	98.0
97.4	97.6	98.1	98.2	98.1	98.2	98.2
96.2	95.9	96.3	96.4	96.9	97.3	97.6
98.1	98.4	98.9	99.0	98.8	98.7	98.5
97.9	98.1	99.1	98.9	98.9	98.9	99.0
97.8	98.3	98.9	98.8	98.8	99.1	99.3
98.8	**98.9**	**99.6**	**99.3**	**99.4**	**99.8**	**99.8**
97.4	98.2	98.6	98.8	98.8	98.7	98.4
97.2	97.5	98.2	98.2	98.3	98.3	98.5
97.9	98.0	98.3	98.3	98.1	98.7	98.9
98.7	98.8	99.1	99.4	99.4	99.2	98.9
96.6	97.3	96.7	96.0	97.1	97.8	98.3
96.7	96.7	97.1	97.4	97.6	97.7	97.8
98.4	99.2	99.5	99.5	99.5	99.7	99.5
95.9	96.6	97.0	98.0	97.3	97.5	97.7
98.4	98.4	98.9	99.4	99.7	99.6	99.1
98.7	99.3	99.4	99.7	99.0	99.1	99.3
95.1	97.4	98.9	98.1	97.8	98.0	97.8
99.3	98.4	99.0	98.8	98.9	98.6	98.4
96.7	97.0	96.9	96.9	97.5	97.9	98.6
95.7	98.3	99.9	99.0	98.2	98.2	98.6

13-7 全国70个大中城市住宅销售价格指数(2013年)

(上年=100)

地　　区	新建住宅销售价格指数	#新建商品住宅销售价格指数	二手住宅交易价格指数
北　　京	112.2	115.8	113.7
天　　津	105.4	106.2	104.7
石 家 庄	106.5	106.6	101.4
太　　原	107.6	107.9	105.7
呼和浩特	105.3	105.5	102.1
沈　　阳	108.9	109.0	103.1
大　　连	107.0	107.1	103.5
长　　春	105.4	105.5	103.6
哈 尔 滨	106.3	106.6	101.9
上　　海	111.8	114.2	109.7
南　　京	108.6	111.4	105.4
杭　　州	105.5	105.7	102.1
宁　　波	101.9	102.0	101.1
合　　肥	106.2	106.7	103.2
福　　州	109.4	109.5	106.2
厦　　门	111.4	111.7	106.0
南　　昌	107.2	107.6	105.1
济　　南	106.0	106.0	102.0
青　　岛	105.4	105.6	101.9
郑　　州	**109.4**	**109.6**	**104.6**
武　　汉	107.5	107.9	105.4
长　　沙	108.2	108.3	103.8
广　　州	115.5	115.7	109.5
深　　圳	114.5	114.8	109.8
南　　宁	106.1	106.3	103.0
海　　口	100.9	100.9	99.6
重　　庆	106.7	106.9	102.6
成　　都	106.8	106.8	103.3
贵　　阳	104.5	105.0	105.1
昆　　明	104.3	105.1	107.6
西　　安	106.5	107.2	102.9
兰　　州	105.1	105.2	101.2
西　　宁	106.8	106.8	103.2
银　　川	105.8	106.2	104.9
乌鲁木齐	108.0	108.1	102.8

注：各省年度数据是根据国家各月反馈数据进行简单平均计算得出。新建商品住宅不包含保障性住房。

13-7 续表

(上年=100)

地 区	新建住宅销售价格指数	#新建商品住宅销售价格指数	二手住宅交易价格指数
唐 山	101.1	101.2	101.2
秦皇岛	105.2	105.7	102.4
包 头	105.6	106.6	101.0
丹 东	105.3	105.4	101.8
锦 州	105.7	105.7	100.8
吉 林	105.2	105.5	100.7
牡丹江	103.8	103.9	101.2
无 锡	103.4	103.9	101.9
扬 州	103.9	104.1	100.8
徐 州	106.4	106.8	102.2
温 州	95.6	95.3	95.2
金 华	103.0	103.1	102.3
蚌 埠	103.0	103.0	101.5
安 庆	103.3	103.5	101.6
泉 州	104.1	104.3	101.1
九 江	104.3	104.5	102.4
赣 州	105.5	105.5	101.1
烟 台	104.7	104.8	101.1
济 宁	105.7	105.9	102.0
洛 阳	**104.9**	**105.0**	**103.1**
平顶山	**105.3**	**105.4**	**102.8**
宜 昌	106.6	106.7	105.6
襄 樊	106.0	106.0	105.6
岳 阳	104.2	106.9	104.2
常 德	104.2	104.3	104.1
惠 州	104.6	104.6	103.0
湛 江	106.8	106.8	102.3
韶 关	104.8	104.9	104.4
桂 林	105.8	105.9	102.7
北 海	105.3	105.3	104.0
三 亚	102.8	102.8	100.9
泸 州	105.9	106.1	102.1
南 充	108.6	108.7	102.9
遵 义	104.4	104.9	101.9
大 理	102.5	102.8	101.1

13-8 全国及各省市区固定资产投资价格指数(2013年)

(上年=100)

地 区	固定资产投资价格指数	建筑安装工程	设备、工器具	其它费用
全 国	**100.3**	**100.3**	**99.0**	**101.7**
北 京	99.9	97.3	97.7	102.9
天 津	99.5	99.3	98.8	100.6
河 北	99.9	99.9	99.1	101.9
山 西	100.5	100.8	99.0	100.7
内蒙古	99.6	99.6	99.0	100.8
辽 宁	100.0	99.9	99.2	102.2
吉 林	100.0	100.4	99.1	100.6
黑龙江	100.1	100.4	98.7	101.8
上 海	100.2	99.8	98.5	102.2
江 苏	100.5	100.8	98.8	103.0
浙 江	100.0	99.5	98.7	102.3
安 徽	100.2	100.3	99.0	101.2
福 建	100.1	100.0	98.9	101.2
江 西	100.4	100.4	99.0	103.2
山 东	100.4	100.5	99.3	102.1
河 南	**99.9**	**99.8**	**99.7**	**101.2**
湖 北	100.5	100.5	99.0	102.6
湖 南	101.3	101.6	99.6	102.3
广 东	101.4	101.9	99.1	101.7
广 西	100.1	99.9	99.6	101.3
海 南	99.3	98.9	99.0	101.1
重 庆	100.5	100.5	98.7	101.5
四 川	100.4	100.2	99.5	101.6
贵 州	100.9	101.5	99.2	100.1
云 南	101.1	101.2	99.3	101.9
西 藏				
陕 西	102.0	102.3	99.5	103.7
甘 肃	100.4	101.0	97.1	101.9
青 海	101.5	102.0	99.0	101.6
宁 夏	99.8	99.9	99.1	100.0
新 疆	100.5	100.5	99.5	103.5
河南居全国位次	**25**	**25**	**1**	**22**

13-9 全国及各省市区农村居民家庭人均收支情况(2013年)

地 区	农村居民人均纯收入	农村居民人均生活消费支出
全 国	**8896.0**	**13553.0**
北 京	18337.0	10155.0
天 津	15841.0	6134.0
河 北	9102.0	5813.0
山 西	7154.0	7268.0
内蒙古		
辽 宁	10523.0	7159.0
吉 林	9621.0	7380.0
黑龙江	9634.0	6814.0
上 海	19595.0	14235.0
江 苏	13598.0	9910.0
浙 江	16106.0	11760.0
安 徽	8098.0	5725.0
福 建	11184.0	8151.0
江 西	8781.0	5654.0
山 东	10620.0	7393.0
河 南	**8475.0**	**5628.0**
湖 北	8867.0	6280.0
湖 南	8372.0	6610.0
广 东	11669.0	8343.0
广 西	8781.0	5206.0
海 南	8343.0	5466.0
重 庆	8332.0	5796.0
四 川	7895.0	6309.0
贵 州	5434.0	4740.0
云 南	6141.0	4744.0
西 藏	6578.0	3574.0
陕 西	6503.0	5724.0
甘 肃	5108.0	4850.0
青 海	6196.0	6060.0
宁 夏	6931.0	6490.0
新 疆	7296.0	6119.0
河南为全国的%	**95.3**	**41.5**
河南居全国位次	**16**	**24**

13-10 全国及各省市区城镇居民人均收支情况(2013年)

单位：元

地 区	城镇居民人均可支配收入	城镇居民人均消费支出
全 国	**26955**	**18023**
北 京	40321	26275
天 津	32294	21712
河 北	22580	13641
山 西	22456	13166
内蒙古	25497	19249
辽 宁	25578	18030
吉 林	22275	15932
黑龙江	19597	14162
上 海	43851	28155
江 苏	32538	20371
浙 江	37851	23257
安 徽	23114	16285
福 建	30816	20093
江 西	21873	13851
山 东	28264	17112
河 南	**22398**	**14822**
湖 北	22906	15749
湖 南	23414	15887
广 东	33090	24133
广 西	23305	15418
海 南	22929	15593
重 庆	25216	17814
四 川	22368	16343
贵 州	20667	13703
云 南	23236	15156
西 藏	20023	12232
陕 西	22858	16680
甘 肃	18965	14021
青 海	19499	13539
宁 夏	21833	15321
新 疆	19874	15206
河南为全国%	**83.1**	**82.2**
河南居全国位次	**21**	**23**

中国统计出版社最新图书简目

（仅供参考，以最后出书为准）

统计资料

综合类：中国统计年鉴　中国统计摘要　中国发展报告

国际资料类：国际统计年鉴　金砖国家联合统计手册　世界能源资源年鉴

区域资料类：中国区域经济统计年鉴　中国县域统计年鉴　中国城市统计年鉴　中国农村统计年鉴　中国地区经济监测报告

经贸与投资类：中国贸易外经统计年鉴　中国对外直接投资统计公报　中国商品交易市场统计年鉴　大中型批发零售和住宿餐饮企业统计年鉴　中国零售和餐饮连锁企业统计年鉴

住户与物价类：中国住户调查年鉴　中国价格统计年鉴　中国农产品价格调查年鉴　全国农产品成本收益资料汇编

资源与环境类：中国环境统计年鉴　中国能源统计年鉴

产业类：中国工业统计年鉴　中国建筑业统计年鉴　中国房地产统计年鉴　中国第三产业统计年鉴　中国证券期货统计年鉴

科技类：中国科技统计年鉴　中国高技术产业统计年鉴　工业企业科技活动资料

人口与就业类：中国劳动统计年鉴　中国人口和就业统计年鉴　中国人才资源统计报告

社会与文化类：中国社会统计年鉴　中国文化及相关产业统计年鉴

公共管理类：中国民政统计年鉴　中国民族统计年鉴　中国乡镇街道行政区域简册

省级综合统计年鉴系列

北京 天津 河北 山西 内蒙古 辽宁 吉林 黑龙江 上海 江苏 浙江 安徽 福建 江西 山东 河南 湖北 湖南 广东 广西 海南 重庆 四川 贵州 云南 西藏 陕西 甘肃 青海 宁夏 新疆 新疆生产建设兵团

市（县）级综合统计年鉴系列

天津滨海新区 石家庄 唐山 邯郸 太原 大同 阳泉 长治 晋城 朔州 晋中 运城 忻州 临汾 呼和浩特 鄂尔多斯 包头 沈阳 大连 长春 吉林市 四平 哈尔滨 黑龙江垦区 上海浦东新区 南京 无锡 徐州 常州 苏州 南通 连云港 淮安 盐城 扬州 镇江 泰州 宿迁 江阴 丹阳 杭州 宁波 温州 嘉兴 绍兴 金华 衢州 舟山 台州 合肥 福州 厦门 宁德 福州经济技术开发区 南昌 济南 青岛 郑州 洛阳 平顶山 三门峡 南阳 武汉 十堰 荆州 宜昌 荆门 咸宁 长沙 广州 深圳 惠州 东莞 南宁 柳州 桂林 来宾 海口 三亚 成都 贵阳 昆明 西安 兰州 庆阳 银川 乌鲁木齐 兵团一师 兵团十师

调查年鉴系列

山西 内蒙古 吉林 辽宁 上海 福建 湖北 广西 重庆 四川 云南 甘肃 宁夏 新疆 南宁 桂林

“十二五”规划教材

统计学（经济管理类专业本科适用，单薇 等）　抽样调查理论与方法（冯士雍 等）

贝叶斯统计（茆诗松 等）　统计学（黄良文 等）　试验设计（茆诗松 等）

统计学：从数据到结论（吴喜之）　医学统计学（于浩）　统计学（经济、管理类专业基础教材，张小斐）

概率论与数理统计三十三讲（魏振军）　概率论与数理统计三十三：学习指导与习题解答（魏振军）

非参数统计（吴喜之 等）　统计学：经济与管理中的数据分析（李慧云 等）

卫生管理统计学（新编医学院校基础课教材，尚磊）医院统计学（新编医学院校基础课教材，徐天和 等）

社会统计学（蒋萍 等）　现代金融投资统计分析（李腊生 等）

国民经济核算初级教程（经济类、统计类、管理类专业适用，蒋萍 等）

重点图书

新中国65年　新编英汉汉英统计大词典　中华医学统计百科全书

挑大学选专业2014—考研择校指南　挑大学选专业2014—高考志愿填报指南

《河南调查年鉴-2014》只读光盘介绍

《河南调查年鉴-2014》只读光盘是一张信息高度密集的资料载体。该光盘全面反映河南省经济社会发展情况的抽样调查资料，收录了全省和市、县（区）2013年经济和社会发展各有关方面大量的调查统计数据，以及历史重要年份的全省主要调查统计数据。

光盘的主要内容分为13个部分，即1.综合；2.农业；3.畜牧业；4.规下工业和规下服务业；5.消费价格；6.生产价格；7.农产品价格；8.农村居民生活和贫困监测；9.城镇居民生活；10.县域经济；11.城市经济；12.中原经济区主要指标；13.全国及分省（市、区）指标。主要篇末附有《主要统计指标解释》。

《河南调查年鉴-2014》光盘（CD-ROM）操作简便、功能实用，浏览时可实现各部分内容之间的切换，并附有Html文件。

本光盘所有资料的浏览查阅和计算加工，未经许可不得用于营业性用途，否则必追究其法律责任。